韓半島의 日本人, 日本列島의 韓國人

韓半島의 日本人, 日本列島의 韓國人

한일문화교류기금 편

경인문화사

이 책은 한일문화교류기금의 2022년 한일국제학술회의 '韓半島의 日本人, 日本列島의 韓國人'에서 발표된 내용을 단행본으로 엮은 것이다. 이번 학술회의에서는 고대부터 현대에 이르기까지 한국 사람으로 일본 가서 산 사람들, 또 일본 사람으로 한국에서 산 사람들이 어떤 이유로 어떻게 와서 어떤 생활을 했을까. 그리고 그들의 족적이 역사 속에 어떻게 남겨졌으며 그 이후의 어떤 영향을 미쳤을까를 통시대적으로 고찰했다.

학술회의는 김문자 상명대 교수(한일관계사학회 회장)의 사회로 3개 세션으로 나누어 진행했다. 유명환 이사장의 개회사에 이어 아이보시 코이치[相星孝一] 주한 일본대사가 축사를 했고, 田阪正則 선문대교수가 '아메노모리 호슈[雨森芳洲]가 주는 한일우호관계에 대한 제언'으로 기조강연을 했다.

제1세션, '고대의 한국인과 일본인'에서는 연민수 동북아역사재단 명예연구위원이 '일본고대의 한국계 渡來人과 律令官人', 서정석 공주대교수가 '영산강 유역의 前方後圓墳과 왜인'을 발표했다. 이에 대해 송완범 고려대교수와 홍성화 건국대교수가 약정토론을 했다. 제2세션 '근세의 한국인과 일본인'에서는 荒木和憲 구주대교수가 '일본에서의 조선피로인연구 동향', 정성일 광주여대교수가 '부산 왜관에 살았던 對馬人'을 발표했고, 이에 대해 이훈 한림대연구교수와 한성주 강원대교수가 약정토론을 했다. 제3세션 '일제강점기의 한국인과 일본인'에서는 김인덕 청암대교수가 '일제강점기 재일조선인의 삶과 생활', 이동훈 계명대교수가 '식민지조선의 일본인들'을 발표했고, 이에 대해 김웅기 한림대교수와 선우정 조선일보논설위원이 약정토론을 했다. 그리고 손승철 강원대 명예교수의 사회로 종합토론을 했다.

　종합토론을 통해 한가지 특징을 볼 수 있었다. 한반도에서 일본 열도에 가서 산 사람들은 거기에 뿌리를 내리고 사는데, 반대로 일본에서 한반도에 온 사람들은 거의가 한 시대가 끝나면 썰물에 밀려가듯이 그냥 빠져나가 버렸다는 공통점을 발견할 수 있었다. 왜 그럴까. 이러한 역사적인 현상이 지금 현대 한국인들이 가지고 있는 일본에 대한 부정적인 인식하고 어떤 관계가 있을까. 그런 생각도 해 보았다. 향후 이런 문제들, 즉 사람에 관한 주제들을 좀 더 심도있게 다루어 보면 좋겠다는 의견들이 제시되었다.

　한일문화교류기금에서는 지난 35년간 한일국제 학술회의를 개최하고 있고, 관계사와 교류사를 주로 정치사나 또는 외교사·제도사·경제사 등의 측면에서 접근을 해왔다. 그러나 관계의 주체는 역시 사람이다. 그래서 최근 몇 년 간 사람을 통해 보자는 방향으로 학술대회를 개최하고 있고, 대주제로 삶과 죽음의 인생관, 양국인의 상호인식 등을 다루었다. 그런 점에서 어떻게 공존하며 공생하려고 노력했던 가의 문제가 점점 더 궁금해졌다.

　사실 기본적으로 이런 심포지엄을 하는 이유도 현재에 공존하고 미래에 공생하기 위한 한일관계를 만들어 가자는 것이 궁극적인 목표이기 때문이다. 이 단행본이 그런 문제를 해결해 가는 하나의 길을 제시하는 밑거름이 되었으면 좋겠다.

　끝으로 이 학술대회를 위해 수고해 주신 한일문화교류기금의 김수웅국장, 문진옥님, 종합토론 녹취와 정리에 수고해 준 신태훈, 민채윤님에게 감사한다.

2023년 3월
한일문화교류기금 이사 손승철

아직 코로나로 인한 여파가 완전히 종식되지 못하고 있는 상황에도 불구하고 35년째 정례적으로 개최되어온 전통을 이어 받아 올해가 끝나기 전에 한일국제학술회의를 대면으로 개최하게 된 것을 무엇보다 기쁘게 생각합니다.

금번 학술회의는 "한반도의 일본인, 일본열도의 한국인"이라는 주제를 가지고, 그동안 오랜 역사 속에서 서로 상대 나라에서 공생하며 살았던 두 나라 사람들의 삶을 조명해 보려고 합니다.

지금에 와서 다시 한일간 역사적 유대관계를 살펴보는 것은 항상 평탄하지는 않았던 한일관계의 역사 갈등을 풀어가는데 조금이라고 도움이 될 것으로 생각되는 바 오늘의 모임은 매우 의미 있는 학술회의가 될 것입니다.

그동안 우리 한일 문화교류기금은 1986년 이후 국제학술회의에서 발표된 논문 등을 묶어서 모두 18권의 단행본으로 출판하였고, 이를 한일 양국에 있는 여러 도서관 등에 배포하여 널리 참고토록 하였습니다. 이는 한일 문화교류기금으로서 가장 중요한 업적이기도 합니다.

오늘 학술회의에 참석하여 발표와 토론을 맡아주신 한일 양측의 학자 여러분께 감사의 말씀을 전하고자 합니다. 특히 오늘 "아메노모리 호슈"의 조선 인식과 부산 생활"이라는 주제로 기조 강연을 하여 주실 "다사카 마사노리" 선문대 교수님께 감사드립니다. 또한 제2세션에서 임진왜란의 被擄人과 조선 도공에 대한 주제 발표를 하여 주실 "아라키 가즈노리" 규슈대학 교수님께도 진심으로 감사드립니다.

지난 10년간 수렁에 빠져 헤어 나오지 못하고 있는 어려운 한일관계로 인해 모두 불편한 마음이지만, 이제 양국에 각각 새로운 정부가 들어서면서 조금씩 서광이 비치고 있는 것 같아 다행입니다. 비록 역사 인식과 관련된 현안이 완전히 해결되기는 쉽지 않겠지만, 양국 정치 지도자들의 확고한 의지가 있다면 얼마든지 관계 개선이 가능하다고 확신하고 있습니다. 척박한 토양에서 자라는 포도나무는 가뭄에 뿌리가 땅속에 깊이 내려가기 때문에 비가 다시 오면 오히려 풍부한 열매를 맺게 된다고 합니다. 우리 한일관계도 뿌리가 깊기 때문에 가뭄이 지나고 다시 비가 오면, 보다 더 왕성한 한일 교류가 이루어질 것으로 기대하고 있습니다.

그러면 오늘 회의 참석하여 주신 여러분께 다시 한번 감사드리며 인사말을 마치겠습니다.

2022년 11월 11일
한일문화교류기금 이사장
유명환

제 2 Session 近世의 한국인과 일본인

제 3 Session 日帝强占期의 한국인과 일본인

종합토론

기조강연
아메노모리 호슈가 주는
한일 우호 관계에 대한 제언(提言)

아메노모리 호슈가 주는
한일 우호 관계에 대한 제언(提言)

다사카 마사노리 | 선문대학교

Ⅰ. 서론

한국과 일본의 관계는 어떻게 하면 개선이 되는지? 한일관계에 문제가 없다면 한일관계 개선을 어떻게 할 것인가 하는 문제는 주제가 되지도 않는다. 우리가 알고 있는 한인 간의 문제는 역사 인식 문제로부터 시작하여, 감정의 문제, 그리고 그렇지 않아도 어두운 세계 경제 속에서 현실의 먹고 사는 문제가 모든 나라에서 심각해지는 상황에서 양국 간의 경제협력 문제로까지 확장되고 있다. 그래서 문제 해결의 길은 더욱더 복잡하고 어려워 보인다.

문제를 해결하려면 그 원인을 알아야 한다. 역사 문제, 경제 문제, 안보 문제, 영토 문제 등, 분야별로 각기 원인이 존재할 것이다. 그리고 그 각각의 원인에도 뿌리 깊은 근본 원인이 있고 보통 하나의 근본 원인으로부터 각각의 다양한 원인이 발생한다. 문제를 해결하려면 근본 원인을 밝히고 근본 원인으로부터 해결해야 한다. 그래야만 모든 문제의 해결책이 가시화된다. 한일관계 문제에 관하여 그 근본 원인을 밝히는 것은 쉽지 않다. 하지만 여러 분야에 걸친 문제를 복잡하게 하는 요인이 무엇인가를 지적할 수는 있다.

본인은 한일 간의 문제를 복잡하게 만든 요인이 "문화의 장벽"에 있다고 주장하는 입장에서 오늘의 발표를 준비했다. 한일 관계 갈등의 원인으로 서로 다른 문화 배경이 있다는 것은 잘 알려져 있다. 본인이 "문화의 장벽"이라는 말을 하는 것은 문화의 차이가 상호 소통을 막는 장벽이 되어 있다는 뜻이며, 사람들이 다른 문화를 이해할 때 자신이 가지고 있는 자국의 문화가 벽처럼 인식의 한계로 작용하여 다른 문화를 정확히 보기가 어려운 상황을 만들고 있다고 보기 때문이다.

본 발표는 먼저 문화의 장벽에 관해 언급한 다음에 문화의 장벽이 한일 관계에 미치는 영향을 살피고, 그 과정에서 먼저 필자가 재직하는 선문대학교에 유학하러 온 일본 학생들 약 30명에 취재한 "한국에 유학하러 온 일본인 학생이 느끼는 생활 스트레스"의 내용을 공유한다. 그런 다음, 아메노모리 호슈(雨森芳洲)의 저서 『교린제성』에서 그의 이웃 국가 간의 관계에 대한 교훈을 알아본다. 호슈는 주지하다시피 노태우 전 대통령이 1990년 일본 황실 만찬에서 현덕윤과의 성신교린(誠信交隣)을 언급하여 널리 알리게 되었다. 그는 에도막부(江戸幕府)의 유관(儒官) 기노시타 준안(木下順庵) 문하 중에서도 뛰어난 인물로서 22세의 나이로 당시 조선과의 무역으로 윤택했던 쓰시마번(對馬藩)의 유관으로 추거되어 88세에 세상을 떠날 때까지 유학자로서 번정(藩政)뿐만 아니라 조선과의 교섭에도 많은 업적을 남긴 인물이다. 1728년 호슈가 61세에 번주(藩主) 소 요시노부(宗義誠)에게 제출한 것이 『교린제성』이다. 조선과의 관계를 두고 시대의 흐름을 따라가지 못한 쓰시마번에 대한 위기의식에서 저술한 문서[1]이자, 교린의 참된 의미와 실천 방안이 무엇인지를 깨우치게 하고자 하여 작성된[2] 글이다. 300년 전

---

1) 田代和生, 「解說『交隣提醒』が語る近世日朝交流の實態」, 『交隣提醒』, 平凡社, 2014, p.312.
2) 정성일, 「『교린제성(交隣提醒)』과 통역수작(通譯酬酌)」, 『한일관계사연구』 제58집, 한일관계사학회, 2017, pp.485~495.

의 조일 관계와 지금의 한일관계에서 공통된 내용을 발견할 수 있다는 것
이 흥미롭다.

Ⅱ. 상호이해의 장벽이 되는 문화

한마디로 문화라고 해도 그 뜻은 다양하다. 학문, 문학, 예술, 음악 등을
포괄적으로 뜻하기도 하고, 대중문화는 그것보다 더 넓은 영역까지 포함한
다. 또 종교적 의례, 연중행사 등 전통적 행위에 사용되기도 한다. 종합적으
로 문화의 정의는 "사회조직 구성원이 획득하는 눈에 보이는 행위 행동 전
체이자, 그러한 행위 행동을 만들어내는 눈에 보이지 않은 의식의 틀, 의식
구조"라고 할 수 있다. 여기서 논하는 문화는 주로 "눈에 보이지 않은 의식
의 틀, 의식구조"이다. 사회조직은 국가, 지역사회, 혈연조직, 회사 기업 등
다양하며 그 조직마다 고유의 문화가 있다. 사람들은 동시에 복수의 조직에
속할 수 있고 다른 조직이 서로 다르거나 공통된 문화를 가질 수 있다.

인간의 상호이해는 1차적으로 언어를 통해 이루어진다. 그 외에는 표정,
눈 처리, 몸짓 등으로 서로 상대에게 마음을 전하기도 한다. 상호이해의 수
단은 다양하다. 그리고 이 모든 행위가 사회조직마다 고유의 방식을 지니고
있다. 따라서 사회조직마다 다른 문화가 있다는 것은 사회조직마다 상대를
이해하는 방식이 다를 수도 있다는 뜻이다. 단어 하나를 두고서도 같은 말
이지만 다른 개념으로 이해할 경우가 있다. 예를 들어, 한국에서는 "사랑하
다"라는 말은 태어나서 아직 언어를 습득했다고 볼 수 없는 갓난아이가 부
모한테서 무수히 듣는 말로, 부모가 자녀를 아끼고 소중히 생각하는 마음을
나타낸다. 한편 일본에서는 "愛する"라는 표현은 사춘기를 맞이한 나이에
호감을 느끼는 이성에게 하는 말이다. 일본 부모는 갓 태어난 자녀에게 "い
い子だね", "かわいいね"와 같은 표현을 하는 것이 일반적이다. "사랑하

다"는 남녀 간의 애정을 뜻하기도 하지만, "愛する"는 자녀가 부모에게 혹은 손자가 조부모에게 쓰지 않는다. "사랑하다"와 "愛する"는 똑같이 어떤 대상을 소중히 아끼는 마음을 나타내지만, 상당히 다른 측면이 있는 것이다. "사랑하다"라는 표현에서 한국인은 부모의 포근한 마음을 먼저 떠올린다면, "愛する"에서 일본인은 이성 간의 애정의 감정을 떠올리는 의식의 틀, 의식구조 속에서 살고 있다는 것이다.

또 다른 예를 들어본다. 사죄할 때 쓰는 "죄송하다"는 표현이다. 일본어로 "すみません"이라는 말이며, 이는 동사 "濟む·澄む"에 부정의 뜻인 조동사 "ぬ"를 붙인 말이다. "すみません"은 이대로는 내 마음이 "끝나지 않다·진정되지 않다" 즉 "정리가 되지 않다"는 뜻이 된다. 문제는 이들 표현을 사용할 때의 발화자의 마음이다. 한국에서는 상대에게 사과하며 용서를 구하고 "당신이 느낀 아픔과 함께한다."라는 마음으로 "죄송하다"라는 표현을 사용하지만, 일본에서는 상대에 대해 사죄하는 것은 똑같이만, "사과한 이상 없던 것으로 하자." "더 이상 책임을 추구하지 말라."고 하는 뉘앙스를 내포한다. 또한 일본에서는 어떤 문제가 발생하면 먼저 사죄한 쪽이 유리하다는 통념이 있는 한편, 한국에서는 사과하면 책임 추구 당하니 가능하면 사과하지 않으려는 풍조가 있다. 한국문화 속의 사죄 표현은 사죄할 대상의 아픔과 함께한다는 의식구조가 있다면, 일본문화 속의 사죄 표현은 모든 갈등을 정산(精算)하고 더 이상의 갈등이 발생하지 않도록 수습하는 의식구조가 있다고 하겠다. 일본인은 사죄하였으니 더 이상의 논쟁은 없을 것으로 생각하지만, 한국인은 기회가 있을 때마다 과거의 일을 언급한다. 한국인이 입은 아픔을 일본인이 공감하기를 바라서 과거를 언급하지만, 일본인은 이미 정산이 끝난 일로 여겨서 과거를 다시 언급하는 것에 반감을 느낀다. 이런 식으로 한일 간의 역사 인식 문제는 가장 중요한 상호 신뢰에 심각한 영향을 미치는 감정의 문제로, 이런 식으로 소리 없이 진행하게 되는 것이다.

이처럼 유사한 뜻을 가진 표현으로 번역은 가능하나 그 안에 내포한 의

식구조까지 정확히 전달하고 이해하는 것은 상당히 어려운 일이다. 한국인
도 일본인도 스스로가 가지고 있는 의식구조를 인식하지 않기 때문이다. 언
어를 통한 상호이해에도 문화의 영향이 큰 것이다. 심각한 것은 표면적으로
는 번역 혹은 통역으로 말뜻은 전달되지만 진작 내포한 의식구조, 즉 진정
한 말뜻은 전달되지 않을뿐더러 오해까지 유발한다는 것에 문제가 있다. 말
을 교환하였으니 뜻이 전달되었다고 안심해도 다른 의식구조가 작동하면
상호이해는 이루어지지 않는 상태가 발생하는 것이다. 사람은 그것을 오해
가 생겼다고 생각한다.

　문화의 차이로 인해서 뜻하지 않은 오해가 발생하여 관계가 악화하는 가
능성은 충분히 있으며, 관계가 악화한 후에야 어디서 어떻게 오해가 발생하
였는지를 분석하게 되는데, 인식하지 못한 사이에 문제가 발생하여 수습할
시간 없이 갈등이 확대한다는 것도 심각성을 느끼는 이유이다. 문화의 차이
가 상호이해를 방해하는 요인이 된다. 벽은 서로를 못 보게 함으로써 장벽
이 된다. 그리고 자신이 속하는 문화에 대한 자부심이 높을수록 그 장벽은
높아진다. 벽이 높으면 높을수록 벽 밖을 보기가 어려워진다. 인종의 벽, 종
교의 벽, 언어의 벽이라는 말이 있듯이 문화도 벽이 된다.

Ⅲ. 한일 간의 문화의 장벽

1. 한국에서 일본인 유학생이 겪은 갈등

　필자도 20대에 한국에 유학을 온 경험이 있다. 새로운 경험에 대한 큰 기
대감도 있지만, 동시에 낯선 이국에 와서 불안한 마음으로 지내는 시기가
있었다. 새로운 환경에 익숙해지는 노력을 기울였던 기억이 있다. 20대 초
반에 10일간 미국을 여행한 것이 해외 경험의 전부였던 필자에게는 처음으

로 경험하는 한국에서의 해외 생활이었다. 문화에 대한 인식이 없는 상황에서 문화 충격을 경험한 셈이며, 따라서 인식도 판단도 제대로 할 수 없었다. 충분히 준비하였다고 하더라도 처음 겪는 문화의 차이로 인한 혼란은 불가피한 것이 아닌가. 미리 밝히지만, 다른 문화를 접하여서 생기는 마찰이나 혼란을 부정적으로 인식할 필요는 없다. 더군다나 유학생이 정신적 스트레스를 받는다고 해서 한국의 환경이나 문화를 개선할 필요는 없다. 그것은 그것으로 한국문화의 귀한 일면이기도 하다. 유학생이 스트레스를 받는다고 해도 한국사회를 부정하고 개선해야 한다는 것이 아니다.

필자가 재직하는 대학교에 유학을 온 일본 학생 30명에게 일본에서의 생활과 다르다는 이유로 느끼는 유학 생활의 불편함(스트레스)에 관하여 취재한 내용을 정리하여, 문화의 차이로 인한 충격이 무엇인지 알아보고자 한다.

불편함(스트레스)의 종류는 크게 두 가지로 나눌 수 있는데, a) 사회 시스템 차이로 느끼는 불편함 및 b) 인간관계의 심리적 거리감의 차이로 느끼는 불편함이다. 이 불편함은 각각 다음과 같이 구체적인 상황별로 나타난다. 먼저 a)부터 설명한다.

  a) 사회 시스템 차이로 느끼는 스트레스
  ① 일반화된 카드 결제
  ② 식당 메뉴 주문 방식
  ③ 한국 나이, 만 나이
  ④ 버스 운행
  ⑤ 화장실

a) ①은 물건 구매 시 및 요금 지급 시에 일본에서는 현금결제가 많은데 대하여 한국에서는 모든 결제가 카드 및 휴대폰으로 이루어지는 것에서 오는 스트레스이다. 휴대폰 결제 시에도 신용 및 체크카드의 소지가 전제되는데, 유학생은 신용카드를 소유할 수 있는 신분이 아니며 체크카드 발급도

은행에서의 복잡한 절차를 거쳐야 가능하므로 유학 초기에는 현금으로 지급 및 결제를 할 수밖에 없는 것이 현실이다. 여기서 문제가 되는 것은 편의점이나 마트 혹은 버스 등 대중교통 이용 시에, 다른 이용자는 순식간에 결제를 마치는데 현금 결제하는 유학생은 그 속도를 따라가지 못하여 주변 이용자들에게 민폐가 되는 상황에 놓이게 된다는 것이다. 그렇지 않아도 다른 사람에게 폐를 끼치면 안 된다는 교육을 유치원 때부터 받는 일본인이 해외에서 다른 사람에게 민폐가 된다는 것은 결코 즐거운 일이 아니다. 고객으로서의 대접받기는커녕 눈치를 보면서 소비생활을 해야 한다는 것은 일상생활의 큰 불편이 아닐 수 없다.

a) ②는 일본에서는 식당 메뉴 주문이 개인별로 이루어지지만, 한국의 식당에서는 2인분 이상이 아니면 주문할 수 없는 메뉴가 흔히 있는 것에서 발생하는 스트레스이다. 혼자서는 주문할 수도 없고 둘이서 같은 메뉴를 골라야 하는 상황이 된다. 일본인 유학생으로서는 선택권에 제한받는 느낌을 받아서 결코 즐거운 상황이 아니라는 것이다. 그 반면에 반찬을 추가 주문해도 추가 요금이 발생하지 않는 경우가 많아 이득을 보았다며 기뻐하는 경우가 있다고 하니 다행이다.

a) ③은 초면에 자기소개하거나 할 때 나이를 말할 때가 많지만 일본인은 만 나이밖에 쓰지 않아 한국 나이를 주로 쓰는 한국 환경에 적응하기가 쉽지 않다는 것이다. 한국인은 나이 차이로 말투와 태도를 적절히 취해야 예의에 맞는다는 관념이 있다는 것을 아는 일본인 유학생이 한국 나이와 만 나이를 정확히 이해해야 한다고 생각하여, 그것이 강박 관념이 되는 일도 있다.

a) ④는 일본에서 버스는 답답할 정도로 느리게 운행하지만, 한국에서는 상당히 난폭하게 운행되는 경우가 많아서 생기는 스트레스이다. 일본인 유학생이 당황하여 공포심마저 느낀다. 하지만 익숙한 다음에는 빠르게 운행하는 버스를 좋아하게 된다.

a) ⑤는 대변을 보면 사용한 휴지를 일본에서는 변기에 바로 버리면 되는데 한국에서는 같은 바로 옆에 설치된 휴지통에 버려야 하는 것에서 생기는 스트레스이다. 앞 사람이 버린 휴지가 눈에 들어오면 매우 불쾌하게 느낀다고 어려움을 호소하는 일본인 유학생이 많다.

다음은 b)의 경우이다.

> b) 사람과의 심리적 거리감의 차이로 받는 스트레스
> ① 한국인의 직설적 의견 및 감정 표시
> ② 개인의 영역에 대한 인식 차이
> ③ 한국인의 과도한 친절
> ④ 한국인 고객의 위압적 태도
> ⑤ 한국인의 여성 경시

b) ①은 한국인이 자신의 의견이나 희로애락과 같은 감정을 직설적으로 표현하는데, 그 모습을 접한 일본인 유학생이 심한 거부감을 느낀다는 것이다. 일본에서는 개인의 감정을 숨기는 것을 미덕으로 여기는 경향이 있다. 일본인은 다른 사람 앞에서 자신의 감정을 드러내지 않는 것이 성숙한 행동이며 양호한 인간관계를 유지하는 방법이라고 생각한다. 어쩔 수 없이 자신의 의견이나 감정을 드러내야 할 때는 우회적으로 비유 등을 섞으며 은근히 표현하지, 직설적으로 표현하는 경우는 드물다. 만약 그럴 일이 있다면 상당히 감정적으로 흥분한 상황일 것이다. 이러한 일본에 비하면 한국은 자신의 의견이나 감정을 명쾌하게 표현하는 것을 장려하는 사회이다. 그것이 상대에 대한 배려이자 올바른 자세로 여긴다. 한국인과 일본인이 상대에 대한 예의를 차리려는 마음은 똑같지만, 일본인은 의견 및 감정을 숨기는 방식으로, 한국인은 반대로 솔직하고 직설적 방식으로 의견 및 감정 표현을 할 것이며, 이는 완전히 다른 모습을 연출한다. 이러한 현상은 상대의 문화를 숙지했다고 해도 순간적으로는 감정의 마찰을 일으킬 수 있는 현상이다.

서로 다른 가치 기준을 가지고 상대하다 보니 상호이해에 본의 아니게 해가 되는 상황이 발생하는 우려가 있다.

b) ②에서 개인의 영역이라고 하는 것은 물리적 공간을 의미하는 것이 아니고 심리적 공간을 의미한다. 예를 들어 친구가 우울한 표정으로 보일 경우, 일본인은 친구가 속상한 마음을 다스릴 때까지 조용히 상황을 지켜보는 데에 대하여 한국인은 그 이유를 묻거나 하여 적극적으로 개입한다. 그것이 한국에서는 친구를 대하는 진정한 우정의 태도라고 여긴다. 하지만 일본인은 친구의 우울한 감정을 모른 척하는 것이 친구에 대한 배려로 생각한다. 그래서 친구에 직접 물어보는 경우가 한국은 많지만, 일본은 그렇지 않다. 인간관계의 밀도가 한국은 높고 일본은 낮다는 것이다. 인간이 정신적으로 성장하는 장소가 주로 가정일 것인데, 가족관계의 밀도가 비교적 높은 한국과 낮은 일본 사회의 모습이 반영이 된 것으로 보인다.

b) ③은 b) ②의 결과 발생하는 스트레스이다. 친절은 어느 사회에서도 가치 있는 덕목이다. 심리적 거리가 가까운 한국 사회에서는 친절의 정도가 높다. 일본 사회는 그 반대이다. 친절을 받으면 부담을 크게 느끼는 것이 일본 사회이다. 그래서 일본 사회에서는 지나친 친절은 오히려 민폐로 여겨서 친절을 베풀 때 상대가 받을 부담을 생각하여 적당히 끝내는 경향이 있다. 한국인으로서는 섭섭함을 느끼는 경우가 되기도 한다.

b) ④는 학생이 아르바이트를 경험하면서 만나는 손님의 태도에서 감정 표시를 적극적으로 하는 한국인에게 일본인 유학생이 정신적 압박을 느낀다는 것이다. 블랙 컨슈머(악의적인 소비자)란 말은 일본에서도 널리 사용한다. 위압적 태도를 보이는 고객은 일본에서도 사회문제이다. 한국만의 문제가 아니지만, 사람과의 관계에서 심리적 거리를 두어야 하는 일본인으로서는 그렇지 않은 한국인 손님 태도가 위압적이지 아니어도 민감하게 느껴서 위압감을 받는 것으로 보인다.

b) ⑤에 관해서는 여성을 경시하는 경향은 일본도 마찬가지다. 하지만 이

것도 표현의 차이인 측면이 있다. 아버지가 일본인 어머니가 한국인인 일본인 유학생이 외가를 방문하여 제사 준비 과정에서 할머니로부터 '너는 여자니까 ~ 해야 한다.'라고 하신 말씀에 섭섭함을 느끼며 그 말을 부정적으로 받아들인 이야기가 있었다. 개인주의가 발달한 일본보다 강한 유교 사회인 한국이 남존여비의 분위기가 있는 것은 사실이다.

여기까지는 "문화의 차이로 인한 충격"에 관해 고찰하였다. 이 충격을 부정적으로 받아들이면 불행한 결과를 초래하지만, 긍정적으로 대응한다면 다른 문화를 이해하는 데 도움이 된다. 끊임없이 긍정적으로 다른 문화에 대한 애정과 관심을 이어간다면 더 이상 바랄 것이 없으나, 현실은 그렇지 않다. 무의식 속에서 쌓여 가는 부정적 경험이 다른 문화에 대한 애정과 관심을 방해하는 일이 반복하다보니 그런 다음에는 "문화의 장벽"을 쌓게 되는 단계에 들어선다.

2. 조선 후기 조일 문화의 장벽

지금으로부터 320년 전인 1703(숙종 29, 元祿16)년에 부산 왜관에 조선어 습득을 위해 바다를 건너온 유학자가 있었다. 아메노모리 호슈(雨森芳洲)이며 그의 나이 36세의 겨울이었다. 그는 1년 전의 2월부터 7월까지 약 4개월간 쓰시마번 제5대 번주(藩主) 소 요시미치(宗義方)의 도서(圖書)를 요청한 도서청개차왜의 도선주(都船主)로 첫 부산 방문을 한 바 있었다. 이 방문을 통해 조선어 학습의 긴요함을 느끼고 자원하여 이루어진 부산 유학 생활이다. 그의 유학은 1년을 채우고 1704년 11월에 귀국하였으나 이듬해 4월부터 11월까지 7개월간의 두 번째 부산 유학을 경험한다. 모두 1년 7개월의 부산 유학의 경험이 조선 후기에 조일 우호 관계를 상징하는 인물로 평가받게 된 기초가 되었다고 할 수 있다.

그의 부산 유학 생활은 조선의 역관(譯官)이 기거하는 이른바 사카노시타(坂之下)와 우천 시에는 왜관 수문(守門)에 주재하는 군관 등을 상대로 언어습득에 매진하는 나날이었다. 당시 행적에 관해서는 泉澄一 저(著) 『對馬藩藩儒雨森芳洲の基礎的研究』[3]에 자세히 서술된 바 있다. 이에 따르면 호슈의 조선어 학습은 군관 등을 상대로 한 회화뿐만 아니라 역관과의 문법 학습과 조선의 소설을 필사하는 등 문헌을 중심으로 이루어졌던 것으로 알려져 있다. 그러나 당시의 구체적 서술과 기록이 없어 호슈가 겪은 문화의 차이에 관한 경험을 읽어낼 수 있는 기록은 찾을 수 없다.

하지만 부산 첫 방문이었던 1702년에 도서청래차왜의 도선주로 4개월 왜관에 체류한 기록 중에 조선 땅을 처음으로 밟았을 때 받은 충격에 관한 기록이 있다. 이즈미(泉)는 1702년 8월 3일 오모테 매일기(表每日記)에 기록된 호슈의 각서(覺書)를 인용하여, "조선의 실상을 모르고 조선방 좌역(朝鮮方佐役)을 맡고 있었으나 조선의 힘은 10년 20년 전과 비교하면 10배나 강해진 것을 이번에 알았고 조선과의 외교는 갈수록 어려워질 뿐, 대책이 떠올지 않다."[4]는 것이 호슈의 의견이라고 요약하였다. 그런 맥락에서 "임진·정유왜란 후에 여음으로 남은 일본의 무위(武威)에 대한 인식이 『교린제성』의 기조의 하나(「亂後之餘威」の認識が『交隣提醒』の基調の一つ)"[5] 라고 『교린제성』의 성격을 정리하였다. 호슈가 조선 첫 경험을 통해 받은 충격은 문화 차이에 기인하는 것이 아니라, 기존의 인식과 달리 10년 20년 사이에 국력을 높인 조선의 실상을 확인한 결과의 충격이었다.

결과적으로 호슈는 이러한 경험에서 조선을 더 알 필요성을 느끼고, 두 차례 1년 7개월의 부산 유학을 실행에 옮겼다. 호슈는 기존의 인식을 타파하고 새로운 인식에 대한 도전을 시작하였다. 문화 차이를 인식하기에는 짧지 않은 시간이 필요하다. 분명히 호슈는 1702년의 첫 부산 파견, 1703년과

---

3) 泉澄一, 『對馬藩藩儒雨森芳洲の基礎的研究』, 關西大學출판부, 1997, pp.199-216 참조.
4) 앞의 책, p.187.
5) 앞의 책, p.189.

1704년 두 차례의 부산 유학을 통해 문화 차이를 인지하였을 것이다. 그 내용을 『교린제성』에서 찾아내 보고자 한다.

『교린제성』은 54항목으로 이루어지는데, 13, 24, 51, 54의 각 항목을 살펴보겠다.

13항목은 "일본과 조선은 모든 면에서 풍습이 다르고 기호(嗜好)도 다르다. 그런데 이러한 점을 생각하지 못한 채 일본의 풍습대로 조선인과 교제하게 되면, 일에 따라서는 서로 맞지 않는 경우가 많다.(日本と朝鮮とハ諸事風義違い、嗜好も夫ニ応し違ひ候故、左様之所ニ勘弁無之、日本之風義を以朝鮮人へ交候而ハ、事ニより喰違候事多ク有之候)"6)라고 조선과 일본에서는 서로 풍습이 달라 문제가 많이 발생한다는 인식을 제시하면서 구체적 예를 들고 있다. 먼저 '수도(首途)'와 '승선(乘船)' 차이"를 지적하고, 이어서 "일본에서는 좋다고 생각하는 것을 조선인은 좋지 않은 것으로 이해하고, 일본에서 좋지 않다고 생각하는 것을 조선인은 좋다고 생각하는 그것이 수없이 많이 있다."고 하면서, 통신사 삼사의 가마를 끄는 일본인 일꾼들이 추운 겨울에도 옷자락을 엉덩이가 보일 정도로 걷어 올리고 다니는 것, 짐꾼들이 가짜 수염을 붙이고 발장단을 맞추며 다니는 것들을 조선인도 훌륭하게 볼 것으로 일본에서는 기대하지만, 전혀 그렇지 않다는 것을 지적한다. 이는 지금 일본의 국기(國技)인 스모를 일본인은 응원하고 자랑하지만, 거대한 몸집을 가진 남자가 엉덩이를 드러내 벌이는 경기를 처음 보는 한국인이 혐오감을 느끼는 것과 비슷하다. 일반적으로 신체 과다 노출을 반가워하지 않는다. 그것도 엄청나게 살찐 남성이 과격하게 경기를 치르는 경기의 복장으로는 올리지 않고 징그럽다고 생각하는 것도 지극히 당연하다. 일본인은 어릴 때부터 흔히 보던 모습이며 경기에 열중하고 그들을 영웅시하는 사회이다 보니 그 모습도 멋지게 인식하는 것이다. 일본인은 스모 선

---

6) 이후, 한국어 번역은 한일관계사학회 편 역주 『교린제성』, 국학자료원, 2001, 일본어는 田代和生 교주 『交隣提醒』, 平凡社, 2014에서 인용함.

수를 보고 깜짝 놀라워하는 외국인을 이상한 사람으로 보기까지 한다. 자신이 속한 문화가 훌륭하고 대단하다고 인식한 만큼 이와 반대의 반응을 보이는 사람은 비정상적 사람으로 보는 현상이 발생하는 것이다. 이것이 "문화의 장벽"이다. 생각이 다른 사람을 멸시하는 경우가 있기 마련이기 때문이다.

24항목은 조선통신사를 이끌어가는 정사·부사·종사관 삼사(三使)와 쓰시마번의 생각에 차이가 있어 분쟁의 가능성을 조심하라는 호슈의 충고가 담겨져 있다.

> 도대체 삼사(三使)의 마음가짐은 언제나 일본의 구속당하지 않으려고 하는 것처럼 보인다. 그러나 한 번도 구속한 적은 없었다. 일본과 조선의 풍습에 차이가 있어서 조선의 사고로서는 일본에 맞지 않는 점이 있기에, 아무쪼록 양국 간에 좋게 하자는 취지에서 이것저것 의견을 제시했던 것이다. (중략) 제시하는 의견을 통신사 일행이 잘 알아들을 수 있도록 정중하게 대해야 할 것이다.

통신사 일행은 삼사에 의해 통솔된다. 그런데 일본 국내에서는 쓰시마번이 모든 통신사 일행의 여정을 안내하고 지시하는 임무를 막부(幕府)로부터 임명 받은 상황이었다. 쓰시마번이 "양국이 좋게 하자는 취지에서" 제시하는 의견을 삼사는 "일본의 구속"으로 생각하고 구속받지 않으려고 한다는 것이 쓰시마번의 인식이었다. 쓰시마번으로서는 삼사가 잘 받아들일 수 있도록 "정중하게 대해야 할 것"이라며 쓰시마 사람들이 삼사 및 일행에게 정중한 자세를 취해야 한다는 충고이다. 이 모습은 성격 차이로 이혼의 위기에 처한 숱한 부부들의 모습을 연상케 한다. 집안을 다스리려면 가장(家長) 스스로가 몸과 마음을 닦아 수양해야 한다는 수신제가(修身齊家)는 조일 간의 외교에서도 유효한 개념인 것으로 보인다. 집안이 다르면 같은 민족이라고 하더라도 집안마다 다른 문화가 있어 그 문화의 차이를 받아들이는 노력이 필요하다는 것은 통념이 되어 있다고 본다.

51항목은 사회제도의 차이로 발생하는 문제이다. 부산 왜관은 당시 쓰시마번이 파견한 인사가 500명 이상 1,000명 가깝게 거주하는 곳이었다. 조선인도 쓰시마 사람들도 왜관 출입이 엄격히 통제되어 있었다. 허가받든지 여부에 무관하게 왜관에 들어온 조선인이 절도하면 쓰시마번은 범인을 사형에 처하도록 요구하지만, 집행은 이루어지지 않을 것이니 무작정 사형을 바라는 것은 무리가 있다고 한다. 그 이유로, 일본인과 조선의 여성 사이에서 성관계[交奸]가 벌어졌을 때 조선에서는 일본인의 사형을 요구하지만 쓰시마번에서는 유배(流配)로 처하는 것과 같다고 말한다. 쓰시마번에서는 절도는 사형, 간통은 유배, 조선에서는 절도는 사형이 아니지만, 간통은 사형이라는 서로 다른 징벌제도가 있다. 당시 일본은 "범죄를 처지르면 어떤 처벌을 받을지 모른다."라고 하는 비밀주의가 있었다. 그러나 "(금) 10냥을 훔치면 사형"이라는 말이 통념이었다고 한다. 금 10냥은 정확하게 현재 화폐가치로 나타낼 수 없으나 당시 서민 가족이 1년간 생활이 가능한 금액으로 볼 수 있다. 또 여성에게 사형을 내리는 경우는 드물었다고 한다. 성관계가 범죄가 될 경우는 상대 여성의 신분 및 상황이 문제가 된다. 여성이 기혼자일 경우(간통)는 사형이지만 사창(私娼)과의 성관계는 벌금 혹은 백일 간 수갑을 차거나 된다. 이러한 제도의 차이는 쉽게 인식할 수 있는 차이이기 때문에 복잡한 문제가 되는 일은 없어 "문화의 장벽"을 성형하는 염려는 없을 것 같다.

이상을 정리하면 1. 사회제도(처벌제도)의 차이(51), 2. 풍습 및 기호의 차이 -언어, 복장 등-(13), 3. 생각과 인식의 차이(24)로 인해 조선과 쓰시마번 사이에서 갈등이 생기고 문제가 발생한다는 것을 호슈는 지적하고 있는 것이다. 사회제도의 차이는 서로가 그 차이를 비교적 쉽게 인식할 수 있어 갈등이 비교적 단순히 해결되며 심각하지 않다. 그런데 풍습 및 기호의 차이는 논리적으로 말로 설명할 수 없는 부분이다. "우리는 이렇게 해왔다.

우리는 이런 것을 선호한다."라고 하는 외에 설명할 길이 없다. 또한 정서 (情緖)와 감정의 문제이기 때문에 감정에 상처를 입고 입히는 결과에 이어 지기 쉽다. 감정의 문제로 번지면 이성적으로 해결할 수 없는 지경에 이르 러서 갈등은 복잡해지며 심각성은 중(重)하다. 생각과 인식의 차이가 발생 하기 이전에 상대에 대한 불신과 의심이 존재하여 문제의 불씨가 연기를 내는 상황이 이미 있는 것이다. 감정적 대립 상황에서 지시를 주고받으니 바로 의견 충돌이 발생한다. 이런 문제가 "의식의 틀, 의식구조" 즉 문화가 서로 다른 데에서 발생하는 것이다. 이러한 상황을 인지하여 적절히 대응하 기가 어려워서 문제의 심각성이 중한 것이다.

Ⅳ. 결론: 아메노모리 호슈(雨森芳洲)의 제언(提言)

호슈는 조선을 객관적으로 바라볼 줄 아는 사람이었다. 35세에 처음으로 부산 왜관에 파견되어 36세에 시작한 1년 7개월의 부산 왜관 생활, 그리고 신묘(1711)년 및 개해(1719)년 두 번의 조선통신사를 신분야쿠(眞文役)로 호행하는 등, 수많은 조선과의 교섭을 통해 호슈의 조선관은 형성되었다. 그리고 1720년 1월에 이르러, 막부의 유학자 하야시 다이가쿠노카미(林大 學頭)[7]의 지시로 조선 역사 및 중국의 풍습을 추종하는 등 그 성향을 간략 히 정리한 문서 『朝鮮風俗考』[8]를 집필하여 제출한다. 당시 많은 사람이 조 선을 약소(弱小)한 민족 정도의 인식을 하고 있었으나, 호슈는 조선이 예의 지국이며 결코 약소국이 아니라며 경종을 울리며 조선을 누구보다 정확히 인식한 인물이었다. 그래서 위에서 논한 바와 같이 조선과의 교섭에서 발생 하는 다양한 문제를 정확히 분석 이해하고 있는 것이다. 그는 『교린제성』

---

7) 하야시 호코(林鳳岡) 1645~1732년.
8) 雨森芳洲,「朝鮮風俗考」『雨森芳洲全書三』, 關西大學출판부, 1982년.

마지막 항목에서 조선과의 갈등을 최소화하여 우호 관계를 유지하기 위한
제언을 서술하고 있다.

> 그러나 이 문제는 말처럼 쉬운 것은 아니다. 지금까지 내려온 것만 보더
> 라도 조선으로서도 쉽게 고칠 수 있는 바가 아니다. 그러므로 관례는 우선
> 그대로 두고, 그 위에 진실된 마음을 잃지 않도록 해야 할 것이다.

『교린제성』 마지막 항목에서 주로 인용되는 부분은 위 인용문 앞의 "성
신지교(誠信之交)"에 관한 "성신이라는 것은 진실된 마음[實意]이라는 뜻
이 있으며, 서로 속이지 않고 다투지 않으며 진실을 가지고 교제하는 것을
성신이라고 말한다."라는 문장이다. "속이지 않고 다투지 않으며"는 어린아
이들에게 어른들이 훈계하는 문구이다. 어려운 것은 속이게 되고 다투게 되
는 원인을 인지하고 해결하는 것이다. 상대를 속이는 상황, 상대와 다투는
상황을 어떻게 피하느냐 하는 것이다. 호슈가 "말처럼 쉬운 것은 아니다."
라고 하는 문제란 조선과 쓰시마번 사이에서 오랫동안 맺어온 약조이다. 구
체적으로는 쓰시마번이 조선에 파견한 사절(使節)인 각종 송사(送使) 등을
뜻한다. 사절단을 조선은 왜관에서 후하게 대접해야 하였다. 호슈는 "그 나
라(조선)의 번거로움"이라고 표현한다. 쓰시마번이 왜구를 단속한 대가로
시작된 것이며 조선에서는 경제적 큰 부담이었다. 호슈는 "(조선의) 번거로
움이 되지 않도록 해야 (중략) 참된 성신이라고 말할 수 없을 것이다."라며
조선과 일본이 완전히 평등한 관계가 되어야 한다고 주장한다. 그러나 현실
적으로는 조선 조정도 쓰시마번과 공식적으로 맺은 약조를 쉽사리 폐지할
수 없다. 호슈는 이러한 현실은 인정하면서, 쓰시마번으로서는 조선이 많은
부담을 안고 실시하고 있는 송사를 당연시하는 자세를 고치고 "진실된 마
음[實意]을 잃지 않도록 해야" 한다는 말로 경종을 올리고 있다. 이 "진실
된 마음[實意]"이 "서로 속이지 않고 다투지 않"는 행동으로 나타난다는 것

인데, 이 "진실된 마음[實意]"을 소유하고 변함없이 유지하는 것이 쉽지 않은 것은 우리가 잘 알고 있는 일이다.

일반적으로 사람이 자국(自國)의 문화와 다른 문화를 접할 경우에 크게 두 가지의 반응을 보인다. 하나는 당황하는 나머지 혐오감마저 느끼는 경우이며, 또 하나는 관심·흥미를 갖게 되어 호감을 가게 되는 경우이다. 불행하게도 현실에서는 후자가 아닌 전자의 경우가 많은 것 같이 느낀다. 지금도 옛날도 생활에 만족하는 것보다 불편을 느끼는 상황이 대부분이어서 관심·흥미보다 당황함을 유발하는 주변 요인이 많다. 그렇다 보니 선호하기보다 혐오하는 경우가 많아지는 것이다. 그렇다면 삶에 만족하는 사회에서는 다른 문화를 접하여 호감을 느끼고 그 문화를 소유한 민족·국가와 더욱 쉽게 우호 관계를 형성할 수 있다는 것인가?

어떻게 보면 문화가 장벽을 형성하는 것은 현실의 삶이 고달픈 탓인지도 모른다.

참고문헌

雨森芳洲, 「朝鮮風俗考」『雨森芳洲全書三』, 關西大學출판부, 1982년.

泉澄一, 『對馬藩藩儒雨森芳洲の基礎的研究』, 關西大學출판부, 1997.

한일관계사학회 편 역주 『교린제성』, 국학자료원, 2001.

田代和生 교주, 『交隣提醒』, 平凡社, 2014.

정성일, 「『교린제성(交隣提醒)』과 통역수작(通譯酬酌)」, 『한일관계사연구』 제58
　　　집, 한일관계사학회, 2017.

雨森芳洲の韓日友好関係への提言

田阪正則 l 鮮文大

I. 序論

　日韓關係改善のためにわれわれはいかにすべきであろうか。日韓關係に問題がなければその改善をいかにすべきかというテーマは主題とはならないであろう。日韓兩國の問題は、歴史問題からはじまり感情の問題となり、現在ではそれでなくとも暗い世界経濟の中で現實の生活にかかわる問題が世界的に深刻な状況において、兩國間の経濟協力問題にまでひびが入るにまで擴散している。それゆえ問題解決への道は更に複雑となっている。

　問題を解決するためには、その原因を明らかにしなければならない。歴史問題、経濟問題、安保問題、領土問題などの分野ごとに、それぞれ原因と言われるものがある。そして、そのそれぞれの原因にも、根となる根本原因があり、通常一つの根本原因からそれぞれ多様な原因が發生する構造を持つものだ。問題を解決するには、根本原因を解明し、そこから解決しなければならない。そうしてこそ、すべての問題の解決策が見えてくると言えよう。日韓の問題に關してその根本問題を明確にすることは容易ではない。だが、様々な問題を複雑にしている要因が何であるかを指摘することはできる。

　筆者は、日韓の問題を複雜にしている要因として「文化の壁」の存在を指摘したい。日韓關係における葛藤の原因は、異なった文化背景にあるということは、廣く指摘されることだ。筆者が「文化の壁」というのは、文化の相違が相互意思疎通を妨げる障壁となっていることを意味し、人々が異文化理解において自國文化が壁のように認識の限界となり、異文化に屬す人々の言動や感情を正確に認識することが困難となる狀況を生んでいるとみるからだ。

　本發表は、まず文化の壁に關して述べた後に文化の壁が日韓關係に及ぼす影響を考える。その過程で最初に論者が在職する大學に留學している日本人學生約30人に取材した「韓國に留學している日本人學生が受ける日常でのストレス」をまとめたものを提示する。そして、雨森芳洲著『交隣提醒』より、芳洲の隣國との關係に關する提言を論じる。芳洲は、周知の通り、盧泰愚前大統領が1990年來日の際、皇室晚餐會にて玄德潤との誠信交隣を言及したことで、廣く知られるようになった人物である。彼は、江戸幕府儒官木下順庵の門下生のなかでも優れた人材として、22歳に当時對朝貿易で經濟的に潤っていた對馬藩の儒官として推薦され、88歳に没するまで儒學者としてその藩政のみならず、朝鮮とのさまざまな交渉に携わり多くの業績を殘した。1728年、芳洲61歳のとき、藩主宗義誠に提出したのが『交隣提醒』である。朝鮮との關係に關して、時代の流れを讀めないでいる對馬藩に對する危機意識から記したもの1)であり、交隣の眞の意味と實踐方案について諭すために作成したもの2)である。300年前の日朝關係と現在の日韓關係に共通する内容が發見できることは興味深いところである。

---

1) 田代和生、「解說『交隣提醒』が語る近世日朝交流の實態」、『交隣提醒』、平凡社、2014, p.312.
2) 鄭成一、「『교린제성(交隣提醒)』과 통역수작(通譯酬酌)」、『韓日關係史研究』第58輯、韓日關係史學會、2017. pp.485~495.

Ⅱ. 相互理解の障壁となる文化

　一言で文化と言えど、その意味は多様である。學問や文學、藝術、音樂などを意味すれば、　大衆文化はそれより幅の廣い領域まで含んでいる。また、宗教的儀禮、年中行事などの伝統的行爲を意味したりもする。總合的に文化の定義は、「社會組織の構成員が獲得する行爲行動すべてであり、　そのような行爲行動を行なうに至る目に見えない意識構造」だと言える。ここで論じる文化は、主に「目に見えない意識構造」である。意識構造というのは、　ある言葉を聞いて頭の中に形成される何らかのイメージである。また社會組織とは、國家や地域社會、血緣關係、會社や企業など多樣であり、組織ごとに固有の文化がある。人々は同時に複數の組織に所屬し、異なる組織がそれぞれ異なったり共通の文化を持っている。

　人間の相互理解は1次的に言語による。　そのほかに、　表情、　目配り、ジェスチャーや行動などで互いに相手に思いを伝えたりする。相互理解のための手段は多様である。そしてその全ての行爲が社會組織ごとに固有のあり方をもっている。したがって社會組織ごとに異なった文化が存在するということは、その組織ごとに相互理解する方式が異なることもあるということだ。一つの單語をみても、相応する一組の言葉があるのであろうが、異なる概念として理解される場合がある。たとえば、韓國語の「사랑하다」は、生まれて間もないまだ言語習得のできていない乳飲み子が兩親から數限りなく耳にする言葉として、親が子を愛しみ大切にする心を表わす。一方、日本語の「愛する」は、思春期に好感を持つ異性に對して使う表現である。日本の親が生まれたばかりの子に使う表現としては、「いい子だね」、「かわいいね」というのが一般的である。「사랑하다」は異性間での愛情を意味する言葉でもあるが、「愛する」は子が親に、あるいは孫が祖父母に對して一般的に使う表現ではない。「사랑하다」と

「愛する」は、同じようにある對象を愛しむ心を表わす言葉であるはが、相当異なった側面も持つということだ。「사랑하다」という言葉から、韓國人は親の暖かい氣持ちを連想する一方で、日本人は、「愛する」という言葉から異性に對する愛情感情を思い浮かべるという意識構造をもっているといえるのである。

　また別の例を上げてみよう。謝罪の際に使う表現、韓國語では「죄송하다」である。日本語では「すみません」であるが、これは動詞「濟む・澄む」に否定の助動詞「ぬ」が接續した言葉である。「すみません」は、このままでは私の心が「濟まない・おさまらない」、すなわち「整理ができていない」という意味である。問題は、謝罪の際に謝罪する側の氣持ちである。韓國では相手に謝罪し許しを求めつつ「あなたの感じた心の痛みを共にする」という氣持ちがあると一般的に考える。一方日本では、相手への謝罪という意味は同じであるが、「謝罪した以上はなかったこととしよう」、「これ以上責任の追及はひかえよう」というニュアンスを含んでいる。また日本では、問題が起こった際、最初に謝罪する方が有利である」という通念があるが、韓國では謝罪すれば責任追及を受けるため、できるだけ謝罪を避けようとする風潮がある。韓國文化における謝罪には、謝罪する對象の傷みに寄り添う意識構造があるとするなら、日本文化での謝罪には、全ての葛藤を精算して、これ以上の葛藤が生じないように收拾するという意識構造があると言えよう。日本人は、謝罪をしたのでこれ以上の論爭はないものと考えるが、韓國人は機會のあるごとに過去を言及する。謝罪はすなわち相手の傷みに寄り添うことであるという意識構造から生じる行動である。自分達やすぐ先代が受けた傷みに日本人が寄り添ってくれることを願っての韓國人の過去への言及を、日本人は、すでに終わったことをなぜ蒸し返すのかと反感を持つ。日韓の歴史認識問題は、最も重要な相互信頼に深刻な影響を及ぼす感情の問題へと、

このように音もなく進展していくのである。

　このように同じ意味を持つ表現に翻譯は可能であるが、表現の中に含まれる意識構造までを正確に伝達して理解することは、大変困難なことである。韓國人も日本人も、自らの持っている意識構造を認識していないからである。　言語による相互理解にも文化の影響は大きいといえる。深刻なのは、　表面的には翻譯や通譯によって言葉の意味は伝達したが、内包する意識構造、眞に意味するところは伝わらないばかりか、誤解をも招くという問題があることだ。　言葉を交えたので言わんとすることは伝わったと安心しては、異なった意識構造が働く場合、言わんとすることが伝わらない狀態が發生するのである。人はそれを誤解が生まれたと考えるのである。

　文化の相違によって、思いもよらない誤解が生じて關係が惡化する可能性があり、關係が惡化した後になって誤解が生まれた原因と經緯を分析することとなるが、予想もできない問題が發生してそれを收拾する時間もないうちに問題が擴大するということも深刻さが小さくないと考える理由である。　文化の違いが相互理解を妨げる要因となるのである。壁は相手を見えなくするので障壁である。そして、自分の屬する文化に對する自負心が高ければ高いほど、その障壁は高く強固になる。壁が高ければ高いほど、壁の外を見ることが困難になる。宗敎の壁、人種の壁、言語の壁と同じように、文化も壁となるのである。

Ⅲ. 日韓の間の文化の壁

韓國で日本人留學生が經驗する葛藤

論者も20代に韓國留學を經驗している。新しい經驗への大きな期待感

もあったが、同時に慣れない異國の生活に不安な氣持ちで過ごした時期
もあった。新しい環境に慣れる努力をした記憶がある。20代初めに10日
間のアメリカ旅行をしたのが、それまでの海外経驗の全てであった論者
にとって、韓國留學は初めての海外生活であった。文化への認識もない
状況でカルチャーショックを経驗することとなり、　まともな認識も判
斷もできなかった。十分な準備があったとしても、初めて経驗する文化
の違いによる精神的混亂は不可避なものであったと思う。　あらかじめ
斷っておくが、異文化経驗により生まれる摩擦や混亂を否定的にとらえ
る必要はない。ましてや、留學生に精神的混亂をあたえる様々な環境や
生活様式などを改善する必要など全くない。それはそれでその文化の貴
重な一面でもある。留學生にストレスをあたえる韓國社會の姿を否定し
改善する必要など全くないのである。

　論者が在籍する大學に留學している日本人學生約30人に、日本とは違
うと感じるストレスに關して取材した內容を整理して、文化の違いによ
る衝撃とはどのようなものかについて考えることとする。

　ストレスの種類は、大きく二つに分類することができる。まずは、a)
社會制度の違いにより感じるストレス、そしてb)人間關係の精神的距離
感の違いから感じるストレスである。これらのストレスは、それぞれ次
のように具体的な状況別に現われる。まずは、a)から述べることとする。

　　　a) 社會制度の違いから感じるストレス
　　　① 一般化しているカード決濟
　　　② 食堂のメニューと注文の仕方
　　　③ 數え年と滿での年齢
　　　④ バスの運行
　　　⑤ トイレ

　a)①は、物を買ったり料金を支拂う際に日本では現金で行なう場合が
多いが、韓國ではほぼ全てがカードやモバイル決濟で行なわれること
から生じるストレスである。モバイル決濟もクレジットまたはチェッ
ク・カードを所有していることが前提となるが、留學生はクレジット・
カードを所有できない立場にあり、チェック・カードの發給も銀行での
複雜な手續きが必要なため、留學初期には現金決濟しかできないのが現
實だ。ここで問題となるのが、コンビニやスーパーマーケット、または
バスなどの交通機關を利用する場合に、他の利用者は一瞬にして支拂い
を濟ませるが、現金決濟をする留學生はその速度についていくことがで
きず、他人に迷惑をかける立場になってしまう。そうでなくとも、他人
に迷惑をかけてはいけないということを幼稚園の時から教えられる日
本人が、海外で日本人でもない外國の人々に迷惑をかけることは決して
愉快なことではない。　客としてサービスを受ける立場でありながら、
サービスはおろか他人の視線を氣にしなければならないことは、日常
生活の大きなストレスであるしかないのである。

　a)②は、日本では食堂でのメニューの注文は一人一人するものだが、
韓國では2人前以上でなければ注文できないメニューが普通にあること
から生じるストレスである。一人では注文もできず、二人で同じメ
ニューを注文しなくてはならない。日本人留學生としては、選ぶ權利を
奪われたように感じ、決して食事を樂しめる狀況とはならない。その一
方で、おかずを追加注文しても追加料金がない場合が多いことから、得
をしたと喜ぶことがよくあると言うのは幸いなことである。

　a)③は、初對面で自己紹介をしたりする時に年齢を言うことがあるが、
日本人は滿での年齢しか使わないのに對して、數え年を使う韓國での環
境に適応するのが容易でないことを意味するものである。韓國では年の
違いによって言葉遣いや態度を変えなければならないということを

知っている日本人留學生が、數え年と滿での年齢を正確に言わなければならないと考え、そのことが強いストレスとなってしまう場合もある。

　a)④は、日本ではバスは比較的速度を上げないで運行するが、韓國では亂暴な運轉をすることが多いことから生じるストレスである。日本人留學生が驚いて恐怖心さえ抱くことは珍しくない。しかしやがてそれに慣れてくると、スピード感ある運行をする韓國のバスを好きになる。

　a)⑤は、大便をする際に使用したちり紙の處置についてのストレスである。日本では便器に捨ててしまえばいいのだが、韓國では座っている便器のすぐ横に設置されたごみ箱に捨てる場合が多い。直前に利用した人が捨てたちり紙が目に入ってしまう時には、大変な不快感に襲われると不満を口にする日本人留學生は多い。

　次に、b)のケースである。

　　b) 人との心理的距離感の違いから生じるストレス
　　① 韓國人のストレートな意見や感情表示
　　② プライベートな領域に對する認識の違い
　　③ 韓國人の過度な親切
　　④ 韓國人顧客の威壓的態度
　　⑤ 韓國人の女性輕視

　b)①は、韓國人が自分の意見や喜怒哀樂といった感情をストレートに表現するが、それを見た日本人留學生が強い抵抗感を感じるというのである。日本では個人の感情を見せないことが美德であるとする傾向がある。日本人は、他人の前で自分の感情を表わさないことが大人の行動であり、良好な人間關係を築く方法であると考える。自分の意見や感情を表わさなければならない時にでも、 比喩を使ったりしてはっきりとした表現は控える。もしもストレートに表現することがあるとしたら、相

当感情的に興奮した狀態であると言える。このような日本と比べて、韓國は自分の意見や感情を明確に表現することを奬勵する社會である。それが相手への配慮であり、正しい姿勢であると考える。韓國人と日本人が相手に對して礼儀を盡くす氣持ちは同じであるが、日本人は意見や感情を隱して、韓國人は反對に正直にストレートに意見や感情を表わすであろう。これは全く正反對の演出である。このような現象は、互いの文化を熟知したとしても、瞬間感情の摩擦が生じ得る現象である。互いに異なる価値基準をもって接することで、相互理解に不本意ながら障害となる狀況が生じる恐れがある。

　b)②で、　プライベートな領域というのは物理的空間を言うのではなく、心理的空間を意味する。たとえば、友人が憂鬱な表情を見せる際に、日本人は友人が心の整理をするまで靜かに見守るのに對して、韓國人は憂鬱な表情をしている理由を尋ねたりして積極的に關与する。それが韓國では友人に對する本当の友情だと考える。しかし、日本人は友人の憂鬱な感情に對して知らないふりをすることが友人への配慮だと考える。それで友人に直接憂鬱な理由を尋ねることが韓國では多いが、日本では少ない。人間關係の密度が韓國は高く、日本は低いのである。人間が精神的に育つ場所は主に家庭であるが、家族關係の密度が比較的高い韓國と、低い日本社會の姿が反映されているのだと思う。

　b)③は、b)②の結果として起こるストレスである。親切はあらゆる社會で価値のある德目とされる。心理的距離が近い韓國社會では親切の度合いが高い。日本社會は、その反對である。親切を受ければ負担を強く受けるのが日本社會だ。それゆえ日本社會では行き過ぎた親切は却って迷惑であると考えて、親切を振舞う時には相手の負担にならないようにと適当なところで濟ませようとする傾向がある。韓國人としては、寂しく感じることになることもある。

　b)④は、學生がアルバイトをして出會った顧客の態度から、感情表現をストレートにする韓國人から強く受けた印象である。ブラック・コンシューマー(惡意的消費者)という言葉は日本でも廣く使われる。威壓的な態度をとる顧客は日本でも社會的問題であり、韓國だけの問題ではない。人との關係において、心理的距離を保たなければならない日本人としては、そうではない韓國人顧客の態度が實際には威壓的でなくても、威壓的に感じてしまうのであろう。

　b)⑤に關しては、女性を輕視する傾向は日本も同じである。しかし、これも表現の違いから生じる側面がある。父親が日本人、母親が韓國人の日本人留學生が、母方の實家を訪問して、祭祀の準備をする過程で、母方の祖母から「あなたは女だから〜しなくてはならない」と言われて、大変寂しい思いをしたという話をした。個人主義が發達した日本に比べ、儒教社會である韓國が男尊女卑の空氣が強いことも事實である。

　ここまでは、「文化の違いによる衝撃」といえる內容である。この衝撃は否定的に考えれば不幸な結末を招くであろうが、肯定的に對応すれば異文化を理解するのに助けとなる。常に肯定的に異文化に接して、その文化に對する愛情と關心が深まっていけば、それ以上良いことはないが、現實は違う。無意識のうちに積み重なっていく否定的経験が、異文化に對する愛情と關心を低下させて「文化の壁」を積み重ねていく段階へと進んでいく。

江戸時代の日朝文化の壁

　319年前の1703(肅宗29, 元祿16)年に、釜山倭館に韓國語習得のために海を渡って來た儒學者がいた。雨森芳洲であり、36歳の秋であった。芳洲は、1年前の2月から7月までの約4ヶ月間、對馬藩第5代藩主宗義方の圖書を要請する參判使の都船主としての初の釜山訪問であった。この訪問

を通して、韓國語學習の必要性を強く感じて、志願しての釜山留學生活
であった。それは1年過ぎた1704年11月に歸國へと至ったが、翌年4月か
ら11月までの7ヶ月間の二度目の釜山留學を経驗することとなる。都合1
年7ヶ月の釜山留學の経驗は、朝鮮後期日朝友好關係を象徵する人物と
して評価されることとなる基礎となったと言えるであろう。

　芳洲の釜山留學生活は、朝鮮の譯官が駐在する、いわゆる坂之下と、
雨天時には倭館の守門に駐在する軍官らを相手に言語習得に邁進する
日々であった。当時については、泉澄一著『對馬藩藩儒雨森芳洲の基礎的
研究』[3]に綿密な叙述がある。これによると、芳洲の韓國語學習は軍官な
どを相手にした會話のみならず、譯官との文法學習および朝鮮の小説を
筆寫するなどの文獻中心に行なっていたことが知られている。しかし、
当時のことを具体的に記した記録や文獻が少なく、芳洲の経驗した文化
の違いに關する経驗を讀み取ることのできる当時の記録は少ない。

　その中で、最初の釜山訪問の1702年に參判使の都船主として4ヶ月倭
館に滯留した記録の中に、朝鮮の地を初めて踏んだ時の文化的衝擊に關
する記録がある。泉は、1702年8月3日の表毎日記に記された芳洲の口上
覺を引用して、「これまでは朝鮮の實狀をよく知らずに(朝鮮方)佐役を
つとめてきたが今回朝鮮へ行ってみて自分の認識とは十倍も異なる朝
鮮の勢いを知った(中略)今後の朝鮮外交は先へ行くほどむずかしくなる
ばかりでさりとて名案も浮かんでこない」[4]という見解を芳洲がもつよ
うになったことを指摘した。そうして、「「亂後之餘威」の認識が『交隣提
醒』の基調の一つ」[5]であると、『交隣提醒』の性格を整理した。芳洲が初
めての朝鮮体驗を通して受けた衝擊は文化の違いに起因するものでは

---

3) 泉澄一、『對馬藩藩儒雨森芳洲の基礎的研究』、關西大學출판부, 1997, pp.199-216 참조.
4) 앞의 책, p.187.
5) 앞의 책, p.189.

なく、既存の認識とは異なった10年20年の間に國力を高めた朝鮮の實狀を確認したことによって受けた衝撃である。

結果的に芳洲は、このような経驗から更に朝鮮を知る必要性を感じて、二度にわたり1年7ヶ月の釜山留學を實行に移した。芳洲は既存の認識を打破して新しい認識への挑戰を始めた。文化の違いを認識するにはある程度の時間が必要だ。確かに芳洲は1702年の初めての釜山への派遣と1703年と1704年の二度の釜山留學を通して文化の違いを認識したはずである。その内容を『交隣提醒』から讀み取ってみることとする。

『交隣提醒』は54項目からなっており、ここでは13・24・51・54の各項目に注目する。

13項目は、「日本と朝鮮とハ諸事風義違い、嗜好も夫ニ応し違ひ候故、左様之所ニ勘弁無之、日本之風義を以朝鮮人へ交候而ハ、事ニより喰違候事多ク有之候」6)と、朝鮮と日本では風儀や嗜好が違うことから問題が發生するという認識を示しながら、具体的な事例を述べている。まずは「首途」と「乘船」という言葉の意味の違いを指摘し、續けて「日本ニて宜キと存候事を朝鮮人は不宜と相心得、日本ニ而不宜と存候事を朝鮮人ハ宜候と存候事限茂無之事ニ候」と言いつつ、通信使の三使の輿を担ぐ日本人の輿夫(よふ)が寒いなか尻をまくり、鑓持ち・挾箱持ちが仮髭(かしゅ)を塗って足拍子を取る姿を日本人は立派なものとして朝鮮人が見てくれることを期待したが、全くそんなことはないことを指摘する。これは、今の日本で國技である相撲を日本人は誇らしく応援するが、巨体の男性が臀部を露出させて行なう競技を初めて目にする韓國人が嫌惡感を感じるのに似ている。一般的に身体の過度な露出は見るものを不快にさせる。それも100キロを越える見た目には肥滿男性が激しく激突す

---

6) 이후, 한국어 번역은 한일관계사학회 편 역주 『교린제성』, 국학자료원, 2001, 일본어는 田代和生 校注 『交隣提醒』, 平凡社, 2014에서 인용함.

る競技の服裝にはふさわしくない見るに堪えないものと考えるのも当
然なのであろう。日本人は、幼少から日常目にしてきた姿であり、競技
に熱中し彼らを英雄視する社會の中では、その姿も立派なものと考える
ようになるのであろう。日本人は相撲の力士を見て驚く外國人を理解で
きないことだと思うことさえある。　自らの屬する文化が立派であると
思うほど、これとは反對の反応をする人は非常識的な人に見えるという
現象が生じるのである。これこそ「文化の壁」である。考えが異なる人を
蔑視する傾向があるわけである。

　24項目は、朝鮮通信使を率いる正使·副使·從事官の三使と對馬藩の考
えの違いがいざこざの原因となることに注意せよとの芳洲の忠告が述
べられている。

　　　惣体三使之心入、いつとても御國より抑制をうけ申間敷との我意有之
　　様ニ相見へ候故、曾而抑制ニてハ無之、日本と朝鮮とは風義之違ひ有之、
　　朝鮮之思召ニてハ日本向ニ合不申、何とそ兩國之間宜キ樣ニと思召候所
　　より被仰入事ニ候、(中略)申入候趣を得と被御聞通候樣ニと、御丁寧ニ可
　　被仰入事ニ候。

　通信使一行は、三使により統率される。三使の意見は絶對的である。
ところが、日本國內においては對馬藩が通信使一行の行程全てを案內し
指示する任務を幕府より命じられている立場であった。對馬藩が「兩國
が宜しきようにという趣旨で」提示することを、三使は「抑制」と受け止
めて抑制を受けまいとしているというのが對馬藩の認識であった。對馬
藩としては、三使がよく聞き入れることができるように「御丁寧ニ可被
仰入事」として、對馬の人間が、三使および一行に丁寧な姿勢をとるよ
うにと忠告しているのである。その姿は、離婚の危機にある數多くの夫
婦たちに見る姿を思い浮かばせる。家庭をうまくやっていくには家長で

ある夫自らが心身を正しくしなければならないという修身齊家は、日朝
間の外交にも有効な概念であったわけである。たとえ同じ民族であろう
と、家庭ごとに異なった文化があり、家庭ごとの文化の違いを受け入れ
る努力が必要であることは、通念となっていると思われる。

　51項目は、社會制度の違いから起こる問題である。釜山倭館は、当時
對馬藩の派遣した男性500人以上、1000人近くの居住地であった。朝鮮人
も對馬の人も、倭館の出入りは嚴重に統制されていた。許可を受ける受
けないにかかわらず、倭館に入った朝鮮人が窃盗を働く場合、對馬藩は
犯人を死刑に處するように朝鮮側に要求するが、結局は執行されないの
であるから、やみくもに死刑を訴えるのには無理があるというのであ
る。その理由として、日本人と朝鮮人女性との間で交奸があった際に朝
鮮は日本人に死刑を求めるが、對馬藩では流罪に處すのと同じであると
述べる。對馬藩では窃盗は死刑、交奸は流罪、朝鮮では窃盗は死刑では
ないが交奸は死刑と、異なる懲罰制度がある。当時日本は、「罪を犯せば
いかなる處罰があるかわからない」という秘密主義であった。それでも
「金10兩を盗めば死刑」ということが通念としてあったという。金10兩
は、正確に現在の貨幣に換算することは困難であるが、当時の庶民家庭
が1年間生活できる金額であったとすることができる。また、女性を死
刑に處することはまれであった。性行爲が犯罪となる場合は、女性の身
分や状況が問題となる。女性が既婚者の場合は死刑であるが、私娼との
性行爲は罰金や百日手鎖などに處される。このような制度の違いは容易
に認識可能であるため、複雑な問題になることなく、「文化の壁」を形成
する心配は少ない。

　以上を整理すると、1.社會制度の違い(51)、2.風習や嗜好の違い(言葉・
服装など)(13)、3.考えと意識の違い(24)により朝鮮と對馬藩の間で葛藤
が生じて問題となることを芳洲が指摘していることがわかる。社會制度

の違いは、お互いにその違いを比較的容易に認識ができるので葛藤も比較的簡単に解消でき、深刻さもさほどない。風習や嗜好の違いは、論理的に言葉で説明が難しい。「われわれはこのようにしてきた。私たちはこうすることを好む」という以外に説明することができない。また、情緒や感情の問題であるので感情を害したり害されたりという結果になってしまうことがある。感情問題に発展すると、理性的な解決が困難な状態になり、葛藤は複雑化して深刻さは大きくなる。考えと認識の違いが生じる前に、相手への不信感と疑いの心が生まれて、それが火種となりくすぶっているという状況がすでに存在するのである。すでに感情の對立が生まれた狀況で、指示を受けたり與えたりするために、即座に意見の衝突が發生する。このような問題が「意識構造」、すなわち文化の違いから生まれるのだが、それを認知して適切に對應することが難しいために問題は深刻なのである。

Ⅳ. 結論: 雨森芳洲の提言

芳洲は、朝鮮を客觀的に見つめることのできる人だった。35歳に初めて釜山の倭館に派遣され、 36歳に始めた1年7ヶ月の釜山倭館での生活、そして正德(1711年)および享保(1719年)の二度の朝鮮通信使を眞文役として隨行するなど、數多くの朝鮮との交渉を通して、芳洲の朝鮮觀は形成された。 そして1720年1月に、 幕府の儒學者林大學頭7)の指示により、朝鮮の歷史および中國の風習を尊ぶなどその性向を簡略に整理した文書『朝鮮風俗考』8)を執筆し提出する。 当時、 日本人の多くは朝鮮は弱小

---

7) 하야시 호코(林鳳岡) 1645~1732년.
8) 雨森芳洲、「朝鮮風俗考」『雨森芳洲全書三』、關西大學出版部、1982年。

な國と認識していたが、芳洲は、朝鮮が礼儀の國であり決して弱小國家
ではないと警鐘を鳴らし、 朝鮮を誰よりも正確に認識した人物であっ
た。それゆえ、これまで論じたように、朝鮮との交渉で生じる多様な問
題を正確に分析して理解していたのである。芳洲は『交隣提醒』の最後
の項目で、朝鮮との葛藤は最小化して友好關係を維持するための提言を
記している。

　　　しかし此段容易ニ成申事ニても無之、只今迄仕來候事ハ彼國よりも容
　　易ニ相改可申とも被申間敷候間、何とそ仕來ハ先其通ニ被成被置、此上
　　ニ實意御取失ひ無之候樣ニ被成度事ニ候。

『交隣提醒』 最後の項目で度々引用されるのは、 この引用文の直前部
分である「誠信之交」に關する「誠信と申候ハ實意と申事ニて、 互ニ不レ
詐カ不レ爭ハ、眞實を以交り候を誠信とは申候」という文章である。「互
いに欺かず爭わず」とは、 幼い子供たちに大人が躾けを教える時の言葉
である。困難なのは、欺き爭うこととなる原因を認知して解決すること
だ。相手を欺くようになる狀況、相手との爭いに至る狀況を、いかに
して回避するかということである。芳洲が「容易ニ成申事ニても無之」とい
う問題とは、朝鮮と對馬藩の間に交わされた約條による長年の慣行であ
る。具體的には、對馬藩が朝鮮に派遣する使節である各種の送使を意味
する。使節団を朝鮮は倭館にて厚く待遇する。芳洲は「彼國之造作(朝鮮
の經濟的負擔)」と表現している。 對馬藩が海賊(倭寇)を取り締まる代価
として始まったものであり、 朝鮮では經濟的に大きな負擔となってい
た。 芳洲は「彼國之造作ニ御成不被成候時ならてハまことの誠信とハ難
申」と述べて、 朝鮮と日本が完全に平等な關係となれなければならない
と主張する。しかし、實際には朝鮮の朝廷も對馬藩と結んだ約條を簡單

には解消することはできない。芳洲はこのような現實を認識しつつ、對馬藩としては朝鮮が負担を甘受して實施する送使を受け入れを当然のこととするのではなく、「實意(誠の心)」を取り失うことのないように」しなければならないと警鐘を鳴らすのである。この「實意」が「互いに欺かず爭わず」という行動に現われるというのだが、この「實意」をもって変わらないということが簡單ではないことを私たちはよく知っている。

　一般的に、自國の文化とは異なった文化に接する場合の反応は、大きく二つに別れる。一つは、戸惑い困惑するあまりに嫌惡感すら覺えてしまう場合であり、一方では、關心・興味をもち好感を受ける場合である。不幸にも現實においては前者の場合が多いようである。今も昔も生活に滿足するより、不平不滿のなかで生活することが多く、關心や興味より戸惑い困惑するという場合が多い。それゆえ好感をもつよりも嫌惡感をもつことのほうが多いようである。そうであるならば、生きることに滿足できる社會では、異文化に好感をもち、その文化をもっている民族や國家とより容易に友好關係を築いていけるのであろうか。

　文化が壁となるのは、現實の生活の辛さや苦しみゆえかも知れない。

제 1 Session

고대의 한국인과 일본인

일본고대의 한국계 渡來人과 律令官人

연민수 I 동북아역사재단

I. 서론

815년에 편찬된 일본고대의 계보서인 『新撰姓氏錄』에 등재된 1182씨 가운데 한반도계 씨족은 313씨로 전체의 26%에 달한다[1]. 姓氏錄에 등재된 도래계 씨족들은 편찬된 당시의 시점에서 멀리는 7, 8백년전의 시조의 이주 전승이 있고, 가깝게는 백수십년전 7세기후반 백제, 고구려의 멸망기에 이주한 후예들이다. 이들은 세대수가 오래 경과하여 일본의 풍토와 문화 속에서 일본국적을 취득하여 일본국의 공민으로 살아가는 이주민의 후예들이다.

『신찬성씨록』에 나오는 씨족들은 王京과 畿內 지역에 거주자를 대상으로 하고 있다는 점에서 크게 보면 지배계층을 구성하고 있는 주류세력들이다. 이들은 자신들의 조상의 행적을 기록한 씨족지를 갖고 있듯이 문자를 해독할 수 있는 식자층이고, 귀족, 관인계층이 다수를 점하고 있는 집단이라고 할 수 있다. 한반도계 씨족들 역시 일본사회의 주류세력에 속하는 계층으로 일본국 전체에서 보면, 특권적 지위에 있던 집단이라고 생각할 수 있다. 특히 왕경과 기내 지역의 백성은 기타 지역과는 달리 庸이 면제되고, 調는 2분의 1을 납부하도록 되어 있다[2]. 이것은 율령법에 규정되어 있는

---

1) 延敏洙 외 역주, 2020, 『新撰姓氏錄』上·中·下, 동북아역사재단.
2) 「賦役令」4에는 "中男及京畿內, 不在收庸之例"라는 규정으로부터 京畿 지역의 백성은 庸이 면제되고 있고, 「賦役令」1에는 "京及畿內, 皆正丁一人, 調布一杖三尺"으로

법적으로 보장된 특혜이다.

왕경과 기내 지역에 도래계가 많다는 것은 일본고대왕권은 이들이 갖고 있던 지식, 기술을 활용하고 있었다는 것을 말해준다. 직업집단으로서의 신분의 세습은 일본고대사회의 보편적인 현상이며, 도래인 중에는 직업의 전문성으로 가업을 계승하는 사례가 적지않다.

본고에서는 『신찬성씨록』에 보이는 한반도계 도래인의 분포와 이주 전승 그리고 학문과 의술, 음양 등에 종사했던 전문직 관인을 중심으로 그들의 출자와 활동에 대해 검토해 보고자 한다. 이것은 일본사회에서의 도래인의 출자의식, 일본사회 속으로의 동화과정 및 일본지배층의 도래계 씨족에 대한 인식을 이해하는 측면에서도 도움이 될 것이라고 생각된다.

Ⅱ. 한국계 도래인의 분포와 특징

『日本後紀』延曆 18년(799) 12월조에 나오는 『신찬성씨록』 편찬과 관련된 勅書에는 다음과 같이 기술되어 있다.

> "천하의 臣民인 씨족은 이미 많아졌다. 어느 씨족은 출자는 같으면서 別派로 되어있고, 어떤 자는 본종은 다르면서 同姓으로 되어 있다. 譜牒에 의거하려고 해도 改姓이 많이 이루어져, 호적과 계장을 조사해도 그 本宗과 支族을 구별하기 어렵다. 그래서 천하에 포고하여 본계장을 진상시켜야 한다. 三韓 諸蕃도 동일하게 한다".

이에 따르면 『신찬성씨록』 편찬의 이유로 氏姓과 出自의 혼란에 대한 문제점을 지적하고, 각 씨족들에게 본계장의 제출을 명한다. 시조명과 賜姓

부터 調는 2분의 1만 납부한다.

으로 분파되어 별도의 가문을 세운 조상명을 기록하라는 것인데, 개성의 현황을 조사하여 본류를 파악하기 위한 조치라고 생각된다. 또 귀족의 분파에 대해서는 본종가의 씨족장의 서명을 받아 同祖임을 확인하는 것으로, 宗中의 장자가 갖고 있던 家記가 동조 관계의 증거로서 중시되었다고 생각된다3). 이러한 사실은 당시에 남의 족보에 가탁하거나 부회하는 경향을 많다는 것을 말해주는 것이며 편찬에 즈음하여 나름대로의 허위사실을 적발하기 위한 기준을 정하고 있다. 조상의 출자는 새로운 성을 받기위한 중요한 기준이 되고 있으며 등재시에 검증작업을 벌이고 있다.

이러한 과정을 거쳐 최종 1182씨가 등재되었다. 이들은 당시 일본조정에서 공적으로 승인된 씨족들이다. 전체의 구성은 천황가의 후손임을 주장하는 씨족인 皇別을 시작으로 일본신화에 등장하는 神들을 元祖로 한 후예씨족들을 神別로 배열하고, 도래계 씨족의 후손들을 諸蕃으로 수록하였다. 그리고 출자를 확정하기 어려운 씨족들은 未定雜姓으로 분류하였다. 한편으로는 등재의 과정에서 조상의 출자에 대한 검증작업을 거쳤다고는 하지만, 적지않은 씨족들이 출자의 개변이 그대로 드러나고 있다. 특히 조상과 근원이 같다고 하는 同祖, 同源의 현상은 보편적으로 행해지고, 도래계 뿐만아니라 皇別, 神別 등 모든 씨족 사이에서 이루어지고 있다.

우선 諸蕃의 씨족 중에서 중국계인 漢系로 분류되어 중국 역대왕조의 왕으로부터 선조를 구하는 씨족들을 보자. 기원전 6세기경의 東周의 周靈王을 비롯하여 秦始皇이 31씨, 漢 高祖가 8씨, 後漢의 광무제가 6씨, 헌제가 2씨, 효헌제가 2씨이고, 燕王 공손연, 魏 문제와 무황제, 그리고 수양제까지 나오고 있다. 이들의 계보는 허위사실을 주장하는 경우가 대부분이고, 그중에서 진시황과 한고조, 후한 왕조에 출자를 구하는 경우는 백제나 신라에 일단 정착한 후에 다시 일본으로 간다고 하는 사례가 적지않다. 진시황제, 한고조 등의 중국의 황제에 조상을 가탁하는 것은 『古事記』, 『日本書紀』

---

3) 義江明子, 1985, 『日本古代の氏の構造』, 吉川弘文館 참조.

에 나오는 弓月君, 阿知使主 전승을 기초로 만들어낸 조상설화이고, 궁월
군 조상설화에 진시황이 가탁된 것은 8세기에 秦氏 후예들이 應神朝의 기
록을 기초로 만들어낸 허구이다. 백제계인 東漢氏의 후예 坂上大忌寸苅田
麻呂도 자신의 선조가 後漢 영제의 증손인 阿智王으로 대방군으로 이주해
살다가 일본으로 건너갔음을 밝히고 있다[4]. 조상의 출자와 시기를 중국의
잘 알려진 왕조에서 구하고 있고 그 기원도 먼 시대에서 찾는 경향이 강하
다. 즉 오랜 시기부터 일본천황의 덕화를 흠모하여 귀화했다는 봉사의 유래
를 강조하고 복속설화의 형태로서 다루어지고 있다. 이른바 일본국의 천황
주의에 영합하는 기원설화라고 할 수 있다. 이런 사례들은 사실 여부를 검
증하기 어렵고 그대로 묵인하는 경우가 대부분이다. 출자의 개변이 성행했
던 이유는 조상의 출자가 당시 정치적, 사회적 지위를 상승시킬 수 있는 중
요한 요소였고, 높은 성으로 개성을 청원할 수 있는 근거가 되었기 때문이
다. 특히 한반도계인 경우에 중국계나 일본계로 개변하는 경향이 두드러지
게 나타나고 있다.

다음은 『신찬성씨록』에 등재된 한반도계의 출자와 지역별 분포도를 살
펴보자. 이를 표로 정리하면 다음과 같다.

〈표 1〉韓半島系 渡來人 분포도(괄호안은 새로 발굴한 한반도계 숫자)

	百濟	高句麗	新羅	加耶(任那)	古朝鮮	합계	
左京	14(20)	15(2)	1(5)	3		33(27)	60
右京	46(32)	9(2)	3(8)	(1)	(1)	58(44)	102
山城國	6(7)	5	1(4)	1		13(11)	24
大和國	6(9)	6(3)	1(1)	2		15(13)	28
攝津國	9(10)	1	3(3)	3		16(13)	28
河內國	15(13)	1(3)	1(14)			17(30)	47
和泉國	8(7)	3(1)	1(4)			12(12)	24

4) 『續日本紀』延曆 4년(785) 6월 계유조.

합계	104(98)	39(11)	11(39)	9(1)	(1)	163(150)	313
	202	50	50	10	1	313	

　전체『신찬성씨록』에 등재된 한반도계로 분류된 씨족은 163씨이고, 새로 발굴한 한국계 씨족 150씨를 합하면 313씨이다[5]. 추가된 씨족은 대부분 중국계로 개변한 사례들이고 일본출자의 皇別에서 12례, 神別에서 3례의 한반도계가 확인되고 있다. 한반도계가 일본계로 개변하는 근거는 자신의 조상이 한반도에 사자로서 혹은 장군으로 파견되어 현지의 여인과 결혼하여 출생한 자로서 그후에 일본으로 돌아왔다는 설화를 설정하고 있다. 이러한 출생담, 설화담은 옛 전적류에서 유사한 사례를 모방하여 만들어진 가공의 시조전승으로 신뢰할 수 없는 것들이다.

　국가별로 보면, 백제계가 202씨로 전체의 3분의 2에 가깝고, 고구려계와 신라계가 각각 50씨이고, 가야계가 10씨, 고조선계가 1씨이다. 여기에서 고조선계란 위만에게 패해 남하한 準王으로 사실상 백제인이 된 후예씨족으로 백제 출자로 분류해도 문제없다고 생각된다. 백제계가 압도적으로 많은 것은 역사적으로 일본과의 관계가 긴밀했고, 인적 이동이 활발했기 때문에 나타난 현상이다. 게다가 일본조정에서 우대받던 사실을 감안하면『신찬성씨록』에 등재할 수 있는 유리한 조건이 형성되어 있었기 때문으로 보인다. 고구려계의 경우는 고구려와 왜국이 교류를 시작한 6세기말 이후부터 시작되고 고구려 멸망기에 다수 보이고 있다. 한편 신라의 경우는 신라왕을 조상으로 하는 씨족은 전무하고 대부분 민간인으로 무언가의 사정으로 이주한 사람들의 후예들이다. 任那로 분류된 가야계는 왕족 출신임을 주장하는 씨족이 다수이고 전승의 기원도『일본서기』에 나오는 任那 관련 이주전승과도 연결되어 있어 씨족 독자의 전승이라기보다는 역사서의 기원담을 모델로 하여 만들어졌을 가능성도 엿보인다. 일부는 백제나 혹은 신라에 병합

---

5) 延敏洙 외 역주, 2020,『新撰姓氏錄』下, 동북아역사재단. [부록] 참조.

된 이후의 가야인의 전승도 남아있다.

도래계 씨족의 거주지역을 보면, 313씨 중에서 전체의 52%에 해당하는 162씨가 王京의 좌경과 우경에 본관을 갖고 있다. 당시의 왕경은 현재의 京都인 平安京으로 이들 중에는 8세기의 왕도였던 奈良의 平城京에서 천도와 더불어 이주한 사람도 적지않았다. 다음은 攝津과 河內, 和泉 지역으로 각각 28씨, 47씨, 24씨로 전체 31%이다. 이 지역은 현재의 大坂府를 중심으로 한 주변지역이다. 고대에 한반도남부에서 九州에 상륙하여 세토내해를 거쳐 難波 津으로 들어와 정착하고 주변지역으로 퍼져나가게 된다. 山城國은 平安京을 포괄하는 지역이고, 大和國은 飛鳥時代의 오랫동안 왕도였고 平城京의 소재지였다. 이른바 畿內의 國은 일본고대의 통치의 중심지역이라고 할수 있다.

한편 백제계 중에서는 都慕王으로 표기된 고구려의 시조인 鄒牟王을 비롯하여 近肖古王, 近仇首王, 直支王(腆支王), 毗有王, 辰斯王, 末多王(東城王), 武寧王, 聖王, 義慈王 등이 있다. 王으로 즉위하지는 않았지만, 왕의 표기를 갖는 인물로는 昆支王, 酒王이 있다. 백제의 출자를 고구려의 시조인 추모왕으로부터 구하는 것은 같은 부여족이라는 同族, 同祖 의식을 발로라고 생각되는데, 고구려의 시조를 조상의 기원으로 삼는 것은 출자의 신성성, 우월성을 과시하기 위한 수단으로 행해지지만, 실제의 출자인가에 대해서는 의문이 남는다. 백제계의 경우는 대체로 근초고왕 이후가 되면 전승자료가 남아있어 사실성에 가깝다고 할 수 있다. 백제왕 중에서도 근초고왕대가 많은 것은 중시조적인 성격이 강하고 이 시대가 일본과의 교류의 시작이라는 점도 중시되고 있다고 생각된다.

본국의 왕을 출자로 하는 씨족은 백제가 29씨로 가장 많고, 고구려는 추모왕, 호태왕 등 5씨, 임나는 대가야의 嘉悉王으로 생각되는 賀羅賀室王 등 4씨이다. 이들의 출자는 모두 현실에 존재하지 않은 멸망한 왕조들이다. 『신찬성씨록』에는 고구려 王姓인 高氏가 다수 검출되고 있지만, 자신이 고구려왕의 후손이라고 주장하는 씨족은 보이지 않는다. 이들 대부분은 고구려 멸망 이후에 이주한 사람들이다. 이에 반해 멸망 이전에 이주한 씨족 중에 고구려의 종족명으로 자주 나오는 狛氏라고 하는 고마씨가 다수 나오는데, 高氏系 인물들과는 대조적으로 고구려 왕족의 후손을 표방하고 있다6). 신라의 경우는 金氏의 씨족이 나오고 있으나 신라 왕족임을 주장하고 있는 사례는 보이지 않는다. 현실의 수교국인 당 왕조의 후예를 칭하는 자도 없고, 발해의 경우는 등재된 씨족이 하나도 없다는 것도 흥미롭다. 이것은 실제의 상황을 반영한 것으로 보이며 허위로 계보를 만들어도 밝혀질 가능성이 높고 처벌받을 우려도 있어 처음부터 존재하지 않았다고 생각된다.

한반도계의 씨족 중에서는 백제 都慕王의 18세손 무령왕의 후손인 和朝臣이 필두에 나와 있다. 이 씨족은 『신찬성씨록』 편찬을 시작한 桓武天皇의 외척으로 당시 도래계 씨족의 최고 위치에 있었다. 환무천황의 생모인 高野新笠은 光仁天皇이 권력의 중심에서 소외된 시절의 부인이다. 光仁朝, 桓武朝 때에 백제계 관인들이 대거 등용되어 우대받았던 것은 高野新笠의 영향도 크게 작용했다고 보이고, 和朝臣 가문이 번영되었음은 당연한 일이었다.

右京 諸蕃下에서는 義慈王을 출자로 하는 백제왕씨로부터 시작한다. 의자왕의 아들 善光의 후손들로서 도래씨족 중에서 특별 지위를 부여받은 씨족이다. 百濟王氏는 환무천황의 외척과 동일한 都慕王 시조전승을 공유하며 동류의식을 느끼며 5위 이상의 수많은 관인을 배출하였다. 六國史에 나오는 百濟王氏 인명만 해도 90인이 넘으며 이들은 5위 이상의 고위 관직을 배출한 일본 귀족사회를 구성하는 중요한 집단이었다7). 이어 도모왕의 10

---

6) 연민수, 2021, 「일본고대의 高氏와 狛氏의 존재형태와 계보의식」, 『일본고대국가와 도래계 씨족』, 학연문화사.

7) 百濟王氏에 대한 연구서로는 今井啓一, 1965, 『百濟王敬福』, 綜芸舍, 大坪秀敏, 2008, 『百濟王氏と古代日本』, 雄山閣, 송완범, 2020, 『동아시아세계 속의 일본율령국가 연구』, 경인문화사 등이 있다..

세손인 귀수왕으로부터 출자를 주장하는 菅野朝臣이 배열되어 있다. 당시 환무천황으로부터 총애받던 관야조신의 우월한 지위에서 나온 결과이다.

百濟王氏와 더불어 국명이 관칭된 씨족으로 高麗王氏가 있다. 고려왕씨의 시조는 『일본서기』天智 5년(666) 10월조에 고구려 사절단의 일원으로 일본에 왔다가 정착한 玄武若光이다. 현무약광은 『속일본기』大寶 3년(703) 4월조에 보이는 '종5위하 高麗若光에게 王 성을 하사하였다'라고 하는 고려약광과 동일인물이고, 이때 일본조정으로부터 '王'의 姓를 받았다. 현무약광에서 고려약광으로의 개명은 일본에 정주한 이후의 어느 시점에서 고구려인이라는 정체성을 유지하기 위해 국명을 씨명으로 선택한 것으로 보인다. 武藏國의 高麗郡에 있는 高麗神社에 전해오는 〈高麗氏系圖〉에는 고려씨 일족의 계보가 기록되어 있다. 동 계도에는 고려가문의 역대 계보를 기록하고, 高麗若光으로부터 제59대 高麗澄雄에 이르기까지 고려향, 고려신사, 高麗家의 변천과 연혁을 기록하고 있다.

한편 무장국의 高麗郡 설치와 관련하여 간과할 수 없는 것은 高麗朝臣 가문이다. 『속일본기』延曆 8년(789)조의 高倉朝臣福信의 薨傳에는, 福信은 武藏國 高麗郡 사람으로 본성은 背奈이고, 그 조부 福德은 당나라 장군 이세적이 평양성을 함락했을 때 우리나라에 귀화하여 무장에 살게 되었다고 하고, 福信은 곧 福德의 손자로 나온다. 그는 고구려 유민의 3세에 해당된다. 조부 복덕은 일본조정의 사민정책에 따라 무장국에 토착하여 유력자의 세력으로 성장하였고, 그 기반으로 중앙의 관계에 진출했다고 생각된다. 복신은 이러한 선대의 후광을 입어 중앙의 관료로 성공할 수 있었다. 이 씨족의 본성은 背奈로 되어 있는데, 고구려 5부의 消奴部에서 유래하는 '背奈'에서 나왔고 고구려 5부 중의 소노부 출신으로 생각된다[8]. 이후 背奈氏는 背奈公으로 바뀌었고, 天平 19년(747)에 背奈王으로[9], 천평승보 2년

---

8) 佐伯有淸, 2001, 「背奈氏の氏族とその一族」, 『新撰姓氏錄の硏究』拾遺編, 吉川弘文館, p.357.

(750)에 高麗朝臣으로[10], 寶龜 10년(779)에는 다시 高倉朝臣으로 개성되었
다[11]. 특히 도래계 씨족으로 조신의 성을 받는다는 것은 일본조정의 특별
대우였다. 『신찬성씨록』 좌경제번 「고려」조에는 "高麗朝臣은 고구려왕 好
台王의 7세손 延典王으로부터 나왔다"라고 기록되어 있다. 복신은 神護 원
년(765)에 종3위로 造宮卿에 임명되어 武藏守, 近江守를 겸임하였고, 이후
에도 3번에 걸쳐 무장국 장관인 무장수를 겸임하였다. 그의 일족인 高麗大
山은 천평보자 5년(761)에, 高麗石麻呂는 보귀 9년(778)에 武藏介에 임명
되었다. 고려씨 일족이 무장국 국사에 임명된 것은 그들이 무장국 출신이었
기 때문이고, 무장국은 사실상 복신 일족의 관할구역이 되었으며 거의 독점
적으로 지배하였다.

이밖에도 六國史에는 백제의 왕족인 余氏 姓을 가진 인물도 상당수 검
출되고 관인으로서 출사한 사람도 적지않다. 이것은 백제멸망 당시 망명자
의 후예들이고 왕족 출신이 많았다는 사실을 말해주는 것이다.

Ⅲ. 백제 亡命官人의 등용

일본고대에 관인으로 등용된 인물 중에는 압도적으로 백제계가 많다. 백
제의 멸망으로 다수의 관인층의 망명이 있었고, 일본조정에서는 이들을 백
제에서의 보직과 재능과 능력에 따라 활용하는 인사가 이루어졌다. 天智 10
년(671) 춘정월에 백제 망명자에 대한 관위와 관직 수여기사를 보자.

---

9) 『續日本紀』天平 19년 6월 신해조, "正五位下背奈福信, 外正七位下背奈大山, 從八位
上背奈廣山等八人, 賜背奈王姓".
10) 『續日本紀』天平勝宝 2년 정월 병진조, "從四位上背奈王福信等六人賜高麗朝臣姓"
11) 『續日本紀』寶龜 10년 3월 무오조, "從三位高麗朝臣福信賜姓高倉朝臣".

　　"이달에 좌평 余自信, 沙宅紹明[法官大輔이다]에게 大錦下를 주었다. 鬼室集斯[學職頭이다]에게 小錦下를 주었다. 달솔 谷那晋首[병법에 밝았다], 木素貴子[병법에 밝았다], 憶禮福留[병법에 밝았다], 答㶱春初[병법에 밝았다], 㶱日比子, 贊波羅, 金羅, 金須[의약에 통달하였다], 鬼室集信[의약에 통달하였다]에게 大山下를 주었다. 달솔 德頂上[의약에 능통하였다], 吉大尙[의약에 능통하였다], 許率母[五經에 밝았다], 角福牟[陰陽에 밝았다]에게 小山上을 주었다. 나머지 달솔 등 50여 인에게 小山下를 주었다[12]".

　　먼저 沙宅紹明은 法官大輔에 임명되었다. 法官은 율령제하에서 式部省의 차관에 해당한다. 법관의 관직는 이전 시기에는 보이지 않는 관부로 천지조 때에 처음으로 설치된 것이다. 內大臣 中臣鎌足의 기록인 『家傳』上에는 "大臣이 時의 賢人과 함께 舊章을 검토하여 거의 조례를 완성하였다"라는 기록이 나온다. 여기서 '時의 賢人'이란 법관대보에 임명된 사택소명을 말한다. 그에 대해 『家傳』에서는 "백제인 小紫 사택소명은 才思가 발굴이고 문장이 당대의 으뜸이다"라고 하고 있으며 藤原鎌足의 비문을 작성한 인물로도 알려져 있다[13]. 『일본서기』 天武 2년(6734) 윤6월조에 "大錦下 백제의 사택소명이 죽었다. 사람됨이 총명하고 지혜로워 그 당시에는 수재로 불리었다. 이에 천황이 놀라서 은혜를 내려 外小紫의 관위를 추증하였다. 아울러 본국의 大佐平의 관위를 내렸다".라고 기록하고 있다. 사택소명에 대해 '才思穎拔', '文章冠世'. '聰明叡智', '秀才' 등으로 표현하고 있듯이 그의 뛰어난 지적 능력을 예찬하고 있다. 왜왕권이 사택소명을 법관대보로 임명할 때는 이미 백제에서의 경력과 능력을 인정받았기 때문이다.

　　다음은 學職頭에 임명된 鬼室集斯는 당시 왜왕권의 인재양성 기관인 大學寮의 장관에 해당하는 중직으로 백제에서도 관련 직무를 맡고 있었다고

---

12) 『日本書紀』 天智紀 10년 春정월 是月條.

13) 『藤氏家傳』 鎌足傳上卷, "大師百濟人小紫沙宅昭明, 才思穎拔, 文章冠世. 傷令名不傳, 賢德空沒. 仍製碑文".

보이며, 백제의 교육제도를 그대로 적용시켰을 것으로 보인다. 망명자를 교육기관의 수장으로 임명한 것은 그의 지식, 능력을 높이 평가한 것이다. 오경에 밝았다는 許率母에 대해서는 『일본서기』 天武 6년(678) 5월조에 大博士 백제인 率母에게 대산하의 관위를 주고 봉호 20호를 내렸다고 한다[14]. 그를 大博士라고 칭한 것으로 보아 석학으로 존경받았음을 보여준다. 율령제하에서 오경은 대학료의 필수과목이다. 『懷風藻』에서는 天智天皇의 황자인 大友皇子가 교유한 논객에 대해 "널리 학자들 沙宅紹明, 塔本春初, 吉太尙, 許率母, 木素貴子 등을 불러 賓客으로 삼았다[15]"고 하듯이 주류성 함락 직후 망명한 백제 지식인의 5명을 거론하고 있다.

다음은 병법에 밝은 4인 谷那晋首, 木素貴子, 億禮福留, 答㶱春初를 거론하고 있다. 『일본서기』 天智 2년(663) 9월조에 왜국으로 망명한 좌평 餘自信, 달솔 木素貴子, 谷那晉首, 憶禮福留 등의 인명이 보이고, 答㶱春初 역시 같은 날 귀국선에 동승했다고 보인다. 이들은 모두 백제의 고위관료 출신으로 백제부흥운동을 주도하다가 주류성 함락시에 왜국으로 망명하였다. 天智 4년(665)에 "달솔 答㶱春初를 보내 長門國에 성을 쌓게 하였다. 달솔 億禮福留, 달솔 四比福夫를 축자국에 보내 大野 및 椽의 두 성을 쌓게 하였다"[16]는 기록으로부터 알 수 있듯이 백강전투 이후 백제의 산성을 모델로 하여 나당연합군의 침공에 대비한 축성사업의 책임자로 활동하였다.

의약에 밝은 㶱日比子, 贊波羅, 金羅, 金須, 鬼室集信 등에게 大山下의 관위를, 달솔 德頂上, 吉大尙 등에게는 소산하의 관위를 주었다. 이들은 모두 달솔 이상의 관위의 유민들이고, 백제 내관제 중의 藥部 소속의 관인들이라고 생각된다. 왜왕권의 관위 수여에서 특별히 의약에 정통한 인물들이

---

14) 『日本書紀』 天武紀 6년 5월 갑자조, "勅, 大博士百濟人率母授大山下位., 因以封卅戶".
15) 『寧樂遺文』下卷, 東京堂出版, 1962, 『懷風藻』, "淡海朝大友皇子二首. 皇太子, 淡海帝之長子也, ···· 年二十三, 立爲皇太子, 廣延學士, 沙宅紹明·塔本春初·吉太尙·許率母·木素貴子等, 以爲賓客···".
16) 『日本書紀』 天智4년 8월조.

대표명으로 거론된 16인 중 7인이나 차지하고 있는 것은 전란과 부상, 역병, 재해 등 치료가 요구되는 사람들이 많아졌기 때문이다. 『일본서기』천무 4년(675) 춘정월조에 外藥寮의 기사가 처음 등장하는데, 이들 의약관련 유민들이 유입으로 관부로 설치되었다고 보인다. 『養老令』醫疾令의 조문을 보면, "의박사는 醫人 중에서 法術이 우수한 사람 중에서 뽑아서 삼는다. 안마와 주금박사도 또한 이에 준한다"고 하고, "무릇 의생, 안마생, 주금생, 약원생은 먼저 藥部 및 대대로 익힌 자를 뽑는다"고 하여 의술을 세습하는 가문의 자제를 우선 선발하도록 규정하고 있다. 당연히 백제에서 온 의약관련 후손들에게 우선권이 있음을 알 수 있다.

백제유민인 吉大尙의 후예들은 의술방면에 뛰어난 족적을 남겼다. 『文德實錄』嘉祥 3년(850) 11월조에 길대상의 후손인 興世朝臣書主의「卒傳」에는 그의 조부는 圖書頭이면서 內藥正을 겸직한 정5위상 吉田連宜이고, 父 역시 內藥正 吉田連古麻呂였다. 이 집안은 대대로 천황 등 건강을 책임지는 侍醫로서 봉사해 왔음을 기록하고 있다. 즉 吉大尙에서 시작된 의술은 4대에 걸쳐 의술의 명가로서 지위를 확보하였다. 또한 吉田連의 일족인 吉田連兄人은 天平 20년(748)에 황후궁의 시의가 되었다[17]. 이어 일족인 吉田連斐太麻呂는 寶龜 2년(771)에 內藥正에 보임되어 10년 이상이나 내약료의 장관직에 종사하였고, 동 10년(779)에는 光仁天皇의 시의도 겸하게 되었다. 길전련 가문에서 시의 등 의료종사가 많이 배출된 것은 의술이 가업으로 계승되었고 뛰어난 실력으로 조정으로부터 신임을 얻었기 때문이었다. 이외에도 병법에 밝아 축성사업에 참여한 笞炑春初의 후손인 麻田連은 延曆 4년(785) 11월에 외종5위하 麻田連畋賦를 典藥頭에 임명되었다[18]. 전약두는 宮內省에 소속된 궁정관인의 의료와 調藥, 의술전문가의 양성,

---

17) 『大日本古文書』(3-122)「皇后宮職牒」, "天平卅年十月八日從七位上守侍醫兼行大屬河內大目吉田連兄人"

18) 『續日本紀』延曆 4年 11월 갑인조

약용식물의 재배 등을 총괄하는 典藥寮의 장관이다. 808년에 성립한 일본 고대의 의학서인 『大同類聚方』의 「典藥寮本」에 수록된 고대 한반도게 씨족이 처방한 목록을 보면, 총 37건 가운데 백제계 인물이 관여한 것이 23건이고, 이중에서 길대상의 후손 吉田連氏의 처방이 14건이고, 答㶱春初의 후손인 麻田連氏의 처방이 4건이 확인된다[19].

　의약 관련 씨족으로 잘 알려진 難波連은 원출자가 고구려이면서 백제에 거쳐 다시 일본으로 이주하였다. 이 씨족은 『신찬성씨록』에 고구려 好太王을 시조로 하는 출자를 기록하고 있는데 5세기전반 백제에 일족을 거느리고 귀화한 후, 다시 5세기후반 백제의 대왜정책의 일환으로 왜국으로 이주하였다. 『속일본기』 천평보자 2년(758) 4월조에는 難波藥師奈良 등의 遠祖는 고구려인 德來이고, 그의 5세손 惠日이 당에서 의술을 배워와 藥師를 성으로 했는데, 지금 어리석은 우리 자손들은 남녀를 불문하고 모두 藥師의 성을 가지고 있어서 이름과 실제가 혼란을 일으킬 우려가 있어 難波連으로 개성해 줄 것을 청원했다고 한다. 이 청원은 받아들여져 이후에는 혜일의 직계 후손들은 난파련을 칭하게 되었다. 이 시기 內藥司 차관에 보임되어 있던 難波藥師奈良이 3년 후인 天平寶字 5년(761)에는 內藥正에 임명되었고[20], 동시에 典藥寮의 차관인 典藥助의 직위를 겸직하였다[21]. 율령국가 일본의 의료제도는 내약사와 전약료의 2개의 관부가 설치되어 있었다. 내약사는 中務省 소속으로 율령의 조문에, "正1인, 佑1인, 令史1인, 侍醫4인, 藥生10인, 使部10인, 直丁1인"으로 구성되어 있고, 장관인 내약정은 향약을 올리고 천황을 위해 약을 조제하는 일을 관장하였다. 난파련나량은 천평보자 2년(758)에 내약사의 차관에서 동 5년에는 장관으로 진급하여 내약사의

---

19) 박준형·여인석, 2015, 「大同類聚方 典藥寮本과 고대 한반도 관련 처방」, 『목간과 문자』15, pp.238~239 표 참조.
20) 『大日本古文書』15-130.
21) 『大日本古文書』15-131.

일을 총괄하는 책임자의 위치에 올랐다. 그가 겸직하고 있던 典藥助는 대보령, 양로령의 규정에서는 전약료의 차관에 해당한다. 전약료는 宮內省에 소속한 의료와 調藥 담당부서로서 궁정관인의 의료 및 의료인 양성, 약초를 재배하는 藥園을 관리한다. 당시 難波連奈良는 일본 조정의 실질적인 책임자로서 활동하고 있었다. 또 일족인 難波連廣名은 延曆 23년(804)에 侍醫에 보임되었고22), 大同 3년(808)에는 內藥正에 임명되었다23).『令義解』醫疾令에 의하면 "무릇 醫生, 按摩生, 呪禁生, 藥園生은 먼저 藥部와 세습한 자를 선발한다고 하여 학생 선발에 세습가문을 우선한다고 하고, 그 분주에는 세습에 대해 "3대에 걸쳐 의업을 익혀 계승하면 名家24)"라고 규정하고 있다. 혜일의 가문은 200여년 가까운 세월동안 의술관인으로서 봉사한 의술의 명가라고 할 수 있다.

Ⅳ. 律令과 史書의 편찬과 도래인

『속일본기』文武 4년(700) 6월 갑오조에는 大寶律令의 편찬자 19인에 대한 포상기사가 나온다. 대보율령의 찬정을 주도한 인물은 藤原家의 번영의 기반을 닦은 藤原朝臣不比等이다. 그는 『일본서기』와 養老律令의 편찬자이기도 한 당대 최고의 귀족으로 일본의 천황제 율령국가의 설계자이기도 하였다. 여기에 나오는 인물 중에 한반도계는 白猪史骨(白猪史寶然), 黃文連備, 田邊史百枝 3인이 있다. 白猪史氏는 『일본서기』欽明紀 30년조에 백제계 도래인 王辰爾의 조카 膽津이 吉備의 白猪屯倉 田部의 丁籍을 만

---

22)『日本後紀』延曆 23년 4월조.

23)『日本後紀』大同 3년 8월조.

24)『令義解』卷8「醫病令」第24「醫生等取藥部及世習」條, "凡醫生·按摩生·禁生·藥園生, 先取藥部及世習[謂. 藥部者, 姓稱藥師者, 卽蜂田藥師, 奈良藥師類也. 世習者, 三世習醫業, 相承爲名家者也]".

든 공으로 白猪史의 성을 받았다는 씨성의 유래를 기록하고 있다. 왕진이
는 6세기전반 왜국으로 이주한 백제계 도래인으로 그의 후예들은 문서행정
등 다방면에 걸쳐 활약한 인물이 적지않다. 그후 白猪史氏는『속일본기』
養老 4년 5월에 葛井連, 延曆 10년 정월에 葛井宿禰로 개성하였다.『속일
본기』和銅4년 4월조에 黃文連備는 종5위하의 귀족의 반열에 들어갔다. 이
씨족은『신찬성씨록』山城國諸蕃「黃文連」조에 고구려인 久斯那王으로부
터 나왔다는 출자를 밝히고 있듯이 고구려계 도래인으로 화공씨족으로 저
견되고 있다. 黃文連備는 한시집인『회풍조』에도 한시 1수를 남기고 있는
데, "종5위하의 관위를 갖는 主稅頭이고 나이 56세이다"라고 기록되어 있
다. 主稅頭는 民部省 산하의 主寮稅의 장관으로 구분전의 조세인 田租와
이를 보관하는 창고의 출납을 담당하는 중앙의 주요 관부였다. 田邊史에
대해서는『신찬성씨록』우경제번에 漢王의 후손인 知惣으로부터 나왔다고
되어 있으나 河內國 安宿郡 資母鄕 지역을 본거지로 하는 백제계 도래씨
족이다.『일본서기』雄略紀 9년(465) 7월조에 河內國 飛鳥戶郡 사람 田邊
史伯孫이 古市郡 사람 書首加龍에게 시집간 딸이 아이를 낳았다는 소식을
듣고 보러갔다가 譽田陵 아래에서 준마를 얻어 기뻐했는데, 다음날 아침에
붉은 준마가 변하여 흙으로 빚은 말로 변해 있었다는 전승이 있다25). 14세
기후반에 편찬된 諸家의 系圖를 집대성한『尊卑分脈』에 인용된「藤氏大
祖傳」에 따르면 藤原不比等은 山科의 田邊史大隈 집안에서 양육되었다고
한다. 이러한 인연으로 田邊史 가문은 藤原不比等과의 밀접하게 연계되어
관계의 진출에도 영향을 미쳤다고 할 수 있다.

　일본고대의 두 번째 칙찬사서인『續日本紀』의 편찬자는 延曆 13년의 상
표문에 주요 인물 4인 중에 菅野朝臣眞道, 中科宿禰巨都雄은 백제계 인물
이다. 菅野眞道의 개성되기 전 이름은 津連眞道이다. 津連氏의 유래에 대

---

25) 이 설화는『신찬성씨록』좌경황별하의「上毛野朝臣」조에도 나온다.『속일본기』
　　天平勝寶2년(750)에 上毛野公으로 개성했다는 성의 변천을 기록하고 있다.

해서는『속일본기』연력 9년(790) 7월 신사조에 百濟王仁貞 등과 함께 올린 진련진도의 상표문에 의하면, 자신들의 本系는 백제국 귀수왕으로부터 나왔고, 일본에서 백제에 유식자를 구하자 귀수왕은 손자 辰孫王을 보냈는데, 비로소 서적이 전해지고 儒風이 크게 열려 문교가 발흥되었음을 고한다. 이 진손왕의 후손인 味沙, 辰爾, 麻呂 3자로부터 각각 葛井, 船, 津連 등 3성으로 나누어졌다고 하고, 王辰爾의 고구려 국서해독사건을 들면서 우월한 재능을 말하고 자신들의 가문은 문필의 업을 계승하고 교학의 직을 맡고 있다고 강조한다. 이어 連 성을 朝臣으로 올려 줄 것을 청원하여 천황으로부터 菅野朝臣의 성을 받는데 성공하였다. 진련진도는 백제계 도래씨족으로 그 유래를 근초고왕대에서 구하고 백제왕씨와 동족임을 강조한 것은, 환무 자신의 모계가 백제계라는 사실과도 연계되어 있어 출자를 통해 환무의 환심을 사기 위한 의도였다고 보인다[26]. 그는 편찬 당시 종4위하의 고위 관인으로『속일본기』전반부 20권의 대표편자이다. 후반부는 우대신 종2위 藤原繼繩으로 되어있으나 실질적으로는 菅野朝臣眞道가 주도하였다. 당시 칙찬사서의 대표자는 황족 혹은 종2위, 우대신 이상의 태정관의 수반인 맡고 있는데, 이런 점에서 보면 그의 정치적인 지위는 훨씬 못미치고 여기에 도래계 씨족의 후예라는 신분상의 불리함이 있었다. 그가 정사의 주역으로서 참여할 수 있었던 것은 개인적인 학문적 능력과 환무천황이 백제계 도래인을 우대하던 시대적 상황과 무관하지 않고 그를 발탁시킨 요인으로 생각된다.

관야진도가『속일본기』를 편찬하는 연력 16년(797)까지의 주요 관력을 보면, 寶龜 9년(778) 2월에 천황의 조칙을 작성하는 少內記에 임명되었고[27], 延曆 4년(785)에는 외종5위하에서 종5위하의 내위로 승진하여 동궁

---

26) 津連眞道의 실질적인 조상은 6세기 전반에 이주한 왕진이이다. 연민수, 2021,「王辰爾 일족의 문서행정과 시조전승」,『일본고대국가와 도래계 씨족』, 학연문화사.

27) 少內記 임명기사는『公卿補任』延曆24년「菅野眞道」에, “寶龜九年二月少內記[三十

학사를 겸직하였다. 이어 연력 8년에는 圖書頭에 임명되었다. 도서두의 직무에는 '修撰國史'가 있듯이 사서 편찬에 관한 역할이 부여되고 있다. 이때의 국사의 수찬은 國史 편수를 위한 기초적인 자료의 수집과 정리이고, 연력 10년(791)에 본격적으로 시작된『속일본기』편찬의 사전 작업을 위해 그를 도서두에 임명한 것으로 보인다. 태정관의 기록관으로서, 도서료의 장관으로서 누구보다도 환무 치세의 문서 및 조정 전반의 현황을 잘 알고 있던 그로서는 이 일을 맡을 수 있는 적임자였고, 학문적 역량까지 갖춰 관찬서의 과업을 무리없이 수행할 수 있었다. 환무조에서 그는 승승장구하여 연력 24년에는 참의에 서임되어 공경의 반열에 올랐다. 그는 동궁학사로 있던 황태자가 平城天皇으로 즉위한 후에는 종3위까지 올랐고, 형부경, 민부경, 대장경, 궁내경 등 중앙의 8성의 주요 장관을 두루 거쳤고, 大宰大貳, 山陰道觀察使, 東海道觀察使, 近江守, 常陸守 등 지방행정의 장으로서 활동범위가 전국에 미치고 있다.

다음 中科宿禰巨都雄의 개성되기 이전의 씨성은 津連氏이다. 延曆 10年(791年)정월조에는, "少外記 津連巨都雄 등 형제 자매 7인에게 거주지 명을 따라 中科宿禰의 성을 내렸다[28]"라고 하여 개성된 사실을 전하고 있다. 그는 桓武朝 延曆 7년(788)에 少外記에 임명되었고, 동 12년에는 태정관의 문서행정을 담당하는 大外記로 승진하였다. 이후 嵯峨朝인 弘仁 5년(814)에는 황태자 교육을 담당하는 동궁학사에 임명되었고, 도 8년에는 종5위상으로 승진하였다. 그는 한시문에도 재능을 보여 嵯峨天皇의 명으로로 편찬된 한시집인『凌雲集』와 天長 4년(827)에 淳和天皇의 칙찬 한시집『經國集』에도 작품을 남기고 있다.

八]"이라고 나온다. 이후의 菅野眞道의 관력은 모두『속일본기』의 편년 기록에 의거한다.

28)『續日本紀』延曆10년 정월 계유조, "少外記津連巨都雄等兄弟姉妹七人, 因居賜中科宿禰".

일본고대의 한시집인 『懷風藻』에 다수의 도래계 인물들의 시문이 실려 있다. 백제계로는 대학박사 田邊史百枝, 但馬守 百濟公和麻呂, 內藥正 吉田連宜, 石見守 麻田連陽春 등이 있고, 고구려계는 主稅頭 黃文連備, 大學助 背奈王行文가 나온다. 이들은 모두 5위 이상의 고위관인으로 중앙의 주요 관직에 있으면서 시문에도 능했던 인물들이다.

V. 陰陽官人과 도래계 還俗僧

일본고대국가에서 천문, 역법, 점술 등은 음양료에서 총괄하고 음양사 혹은 음양박사, 천문박사의 직을 갖고 있다. 중국에서 발달한 천문과 역산은 제왕의 학으로 알려져 있으며 시간을 지배하는 황제의 특수 영역이다. 천체의 관측은 달력을 제작하는 기초이고 현실의 길흉을 판단하고 미래를 예측하는 왕조의 흥망과도 관련이 있어 엄중한 국가적 관리체계 속에서 운용되었다.

고대일본에서는 7세기초 推古朝 때 백제승 觀勒에 의해 역본, 천문지리, 방술서가 전래되었다. 백제멸망기인 天智朝 때에는 백제에서 음양에 밝은 관인들이 망명하였고, 오경에 밝은 許率母와 음양에 밝은 角福牟는 小山上의 관위를 받았다. 天武 4년(675)에 陰陽寮가 운용되었고[29], 천지조, 천무조의 관제의 정비에 따라 漏刻台와 占星台가 설치되어[30], 천문, 역법 등 음양 관인층이 형성되었다. 이들 영역은 「雜令」8 「秘書玄象」조에 祕書와 玄象器物, 천문도서는 마음대로 반출할 수 없고, 천문생이라도 占書를 읽

---

29) 『日本書紀』 天武紀 4년 정월조, "大學寮諸學生, 陰陽寮, 外藥寮及舍衛女, …珍異等 物進".

30) 『日本書紀』 天智紀 10년 4월 신해조, "置漏剋於新臺, 始打候時動鍾鼓, 始用漏剋, 此 漏剋者天皇爲皇太子時始親所製造也", 天武紀4년 정월조, "庚戌, 始興占星臺".

을 수도 없고 관찰한 바를 누설할 수 없다고 하듯이 국가의 기밀사항에 속한다. 국가의 운명을 점치는 천문, 역법 분야는 탁월한 인재들이 많았다. 대보령 시행을 전후하여 승려들을 환속시켜 음양관인으로 등용시키는 사례가 많고 이들 중에는 도래계 인물들이 주류를 이루고 있다. 또한 음양도와 의술분야와 더불어 가업으로 相傳되는 사례가 많아 대를 이어 관인으로 진출하였다.

『속일본기』養老 5년(721) 정월 갑술조에는 "문인과 무사는 국가가 중시하는 바이고, 의술과 卜筮, 방술은 고금을 막론하고 존숭되어 왔다. 마땅히 백관 중에서 학업이 우수하고 모범이 될만한 자를 선발하여 상을 주고 후진을 격려하는데 힘써야 한다"라고 하여, 포상의 대상 분야로 明經, 明法, 文章, 算術, 陰陽, 醫術, 解工, 和琴師, 唱歌師, 武藝을 들고 관인들의 인명을 거론하고 있다. 여기에 나오는 인명 중에는 명경에 背奈公行文, 문장에 山田史御方, 樂浪河內, 음양에 王仲文, 角兄麻呂, 余秦勝 그리고 의술에 吉宜, 吳肅胡明. 秦朝元, 賈受君 등이 도래계 씨족들이고, 세습적 지위를 이어가고 있는 경우가 대부분이다.

『속일본기』天平 2년(730) 3월 신해조에는 태정관이 조정에 상주한 내용31) 중에서 음양, 의술, 칠요, 반력 등의 분야는 '國家要道'의 학이라고 하여 중시하였다. 그런데 제박사들을 보면 고령으로 노쇠하여 만약 후진들에게 가르칠 수 없게 된다면, 이들 분야는 단절될 우려가 있다. 이에 吉田連宜 등 7인으로 하여금 제자를 받아들여 학습하게 하고 음양, 의술 분야에 각 3인, 七曜와 頒曆에 각 2인씩 선발하도록 하였다. 이번 태정관의 상주에서는 '國家要道'의 학이 명확하게 규정되어 있다. 또 天平寶字 원년(757) 8

---

31) 『續日本記』天平 2년(730) 3월 신해조, "太政官奏稱…, 又陰陽醫術及七曜頒曆等類, 國家要道, 不得廢闕, 但見諸博士, 年齒衰老, 若不敎授, 恐致絶業, 望仰, 吉田連宜, 大津連首, 御立連淸道, 難波連吉成, 山口忌寸田主, 私部首石村, 志斐連三田次等七人, 各取弟子將令習業, 其時服食料亦准大學生, 其生徒陰陽醫術各三人, 曜曆各二人.

월 기해조에도 천문, 음양, 역산, 의침 등의 學을 '國家所要'라고 규정하고 있다.

앞에서 나온 백제 망명자 중의 角福牟의 자손 중에 正倉院文書에 나오는 天平 연중(729~748) '從六位下行陰陽博士餘兄麻呂[年四十三歲, 右京]'라고 하여 음양박사 餘兄麻呂가 있다. 그는 養老 5년721)에는 醫卜, 方術에 종사하는 관인 중에서 학업이 뛰어나고 사범이 될만한 자를 선발하여 포상하는데 角兄麻呂으로 이름을 올리고 있다. 이때 의술 분야에서는 길대상의 아들인 吉宜도 포상자의 명단에 기록되어 있다32).

대보령 시행 전후하여 환속한 도래계 승려들을 표로 정리하면 다음과 같다.

〈표 2〉 도래계 환속승과 음양관인

환속시기	法名	俗名	출자	환속사유	출전	비고
持統6년(692)	靈觀	山田史御形	중국/백제	문장	『日本書紀』	신라 학문승
持統7년(693)	福嘉		고구려	음양(?)	『日本書紀』	
文武4년(700)	通德	陽侯史久爾曾	백제	역법	『續日本紀』	
文武4년(700)	惠俊	吉宜	백제	의술	『續日本紀』	
大寶원년(701)	弁紀	春日倉首老	백제	역법	『續日本紀』	
大寶원년(701)	慧耀	錄兄麻呂	백제	음양	『續日本紀』	餘兄麻呂
大寶원년(701)	信成	高金藏	고구려	음양	『續日本紀』	
大寶원년(701)	東樓	王中文	고구려	천문	『續日本紀』	
大寶3년(703)	隆觀	金財	신라	예술/역산	『續日本紀』	

이상은 환속한 한반도계 승려로서 관인으로 발탁한 사례이다. 우선 이들의 출자를 확인해 보자. 山田史御形에 대해서는 『신찬성씨록』 우경제번에 '山田宿禰 出自周靈王太子晉也'이라고 하여 東周 시대의 제10대 주령왕(재위, 기원전 571~545)이라고 하여 중국 출자설을 기록하고 있다. 山田宿

---

32) 『續日本紀』神龜 원년 5월 계해조.

褥는 山田史에서 개성한 씨족으로 이들의 본거지는 河內國 交野郡 山田鄕이다. 이 지역은 百濟王氏를 비롯한 백제계 씨족들이 많이 거주하고 있던 지역이다. 산전씨가 동주시대의 왕을 조상으로 삼은 것은 출자의 개변일 가능성이 높다. 도래계 씨족의 경우 秦漢代의 황제로부터 선조를 구하는 경향은 많으나 동주시대까지 올라가는 사례는 매우 이례적이다. 조상의 출자를 더 먼 시대로 올리는 것은 다른 씨족보다 먼저 이주해 와서 일본천황에게 봉사해 왔다는 주장일뿐 사실성은 없다. 山田氏는 백제계에서 중국계로 출자를 개변한 씨족으로 보이며 『신찬성씨록』에서 상당수 확인되고 있고, 특히 문장에 능한 史姓 씨족은 백제계가 다수를 차지하고 있다.

福嘉에 대해서는 『일본서기』持統 7년(693) 6월 을미조에는 '詔高麗沙門福嘉還俗'이라 하여 고구려 승려인 福嘉의 환속 사실을 전하고 있다. 福嘉는 고구려 멸망 직후 망명한 1세대일 가능성이 높다. 『일본서기』持統紀 朱鳥 원년(686) 윤12월조에 보이는 筑紫大宰가 고구려 등 삼국의 백성과 아울러 僧尼 62인을 바쳤다[33]는 기록에 근거하면 이때 일본으로 망명한 승려들 중에 고구려 승 복가가 포함되었을 가능성이 있다. 그는 아직 고구려의 정체성으로부터 脫化되지 않은 고구려 승려이다. 그가 환속한 이후의 행적에 대해서는 기록이 없지만, 淨御原令 시행에 즈음해서 지식과 기술집단이 필요한 시기라는 점에서 관료로서 발탁되었을 가능성이 높다.

通德과 惠俊에 대해서는 『續日本紀』文武 4년(700) 8월 을축조에 이들 2인을 환속시키고 통덕에게는 陽侯史의 성과 久爾曾의 이름, 근광진의 관위를 내리고, 혜준에게는 吉이라는 성과 宜라는 이름 그리고 무광진의 관위를 각각 내렸다. 환속의 사유는 '藝'를 이용하기 위해서라고 명기하고 있다. 701년 대보령의 제정과 시행을 앞두고 전문지식인 관인 확보의 일환으로 추진되었다고 보인다. 양후사씨의 출자에 대해서는 『신찬성씨록』좌경제번

---

33) 『日本書紀』持統紀』朱鳥원년 윤12월조, "筑紫大宰獻三國, 高麗·百濟·新羅百姓男女幷僧尼六十二人".

에 "楊侯忌寸, 出自隋煬帝之後達率楊侯阿子王也"이라고 하여 수 양제의
후손인 달솔 楊侯阿子王으로부터 나왔다고 기록되어 있다. 그러나 그는 달
솔이라는 백제관위를 갖고 있었다는 점에서 백제관인 출신이 분명하기 때
문에 수양제로부터 계보를 구하는 것과 모순이다. 게다가 양후사씨의 조상
인 玉陳은 추고 10년(602)에 보이고 있어 수 양제의 재위기간(604년~618년)
과 겹치고 있어 연대적으로도 양제의 후손설은 성립하지 않는다. 『남제서』
백제전에도 백제관인으로 楊氏 성을 갖은 楊茂란 인물이 나오고 있어 백제
출자설과 모순하지 않는다. 양후사씨의 출자는 수 양제로부터 구하는 것은
개변임이고 백제계로 보아야 한다.

惠俊의 본명인 吉宜에 대해서 살펴보자. 吉宜에 대해서는 『속일본기』
神龜 원년(724) 5월조에, 종5위상 吉宜는 吉智首와 함께 吉田連으로의 사
성된 기록이 보인다[34]. 『신찬성씨록』 左京皇別下「吉田連」조에도 吉知須
의 인명이 나온다[35]. 知須는 바로 『속일본기』에 나오는 吉智首이고 吉宜
와 함께 신귀 원년에 吉田連의 성을 받았다. 『신찬성씨록』의 내용은 길전
련씨의 조상의 유래에 대해 기록한 것인데, 그의 조상은 『일본서기』에서 전
설시대에 해당하는 缺史八代의 孝昭天皇의 후손으로 나오고 있어 천황가
의 핏줄을 이은 가문으로 되어 있다. 이 설화담에 따르면 길전련의 조상인
鹽垂津彦命이 三己汶에 파견되어 통치했는데, 그 후손의 성을 吉氏라고
불렀다고 한다. 그후 일본으로 귀국하여 후손인 吉知須가 奈良의 田村里河
에 거주하면서 지역명 '田' 자를 붙이고, 連姓을 하사받아 吉田連을 칭하게
되었다고 전하고 있다. 이것은 조상의 출자를 황별로 개변하기 위해 만들어
낸 시조전승이다. 『속일본후기』 承和 4년(837)조에는 길전련씨에 대해 염
승진 8세손인 달솔 吉大尚과 그 동생 少尚 등이 귀국하여 의술 분야에 종

---

34) 『續日本紀』 神龜 원년(724) 5월조, "從五位上吉宜, 從五位下吉智首並吉田連".
35) 『新撰姓氏錄』 左京皇別下「吉田連」조, "故謂其苗裔之姓爲吉氏. 男從五位下知須等…
　　神龜元年賜吉田連姓"

사하고 문예에 통달하였다고 한다. 길대상이란 인물은 『일본서기』 天智 10
년(671)조에 백제 망명자들을 대상으로 한 관위수여식에서 "吉大尙[解藥]"
이라 하여 제약에 재능이 있어 小山下의 관위를 받은 백제멸망 직후 일본
에 명망한 백제인이다. 당시 天智朝廷에서는 백제 망명인들을 대상으로 법
률, 병법, 의약, 유학, 음양 등에 뛰어난 인물들을 관인으로 발탁하여 등용
시켰다. 길전련씨 가문이 대대로 의술에 종사하게 된 것도 망명 1세대인 길
대상에서 비롯되었고, 그는 吉田連氏의 실질적인 시조에 해당한다.

弁紀에 대해서는 『속일본기』 大寶 원년(701) 3월 임진조에 "승 변기에게
환속을 명하고 대신 1인을 득도시켜 결원을 채우고 春日倉首의 씨성과 老
의 名을 내리고, 추대일의 관위를 하사하였다"고 한다. 弁紀를 배출한 春日
倉首는 氏名에 倉[藏]이라는 직장명을 갖고 가바네가 首이기 때문에 이 氏
는 본래 皇別과는 별계통의 氏이고 조정과 미야케의 구라(椋·倉·藏)의 관
리에 있었던 伴造 씨족의 흐름을 잇는 백제계 일족으로 보인다.

惠耀, 信成, 東樓 3인에 대해서는 『속일본기』 大寶 원년(701) 8월 임인
조에는 "칙을 내려, 惠耀, 信成, 東樓을 함께 환속시키고 本姓으로 되돌렸
다, 대신에 각각 1인씩 득도시켰다. 惠耀의 성은 錄이고 이름은 兄麻呂, 信
成의 성은 高이고 이름은 金藏, 東樓의 성은 王이고 이름은 中文이다"라고
기록하고 있다. 즉 惠耀은 錄兄麻呂이고, 信成은 高金藏이고, 東樓는 王中
文이다. 惠耀 錄兄麻呂의 본성은 錄으로 되어 있으나, 정창원문서의 天平
年中의 「官人考試帳」에는 종6위하 行陰陽博士 觮兄麻呂이라고 하여 씨명
이 觮으로 표기되었다[36]. 이 인물은 『일본서기』 天智 10년조에 백제 망명
인에 대한 관위수여식에서 음양에 능통한 角福牟의 후손이고, 『속일본기』
양로 3년(719) 정월조에 나오는 角兄麻呂이다. 환속한 錄兄麻呂는 정창원
문서의 「官人考試帳」에 나오는 음양박사 觮兄麻呂와 동일 인물이고 백제

---

36) 『大日本古文書』24-552, 553, 天平年中「官人考試帳」"從六位下行陰陽博士觮兄麻呂[年
四十三/右京]".

에서 망명한 1세대인 角福牟의 아들이라고 생각된다. 환속한 각형마려는 養老 5년(721) 정월에는 음양 분야에서 학업이 우수하여 포상을 받았다.

信成 高金藏에 대해서『신찬성씨록』에는, "高氏는 고구려국인 종5위하 高金藏의 후손이고, 고금장의 법명은 신성이다'라고 한다[37].『속일본기』,『신찬성씨록』등에는 高寶公, 高安人, 高吳野, 高選理, 高白公, 高文信, 高福裕, 高道士 등 高氏 성을 갖은 많은 인명들이 다수 나오고 이들을 선조라고 주장하는 후예씨족들도 존재한다.

東樓 王仲文에 대해서는『신찬성씨록』좌경제번하에, 王氏는 고구려국인 종5위하 王仲文으로부터 나왔고, 법명은 東樓이다[38]. 그는 養老 2년 정월에 정6위상에서 종5위하로 승진되었다[39]. 養老2년 이전의「官人考試帳」에, 종6위하 천문박사 王中文, 나이 45세라고 되어 있다[40]. 東樓에 대해서 정창원문서에는 太一, 둔갑, 천문, 六壬式, 산술, 相地 등에 능하고, 점복의 효험을 가장 많고 최고라고 평하고 있다[41].『속일본기』양로 5년(721) 정월 갑술조에는 우수한 관인 인재들 가운에 왕중문의 이름이 보이고, 僧 延慶이 지은『家傳』(下)에 음양에 뛰어난 관인을 열기한 중에 '眞人王仲文'라고 기록되어 있다.

隆觀 金財에 대해서는『속일본기』大寶 3년(703) 10월 갑진조에, 그의 본성은 金, 이름은 財이고, 사문 幸甚의 아들이라고 하고, 예술을 섭렵하고 역산법을 알고 있다고 하듯이 율령국가가 필요로 하는 재능을 지닌 인물이었다[42].『속일본기』神龜 원년(724) 5월 신미조에 '從六位上金宅良…並國

---

37)『新撰姓氏錄』左京諸蕃下, "高, 高麗國人從五位下高金藏[法名信成]之後也"

38)『新撰姓氏錄』左京諸蕃下, "王, 出自高麗國人從五位下王仲文[法名東樓]也

39)『續日本紀』養老2년 정월 경자조, "從六位上…王仲文並從五位下".

40)『大日本古文書』24-553, 養老二年「官人考試帳」「從六位下行天文博士王中文[年四十五/右京]」.

41)『大日本古文書』24-553.

42)『續日本紀』大寶 3년(703) 10월 갑진조 "僧隆觀還俗, 本姓金, 名財, 沙門幸甚子也. 頗涉藝術, 兼知算曆"

看連'이라고 하여 종6위상 金宅良이 國看連의 씨성을 받는데, 金宅良의 宅良의 음독이 '타쿠라우'이고, 金財의 財는 '타카라'라는 점에서 양자는 동일 인물로 추정된다43). 神護景雲 원년(767) 8월조에 보이는 陰陽寮 소속의 천문박사 國看連今虫은 국간련으로 개성한 金財[金宅良]의 아들로 추정된다44). 역산법, 천문지식에 대해 그의 아버지로부터 전수받았을 가능성이 높고 부자 2대에 걸쳐 음양료에서 근무했다고 생각된다.

일본고대의 율령제 시행을 전후로 하여 우수한 관인층을 확보하기 위한 방편으로 수도승들을 환속시켜 율령국가의 관인으로 등용시켰다. 이들의 능통분야는 천문, 역법, 점복 등 음양과 관련된 학문이 대부분이다. 당시 승려는 최고의 교양인으로 漢譯 불경 뿐아니라 유학의 오경 지식도 습득하였다. 특히 오경의 필두에 있는 易經의 중심사상은 음양의 두 요소가 대립과 통합의 원리에 따라 자연의 변화와 법칙을 설명하는 것이다. 易에는 점복이라고 하는 미래를 예측하는 점술이 있어 공동체의 존망에 관한 해결법으로 인식되었고 음양사는 정치의 무대에서 운명을 건 예측을 해야 한다. 祥瑞현상을 예측하여 보고하면 은상을 받지만, 점괘가 반대하는 집단에 새어나가 모반죄에 연루되어 처벌받기도 한다. 고대의 왕조국가에서는 천문, 역법에 관심을 집중한 이유도 국가와 왕권의 운명이 걸린 문제로 인식되었기 때문이다.

VI. 결어

한반도제국에서 일본열도로의 인구의 이동은 기원전후부터 시작되어 7

---

43) 新日本古典文學大系, 1990 『續日本紀』2, 岩波書店, 151쪽 각주)23.

44) 關晃, 1954 「新羅沙門行心」, 『續日本紀研究』1-9, 同 1996 『古代の歸化人』, 關晃著作集第3권, 吉川弘文館, p.238.

세기후반에 이르면 절정을 이룬다. 특히 백제, 고구려가 멸망하는 시기의 동아시아의 전란은 한반도로부터 대규모의 난민이 발생하여 일본열도로 대거 망명하였다. 특히 백제의 부흥운동 실패로 많은 백제인들이 새로운 안식처로서 일본열도를 선택한 것은 자연스러운 일이었고, 고구려 역시 7세기 이후 많은 인적, 물적 교류를 해왔던 우호국이라 지배층의 일부는 일본열도를 선택하지 않을 수 없었다고 보인다. 나당연합군의 침공에 본국으로부터 탈출할 수 있었던 계층은 지배집단이 많았던 것은 당연한 일이었고, 왕족, 귀족, 관인층이 적지않았다. 당시 일본조정의 입장에서 보면 새로운 인력의 유입이었다. 『신찬성씨록』에 등재된 도래계 씨족들은 왕경과 기내 지역이지만, 점차 사민정책 등 다양한 이유로 전국적으로 퍼져나갔다.

일본조정에서는 이들 망명자 중에서 재능있는 인물들을 중심으로 관인으로 발탁, 등용하였다. 특히 백제계가 압도적으로 많았고, 고구려인도 많이 확인되고 있다. 『일본서기』, 『속일본기』 등 正史에 등장하는 수많은 인물군들은 이주 1세대를 비롯하여 수많은 지족으로 퍼져나간 후예들이다. 이들은 일본조정으로부터 氏姓을 받고 공민화되어 갔다. 그럼에도 불구하고 조상의 원출자에 대한 인식은 강하게 갖고 있었다. 『신찬성씨록』이 편찬되는 9세기전반 단계에 이르기까지는 일본조정으로부터 공적 씨족임을 승인받는 가문의 氏族志인 本系帳을 제출하여 조상의 출자를 밝히고 있다. 한반도계 도래인 중에는 중국계나 일본계로 출자를 개변하는 사례도 적지 않으나, 주요 씨족들은 스스로가 도래계임을 명확히 밝히고 있고, 『신찬성씨록』에도 皇別, 神別과 함께 諸蕃으로 편성되었다. 일본의 공민 중에 황별, 신별이 아닌 일반 백성들은 등재되지 않았다는 점에서 제번조에 나오는 도래계 씨족들은 일본의 주요 씨족을 구성하는 특별한 존재였다고 할 수 있다. 이들 중에는 학술, 의술, 음양 등에 뛰어난 재능을 발휘하여 가업으로 계승하여 번영한 씨족도 적지 않다. 특히 백제계 중에서는 桓武天皇의 생모가 백제계라는 사실로부터 百濟王氏를 비롯한 백제왕가의 시조전승을 공유한 씨족들은 주류 관인으로서 활동하였다.

이러한 현상은 일본조정의 황민화 정책의 일환이기도 하고, 능력있는 자는 국적, 출자를 구별하지 않고 등용하는 인재발굴책의 결과였다. 8세기 천황제 율령국가의 통치의 이념은 천황주의였고, 주변국을 번국으로 보려는 일본중심적 우월주의가 저변에 깔려있지만, 현실적으로 일본의 공민이 된 도래인에 대한 특별한 차별적 인식은 보이지 않는다. 『신찬성씨록』에 수록된 諸蕃의 씨족들은 인적 구성에서 보듯이 다민족, 다국가로부터 이주한 후예들이다. 일본조정에서는 이들에 대한 포용정책으로 토지의 지급, 과역의 면제 등 다양한 혜택을 통해 정착을 도왔다. 이러한 상황 속에서 이주자들의 후예들은 조상의 출자를 인식하면서도 일본국의 공민으로서 현실의 삶을 살아가고 있었다.

참고문헌

延敏洙 외 역주, 2020, 『新撰姓氏錄』上·中·下, 동북아역사재단

延敏洙, 2021, 『일본고대국가와 도래계 씨족』, 학연문화사

今井啓一, 1965, 『百濟王敬福』, 綜芸舎

大坪秀敏, 2008, 『百濟王氏と古代日本』, 雄山閣

송완범, 2020, 『동아시아세계 속의 일본율령국가 연구』, 경인문화사

佐伯有清, 2001, 「背奈氏の氏族とその一族」, 『新撰姓氏錄の研究』(拾遺編), 吉川弘文館

關晃, 1996 『古代の歸化人』, 關晃著作集 第3卷, 吉川弘文館

義江明子, 1985, 『日本古代の氏の構造』, 吉川弘文館

〈토론문〉

「일본고대의 한국계 渡來人과 律令官人」의 토론문

송완범 | 고려대학교

발표자는 현재 한국에서 활동하는 일본고대사 연구자 중, 특히 도래계씨족연구의 맨 앞줄에 위치한 전문가 중의 한 사람이라고 할 수 있다. 작년 3월 학연문화사에서 제4부 전체 15장 체제의 대저로 『일본고대국가와 도래계 씨족』을 출간했으며, 이미 일본사학회에서 간행하는 『일본역사연구』 58집(2022.08)에서 서평(홍성화 건국대교수 담당)도 발표되었다.

발표자의 면밀한 사료적 접근은 발표자가 그동안 주도해 온 『역주 일본서기: 1~3』(2013년)와 『신찬성씨록: 상·중·하』(2020년), 그리고 최근의 『역주 속일본기: 상·중·하』(2022년) 등의 기초적 자료의 간행에서도 확인할 수 있는 바와 같다.

본 발표는 위의 『일본고대국가와 도래계 씨족』 중의 관련성과를 이번 한일문화교류기금의 국제학술회의의 전체 주제인 [韓半島의 日本人, 日本列島의 韓國人]에 맞게 재배치한 것이다. 특히 본 발표에서 중심적으로 다루는 소재는 고대 일본의 수도(王京·서울) 및 주변 지역(기나이[畿內])에 거주한 1,182씨의 본관, 사적, 조상의 유래 등을 실은 계보서인 『신찬성씨록(新撰姓氏錄)』이다.

이 책은 8세기 말인 794년부터 약 1,100년 간 일본의 수도였던 헤이안(平安)을 개창한 감무(桓武) 천황(재위 781~806년)의 명으로 편찬을 시작해 그의 아들인 사가(嵯峨) 천황(재위 809~823년) 때인 815년에 완성되었다.

이 책은 우리의 족보와 유사한 성격을 띠면서도 조상의 사적, 천황가에 대한 봉사의 연원과 유래를 기록하고 있어 정치적 성격이 강하다고 할 수 있다. 더구나 감무 천황은 주지하는 바와 같이 백제계 출신의 여성을 어머니로 하고 있다는 점에서 예전부터 많은 주목을 받고 있다.

토론자는 발표자의 견해에 특별히 이의를 제기할 것은 없다고 생각하면서도, 이하 몇 가지 점을 적극적으로 개진하여 청중들의 이해를 활성화하는데 조금이라도 도움이 되고자 한다.

첫째, 전체 주제에 의한 것이겠지만, 발표 제목의 "한국계 도래인"이 눈에 들어온다. 본디 발표자의 의사대로라면 "한국계"는 어찌 정리가 되었을지 궁금하다.

둘째, 원래『신찬성씨록』은 당시의 왕경인 헤이안과 왕경을 둘러싼 '기나이'라고 불리는 지역에서의 천황가를 중심으로 각 호족들과의 연원과 관계를 정리한 것으로, 당연한 것이지만 '도래인' 자체의 씨족 기록은 아닌 것이다. 이런 이유로 정리자의 입장, 즉 천황가의 지배 의지가 강하게 투영된 것이라고 봐야한다. 사소한 오해가 생기지 않도록『신찬성씨록』의 본래의 의미에 대해 역주자의 입장에서 청중들에게 다시 한 번 설명해 주시면 감사하겠다.

셋째,『신찬성씨록』의 역주작업을 통해 종래의 한반도계로 인정된 163씨족에 더하여 새로이 150씨족을 발굴했다고 적고 있다. 그렇다면 일본학계를 위시한 종래의 연구가 미치지 못했다고 보이는 150씨족의 발굴에 대해 조금 더 구체적인 보강 설명이 있었으면 좋을 것이다.

넷째, 화(和)씨, 백제왕씨, 고려왕씨 등의 설명과 여(余)씨 등의 설명은 한반도계 왕족 출신의 씨족들의 세계에까지 미칠 수 있는 것으로 청중들의 관심이 많을 분야인 듯하다. 좀 더 자세한 설명이 추가되어도 좋을 것이다.

다섯째, 마지막으로 한반도의 모국이 멸망하면서 오갈 데가 없는 '유민

(遺民)'의 대거 발생과 이들을 수용하는 처지로서의 일본열도의 존재는 이전의 한반도 제국(諸國)과 왜국(倭國)의 기존 입장을 전도(顚倒)시키는 하나의 계기가 된 것은 아닌지. 이런 입장에서 백제 망명관인, 율령과 사서 편찬, 음양관인과 환속승의 문제는 이후 이른바 '일본율령국가' 내로 포섭되고 만다는 현실적인 논리에 대해 발표자의 무게 있는 언급 내지 혹 다른 의견이 있다면 청중들을 대신하여 마무리하는 차원에서 청하고 싶다.

영산강유역의 前方後圓墳과 倭人

서정석 | 공주대학교

Ⅰ. 머리말

주지하는 바와 같이 전방후원분은 말 그대로 앞쪽은 네모진 方墳의 형태를 하고, 뒤쪽은 둥근 圓墳의 형태를 한 독특한 형태의 고분을 말한다. 이러한 전방후원분은 형태가 독특할 뿐만 아니라 일본 열도에서는 홋카이도와 오키나와를 제외한 열도 전역에서 발견되는데 비해 한국이나 중국에서는 발견된 바가 없어 일본 고유의 묘제로 알려져 왔다.

그런데 1983년에 한국에도 이러한 전방후원분이 있다는 획기적인 견해가 발표되었다.[1] 물론 그 이전에도 한국에 전방후원분이 존재한다는 사실이 주장되기는 하였다. 예를 들어 전남 나주의 신촌리 6호분과 덕산리 2호분을 조사하고, 그 보고서에 이 고분의 외형이 전방후원분과 유사하다고 한 것이나,[2] 1972년 7월에 충남 부여군 합송리 일대에 전방후원분이 자리한다는 주장이 그것이다. 그러나 有光教一의 지적은 그다지 학계의 주목을 받지 못하였고, 부여에 있다는 전방후원분은 조사 결과 자연 구릉으로 밝혀졌다.[3]

---

1) 강인구, 1983, 「咸安·固城地方 前方後圓墳의 發見의 意義」, 『嶺大新聞』(1048호), 6월 23일자 기사 ; 강인구, 1984, 『三國時代墳丘墓研究』, 영남대출판부.

2) 有光教一, 1940, 『昭和13年度古蹟調査報告』, 21~30쪽. ; 有光教一, 1980, 「羅州潘南面新村里第9号墳發掘調査記録」, 『朝鮮學報』94, 朝鮮學會.

3) 강인구, 1984, 「한국의 전방후원분」, 『嶺大文化』17; 2001, 『韓半島의 前方後圓墳論集』, 115쪽.

이렇게 한국의 전방후원분에 대해서는 1980년대 초까지만 해도 국내에서는 이렇다 할 주목을 받지 못하였다. 일제 강점기 내내 한국내에서 전방후원분을 찾고자 하였지만 찾아지지 않은 만큼 적어도 한국내에는 존재하지 않을 것이라는 판단이 서 있었던 것이 아닐까 한다.

그런데 1983년에 한국에도 전방후원분이 자리한다는 주장이 제기되었을 때 그 이전과는 달리 국내외에 큰 반향을 불러일으켰다. 특히 국내보다도 일본에서 더 큰 주목을 받았다.4) 그것은 그 이전의 주장과 달리 내용이 자못 구체적이고, 한국의 전방후원분이 일본 전방후원분의 起源이 되었다는, 대단히 민감한 주장이 들어 있었기 때문이 아닌가 한다. 문제의 유적을 직접 답사한 연구자들이 긍정론과 부정론을 제기하면서 적지 않은 논란이 빚어졌던 것5)도 그 때문이다.

일본에서와 달리 국내에서는 별다른 반응이 없었지만, 해남 방산리 장고봉고분6)이나 해남 용두리고분7)이 전방후원분으로 알려지고, 분구에 대한 정밀실측이 이루어지면서 전방후원분이 존재한다는 사실이 점점 구체화 되었다. 그래서 지금은 고창을 포함한 전남지역에서 모두 16기의 전방후원분이 자리하고 있는 것으로 알려져 있다.8)

---

4) 강인구, 2001,『韓半島의 前方後圓墳論集』, 동방미디어, 134~139쪽.

5) 土生田純之, 1996,「朝鮮半島の前方後圓墳」,『專修大學人文科學年報』26, 專修大學 人文科學研究所 ; 小田富士雄, 1998,「韓國の前方後圓形墳 -研究史的展望と課題-」,『福岡大學人文論叢』28-4.

6) 강인구, 1985,「海南 長鼓山古墳 調査」,『千寬宇先生還曆紀念韓國史學論叢』, 正音文化社 ; 강인구, 1987,『韓國의 前方後圓墳 舞妓山과 長鼓山 測量調査報告書』, 韓國精神文化研究院.

7) 강인구, 1987,「海南 말무덤古墳 調査槪報 -韓國의 前方後圓墳 追報(3)-」,『三佛金元龍教授停年退任紀念論叢』(Ⅰ), 一志社.

8) 얼마 전까지 14기가 알려져 있었지만(임영진, 2007,「장고분(전방후원형고분)」,『百濟의 建築과 土木』(백제문화사대계 15), 충남역사문화연구원, 353쪽), 고창 칠암리 고분에 대한 발굴 조사 후 1기가 추가되어 모두 15기가 알려져 있었는데(임지나, 2017,『고창 칠암리 고분』, 대한문화재연구원, 55쪽), 다시 1기가 추가되어 현재는

1990년대 들어 전방후원분에 대한 발굴조사가 이루어지면서 내부 구조와 부장 유물에 대해 구체적으로 알 수 있는 단서가 마련되었다. 그 시작은 1991년에 이루어진 함평 신덕고분9)과 영암 자라봉고분이다.10) 이하에서는 발굴조사 된 고분을 중심으로 한국 전방후원의 현황을 살펴보고, 그것이 전남지역에 자리하게 된 배경에 대해서도 간단히 생각해 보고자 한다.

II. 유적 현황

1. 함평 예덕리 신덕고분

전남 함평군 월야면 예덕리에 자리하고 있다.11) 1984년 지표조사를 통해 고분 2기가 자리하고 있는 것이 처음으로 확인되었고, 이어서 1991년 국립광주박물관에서 측량조사를 하던 도중 1호분에서 도굴갱이 발견되어 긴급 수습조사한 것이다. 처음 수습 조사가 이루어진후 2000년까지 전후 4차례에 걸쳐 발굴조사 하였다. 조사 결과 1호분은 전방후원분이고, 2호분은 직경 20m 정도의 圓墳임을 확인하였다.

16기로 알려져 있다(박형열, 2020, 「호남지역 장고분의 시·공간적 특징과 피장자 성격」, 『장고분의 피장자와 축조 배경』, 학연문화사, 57쪽).

9) 성낙준, 1992, 「咸平 禮德里 新德古墳 緊急收拾調查略報」, 『제35회 전국역사학대회 발표요지』, 역사학회 ; 국립광주박물관, 2021, 『咸平 禮德里 新德古墳』, 함평군.

10) 강인구, 1992, 『자라봉 古墳』, 한국정신문화연구원; 2001, 앞의 책, 261~345쪽 ; 이영철 외, 2015, 『靈巖 泰澗里 자라봉古墳』(-2·3차 발굴조사보고서-), 대한문화재연구원.

11) 성낙준, 1992, 앞의 약보, 역사학회 ; 국립광주박물관, 2021, 앞의 보고서.

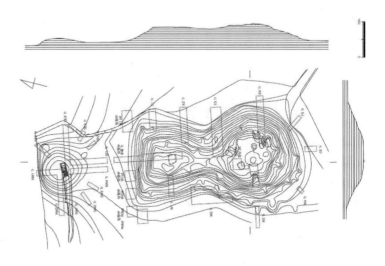

〈그림 1〉함평 예덕리 신덕고분

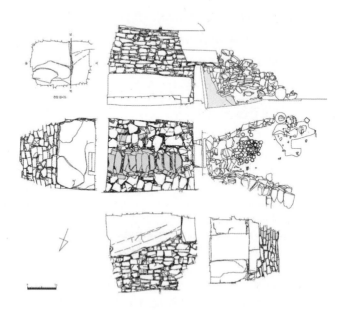

〈그림 2〉신덕 1호분 매장주체시설

1호분은 분구의 장축방향이 북서북~남동남으로, 方部가 북서북쪽에, 圓部가 남동남쪽에 자리하고 있다. 전체 길이는 50m이며, 方部는 길이 24m, 높이 4m이고, 圓部는 길이 약 30m, 높이 약 5m이다. 허리부는 폭 약 18m, 높이 3.25m로 허리부가 좁고 方部가 벌어진 형태다. 분구 자락에는 분구의 형태를 따라 굴착된 周溝가 있다. 주구가 하나로 이어지지 않고, 8개의 웅덩이 모양으로 굴착되어 있는 것이 특징이다. 분구 표면에는 깬돌을 이용하여 즙석한 흔적이 있다.

매장주체시설은 圓部의 서쪽에 치우쳐 횡혈식 석실 1기가 확인되었다. 조사가 이루어지기 전에 도굴이 이루어져 묘실 내부는 교란된 상태였지만, 연도와 墓道는 원형을 잘 유지하고 있다.

묘실은 장방형의 형태를 하고 있는데, 후벽이 전벽보다 약간 넓고, 연도가 중앙에서 약간 좌측으로 편재되어 있다. 묘실의 크기는 길이 290~300cm이고, 너비는 220~245cm이며, 바닥에서 천정까지의 높이는 235~250cm다. 묘실은 할석을 이용하여 구축하였는데, 벽면의 최하단에 대형 판석을 사용하고 있는 것이 특징이다. 천정석 또한 대형 판석 2매로 마감하였다.

묘실의 바닥은 할석을 깔고, 그 사이를 작은 할석으로 채워 넣었다. 아울러 현실 내부는 전체저으로 朱漆을 하였고, 북벽에 치우쳐 장대석 11매로 만든 棺台가 1개 설치되어 있다. 관대의 크기는 길이 252cm, 너비 90cm의 크기다.

비록 도굴된 고분이지만 묘실과 연도에서 비교적 많은 유물이 출토되었다. 장신구로는 금동관, 금동신발, 연리문구슬, 중층유리구슬이 출토되었고, 무기류로는 大刀, 鐵矛, 鐵鏃, 찰갑, 투구 등이 출토되었으며, 재갈, 등자, 운주 등의 말갖춤과 鐵鎌, 鐵斧 등의 공구류도 출토되었다.

묘실의 관대 위에서는 목관의 관재가 출토되었는데, 수종 분석 결과 金松인 것이 확인되었다. 아울러 화살통 제작에 사용된 목재는 편백으로 확인되었다.

2. 영암 자라봉 고분

영암군 시종면 태간리에 자리하고 있는 전방후원분이다.12) 1991년에 1차 조사가 이루어지고, 2011년과 2015년에 2차 조사와 3차 조사가 진행되었다. 1차 조사는 시간도 짧고, 조사도 제한된 구역만 할 수 밖에 없었는데 비해 2차 조사와 3차 조사는 분구와 그 주변의 周溝까지도 조사하여 1차 조사시 확인하지 못한 부분도 새롭게 확인하였다.

자라봉 고분은 곡간 평지의 논 가운데에 자리하고 있다. 그 때문인지 현지에서는 자라봉, 혹은 造山으로 부른다. 분구의 장축 방향은 남~북 방향으로, 10도 정도 동쪽으로 기울어 있다. 圓部가 북쪽이며, 方部가 남쪽으로 되어 있다.

분구의 크기는 37m로, 圓部 직경은 24m, 높이는 4.6m다. 方部의 남북 길이는 12.3m, 너비 7.4m이며, 높이는 2.25m로 圓部에 비해 현격하게 낮게 되어 있다.

매장주체시설은 圓部에서 석실이 확인되었다. 석실은 벽면을 할석과 괴석으로 쌓아 올린 것으로, 1차 조사에서는 수혈식으로 판단하였지만, 2차·3차 조사를 통해 횡구식일 가능성이 새롭게 제기되었다. 석실의 장축 방향은 동~서 방향으로, 크기는 길이 3.18m, 너비 2.33m에 이른다. 1차 조사에서는 손바닥 두 개 크기 정도의 판석을 바닥면에 깐 것으로 판단하였지만 2차·3차 조사를 통해서는 판석을 깐 것이 棺台일 가능성이 있음을 지적하고 있다.

---

12) 강인구, 1992, 『자라봉 古墳』, 한국정신문화연구원 ; 이영철·임지나·고경진, 2015, 『靈巖 泰澗里 자라봉 古墳』, 대한문화재연구원.

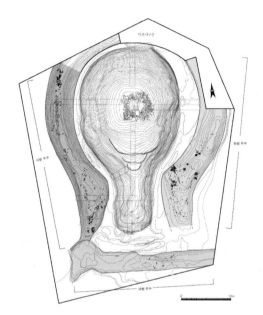

〈그림 3〉 자라봉 고분의 분구 형태와 주구

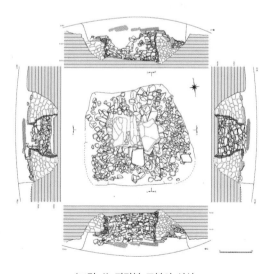

〈그림 4〉 자라봉 고분의 석실

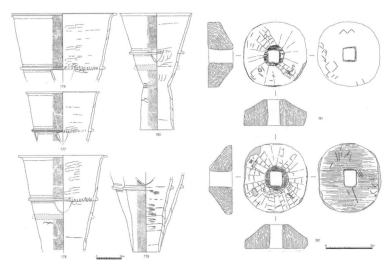

〈그림 5〉 자라봉 고분 출토 유물

도굴이 이루어진 다음에 조사가 이루어졌지만 석실 내에서는 금제이식·
구슬·대도·도자·鐵矛·鐵鏃·鐵斧·鐵鎌·소호·개배·대호 등 비교적 많은 유
물이 발견되었다. 특히 周溝에 대한 전면 조사를 통해 호형토기 이외에 원통
형토기, 개배를 비롯하여 笠形木製埴輪과 같은 다양한 목기가 출토되어 자
라봉 고분 및 전남지역 전방후원분 이해에 중요한 단서를 마련하게 되었다.

3. 광주 월계동 고분

광주광역시 북구 월계동의 낮은 구릉 말단부에 자리하고 있는 전방후원
분이다.13) 1993년 광주첨단과학산업단지를 조성하는 과정에서 발견되어 석
실분 1기와 전방후원분 2기를 전남대학교에서 조사하였다. 문제의 전방후
원분은 1993년에 시굴조사가 이루어지고, 1995년에 周溝조사가 이루어졌으

---

13) 임영진, 1994, 「光州 月桂洞의 長鼓墳 2基」, 『韓國考古學報』 31.

며, 이어서 1997년 석실 조사가 이루어진 다음 정비되었다.

2기의 고분은 낮은 구릉의 말단부에 자리하고 있는데, 더 큰 1호분은 구릉 위쪽에 해당하는 마을 외곽에 자리하고 있고, 약간 작은 2호분은 1호분에서 약 50m 정도 떨어져 구릉 끝의 논 가운데에 자리하고 있다. 1호분은 민가에 의해 석실 벽면 일부와 연도 일부가 노출될 정도로 훼손되어 있었고, 2호분 또한 주변이 논으로 경작되면서 분구의 기저부가 상당부분 깎여나간 상태였다.

조사 결과 1호분은 장축의 방향이 서북서~동남동으로, 方部가 구릉쪽에 해당하는 서북서쪽에 있고, 圓部가 평야쪽인 동남동쪽을 향하고 있다. 분구는 전체 길이 45.3m, 圓部 직경 25.8m, 圓部 높이 6.1m이고, 허리 폭은 14.5m, 허리 높이 3.8m, 方部 폭 31.4m, 높이

5.2m로 方部가 벌어진 형태다. 周溝는 방패형을 하고 있고, 주구를 포함한 전체 길이는 60m 내외다.

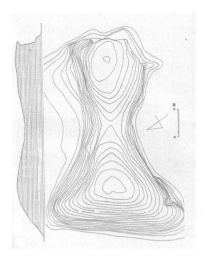 

〈그림 6〉 월계동 1호분(좌) 및 출토유물(우)

매장주체시설은 연도를 갖춘 횡혈식 석실로, 圓部의 남서쪽에 치우쳐 있다. 墓室은 상부가 파괴된 상태였다. 특히 남서쪽 모서리는 바닥까지도 파괴된 상태였다. 묘실의 앞벽은 두장의 판석을 세워 완성한 대신, 나머지 묘실의 세 벽과 연도벽은 길이 40cm 내외, 너비 40cm 내외, 그리고 두께 15cm 내외 크기의 할석을 쌓아 올려 축조하였다. 묘실의 규모는 北長壁이 440cm, 南長壁이 460cm인 반면에 동·서의 短壁은 다 같이 길이가 300cm였다. 壁石의 높이는 잔존 최고 높이가 260cm에 달한다.

연도는 묘실 서단벽의 중앙에서 남장벽쪽으로 약간 치우쳐 있다. 남은 길이는 280cm, 너비 140cm, 최고 높이 170cm며, 천정석은 2매의 판석으로 덮었다. 연도에 문지방석이 놓여 있고, 묘실 바닥에는 屍床이 남아 있다.

2호분은 경작 등으로 周溝가 이미 파괴된 상태였는데, 분구의 전체 길이 34.5m, 圓部 직경 20.5m, 높이 3.5m고, 方部는 폭 22m 내외, 높이 3m이며, 허리부는 폭 14.5m, 높이 1.5m로 허리가 낮고 좁으며, 方部가 벌어진 형태다.

매장주체시설은 횡혈식 석실로, 장축은 서북~동남향으로 되어 있다. 연도는 서북쪽에 해당한다. 1호분보다 훨씬 훼손이 심해서 천정석은 물론이고, 벽석들도 거의 남아 있지 않았다. 묘실과 연도의 벽면은 1호분과 마찬가지로 길이 40cm 내외, 너비 40cm 내외, 그리고 두께 15cm 정도 되는 할석을 벽돌처럼 쌓아올려 완성하였다. 다만 바닥과 만나는 최하단부에는 길이 1.5m 내외, 높이 20cm에 달하는 장대석을 놓은 부분도 있다. 묘실은 길이 3.8m, 너비 2.4~2.5m의 장방형이며, 가장 많이 남아 있는 뒷벽의 높이는 1m에 달한다.

연도쪽에 길이 85cm, 너비 40cm 크기의 문지방석이 놓여 있는 것은 1호분과 같지만, 묘실에 棺台나 屍床은 없었던 것으로 보고 있다. 圓筒形土器를 비롯한 刀子, 유리 구슬 등이 출토되었다.

4. 광주 명화동 고분

광주광역시 광산구 명화동에 자리하고 있는 전방후원분이다.[14] 영산강 지류인 평동천 상류의 낮은 구릉에 자리한다. 고분이 처음 알려진 것은 1992년인데, 1993년에 수습조사가 이루어지고, 이어서 1994년에 발굴조사가 이루어짐으로써 전모가 밝혀지게 되었다. 조사 결과 매장주체부는 원형을 파악할 수 없을 정도로 훼손된 횡혈식 석실이며, 분구를 따라 방패형의 周溝가 돌려진 전방후원분임을 확인하였다.

분구의 장축 방향은 북서북~동남동으로, 方部가 구릉으로 이어지는 북서북쪽에 자리하고, 圓部는 평지인 남동남쪽을 향하고 있다. 분구의 규모는 전체 길이가 33m이며, 圓部의 직경은 18m, 높이 2.73m이며, 方部는 너비 24m, 높이 2.73m이고, 허리부는 폭 12m, 높이 1.87m의 크기로 되어 있다.

매장주체시설은 석실인데, 이미 완전히 파괴된 상태였다. 다만 놓여 있는 형태로 볼 때 분구 중심에서 서쪽으로 치우쳐 있었던 것을 알 수 있었다.

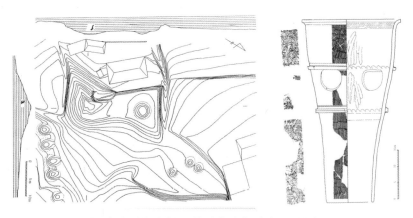

〈그림 7〉 광주 명화동 고분 평면도(좌) 및 출토유물(우)

---

14)박중환, 1993, 『光州 明花洞 古墳』, 국립광주박물관.

벽면은 일부만 확인되었지만, 장대석을 아래쪽에 놓고, 그 위에 할석으로 축조한 것을 확인하였다. 묘실의 장축 방향은 남동~북서쪽이며, 너비는 약 180cm고, 서북쪽에 입구를 두었다.

묘실내에서는 금동제이식을 비롯하여, 꺾쇠, 교구, 曲玉形金具, 方形飾金具, 단조 鐵斧, 鐵釘과 鐵鏃, 그리고 토기가 출토되었다. 특징적인 것은 周溝 주변과 墳丘 斜面에서 圓筒形土器가 출토되었다는 사실이다. 그 위치와 器形으로 볼 때 명화동 고분을 특징지우는 유물이라 할 수 있다.

5. 해남 방산리 장고봉고분

전남 해남군 북일면 방산리에 위치하고 있는 전방후원분이다.[15] 낮은 구릉을 따라 方部를 북쪽에, 圓部를 남쪽에 두고 있다. 동쪽으로 도로가 개설되면서 분구의 동쪽 끝자락 일부가 잘려나가기는 하였지만 비교적 잔존상태가 양호한 편이다.

1985년 현장 조사를 통해 墳丘 전체의 길이가 77m, 圓部 직경 44m, 높이 10m, 方部의 앞면 너비 38m, 높이 9m인 것이 확인되었는데, 2000년 측량조사에서는 전체 길이 75m 내외, 圓部 직경 41m 내외, 높이 9m 내외, 方部의 앞면 너비 35m 내외, 높이 8m 내외로 계측되었다. 方部 북쪽에서 확인된 周溝는 너비 15m 내외, 깊이 0.7m의 크기로 되어 있다.

2000년에 이루어진 시굴조사 결과 圓部의 북쪽 사면에 도굴갱이 있는 것이 확인되었다. 매장주체시설은 횡혈식 석실로, 석실의 장축은 동~서 방향이며, 묘실은 분구의 한가운데에 자리하고 있다. 연도는 西短壁 쪽에 부설되어 있다.

---

15) 강인구, 1985, 「해남 장고산고분 조사」, 『千寬宇先生還曆紀念韓國史學論叢』 ; 은화수·최상종, 2001, 『해남 방산리 장고봉고분 시굴조사보고서』, 국립광주박물관.

〈사진 8〉 해남 방산리 장고봉 고분의 묘실 내부(좌)와 연도

묘실의 크기는 길이 460cm, 동벽 너비 240cm, 높이 190cm이고, 서벽은 너비 210cm, 높이 180cm다. 현문은 길이 70cm, 너비 58cm, 높이 115cm고, 연도는 길이 400cm, 너비 120cm다. 묘실은 하단부에 큰 판석을 가로로 세우고, 그 위에 작은 판석을 올려 놓았다. 벽석과 벽석 사이는 황백색 점토로 틈을 메웠다. 현실의 벽면과 천정은 朱漆이 되어 있으며, 바닥은 큰 판석 1매를 깔고, 주위에는 작은 판석을 깔았다.

6. 고창 칠암리 고분

전북 고창군 공음면 칠암리 연동마을 동쪽 구릉에 자리하고 있는 전방후원분이다.16) 지금까지 확인된 한국의 전방후원분이 평지나 주로 낮은 구릉의 말단부 및 충적 평야에 있는데 비해 고창지역은 산지의 능선에 자리하고 있는 것이 특징이다.17)

---

16) 대한문화재연구원, 2017, 『高敞 七巖里 古墳』, 고창군.
17) 임지나, 2017, 「고창 칠암리 고분 유구·유물의 검토」, 『高敞 七巖里 古墳』, 대한문화재연구원, 55쪽.

칠암리 고분은 처음 지표조사를 통해 확인된 고분으로, 측량 결과 남쪽과 북쪽이 원분과 방분을 띠고 있어 전방후원분임을 알게 되었다. 매장주체시설로 생각되는 석재가 지속적으로 노출되어 유적의 훼손 우려가 있기 때문에 2015년에 발굴조사가 이루어졌다.

분구는 북에서 서쪽으로 16도 정도 기울어진 남~북 방향이다. 규모는 전체 길이 56m, 圓部 직경 32.8m, 높이 6.6m, 방부 너비 34.9m, 높이 4.6m로 圓部가 方部보다 높으며, 한국의 전방후원분 중 세 번째 규모에 해당된다. 분구의 북쪽과 동쪽은 원상태를 유지하고 있지만, 서쪽과 남쪽은 민묘 조성 등으로 일부가 훼손된 상태다.

칠암리 고분의 매장주체시설은 벽석의 모서리 부분이 圓部의 중앙에 위치하며, 분구의 장축 방향과 사선 방향을 이루고 있다. 천정은 물론이고 벽석의 대부분이 이미 훼손되어 정확한 구조를 파악하기가 어려웠는데, 장대석 4매를 이용하여 축조한 것으로 보고 있다. 아울러 분구의 높이를 감안할 때 수혈식 석실로 보고 있다.

원통형토기, 고배, 발형기대, 통형기대 등의 토기와 철촉, 철겸, 관못, 십금구 등의 철기, 그리고 유리제 옥이 출토되었다.

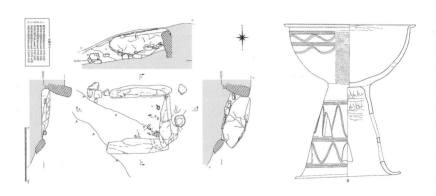

〈그림 9〉 고창 칠암리 고분 매장주체시설 및 석실 출토 유물

Ⅲ. 구조적 특징

앞에서 살펴본 것처럼 현재 한국에서 발굴 조사 된 전방후원분은 대체로 매장주체부가 횡혈식 석실로 되어 있다. 다만 고창 칠암리의 경우 심하게 파괴되어 정확한 것은 아니지만 수혈식 석곽일 가능성이 있고, 영암 태간리 자라봉 고분은 횡구식 석실일 가능성이 높다.

또 고분의 입지는 산지의 능선에 자리하고 있는 고창의 경우를 제외하면 평지, 구릉 정상, 구릉 능선, 구릉 사면 등 주로 낮은 구릉의 말단부 및 충적평야에 자리하고 있다.[18] 입지나 매장 주체부의 구조에 있어서 일본 전방후원분과 동일한 고분인 셈이다. 그런데도 전방후원분이라는 용어 대신에 '長鼓墳', 혹은 '長鼓形古墳', '前方後圓形古墳'과 같은 용어를 사용하는 경우도 있다.[19]

물론 그렇게 하는 데에는 나름의 이유가 있는 것이 사실이다. 전방후원분은 그 자체 일본 야마토 정권의 지배 체제와 직결되는 '전방후원분 체제'의 핵심적인 요소인 만큼 당시 한국의 서남부지역이 일본 야마토 정권의 지배 아래에 있었다는 오해를 불러올 수 있기 때문에 전방후원분 이라는 용어 대신에 장고분과 같은 용어를 사용하는 것이다.[20]

용어가 갖는 의미나 중요성을 감안할 때 전남지역에 분포하는 전방후원분을 어떻게 부를 것인가는 신중을 기할 필요가 있는 것이 사실이지만, 실제로 畿內에 출현한 전방후원분을 기본형으로 한 정치적 영향력 밑에서 일본 각지에서 전방후원분이 축조된 것인지, 그리고 전방후원분이 야마토 정권이 만들어낸 정치적 통합의 상징으로 그 분포 범위가 정권의 영역을 나

---

18) 임지나, 2017, 「고창 칠암리 고분 유구·유물의 검토」, 『高敞 七巖里 古墳』, 대한문화재연구원, 55쪽.

19) 임영진, 2007, 「장고분(전방후원분)」, 『百濟의 建築과 土木』(백제문화사대계 연구총서 15), 352쪽.

20) 임영진, 1994, 「光州 月桂洞의 長鼓墳 2基」, 『韓國考古學報』 31.

타내는 것21)인지는 더 검토해 볼 필요가 있다.22) 적어도 일본 열도만이 아
닌 전남지역에도 전방후원분이 자리한다는 사실이 밝혀진 만큼 일본 열도
의 전방후원분을 대상으로 한 기존의 기본 인식이 수정되어야 함은 자명하
다는 생각이다.

더구나 그러한 사회상을 도출해 내기 위해 사용한 자료가 대부분 일본
열도에서 고분이 처음 만들어지는 3~4세기대의 자료를 대상으로 한 만큼 6
세기대에 해당되는 전남지역의 전방후원분에도 그러한 논리를 적용할 수
있는지는 의문이다. 그런 점에서 전방후원분 이라는 용어를 굳이 회피할 필
요는 없는 것이 아닌가 한다.23)

실제로 전남지역의 전방후원분은 일본 열도에 자리하는 전방후원분과 동
일한 고분이지만, 몇 가지 측면에서 일본 열도 내의 그것과는 다른 관점으
로 바라볼 필요도 있다.

먼저, 한국에 전방후원이 자리하고 있다는 사실이 알려지던 초기부터 지
적되었던 것인데, 전방후원분이 바다나 강과 같은 물길과 밀접한 관련을 맺
고 있다는 사실이다.24) 예를 들어 해남 북일면 방산리에 자리하고 있는 장
고산고분의 경우,25) 장보고의 청해진 북쪽에 해당되는데, 바닷물이 내륙으

---

21) 近藤義郞, 1983, 『前方後圓墳の時代』, 岩波書店 ; 近藤義郞, 1986, 「前方後圓墳の誕生」,
   『岩波講座 日本考古學』 6, 岩波書店 ; 北條芳隆, 2000, 「前方後圓墳の論理」, 『古墳時
   代像を見なおす-成立過程と社會變革-』, 靑木書店.
22) 일본 전방후원분에 대한 기본 인식이 실체와는 다르다는 사실을 지적하면서 기본
   인식 자체를 근본적으로 재고할 필요가 있는 것이 명백하며, 그에 따라 전방후원분
   연구의 시각을 전환해야할 시기가 왔다는 사실을 인정하는 견해가 이미 발표된 바
   있다(北條芳隆, 2000, 「前方後圓墳의 展開와 그 多樣性」, 『韓國의 前方後圓墳』, 충
   남대학교 출판부, 38~42쪽.
23) 전남지역의 전방후원분이야말로 임나일본부설이 역사적 사실이 아님을 반영하는
   것이라고 보는 견해도 있다(박천수, 2011, 「영산강유역 전방후원분에 대한 연구사
   검토와 새로운 조명, 『한반도의 전방후원분』(대한문화유산센타 엮음), 학연문화사).
24) 강인구, 1984, 앞의 책, 267쪽.
25) 한국정신문화연구원, 1992, 『舞妓山과 長鼓山』 ; 강인구, 2001, 『韓半島의 前方後圓

로 깊숙이 灣入된 지역이다. 고분에서 바다까지는 3km 정도 떨어져 있지만, 그것은 최근에 제방을 축조하였기 때문이고, 원래는 고분에서 500m 정도 떨어진 지점까지 바닷물이 들어왔던 곳이다.

해남 용두리 말무덤고분도 마찬가지다.[26] 이 고분은 해남군 삼산면 창리 용두부락에 자리하고 있는데, 바로 지근거리에 너비 50m 정도의 三山川이 흐른다. 그리고 이 삼산천은 곧바로 바다와 연결되어 있다. 그래서 지금은 해안선이 약 3km 정도 떨어져 있지만, 그것은 역시 최근에 완성된 제방 때문이며, 원래는 바닷물이 고분에서 700m 정도까지 들어왔었다고 한다.

이렇게 전남지역의 전방후원분은 바다나 강과 같은 물길과 밀접한 관련이 있다. 그래서 전남지역 전방후원분이 I기에는 영산강 본 수계를 따라 하류(영암 자라봉 고분), 중상류, 상류에 나타나고, II기에는 본 수계 뿐만 아니라 지류와 서북 해안에 나타나고, III기와 IV기에는 남해안을 따라 서남쪽의 해안에 등장한다고 본 연구도 있다.[27]

두 번째는 당시 전남지역의 핵심지역이라고 할 수 있는 나주 반남지역을 제외한 그 외곽지역에 자리하고 있다는 사실이다.[28] 현재까지 전방후원분의 존재가 알려진 곳은 영광, 함평, 광주, 담양, 영암, 해남 등지로 전남지역의 외곽에 해당된다. 그것은 이러한 전방후원분이 바다와 가까운 위치에 자리하고 있다는 사실과도 관련이 있을 것이다.

아울러 이렇게 전남지역의 외곽에 자리하면서 해당지역에서 1기씩만 자리하고 있다는 사실도 주목된다.[29] 가장 먼저 조사된 함평 신덕고분은 1호

墳論集』, 동방미디어, 347~379쪽.

26) 강인구, 1992, 「말무덤古墳」, 『자라봉 古墳』, 한국정신문화연구원 ; 강인구, 2001, 위의 책, 381~399쪽.

27) 박형열, 2020, 앞의 논문, 61쪽.

28) 임영진, 2007, 「장고분(전방후원형고분)」, 『百濟의 建築과 土木』(백제사대계 15), 충남역사문화연구원, 391쪽.

29) 이와 달리 광주 월계동에서 2기의 전방후원분이 확인되고, 고창 칠암리에서도 2~3기의 전방후원분이 자리하고 있는 점을 들어서 단독분의 형태로 자리한다는 사실

분 1기만이 전방후원분이고, 2호분은 횡혈식 석실을 갖춘 圓墳이다. 영암 자라봉 고분도 논 가운데에 1기가 단독으로 자리하고 있고, 광주 명화동 고분 또한 단독으로 자리하고 있다. 광주 월계동에 2기의 전방후원분이 자리하고 있고, 고창에도 2기가 자리하고 있지만, 기본적으로 군을 이루고 있을 가능성은 낮아 보인다.

세 번째는 일본의 전방후원분과 외형은 같지만 세부적으로는 차이점이 있다는 사실이다. 일본 열도의 전방후원분은 방형과 원형이 결합된 독특한 형태의 고분 외형 이외에 즙석과 段築을 특징으로 한다. 그런데 전남지역의 전방후원분은 그러한 즙석이나 단축이 분명하지 않다.

최근 분구에 대한 전면 조사가 이루어지면서 즙석이 있었다는 것은 어느 정도 인정되고 있다. 고창 칠암리 1호분, 담양 성월리 월전고분, 함평 신덕 1호분, 함평 마산리 1호분, 해남 용두리 고분 등지에서 즙석시설이 확인되었다. 다만 이렇게 즙석이 확인된 경우에도 일본 열도의 전방후원분이 정연하게 일정한 구역, 예를 들어 단축과 단축 사이의 경사면을 할석으로 즙석하는 대신에 전남지역의 전방후원분은 매주 좁은 범위에 약간만을 덮은 양상을 하고 있다.[30]

이렇게 즙석의 흔적이 일부에만 남아 있어 정확한 양상을 파악하기도 어렵지만, 형식적으로 한 것임을 알 수 있다. 예를 들어 해남 용두리 고분의 경우, 다른 전방후원분에 비해 비교적 잘 남아 있는 편인데, 분구 사면에서 약간 높여 위쪽에 길이 18.4m, 최대 높이 1.4m의 범위에만 남아 있다.

즙석시설 보다도 더 큰 차이를 보이는 것이 段築이다. 일본 열도의 전방후원분은 3단 전후의 段이 마련되어 있다.[31] 전방후원분을 장식하는 이른

에 의문을 제기하는 견해도 있다(임지나, 2017, 앞의 글 및 박형열, 2020, 앞의 논문, 62쪽). 그러나 2~3기가 자리한다고 해도 큰 차이는 없으며, 더구나 앞으로 군집을 이룬 고분군이 발견될 가능성은 낮다고 생각한다.

30) 전용호, 2020, 「분구 축조 기술로 본 장고분(전방후원형 고분)」, 『장고분의 피장자와 축조 배경』(마한연구원 편), 학연문화사, 120쪽.

바 墳周土器[32]는 바로 이러한 단의 가장자리에 놓여지는 것이다. 분주토기
는 대체로 일본의 하니와를 모델로 했다고 보고 있지만,[33] 자생의 가능성
을 제시하는 견해도 있는데,[34] 문제는 이러한 단축이 전남지역 전방후원분
에서는 보이지 않는 다는 사실이다.[35]

　方部와 圓部가 결합되는 허리부에 자리하는 돌출부(이른바 '造り出し'
를 말함)가 없는 것도 특징이다. 일본 전방후원분에서는 보통 5세기 전반에
분구의 거대화와 분구의 장식이 가장 활발하게 이루어진다.[36] 그리고 바로
이 시기에 들어 중요한 변화 중 하나가 전방후원분의 측면에 돌출부가 나
타나는 것이다. 이러한 돌출부는 오사카의 應神陵이나 仁德陵 등 대형 고
분에서는 거의 일반화된 특징으로 알려져 있는데,[37] 이러한 돌출부가 한국
의 전방후원분에서는 찾아지지 않는다.

---

31) 白石太一郎, 2015, 「일본의 고훈」, 『일본의 고훈문화』(특별전도록), 국립경주박물
　　관, 189쪽.
32) 林永珍, 2002, 「韓國の墳周土器」, 『東アジアと日本の考古學』, 同成社.
33) 東潮, 1995, 「榮山江流域と慕韓」, 『展望考古學』, 考古學研究會 ; 太田博之, 1996, 「韓
　　國出土の圓筒形土器と埴輪形土製品」, 『韓國の前方後圓墳』, 雄山閣 ; 土生田純之,
　　1996, 「朝鮮半島の前方後圓墳」, 『專修大學人文科學年報』 26, 專修大學 人文科學研究
　　所 ; 小栗明彦, 1997, 「光州月桂洞1號墳出土埴輪の評價」, 『古代學研究』 137, 古代學
　　研究會 ; 박순발, 2001, 「榮山江流域 前方後圓墳과 埴輪」, 『한일고대인의 흙과 삶』,
　　국립전주박물관특별전도록 ; 서현주, 2006, 『영산강유역 삼국시대 토기 연구』, 서울
　　대학교대학원 박사학위논문.
34) 우재병, 2000, 「榮山江流域 前方後圓墳 出土 圓筒形土器에 관한 考察」, 『百濟研究』 31.
35) 물론 경우에 따라서는 즙석이 있는 곳이 곧 단축이라고 볼 수도 있다. 함평 신덕고
　　분의 경우에도 즙석인 남아 있는 부분에 희미하게 단축의 흔적이 보이기도 한다.
　　문제는 이러한 단축이 뚜렷하게 남아 있지 않다는 사실이다. 아울러 한국의 전방후
　　원분에 분구 측면의 段築이 보이지 않는 것을 지적하면서도 양 지역의 전방후원분
　　이 밀접한 관련이 있음을 지적하는 견해도 있다(土生田純之, 2000, 「韓日 前方後圓
　　墳의 比較 檢討」, 『韓國의 前方後圓墳』, 충남대학교 출판부, 2~3쪽.
36) 이정호, 1996, 「前方後圓形古墳의 연구사검토」, 『湖南考古學報』 4, 132쪽.
37) 이정호, 1996, 위의 논문, 133쪽.

Ⅳ. 피장자의 성격

한국 땅에도 전방후원분이 존재한다는 사실을 체계적으로 발표한 강인구 교수는, 한국에도 전방후원분이 있다는 사실과 그러한 한국의 전방후원분이 일본 전방후원분의 起源이 되었다는 가설을 주장하였다. 그 후 정밀 조사를 통해 한국에도 전방후원분이 있다는 사실은 입증 되었지만, 그것이 일본 전방후원분의 기원이 되었다는 사실은 입증되기가 쉽지 않은 실정이다. 자연히 전남지역 전방후원분의 피장자를 둘러싼 논의가 활발하게 전개되었다. 그 결과 왜인이라는 설,38) 왜계백제인설,39) 재지수장설,40) 영산강계 왜

---

38) 鈴木靖民, 2003, 「倭と百濟の府官制」, 『古代九州の古墳と韓國の前方後圓墳』 ; 山尾幸久, 2002, 「5~6世紀の日朝關係-韓國の前方後圓墳の一解釋-」, 『前方後圓墳と古代の日朝關係』, 동성사 ; 東潮, 2006, 「榮山江流域の慕韓と倭」, 『倭と加耶の國際環境』, 吉川弘文館 ; 李鎔賢, 2008, 「韓國古代における全羅道と百濟, 加耶, 倭」, 『古代日本の異文化交流』, 勉誠出版 ; 鈴木英夫, 2008, 「韓國の前方後圓墳と倭の史的活動」, 『古代日本の異文化交流』, 勉誠出版.

39) 주보돈, 1999, 「백제의 영산강유역 지배방식과 전방후원분 피장자의 성격」, 『韓國의 前方後圓墳』, 충남대 백제연구소 ; 박천수, 2007, 「영산강유역에서의 전방후원분을 통해 본 백제와 왜」, 『새로 쓴 고대한일교섭사』, 사회평론.

40) 岡內三眞, 1996, 「前方後圓墳の築造モデル」, 『韓國의 前方後圓墳』, 雄山閣 ; 土生田純之, 2000, 「韓日 前方後圓墳의 比較 檢討」, 『韓國의 前方後圓墳』, 충남대학교 출판부 ; 박순발, 2000, 「百濟의 南遷과 榮山江流域 政治体의 再編」, 『韓國의 前方後圓墳』, 충남대학교 출판부 ; 박순발, 2002, 「榮山江流域での前方後圓墳の意義」, 『前方後圓墳と古代の日朝關係』, 同成社 ; 신경철, 2000, 「古代의 洛東江, 榮山江, 그리고 倭」, 『韓國의 前方後圓墳』, 충남대학교 출판부 ; 田中俊明, 2000, 「榮山江流域 前方後圓墳 古墳의 性格」, 『영산강유역 고대 사회의 새로운 조명』 ; 田中俊明, 2002, 「韓國の前方後圓形古墳の被葬者·造營集團に對する私見」, 『前方後圓墳と古代の日朝關係』, 同成社 ; 우재병, 2004, 「榮山江流域 前方後圓墳의 出現과 背景」, 『湖西考古學』 10, 호서고고학회 ; 임영진, 2002, 「光州 月桂洞 長鼓墳 2基」, 『前方後圓墳と古代の日朝關係』, 同成社 ; 柳澤一男, 2002, 「全南地方の榮山江形橫穴式石室と前方後圓墳」, 『前方後圓墳と古代の日朝關係』, 同成社 ; 연민수, 2011, 「영산강유역 전방후원분 피장자와 그 성격」, 『한반도의 전방후원분』, 학연문화사, 142~143쪽.

인설,[41] 곤지·동성왕계 왜인설[42] 등 다양한 견해가 제시되었다. 최근에는 다시 마한인, 백제인, 왜인으로 나누어 보고, 마한인 중에서도 백제에 협조한 기존 세력자, 백제에 협조한 신흥 세력자, 백제에 대립한 기존 세력자, 축조배경 미상, 그리고 백제인 중에서도 무령왕 동성왕 수행자 이외에 백제에 복속된 지방세력자 등으로 좀 더 세분하여 다양한 견해가 나오고 있다.[43]

중요한 것은 전남지역 전방후원분을 이해하기 위해서는 앞에서 살펴본 몇 가지 특징을 고려해야 한다는 사실이다. 아울러 그 축조 시기도 살펴볼 필요가 있다. 현재까지 확인된 전남지역의 전방후원분은 대체로 5세기 후반, 혹은 말에서 6세기 전반, 혹은 중엽에 걸쳐 축조된 것으로 보고 있다.[44] 무덤 안에서 출토된 유물을 분석한 결과임은 물론이다.

그런데 전남지역 전방후원분의 축조 시기를 살펴볼 때 무덤 안에서 출토된 유물도 중요하지만 석실의 구조도 중요한 고려 대상이 된다. 앞에서도 살펴보았듯이 고창 칠암리 고분과 영암 자라봉 고분을 제외한 나머지 고분은 횡혈식 석실을 매장주체로 하고 있다.

중요한 것은 횡혈식 석실의 묘실 입구가 문틀식, 다시 말해서 門柱石과 문지방석을 갖춘 형태로 되어 있다는 사실이다. 백제 땅에서 이러한 문틀식의 횡혈식 석실은 사비 천도 이후에나 나올 수 있는 것이다.[45] 적어도 웅진

홍성화교수는 전남지역 전방후원분을 일본 열도의 영향력을 받는 倭人이거나 백제의 지배를 받는 왜계백제관료라 볼수 없고, 영산강유역과 일본 열도 양측에 루트를 갖고 있었던 백제 木氏에 의해 간접통치되면서 일본 열도와 있었던 상호 교류의 흔적으로 보고 있다(홍성화, 2021,『칠지도와 일본서기』, 경인문화사, 220쪽).

41) 임영진, 1994,「광주 월계동 장고분 2기」,『한국고고학보』31.

42) 서현주, 2007,「영산강유역 장고분의 특징과 출현 배경」,『한국고대사연구』47 ; 정재윤, 2010,「영산강유역 전방후원분의 축조와 그 주체」,『역사와 담론』56, 호서사학회.

43) 전방후원분 피장자의 성격에 대한 최신 견해는 다음에 잘 정리되어 있다.
임영진, 2020,「영산강유역 장고분의 피장자와 축조 배경」,『장고분의 피장자와 축조 배경』, 학연문화사.

44) 土生田純之, 2000, 앞의 논문, 3쪽.

기에는 그러한 형태의 횡혈식 석실이 찾아지지 않는다. 아마도 앞으로도 웅진기 횡혈식 고분에서는 그러한 문틀식으로 되어 있는 횡혈식 석실은 찾아지지 않을 것이다. 묘실 입구를 그렇게 문틀식으로 축조하는 것은 무령왕릉이나 무령왕릉원 6호분과 같은 벽돌무덤에서 시작된 것이기 때문이다.[46] 그런 점에서도 전남지역의 전방후원분 역시 웅진기가 아닌 사비기로 보아야 하지 않을까 한다.

물론 전남지역에는 백제식의 횡혈식 석실만 있는 것이 아니라 '남해안식'이라든가 '영산강식'도 있는 것으로 알려져 있다.[47] 다시 말해서 백제 횡혈식 석실만을 기준으로 해서 전남지역 전방후원분의 매장주체시설을 이해할 수는 없다는 뜻이 될 것이다. 그렇기는 하지만 일본 열도의 횡혈식 석실이 백제와는 무관하게 변천해 갔다고는 생각되지 않는다. 거시적으로 볼 때 일본의 횡혈식 석실은 중국의 영향을 받아 삼국시대에 형성된 횡혈식 석실의 영향을 받아 출현하였다고 보아야 하기 때문이다.[48] 그런 점에서 보았을 때 전남지역 전방후원분에서 발견되는 횡혈식 석실이, 이미 여러 연구자들이 지적한 것처럼 백제 횡혈식과는 다른 것이기는 하지만, 묘실의 입구가 문틀식으로 되어 있다는 점을 주목할 필요가 있다. 백제에도 이렇게 묘실 입구를 문틀식으로 꾸민 횡혈식 석실이 있기 때문이다.

문제는 이렇게 묘실 입구를 문틀식으로 축조하는 것이 백제에서도 6세기 중엽 이후에나 가능하다는 사실이다. 전남지역 전방후원분에서 발견되는 문틀식 구조의 횡혈식 석실을 지금처럼 6세기 중엽 이전으로 소급해 보면,

---

45) 이남석, 1992, 「百濟 橫穴式 石室墳의 構造形式 硏究」, 『百濟文化』 22, 공주대 백제문화연구소, 84~85쪽.
46) 권오영, 2013, 「동아시아 문화교류와 백제 능묘의 위상」, 『백제의 능묘와 주변국 능묘의 비교연구』, 한국전통문화대학교, 199쪽 ; 서정석, 2021, 「공주 송산리 6호분의 구조적 특징과 주인공 문제」, 『한국고대사연구』 104, 64쪽.
47) 임영진, 1997, 「全南地域 石室封土墳의 百濟 系統論 再考」, 『湖南考古學報』 6, 134쪽.
48) 白石太一郎, 2007, 「橫穴式石室誕生」, 『橫穴式石室誕生 -黃泉國の成立-』(특별전도록), 近つ飛鳥博物館, 8쪽.

결국 문틀식 구조의 횡혈식 석실이 백제보다 빨리 출현하는 것이 된다. 적어도 이러한 인식은 좀 곤란한 것이 아닌가 한다. 오히려 백제 횡혈식 석실이 전개되는 양상을 고려하여 전남지역 전방후원분도 지금보다 조금 늦은 6세기 중엽 이후에 축조되었을 것으로 보는 것이 순리가 아닌가 한다.[49]

한편, 전방후원분의 주인공에 대해서는 앞서 살펴본 대로 크게 보아 재지 수장설, 왜계 백제관료설, 왜인설 등으로 나누어 볼 수 있는데, 어느 쪽이 되었든 전남지역의 전방후원분을 일정한 '세력'이 남긴 것이라든가, 특정한 '정치체'가 남긴 것으로 보고 있다는 점은 공통점이다.

그러나 전남지역의 전방후원분은 앞서 살펴본 대로 전남지역의 핵심적인 위치에서 벗어난 지역에 자리하고 있고, 대체로 1기, 많아야 2기가 자리하고 있는 등 당대에 축조가 그치고 있다는 점이 특징이다. 물론 그러한 전방후원분이 축조되기 이전에 해당 지역에서 뿌리를 내리고 있던 토착세력이라고 볼 만한 근거도 없다.[50] 다시 말해서 일정한 '세력'을 가진 정치체로 판단하기는 곤란하다는 생각이다. 압박해 오는 백제에 대해 '자립의 의지를 과시하려는 영산강사회 지역적 세력들의 정치적인 선언'이라든가 영산강세력이 '왜의 세력과도 통하고 있다는 것을 가시적으로 표현한 것'이라는 주장,[51] '일본 열도 각 지역세력과의 정치적 친연관계를 표방한 것'이라는 주장,[52] 전남지역 豪族에 의한 자주적 활동의 결과[53] 등도 현재 남아 있는 전남지역 전방후원분의 모습과는 거리가 있는 해석이다. 현재 전남지역에

---

49) 자라봉 고분이 횡구식일 가능성이 있지만 그 축조 시기도 마찬가지라고 생각한다.
50) 임영진, 2007, 「장고분(전방후원형고분)」, 『百濟의 建築과 土木』(백제사대계 15, 충남역사문화연구원, 391쪽.
51) 田中俊明, 2000, 앞의 논문, 200쪽.
52) 박순발, 2002, 앞의 논문, 238쪽.
53) 土生田純之, 2000, 앞의 논문, 21쪽. 土生田純之는 전남지역 전방후원분과 일본 전방후원분을 자세히 비교하면서 '일본 열도와의 밀접한 관계를 부정하는 것은 무리일 것'이라고 결론내리면서도 전남지역 전방후원분의 주인공을 그 지역의 豪族으로 보고 있다.

남아 있는 전방후원분은 외관만 전방후원분의 모습을 하고 있을 뿐 세부적인 모습에서는 일본 열도의 전방후원분에 비해 조잡하거나 생략한 채 만들어져 있어 결코 자기의 '세'를 과시하거나 일본 열도의 특정 세력과의 '친연관계'에 있다는 것을 보여주는 것으로는 볼 수 없기 때문이다.

현재 남아 있는 자료로 볼 때 전남지역 전방후원분은 압박해 오는 백제에게 저항하기 위해 처음으로 도입하여 만들었다기 보다는 이미 그러한 전방후원분을 축조해 본 경험이 있는 집단이 요소요소를 생략한 채 간단하게 만든 것이라고 해석하는 것이 합리적이다. '자립'을 강조하거나 왜와의 '친연관계'를 표방한 것이라기 보다는 쇠퇴기의 고분이라고 보는 것이 합리적이라는 생각이다. 그렇기 때문에 당대에 이러한 전방후원분의 축조 전통이 끝나버린 것이다.

사실 5세기 후반이 되었든 6세기대가 되었든 전남지역에는 그렇게 하나의 '정치체'나 '재지세력'을 표방할 만한 집단이 자리하고 있었던 것은 아니다. 단적인 예로 동성왕의 무진주 진출을 들 수 있다.

> A. 8월에 왕은 耽羅가 공물과 조세를 바치지 아니하자 친히 정벌하려고 武珍州에 이르렀다. 탐라가 이를 듣고 사신을 보내 죄를 빌었으므로 그만두었다. 耽羅는 耽牟羅이다.[54]

다 아는 것처럼 동성왕 때에 탐라가 공물과 조세를 바치지 아니하자 친히 정벌하려고 武珍州에까지 나아갔고, 그 소리를 들은 탐라가 죄를 용서해 달라고 빌어서 그만둔 사실이 있다. 이미 동성왕 때에는 백제왕에 맞설 만한 '정치체'나 '재지세력'이 존재하지 않았던 것이다.[55] 그런 점에서 그 피장자를 在地의 首長으로 보든 倭人으로 보든, 분구의 크기에만 주목해서

---

54) 『三國史記』 권26, 「百濟本紀」4, 東城王 20年條. "八月 王以耽羅 不修貢賦 親征至武珍州 耽羅聞之 遣使乞罪 乃止 耽羅 卽耽牟羅"

55) 주본돈, 2000, 앞의 논문

전방후원분을 마치 일정 규모의 정치적 '세력'이 남긴 것으로 이해하는 것은 사실과 다르다는 생각이다.

그렇다면 전방후원분의 피장자는 어떻게 이해해야 할까. 앞서 살펴본대로 전남지역 전방후원분은 바다나 강과 같은 물길이 닿는 곳에 자리하고 있다. 그러면서도 전남지역의 핵심지역에서는 벗어난 곳에 자리하고 있다. 더구나 전방후원분을 처음 만드는 것이 아니라 이미 전방후원분을 만들어 본 경험이 있는 사람들의 솜씨라고 볼 수 있다. 생략할 것은 생략해 가면서 만들고 있기 때문이다. 그렇다면 어딘가에서 건너온 사람들이 당시의 핵심지역을 벗어나 자신들의 새로운 근거지를 마련한 결과라고 생각한다.

그들은 출발지에서 이미 전방후원분의 존재를 알고 있었고, 또 그것을 축조했던 경험이 있던 사람들이기 때문에 새로이 건너온 지역이지만, 전남지역에 전방후원분을 축조할 수 있었다. 이미 출발지에서부터 전방후원분을 축조한 경험이 있기 때문에 생략할 것은 생략하고, 필수적인 요소만을 살려 간략화 된 전방후원분을 축조하였던 것이다.

이렇게 전남지역으로 건너온 당대에는 출발지에서의 경험을 살려 전방후원분을 축조하였지만, 그들이 특별한 '세력'이 아니었기 때문에 그 문화는 곧 사라지고 백제문화에 흡수 동화되었다. 그러한 사정을 잘 보여주는 것이 함평 신덕 1호분과 2호분이다.

전방후원분의 피장자는 일본 열도의 왜인이라고 보는 것이 합리적이다. 묘제는 새롭게 '도입'하는 것이 아니라 그것을 사용하는 사람들의 이주에 의해 전해진다. 예를 들어 무령왕릉과 같은 벽돌무덤을 백제 사람들이 도입하고 싶다고 해서 도입되는 것이 아니라 벽돌무덤을 만들 줄 아는 사람이 이주해 오든가, 그러한 벽돌무덤을 만들어 본 경험이 있는 '建業人'이 와서 만들어 줄 때 비로소 백제 땅에 출현할 수 있는 것이다.[56]

---

56) 최근 무령왕릉원 29호분을 재조사 하는 과정에서 벽돌에 '造此是建業人'이라 새긴 벽돌이 발견되었다.

전남지역의 전방후원분도 그것을 만들어본 경험이 있는 사람의 이주나 그것을 만들 줄 아는 기술자의 파견이 있어야만 전남지역에 등장할 수 있다. 기술자의 파견에 의해 출현한 것이라면, 무령왕릉이 그러하듯이, 그 뒤로도 계속 만들어질 수밖에 없다. 그렇지 않고 곧바로 사라진 것은 전남지역 전방후원분이 그것을 만들어본 경험있는 사람의 이주에 의해 출현한 것임을 말해준다. 그런 점에서 전방후원분의 피장자는 倭人일 수밖에 없다. 아마도 본래의 거주지에서는 더 이상 살아갈 수 없는 요인이 생겨 새로운 거주지를 찾아 건너온 것이라고 생각한다.[57] 함평 신덕 1호분에서 나온 금동관은 그 주인공이 건너오기 전 본래의 거주지에서 누렸던 지위를 반영하는 것이다. 그렇지만 커다란 '세력'을 형성하고 있었던 것은 아니기 때문에 전방후원분도 그렇고 금동관도 그렇고 본인 당대에 그치고, 그 다음 대에는 신덕 2호분과 같은 백제문화로 자연스럽게 동화되어 갔다.

---

57) 임영진교수는 長鼓墳(전방후원분)을 축조하던 사람들이 일본으로 건너가 본격적인 장고분을 발전시키면서 영산강유역의 주민들과 교류하다가, 그 후손들이 혼인과 같은 인적교류나 정치적인 망명과 같은 이유로 인하여 영산강유역으로 들어와 축조한 것이 전남지역 장고분이 아닐까 하는 견해를 발표한 바 있는데, 최근에는 이를 수정하여 백제의 영역 확장 과정에서 일부 마한세력이 일본으로 진출하였다가 일본내의 정치적 변화 속에 다시 영산강유역으로 돌아와 일본에서 사용하던 장고분을 남기게 되었다고 하였다(임영진, 1996, 「전남 고대 묘제의 변천」, 『전남의 고대 묘제』, 목포대박물관). 北九州지역에 대한 대화정권의 통합이 가속화되자 그 압박을 피해 마한지역으로 망명하였다고 보았던 것이다(임영진, 2000, 「영산강유역 석실봉토분의 성격」, 『지방사와 지방문화』3-1). 좀 더 구체적으로는 영산강유역권의 북구주형 석실의 주인공은 5세기 4/4분기에 筑紫國 세력의 北九州 진출로 인해 영산강유역으로 망명한 북구주지역의 세력자로 추정하고, 肥後型 석실 고분의 주인공들은 6세기 2/4분기에 대화정권의 지배를 피해 영산강유역으로 진출한 有明海지역의 세력자로 추정하였다(林永珍, 2006, 「榮山江流域の橫穴式石室の編年」, 『日韓古墳時代の年代觀』, 국립역사민속박물관).
일본 열도에서 거주할 수 없게 된 사람들이 건너와 남긴 것이라 점은 동일하지만, 5~6세기대에 '백제~대화정권'의 교류망과는 구별되는 '영산강유역~북구주'의 교류망이 별도로 운영되고 있었다는 지는 잘 알 수 없다.

V. 맺음말

한국 땅에도 전방후원분이 자리한다는 사실이 알려진 것은 1983년 이었다. 그 때 두 가지 가설이 제시되었다. 하나는 한국에도 전방후원분이 있다는 것이고, 다른 하나는 그 전방후원분이 일본 전방후원분의 기원이 되었다는 것이었다.

일제 강점기를 통해 많은 조사가 이루어졌음에도 한국 땅에서 그러한 전방후원분의 존재를 찾지 못했던 만큼 처음에는 진위논쟁이 치열하게 전개되었다. 그러는 한편으로 지표조사가 면밀히 이루어지고, 일부는 이런저런 이유로 발굴조사가 이루어지면서 한국에도 전방후원분이 존재한다는 것은 사실로 입증되었다. 다만 이른 시기의 전방후원분이 아닌 늦은 시기의 것만 발견됨으로써 그 주인공 문제로 논의가 흘러가게 되었다. 그 결과 피장자를 둘러싼 다양한 견해가 제시되었다.

전방후원분의 피장자를 둘러싼 백가쟁명식의 견해가 발표되었지만, 크게 압축하면 재지수장설과 왜인설로 대변해 볼 수 있다. 문제는 어느 쪽이 되었든 큰 '세'를 과시하는 것으로 이해하고 있다는 사실이다. 그것은 일본 열도의 고분이 前方後圓墳, 前方後方墳, 圓墳, 方墳의 순서로 피장자의 신분에 따라 서열화 되어 있고, 각각의 규모에도 위상의 차이가 반영되어 있다는 연구 결과58)를 반영한 해석일 터인데, 사실 일본에서도 6세기 대에는 더 이상 분구의 시각적 효과를 바탕으로 한 고분 축조의 '질서'는 존속하지 않았다.59) 분구의 규모가 일정한 의미를 담고 있는 것은 사실이겠지만, 분구의 규모에 지나치게 얽매이다 보면 전체 길이 62m에 불과한 江田 船山古

---

58) 都出比呂志, 1991, 「日本古代の國家形成論 序說 -前方後圓墳體制の提唱」, 『日本史研究』 343, 日本史研究會.

59) 야마모토 다카후미, 2020, 「일본 고분의 연구 배경과 한국의 전방후원형 고분」, 『長鼓墳의 피장자와 축조 배경』, 학연문화사, 446쪽.

墳60)에서 진귀하고 호화로운 금동제의 장신구가 일괄 출토된 것을 설명하기가 곤란해진다.61)

전남지역 전방후원분은 이미 여러 연구자가 지적한 것처럼 전남지역 고대 문화의 중심지라고 할 수 있는 나주 반남지역에서 벗어난 지역에 자리하고 있고, 또 1기의 고분만이 자리하는 것이 대부분이고, 많아야 2기의 고분에 불과하다. 이것은 고분의 존속 시기가 매우 짧았다는 의미가 될 것이다.

아울러 일본 전방후원분에서 잘 보이는 段築이 없고, 즙석시설도 잘 보이지 않으며, 圓墳과 方墳 사이의 허리부에 자리하는 돌출부(造り出し)도 보이지 않는다. 전남지역 전방후원분이 매우 간략화된 것임을 말해주는 것이다. 다시 말해서 전남지역 전방후원분은 그것을 재지수장층의 것으로 보든 왜인의 무덤으로 보든, 정치적 '세'를 과시하는 것으로 보기는 곤란하다. 특별한 목적을 가지고 '도입'한 것이라고 보기도 어렵다. 그러면서도 일정한 기획하에 전남지역의 전방후원분이 축조되었다면62) 그 이전에 이러한 고분을 만들던 사람들이 전남지역으로 건너와 축조한 것임을 암시해 준다.

전남지역 전방후원분의 피장자를 이해할 때 염두에 두어야 할 것은 비단 전방후원분만을 고려할 것이 아니라 이 지역에 자리하고 있는 이른바 '영산강식 석실'이나 '남해안식 석실'도 함께 고려해야 한다는 사실이다. 이들 역시 전남지역의 전통적인 묘제가 아니라는 점에서 전방후원분과 마찬가지로 이질적인 문화이기 때문이다. 다시 말해서 전방후원분은 '영산강식 석실'이나 '남해안식 석실'과 마찬가지로 특정 시기에 나타난 이질적인 묘제에 불과하다. 그런데도 지금까지는 전방후원분만을 따로 떼어 이해하려는 경향이 강했다.

60) 熊本縣敎育委員會, 1986, 『江田 船山古墳』 ; 熊本縣玉名郡菊水町, 1980, 『江田 船山古墳』
61) 白石太一郎, 2002, 「船山古墳の墓主は誰か」, 『東アジアと江田船山古墳』, 雄山閣.
62) 성낙준, 1993, 「全南地方 長鼓形 古墳의 築造 企劃에 대하여」, 『歷史學研究』 12, 전남사학회

이렇게 볼 때 전남지역의 전방후원분은 '영산강식 석실'과 함께 일본 열도에서 이주한 사람들에 의해 축조된 것으로 생각한다.

사실 삼국시대에는 이런저런 이유로 사람들의 이동이 빈번하였다. 기후변화나 자연재해 같은 환경적인 요인이나 전쟁·권력투쟁, 외교활동, 혼인, 교역, 인구 증가 등등에 의해 이주하는 경우가 있었다.63) 또한 일반 백성들은 왕족이나 귀족과 같은 지배층의 인솔하에 대규모로 이주가 행해지고 하였다. 백제에서 弓月君이 거느린 120현의 사람들이 대규모로 일본 열도에 이주하기도 하였고,64) 491년에는 기아에 허덕이던 백제의 600여 家가 신라에 이주하기도 하였다.65) 또 499년에는 漢山사람 2천여 명이 고구려로 도망가기도 하고,66) 510년에는 백제사람이 가야로 도망해 가기도 하였다.67)

이렇게 삼국시대에는 이런저런 이유로 이동하는 사람들이 많이 있었고, 그때 받아들이는 쪽에서는 적극 환영하였던 것으로 생각된다. 예컨대 373년에는 백제의 禿山城主가 300명을 이끌고 와서 신라의 奈勿尼師今에게 항복하였다.68) 백제왕이 글을 보내 돌려주기를 요청했지만 나물이사금은 이를 거절하였다. 이주해온 사람을 볼모지에 배치할 경우, 새로인 세금을 수취할 수도 있고, 또 경우에 따라서는 군대에 동원할 수도 있었던 만큼 돌려보내지 않는 것이 어쩌면 당연했는지도 모르겠다.

그런 점에서 전남지역의 전방후원분도 일본 열도에서 건너온 사람들에 의해 남겨진 것으로 생각한다. 일본 열도에서 더 이상 살아갈 수 없는 상황이 되었기 때문에 건너왔을 것이다. 아울러 1~2기 만을 축조하고 곧바로 전

---

63) 양기석, 2012, 「百濟人들의 日本列島 移住」, 『마한 백제인들의 일본열도 이주와 교류』, 서경문화사, 17쪽.
64) 『日本書紀』 권10, 「應神紀」 14년 是歲條.
65) 『三國史記』 권26, 「百濟本紀」4, 東城王 13년조.
66) 『三國史記』 권26, 「百濟本紀」4, 東城王 21년조.
67) 『日本書紀』 권17, 「繼體紀」 3년 봄 2월.
68) 『三國史記』 권3, 「新羅本紀」 3, 奈勿尼師今 18年條.

방후원분이 사라진 것은 건너온 규모가 소규모이거나 자기들만의 정치체를 결성할 정도가 못되었다는 것을 의미한다.[69] 따라서 그들은 짧은 기간내에 토착사회에 흡수되거나 백제 중앙의 고분문화를 받아들이는 길을 걸을 수밖에 없었을 것이다. 이것은 비단 전방후원분을 남긴 사람들만이 아니라 '영산강식 석실'이나 '남해안식 석실'을 남긴 사람들도 마찬가지였을 것이다.

69) 홍보식, 2005, 「영산강유역 고분의 성격과 추이」, 『湖南考古學報』21, 122쪽.

참고문헌

1. 원전

『三國史記』, 『日本書紀』

2. 논저

강인구, 『三國時代墳丘墓研究』, 영남대출판부, 1984.
강인구, 『韓國의 前方後圓墳 舞妓山과 長鼓山 測量調査報告書』, 韓國精神文化研究院, 1987.
강인구, 『자라봉 古墳』, 한국정신문화연구원, 1992.
강인구, 『韓半島의 前方後圓墳論集』, 동방미디어, 2001.
국립광주박물관, 『咸平 禮德里 新德古墳』, 함평군, 2021.
대한문화재연구원, 『高敞 七巖里 古墳』, 고창군, 2017.
박중환, 1993, 『光州 明花洞 古墳』, 국립광주박물관.
서현주, 『영산강유역 삼국시대 토기 연구』, 서울대학교대학원 박사학위논문, 2006.
은화수·최상종, 『해남 방산리 장고봉고분 시굴조사보고서』, 국립광주박물관, 2001.
이영철·임지나·고경진, 『靈巖 泰澗里 자라봉古墳』(-2·3차 발굴조사보고서-), 대한문화재연구원, 2015.
한국정신문화연구원, 『舞妓山과 長鼓山』, 1992.
홍성화, 『칠지도와 일본서기』, 경인문화사, 2021.

近藤義郎, 『前方後圓墳の時代』, 岩波書店, 1983.
有光敎一, 『昭和13年度古蹟調査報告』, 1940.
熊本縣敎育委員會, 『江田 船山古墳』, 1986.
熊本縣玉名郡菊水町, 『江田 船山古墳』, 1980.

강인구, 「咸安·固城地方 前方後圓墳의 發見의 意義」, 『嶺大新聞』(1048호), 1983년 6월 23일자 기사.

강인구, 「한국의 전방후원분」, 『嶺大文化』 17, 영남대학교, 1984.

강인구, 「海南 長鼓山古墳 調査」, 『千寬宇先生還曆紀念韓國史學論叢』, 正音文化社, 1985.

강인구, 「海南 말무덤古墳 調査槪報 -韓國의 前方後圓墳 追報(3)-」, 『三佛金元龍敎授停年退任紀念論叢』(Ⅰ), 一志社, 1987.

권오영, 「동아시아 문화교류와 백제 능묘의 위상」, 『백제의 능묘와 주변국 능묘의 비교 연구』, 한국전통문화대학교, 2013.

박순발, 「百濟의 南遷과 榮山江流域 政治体의 再編」, 『韓國의 前方後圓墳』, 충남대학교 출판부, 2000.

박순발, 「榮山江流域 前方後圓墳과 埴輪」, 『한일고대인의 흙과 삶』, 국립전주박물관특별전도록, 2001.

박천수, 「영산강유역에서의 전방후원분을 통해 본 백제와 왜」, 『새로 쓴 고대 한일교섭사』, 사회평론, 2007.

박천수, 「영산강유역 전방후원분에 대한 연구사 검토와 새로운 조명」, 『한반도의 전방후원분』(대한문화유산센타 엮음), 학연문화사, 2011.

박형열, 「호남지역 장고분의 시·공간적 특징과 피장자 성격」, 『장고분의 피장자와 축조 배경』, 학연문화사, 2020.

서정석, 「공주 송산리 6호분의 구조적 특징과 주인공 문제」, 『韓國古代史研究』 104, 2021.

서현주, 「영산강유역 장고분의 특징과 출현 배경」, 『韓國古代史研究』 47, 2007.

성낙준, 「咸平 禮德里 新德古墳 緊急收拾調査略報」, 『제35회 전국역사학대회 발표요지』, 역사학회, 1992.

성낙준, 「全南地方 長鼓形 古墳의 築造 企劃에 대하여」, 『歷史學研究』 12, 전남사학회, 1993.

신경철, 「古代의 洛東江, 榮山江, 그리고 倭」, 『韓國의 前方後圓墳』, 충남대학교 출판부, 2000.

야마모토 다카후미, 「일본 고분의 연구 배경과 한국의 전방후원형 고분」, 『長鼓墳의 피장자와 축조 배경』, 학연문화사, 2020.

양기석, 「百濟人들의 日本列島 移住」, 『마한 백제인들의 일본열도 이주와 교류』, 서경문화사, 2012.

연민수, 「영산강유역 전방후원분 피장자와 그 성격」, 『한반도의 전방후원분』, 학연문화사, 2011.

우재병, 「榮山江流域 前方後圓墳 出土 圓筒形土器에 관한 考察」, 『百濟研究』

31, 2000.

우재병, 「榮山江流域 前方後圓墳의 出現과 背景」, 『湖西考古學』 10, 2004.

이남석, 「百濟 橫穴式 石室墳의 構造形式 研究」, 『百濟文化』 22, 공주대 백제문화연구소, 1992.

이정호, 「前方後圓形古墳의 연구사 검토」, 『湖南考古學報』 4, 1996.

임영진, 「光州 月桂洞의 長鼓墳 2基」, 『韓國考古學報』 31, 1994.

임영진, 「전남 고대 묘제의 변천」, 『전남의 고대 묘제』, 목포대박물관, 1996.

임영진, 「全南地域 石室封土墳의 百濟 系統論 再考」, 『湖南考古學報』 6, 1997.

임영진, 「영산강유역 석실봉토분의 성격」, 『지방사와 지방문화』 3-1, 2000.

임영진, 「장고분(전방후원형고분)」, 『百濟의 建築과 土木』(백제문화사대계 15), 충남역사문화연구원, 2007.

임영진, 「영산강유역 장고분의 피장자와 축조 배경」, 『장고분의 피장자와 축조 배경』, 학연문화사, 2020.

임지나, 「고창 칠암리 고분 유구·유물의 검토」, 『高敞 七巖里 古墳』, 대한문화재연구원, 2017.

전용호, 「분구 축조 기술로 본 장고분(전방후원형 고분)」, 『장고분의 피장자와 축조 배경』, 학연문화사, 2020.

정재윤, 「영산강유역 전방후원분의 축조와 그 주체」, 『역사와 담론』 56, 호서사학회, 2010.

주보돈, 「백제의 영산강유역 지배방식과 전방후원분 피장자의 성격」, 『韓國의 前方後圓墳』, 충남대 백제연구소, 1999.

홍보식, 「영산강유역 고분의 성격과 추이」, 『湖南考古學報』 21, 2005.

白石太一郎, 「일본의 고훈」, 『일본의 고훈문화』(특별전도록), 국립경주박물관, 2015.

北條芳隆, 「前方後圓墳의 展開와 그 多樣性」, 『韓國의 前方後圓墳』, 충남대학교 출판부, 2000.

田中俊明, 「榮山江流域 前方後圓墳 古墳의 性格」, 『영산강유역 고대사회의 새로운 조명』, 2000.

土生田純之, 「韓日 前方後圓墳의 比較 檢討」, 『韓國의 前方後圓墳』, 충남대학교 출판부, 2000,

岡內三眞, 「前方後圓墳の築造モデル」, 『韓國の前方後圓墳』, 雄山閣, 1996.

近藤義郎, 「前方後圓墳の誕生」, 『岩波講座 日本考古學』 6, 岩波書店, 1986.

都出比呂志,「日本古代の國家形成論 序說 -前方後圓墳體制の提唱」,『日本史研究』343, 日本史研究會, 1991.

東潮,「榮山江流域と慕韓」,『展望考古學』, 考古學研究會, 1995.

東潮,「榮山江流域の慕韓と倭」,『倭と加耶の國際環境』, 吉川弘文館, 2006.

柳澤一男,「全南地方の榮山江形橫穴式石室と前方後圓墳」,『前方後圓墳と古代の日朝關係』, 同成社, 2002.

朴淳發,「榮山江流域での前方後圓墳の意義」,『前方後圓墳と古代の日朝關係』, 同成社, 2002.

白石太一郎,「船山古墳の墓主は誰か」,『東アジアと江田船山古墳』, 雄山閣, 2002.

白石太一郎,「橫穴式石室誕生」,『橫穴式石室誕生 -黃泉國の成立-』(特別展圖錄), 近つ飛鳥博物館, 2007.

北條芳隆,「前方後圓墳の論理」,『古墳時代像を見なおす-成立過程と社會變革-』, 靑木書店, 2000.

山尾幸久,「5~6世紀の日朝關係 -韓國の前方後圓墳の一解釋-」,『前方後圓墳と古代の日朝關係』, 同成社, 2002.

小栗明彦,「光州月桂洞1號墳出土埴輪の評價」,『古代學研究』137, 古代學研究會, 1997.

小田富士雄,「韓國の前方後圓形墳 -研究史的展望と課題-」,『福岡大學人文論叢』28-4, 1998.

鈴木靖民,「倭と百濟の府官制」,『古代九州の古墳と韓國の前方後圓墳』, 2003.

鈴木英夫,「韓國の前方後圓墳と倭の史的活動」,『古代日本の異文化交流』, 勉誠出版, 2008.

有光敎一,「羅州潘南面新村里第9号墳發掘調査記錄」,『朝鮮學報』94, 1980, 朝鮮學會.

李鎔鉉,「韓國古代における全羅道と百濟, 加耶, 倭」,『古代日本の異文化交流』, 勉誠出版, 2008.

林永珍,「韓國の墳周土器」,『東アジアと日本の考古學』, 同成社, 2002.

林永珍,「光州 月桂洞 長鼓墳 2基」,『前方後圓墳と古代の日朝關係』, 同成社, 2002.

林永珍,「榮山江流域の橫穴式石室の編年」,『日韓古墳時代の年代觀』, 國立歷史民俗博物館, 2006.

田中俊明,「韓國の前方後圓形古墳の被葬者・造營集團に對する私見」,『前方

後圓墳と古代の日朝關係』, 同成社, 2002.

太田博之,「韓國出土の圓筒形土器と埴輪形土製品」,『韓國の前方後圓墳』, 雄山閣, 1996.

土生田純之,「朝鮮半島の前方後圓墳」,『專修大學人文科學年報』26, 專修大學 人文科學硏究所, 1996.

〈토론문〉

「영산강유역의 前方後圓墳과 倭人」에 대한 토론문

홍성화 | 건국대학교

본 발표문은 일본의 전형적인 고분 형태라고 할 수 있는 전방후원분과 모습이 비슷한 무덤이 한반도의 영산강 유역에 나타나고 있는 것을 통해 이들 고분의 현황과 축조 배경에 대해 서술하고 있다.

이는 고대 한일관계사 연구에 있어서 주요한 주제 중에 하나로서 다양한 논쟁이 있는 만큼 구체적인 해석 및 기존 논고의 검증 등을 통한 세밀한 분석 과정을 필요로 하고 있다.

본 토론자의 경우도 「古代 榮山江 流域 勢力에 대한 검토」『百濟研究』 51, 2010과 「문헌 중심으로 본 영산강 유역 고대사회와 백제 토론문」『백제는 언제 영산강 유역으로 진출하였나』한성백제박물관 쟁점백제사19, 2021을 통해 관련 내용에 대해 언급한 바 있다.

이를 중심으로 하여 발표문과 관련하여 토론자의 입장에서 몇 가지 궁금한 점에 대해 질문을 제기하고자 한다.

1. 우선 용어와 관련하여 발표자께서는 전방후원분이라는 용어를 굳이 회피할 필요는 없다고 발표문에서 언급하고 있다. 하지만, 전방후원분이라는 용어는 우리가 만든 것이 아닌 일본이 먼저 사용한 것이며 전방후원분이라는 용어에는 야마토 정권에 의해 형성된 정치적 통합물이라는 의미가 내포되어 있다.

　물론 단지 왜 계통의 고분이 만들어졌다는 것만으로 야마토 정권의 지배를 의미하지는 않지만, 현재 일본에서 야마토 정권의 지배 확장 논리에 의해 확산되었다는 전방후원분 체제론이 엄연하게 통용되고 있는 상황에서 전방후원분이라는 명칭을 그대로 쓴다면 많은 오해를 불러일으킬만한 소지가 있을 것 같다.

　발표자께서도 발표문에서 '현재 전남지역에 남아 있는 전방후원분은 외관만 전방후원분의 모습을 하고 있을 뿐 세부적인 모습에서는 일본 열도의 전방후원분에 비해 조잡하거나 생략한 채 만들어져 있다'고 서술하고 있다. 그렇다고 한다면 전방후원분이라는 용어보다는 前方後圓形 古墳이라고 부르는 것이 보다 적절한 것은 아닌지 발표자의 견해를 듣고 싶다.

　2. 영산강 유역의 전방후원형 고분과 관련하여 본 발표문에는 발굴 조사된 내용만 기술하고 있다. 하지만, 이들 고분에 대해서는 그 분포도 및 규모, 형태와 관련된 논란 등 전체적인 현황도 전방후원형 고분의 논의에 있어서 매우 중요한 요소 중 하나인 것으로 판단된다. 현재까지 16기가 있다고 기술되어 있는데, 어느 지역에 분포하고 있으며 그 규모와 형태는 어떠한 지 등 전체적인 현황을 기술하는 것이 좋지 않을까 싶다.

　3. 본 발표문의 특징은 기존 영산강 유역의 전방후원형 고분을 5세기 말~6세기초에 조성된 것으로 보고 있는 것에 대해 전남 지역의 전방후원형 고분을 6세기 중엽 이후에 축조되었을 것으로 보고 있다는 점이다.

　그러나 그동안의 많은 연구들은 영산강 유역의 전방후원형 고분과 관련해서는 이들 고분 만에 주목할 것이 아니라 영산강 유역 및 한반도 남부에서 나타나고 있는 九州式의 횡혈식석실 계통과 유사한 점을 언급하고 있다. 이에 대한 발표자의 견해를 듣고 싶다.

　4. 현재 일본의 횡혈식석실과 관련해서는 북부 九州에서는 4세기말 횡혈식석실이 나타나며 5세기까지는 주로 횡혈식석실의 주조만 수용되어 일본 열도 고분의 한 유형으로 정착된 것으로 보고 있다. 또한 畿內 지방의 횡혈

식석실의 보급은 九州보다 1세기 가량 늦고 그 계보가 백제에 있는 것으로 보고 있는 견해가 있다.

그렇다고 한다면 이 내용은 종국적으로는 동아시아에 있어서 횡혈식석실의 계보 문제와도 연결된다고 할 수 있는데, 九州의 횡혈식석실에 대한 기원을 어떻게 이해해야 하는 것인지 발표자의 견해를 듣고 싶다.

5. 실제 영산강 유역의 전방후원형 고분에 대해 고찰하려 한다면 무엇보다도 당시 영산강 유역의 정치적 실체에 대한 논의가 앞서야 한다고 생각된다. 이에 대해서는 토론자의 기존 논고 및 견해를 통해 질문을 제기하고자 한다.

『三國史記』東城王 20년(498년) 기사에는 耽羅가 조공을 하지 않아 동성왕이 친히 武珍州까지 이르렀다는 내용이 있다. 耽羅를 제주도로 볼 수 있기 때문에 최소한 5세기 후반 이전에는 백제가 전라남도 및 남해안 일대를 복속하고 있었다는 사실을 알 수 있다.

또한 영산강 유역은 『南齊書』를 통해 東城王 이후 실시되었던 王侯制에 의해 통치된 지역으로 볼 수 있다. 『南齊書』에는 490년에 面中王이었던 姐瑾을 都漢王으로 제수할 것을 요청하고, 495년에는 木干那를 面中侯로 제수할 것을 요청하고 있는 기록이 보인다.

대개 '～中'의 경우는 일정한 지명을 나타내는 漢語로서 역대 중국지리지를 참조하면 강을 나타내는 지명에 등장하고 있으며 面의 음가와 유사한 것이 전남 지역에 다수 보이기 때문에(武珍州(광주), 武尸伊郡(전남 영광), 未冬夫里縣(전남 나주 남평), 勿阿兮郡(전남 무안)) 영산강 유역으로 비정할 수 있을 것이다. 그렇다면 木干那의 경우 5세기 후반에 영산강 유역의 지역 수장이었던 것으로 판단된다.

특히 문헌을 통해 고찰하면 木氏의 경우 일찍부터 영산강 유역과 관련이 있으면서 倭와 연결될 수 있는 루트를 가지고 있었던 것을 알 수 있다. 『日本書紀』의 木羅斤資에 대한 기록을 통해 영산강 유역과 木氏가 밀접한 관련이 있었다는 것을 알 수 있으며 이후 『南齊書』의 木干那에 대한 기사를 통해서도 영산강 유역과 관련된 木氏 세력의 기반이 있었던 것을 알 수 있다.

영산강 유역은 백제와 倭의 교류에 있어서 중요한 위치에 있는 곳이다. 백제는 영산강 유역을 거점으로 하여 가야, 왜국과 교섭을 했을 것이고 倭 역시도 영산강 유역 세력의 도움이 필요하였을 것이다. 그런 과정에서 왜계 고분이 조영되었을 것으로 판단된다.

따라서 백제의 영향력 하에서 일본 열도로 연결될 수 있는 영산강 유역의 정치체로 보아야 만이 당시 영산강 유역의 실상을 제대로 이해할 수 있지 않을까 생각한다. 이에 대한 발표자의 견해를 듣고 싶다.

제 2 Session

近世의 한국인과 일본인

임진·정유왜란 때의 朝鮮被虜人에 관한 연구사

아라키야스노리 I 규슈대학교

I. 머리말

이 글은 「문록·경장의 역」(임진·정유왜란)때의 조선피로인에 관한 일본 측의 연구사를 정리하는 것을 목적으로 한다. 보다 정확히 말하면 일본어 문헌으로 작성된 연구사 정리이기 때문에 일본인 연구자가 外國語로 발표 한 론문을 포함하지 않지만, 반대로 외국인 연구자가 일본어로 발표한 논문 은 포함한다. 朝鮮被虜人研究의 전체를 포함한 것은 아니지만 일본어문헌 의 연구사정리를 행하는 것이기 때문에 한일 연구자간에 정보를 共有한다 는 의미도 지닌다.

편의상 주제를 史學史上의 朝鮮被虜人問題、2)朝鮮被虜人의 發生、3)東 南아시아에 轉賣된 朝鮮被虜人、4)歸國한 朝鮮被虜人、5)日本社會에 정주 한 조선피로인, 6)기독교도가 된 朝鮮被虜人의 6항목으로 분류하여 研究史 를 정리한다.

被虜人의 표기는 「被虜人」「被擄人」의 두 종류가 있지만, 기본적으로 피로인으로 통일한다. 被虜人과 捕虜(虜)를 동일하게 보아서는 안된다는 의견이 있지만 기본적으로 被擄人으로 통일한다.

1. 史學史上의 朝鮮被虜人 문제

근대일본의 歷史學이 「文祿·慶長의 役」(壬辰·丁酉倭亂)때의 朝鮮被虜人을 조명하는 계기가 된 것은 1905년의 日露戰爭이다. 八代國治[1905]는 日本軍이 러시아인 포로를 「俘虜規則」(1892年)에 따라 「博愛的待遇」했다는 점을 칭찬하면서, 그 「博愛仁慈」의 정신을 「文祿役」에 투영했다.

즉 朝鮮二王子(順和君·臨海君)에 대한 加藤淸正과 鍋島直茂의 보호를 「博愛仁慈」 정신의 실천을 보여준 것이다. 이러한 방식을 조선피로인 일반에 확대 적용한 것이 辻善之助[1932]이다.

일본군에 잡힌 俘虜의 수는 지금 구체적인 수를 밝히는 것은 불가능하지만, 수 만 명이 될 것이다. 그 대우에 대하여는 전해지고 있지만, 모든 사료가 그 대우를 간곡히 하고 일본군의 仁愛가 풍부함을 증명하는 것은 아니라고 단언한다.

한편 山口正之[1931·1932]는 조선 기독교사의 원류를 찾으려는 관심에서 일본 땅에서 기리시탄(기독교인)이 된 조선 피로인에 주목했다. 예수회 선교사의 서한에서 피로인의 노예무역 실태를 밝혀내 八代國治 이래의 「博愛仁慈」說에 의문을 제기하고 있다.

朝鮮被虜人의 연구가 체계적으로 시도된 것은 戰後(1945년)이다. 丸茂武重[1953]는 被虜人을 3가지로 분류했다. 즉, 1) 포르투갈인에 의해 마카오 방면으로 매각된 자, 2) 1599년부터 1609년(기유약조)까지의 기간에 송환된 자, 3) 일본에 영주한 자 이다

1)에 관해서는 선교사 세르케이라(1598~1614년, 일본 체류)가 포르투갈 국왕에게 인신매매 금지령을 상신한 것에 주목하고 있다. 3)에 관해서는, a) 일정한 지역에 거주하며 음식과 관련된 직업에 종사하는 사람이 많은 것, b) 근세사회 속에서 수대에 걸쳐 조선인으로서의 의식(신앙·의류·머리형·언어)을 계승하고 있는 것, c) 키리시탄이 되어 수난을 받은 자가 있다는 것

(줄리아 오다, 나가사키의 카이, 전도사 嘉運, 코스모竹屋), d) 도공으로서 각지에서 가마를 운영하고 있는 자 (萩燒의 李敬、平戶燒의 今村三之丞인 巨關), 伊万里燒의 金江參平인 李參平、八代燒의 上野喜藏인 尊階、薩摩燒의 朴平意·沈陶吉·金嘉八 등)을 지적한다. 丸茂의 연구는 피로인 연구에 다양한 관점을 제공했다는 점에서 중요한데, 그 문제 관심의 근저에는 전후 억류 일본인 문제가 있었던 것 같다.

즉 논문의 서론에서 역사에서의 전쟁과 민족의 문제는 전후 우리가 현실에 직면한 사실에서 뼈아프게 생각되는 문제라고 서술한 石原道博[1962]의 문장도 참고가 된다. 鄭希得『月峯海上錄』에 관한 那波利貞[1961]의 연구에서 "나는 이번 패전 후, 만소 국경진지에서 시베리아로 끌려가 4년의 포로생활을 마치고 1945년에야 내지(일본)으로 귀환했다. 나의 이 포로 억류라는 비정상적인 체험은 역사상의 회고가 되었고, 이 책에 연재한 「倭寇와 朝鮮人俘虜의 送還問題」라던가 「近世東亞交涉史의 한 모습-鎖國時代 日本人의 러시아漂流」 「安南漂流記의 硏究」、朱舜水의 「安南之役」 등으로 게재되었다."고 했다.

전후 얼마 되지 않은 시점에서 역사학자들의 문제의식에 아시아·태평양전쟁 체험이 적지 않은 영향을 미쳤음은 물론, 조선피로인 문제가 러일전쟁기와는 또 다른 형태로 주목받은 셈이다.

이후 풍부한 사례를 바탕으로 조선피로인 연구에 금자탑을 세운 것이 內藤雋輔[1976] 이다. 內藤는 제1장의 서두에서 조선피로인의 쇄환문제를 연구하게 된 동기에 대해, 우연히 이번 2차 세계대전의 시베리아 억류 일본인 포로 송환문제라든가, 혹은 최근 재일동포의 귀국문제 등에도 관해 깊은 흥미를 느꼈기 때문이라고 했다(1쪽). 일본인 포로 문제뿐만 아니라 재일교포 문제도 포함한 쌍방향적인 시각을 갖고 있었다는 점에 유의해야 한다.

또한 內藤는 저서의 서문에서, 「豐臣秀吉때 임진왜란의 본질과 그 영향에 대해서는 이미 여러 논고가 이루어지고 있지만, 그러나 정치나 외교·군사 등에 관한 문제 외에 이 전쟁이 양국 민중에게 끼친 가장 큰 고통은 전쟁으로 인한 생활의 파괴였다고 생각된다. 특히 僧慶念이 저술한 『朝鮮일日々記』를 사료소개로 게재한 것에 관해서는 「나 스스로의 반성을 더욱 깊게 하고 싶었기 때문이다」 (3쪽), 「나도 열정으로 그 전쟁 비판을 쓴 것이다」 (779쪽)라고 적었다. 內藤는 조선피로인 문제를 전쟁이 내포하는 사회사적 문제로 규정하였으며, 이를 반성 비판의 대상으로 삼는다는 점에서 기존의 피로인 연구와는 구별된다.

　內藤의 연구는 薩摩苗代川의 朝鮮人集落에 관한 논고를 제외하면 朝鮮史料에 근거한 것인데, 책 뒷부분에 「被擄人資料探訪記」를 수록한 것이 특징이다. 16개 지역 -大分(大分縣)、鹿兒島(鹿兒島縣)、熊本(熊本縣)、福岡(福岡縣)、佐賀(佐賀縣)、唐津(同縣)、高松(香川縣)、松山(愛媛縣)、大洲·宇和島(同縣)、高知(高知縣)、德島(德島縣)、山口(山口縣)、廣島(廣島縣)、岡山(岡山縣)、鳥取(鳥取縣)、近畿(大阪府·和歌山縣등)- 을 설정하고, 각지에 남아 있는 다양한 자료를 파헤쳤다. 일본 사회의 조선피로인이라는 문제가 자칫 薩摩 苗代川의 集落이나 九州·山口陶工의 문제로 귀결되기 쉽지만, 보다 넓은 시야에서 피로인들 개개인의 삶을 추적할 수 있었던 것이다.

　이후 鶴園裕[1991a]가 대표인 공동연구팀은 加賀藩域(石川縣)의 관계 사료를 중점적으로 채방하고 전국 규모 (47개 도도부현) 에서의 관계사료 소재조사를 벌이고 있다. 특히 加賀藩士가 된 脇田直賢인 金如鐵의 발자취가 상세하게 드러난 셈인데, 鶴園는 총론[1991b]에서 "흥미는 일본 근세사회의 바람직한 방향으로 향한다"고 말하고 선행연구들이 "일본 국내 사정을 조선 측의 사료를 사용해 설명하려는 방법론적 무리"를 거듭해 왔다는 점에 주의를 촉구하고 있다. 이에 이르러 조선피로인 문제는 일본 사회 일반인들이 어떻게 조선피로인을 수용하였는가 하는 일본 근세사의 과제로 명확하게 자리매김하였다고 할 수 있을 것이다

　한편 예수회 선교사에 관한 방대한 문헌을 섭렵하여 기리시탄이 된 조선

피로인의 수난과 중국·동남아시아에서의 활동에 조명을 밝힌 후안 가르시아 루이즈 데 메디나[1988]의 연구도 중요하다. 조선피로인 문제는 북-일 관계사나 일본 근세사의 문제로서 뿐만 아니라 기독교사, 나아가 세계사의 문제로서도 자리매김할 수 있음을 알 수 있었던 것이다.

2. 朝鮮被虜人의 발생

전쟁에서 전투원이 포로로 잡히는 것은 보편적으로 볼 수 있지만 임진왜란의 경우 특히 정유재란에서는 비전투원의 납치 연행이 대규모로 이뤄졌다는 점이 특징이다. 이 점에 착안한 山口正之[1967:20]는 해당 전쟁을 '사람 잡기' 전쟁이라고 표현했다. 연구 역사상 피로인이라는 용어는 넓은 의미로는 전투원과 비전투원을 포함하여 사용되는 경우도 있지만 비전투원을 염두에 두고 좁은 의미로 사용되는 경우가 많다. 물론 여기서 말하는 광협이란 개념의 문제이지 협의의 피로인이 광의 피로인보다 압도적인 인원이었음을 부정하는 것은 아니다. 內藤雋輔[1976:216]는 조선피로인의 총수를 2~3만 명 이상으로 추계한다.

「협의의 피로인」(비전투원인 피로인)의 유형은 內藤[1976:220-222]에 의하면,

1) 일본 내에서의 노동력 충원을 기대받은 자
2) 茶道의 유행을 배경으로 도래한 도공
3) 여자·童子 (특히 미모·才智가 있진 자)
4) 전쟁 중인 일본군 협력자
5) 조선에서 혼인관계를 맺은 자

으로 분류했다. 이하에서 「內藤分類」라고 함, 표현은 약간 변경했다.
1)의 「勞働力」의 문제에 관해, 內藤[1976:198]는 「奴僕으로 일반적인 노

동에 종사하는 것」으로 이해한다. 다만 中村榮孝[1969:221-222]는「農村耕作者로 보전」한 것이라고 이해하고, 北島万次[1982:315-317]도「農耕强制」로 이해했다. 이에 대해 鶴園裕 [1991b:7-8]는 農業勞働力說은 사료적 근거가 없다고 비판했다.

鶴園[1991b]는 '소년 포로'의 존재에 착안해, '꼭 자아가 확립되지는 않았지만, 문자를 알고 시를 짓는 총명한 소년을 포로로 삼아 일본어를 가르치고 일본의 풍속을 익힌 뒤, 通事(통역)로 이용해 장기전에 대비하려 했던 秀吉軍의 소행'을 악랄하다고 비판한다. 中野等[2006:326]은 慶長2년(1597)에 비정되는 軍令으로 豊臣秀吉이 '테루마'의 진상을 명한 것에 착안해 '良家의 소년'을 뜻하는 '테루마'라는 한반도 남부 방언인 '테루마'(달마)의 어원으로 본다. 또 中野는 같은 해 군령에서 보이는「카쿠세이」의 어원을 젊은 기혼 여성을 뜻하는 각시 또는 각센에서 찾아 秀吉이 소년과 젊은 기혼 여성에게 높은 관심을 기울였다고 본다. 이러한 소년과 젊은 여성의 선별은, 나이토 분류의 3)으로 자리매김한다.

中村質[2000]은 豊臣秀吉이 군령상으로는 사람의 납치를 금지하고 있었다는 점 및 寺澤正成·小西行長가 납치·매매된 어린 남녀의 해방을 지시한 것을 언급한다. 그러면서도 1593년 秀吉이 조선인 細工人(細工의 일을 하는 사람)과 縫官女 (인형 만드는 사람, 바느질하는 여자)을 징용한 사례 및 전쟁터에서 군인의 뒤를 따르는 인신매매상의 사례도 언급하며 이념과 현실의 괴리를 언급했다. 中野等 [2006:320, 2008:220]은 '인형'과 '바느질하는 여자'를 다른 존재로 본다. 또 中野는 寺澤正成·小西行長連署書狀(「相良家文書」)를 문록4년(1595)으로 비정하고 세공인들의 징용을 명령하는 秀吉의 군령을 경장2년(1597)으로 비정했다.

豊臣政權·諸大名에서 납치에 이르기까지 '납치의 주체가 중층적이고 복합적인 이상, 조선피로인 발생의 이유도 다양하지 않을 수 없다. 또한 諸大名의 군세 단위 전투에서 중간에서 행해지는 납치와 도요토미 정권의 명확

한 지령 하에 실행된 세공인·봉관·여성의 징용은 엄밀히 구별하여 생각해
야 할 것이다. 이 점은 內藤분류 2) 도공의 도래를 어떻게 이해하는가 하는
문제와도 깊이 관련되어 있다. 덧붙여 후술하듯이, 中村은「名工 유치설」
에는 회의적이며, 무차별적으로 사로잡힌 사람들 중에 도공이 우연히 포함
되어 있었다는 견해를 나타내고 있다.

또한 전쟁을 쌍방향적이거나 다각적으로 파악하는 데는 일본인 포로(전
투원), 즉 '항왜'가 명·조선에서 어떻게 다루어졌는가 하는 문제도 중요하
지만 본고에서는 다루지 않고, 中村榮孝[1965]·內藤雋輔[1966]·北島万次
[2004·2005]·久芳崇[2003·2007]·鄭潔西[2008]의 연구를 대상으로 했다.

3. 東南아시아에 轉賣된 朝鮮被虜人

기독교 예수회가 포교와 무역을 일체화시킨 세계 전략을 실행한 것은 잘
알려져 있다. 16세기 중반 포르투갈 선교사들이 일본에 와서 포교와 함께
'南蠻貿易'이 전개되었는데, 그 가운데 포르투갈 상인들은 나가사키와 광저
우 마카오를 잇는 노예시장을 형성해 갔다. 처음에는 일본인 노예 거래가
중심이었으나 임진왜란으로 유입된 다수의 조선 피로인이 노예로 되 팔리
는 상황이 벌어졌다.

이러한 노예무역에 착안한 山口正之[1931b]는 예수회 선교사가 노예무
역을 하는 상인들을 단속하여 피로인을 수용·구제·교화하는 존재라고 보았
다. 이어 선교사 프란체스코 카를레치의 견문록을 토대로 카를레치가 연령·성
별에 관계없이 보내오는 조선 피로인 가운데 소년 5명을 12 스카우드(에스쿠
드)에 사들여 일본을 떠나게 해, 그 중 4명을 인도 고아에 머물게 하고 1명(안
토니오 코레아)을 로마까지 데려갔다는 사례를 소개했다 [山口 1932, 1967].

片岡穰[1991]은 조선피로인이 전매되는 전제로서, 동남아시아에서 널리
노예 거래가 이루어졌던 실태에 착안하였다. 高橋公明[1992]은 노예거래를

세계사적 규모로 통관하고 전쟁과 장거리 교역이 이민족 노예매매가 발생하는 기본적 요소이며 이민족성과 유통성은 상관관계에 있다고 한다. 말갈·숙신·여진이 이민족 노예 매매를 사회에 끌어들인 민족이라 할 때, 동아시아에서는 기본적으로 자민족 노예 매매가 탁월했지만, 14~15세기에 왜구에 의한 명·조선 피로인 매매, 16세기 말에 임진왜란에서의 포로 (高橋는 '포로'와 '피로인'을 구별한다) 매매가 이루어지게 되었다고 본다. 다만 청(후금)이 거액의 대가 지불에 응해 조선인 포로를 송환한 데 반해 일본은 싼값에 유럽인에게 포로를 매각한 데서 노예매매를 둘러싼 사회적 차이를 드러내고 있다.

루시오 데 소우자와 岡美穗子[2021]는 일본인 노예 문제를 세계사적 규모로 논의하고 있으며, 보론에서 조선 피로인의 문제도 다루었다. 『日葡辭書』에 따라 일본 내에는 「히토카도이」 (어떤 사람을 속여, 혹은 훔쳐서 데려가는 사람)와 「히토카비토」(사람을 사고 파는 상인) 및 「히토카이도이브네」(노예 혹은 유괴한 자를 운반하는 배)가 존재했으며, 이들이 포르투갈 상인과 결탁해 일본인 노예뿐만 아니라 조선 피로인을 노예로 거래했다고 한다. 한편 예수회는 조선 피로인 세례와 노예증서 발행(연계계약 체결)을 통해 포르투갈 상인들의 행위를 합법화했다고 했다. 이 문제를 놓고 예수회도 외뿔소가 아니었던 것 같아 피로인 매매의 합법성을 묻는 정전 논란이 벌어졌고, 1598년 알카라대 신학자 가브리엘 바스케스가 합법이라고 판단한 반면, 일본 주교 루이스 데 세르케일라는 위법성을 주장하며 일본인 기리시탄에게 조선 피로인 환매를 지시했다고 했다. 덧붙여 中村質[2000]이 나가사키의 인적 개장의 분석을 토대로 동남아시아에서 나가사키로 돌아온 조선 피로인의 존재를 지적하는데, 이러한 사례에 대해서는 「年季契約」이라고 하는 시점에서의 검토도 필요하다.

4. 귀국한 朝鮮被虜人

1) 자력으로 귀국한 被虜人

임진왜란에서 피로인이 된 士族 중에서 姜沆·鄭希得·魯認은 자력으로 귀국하여 상세한 기록을 남긴 것으로 유명하다.

姜沆

강항은 1597년(경장 2) 9월 영광 앞바다에서 藤堂高虎 부대에게 잡혀 일본으로 보내졌다. 1600년 8월 귀향하기까지의 경위에 대해 「賊中封疏」「賊中見聞錄」「告俘人檄」「詣承政院啓辭」「涉亂事迹」 등 5개의 장에서 저술한 것이 『看羊錄』이다.

번역본으로는 조선고서간행회편 『海行摠載』1(1914年)등이 있다. 박종명[1984]은 해행총재에 실린 텍스트와 原刊本(1656년 간 아베 요시오 구장본)을 대조해 역주를 달았다. 內藤雋輔[1976]는 『간양록』에 근거하여 강항의 발자취를 개략적으로 설명하고 있다.

강항이 藤原惺窩와의 교류를 돈독히 한 것, 나아가 근세 일본에서의 주자학 전개에 큰 영향을 미쳤음을 논하는 연구는 많은데, 우선 阿部吉雄[1965]의 연구를 들 수 있다.

강항은 1598년(경장 3)에 赤松廣通·藤原惺窩와 친해지자 廣通을 위해 袖珍本四書五経과 성性理諸書를 필사했다. 廣通은 강항에게 필사 대가로 은전을 지급하여 여행비용을 모으게 한 것이다. 阿部吉雄는 袖珍本四書五経이 內閣文庫(국립공문서관)에 현존하는 것을 밝혀냈다. 한편 강항은 惺窩을 위해 많은 序跋을 써주었고, 阿部吉雄는 序跋의 연대가 판명되는 사례(1598~1600년)를 9개나 예를 들었다. 惺窩는 京都·相國寺僧으로 한학을 중시하는 禪宗界에 몸담고 있었는데, 강항과의 만남과 교류를 통해 宋學(朱子學)을 중시하는 儒者로서 독립을 꾀했던 것이다.

鄭希得

정희득은 1597년(경장 2) 8月에 南原 전투 때에 바다에서 蜂須賀 부대에게 잡혀 일본으로 보내졌다. 한동안 阿波國德島에서 억류생활을 하다가 宗義智·柳川調信에 으해 조선에 송환되어, 1599년 6月에 귀국했다. 그 전말을 쓴 『月峯海上錄』에 대해, 今西本(今西龍旧藏本)의 기술 내용을 상세히 검토한 것이 那波利貞[1961·1962]이다. 今西本의 영인은 『朝鮮學報』 23호·25호(1962)에 게재되었다. 간행 년대인 「崇禎後丙午」을 헌종12년(1846)으로 해석한 것을 那波는 정조10년(1786)으로 해석했기 때문에 石原道博[1962]가 의문을 제기했다. 간행 년대를 「崇禎四丁未」(1847)로 한 東京大學 附屬図書館本과의 차이를 밝혀 初版本과의 차이점을 『朝鮮學報』26호(1963)에 게재했다.

그 후, 中村榮孝[1962a]가 史料學的 檢討를 하여, 今西本을 初版本、東大本을 重版本으로 보았다. 그리고 「封疏」와 「風土記」는 뒷사람이 덧붙인 것이지만, 「日錄」「詩編」은 사료적가치가 높다고 결론 지었다. 또 中村[1962b]는 鄭希得이 일본국내에서 宋希璟 『老松堂日本行錄』의 사본을 보고, 이것을 書寫하여 귀국했음을 밝히고 있다. 또 內藤雋輔[1976]는 『月峯海上錄』에 의거하여 정희득의 발자취를 개관했고, 若松實[1992a]는 『月峯海上錄』의 전문을 번역했다.

魯認

노인은 1597년(경장 2) 8月에 南原 전투 중 島津 부대의 포로가 되어 薩摩에 보내졌다. 그 경위의 일부를 쓴 『錦溪日記』에 대해서는 『朝鮮學報』 56(1970)에 영인본이 게재되었고, 長節子[1970]가 해제했다. 노인은 억류 중인 만력 27년(1599) 2月 22일 쓰기 시작했고, 3月 17일 일본 탈출하여 4月 9일 福建에 도착했고, 福建 체재 중인 6月17일에 쓰기를 끝냈다. 長節子[1967]는 『錦溪日記』를 바탕으로 福建軍門의 金學曾가 사자를 薩摩에

있는 許儀後·郭國安에게 보내 島津氏의 朝鮮撤兵을 공작했다는 사실, 그
리고 그 사자의 도움으로 노인이 일본을 탈출했음을 밝혔다. 內藤雋輔[1976:
제3장]는 『錦溪日記』의 번역, 교정, 현대어로 번역했다. 若松實[1992b]도 현
대어로 번역했다.

2) 外交루트로 쇄환된 被虜人

임진왜란 전후에 對馬宗氏와 조선정부간의 교섭(1600~30) 및 德川幕府
와 조선 정부간의 回答兼刷還使·回答使(1607·1617·1624)와 日本國通信使
(1636·1643)를 통해 조선피로인의 일부가 刷還(送還)되었다.

이렇게 1600년부터 1643년에 이르는 쇄환과정과 조선피로인의 다양성을
조선사료 특히 使行錄의 분석을 상세하게 묘사한 것이 內藤雋輔 [1976:제1
장]이다. 약 반세기 동안 인쇄된 피로인의 총수를 약 7,500명으로 추산하고,
그 중 5,720명은 1606년까지 쇄환되었다고 한다. 이하 內藤의 연구를 바탕
으로 사절 왕래에 따른 쇄환 상황을 개관한다.

전쟁 중인 1596년 일본에 온 통신사(正使黃愼)가 극소수의 피로인을 쇄
환한 점, 1598년 6월 質官 河応潮와 豊臣政權과의 강화회담 자리에서 공식
적으로 조선피로인쇄환 문제가 거론된 것을 「刷還交涉前史」로 규정했다.
內藤가 말하는 쇄환교섭은 국가간 사절 왕래 때를 상정한 것으로 대마도
宗氏를 주체로 하는 교섭에까지 깊숙이 파고들지 않았다. 덧붙여 이 시기에
송환된 인물로는 金光이 있다. 中村榮孝[1933]는 김광이 왕족이 아닌 경상
도 하동의 유학이라는 점, 억류지인 사쓰마에서 대마도로 이동했다가 1603
년 11월경 宗義智·柳川調信에 의해 송환된 점, 그가 가져온 일본 정보가
조선 정부 내 논의에 영향을 미쳤다는 점 등을 밝히고 있다.

제1차 회답겸쇄환사(1607)의 사명은 쇄환에 중점이 있으며 피로인 전원
의 쇄환을 목표로 했다. 德川家康도 귀국을 원하는 피로인에 대해서는 모
두 쇄환을 시키려는 자세를 보였다. 그러나 피로인들은 이미 통혼으로 인해

'토착생활에 들어간 자가 의외로 많았다' 는 바람에 쇄환자의 총수는 1,418 명에 그쳤다.

제2차 회답겸쇄환사(1617)도 피로인 전원의 쇄환을 목적으로 하였으나 실제로 쇄환할 수 있었던 사람은 321명이다. 피로인이 쇄환에 응하지 않는 배경에는 일본인과 통혼하여 가족을 이루고 있거나 재산을 쌓였다거나 주인과의 주종관계가 엄격하다는 등의 사정이 있었다. 또, 어린 시절에 연행된 사람의 경우는 언어나 행동이 일본인처럼 되어서 조선의 실정을 잘 모른다는 사정도 있었다. 또한 해당 사절은 만력 45년(1617) 5월 일자의 礼曹諭文(諭帖, 佐賀縣立名護屋城博物館藏)을 지참하고 「被擄士民」에게 쇄환에 응하도록 고지하기도 했다.

1624년 3차 회답사는 쇄환을 명목으로 내세우지 않았으나 피로인 146명 (대부분 호남지방 출신자)을 쇄환하였다. 이때가 되면 귀국해도 처벌을 받는다거나 방치돼 보호를 받지 못한다는 소문도 돌았다. 1636년 통신사의 쇄환 인원은 미상이지만 1643년 통신사가 쇄환한 사람은 14명에 불과하다. 이로써 조선 피로인의 쇄환 문제는 종지부를 찍었다.

최근 쇄환문제의 연구를 진행하고 있는 것이 米谷均이다. 米谷均[1999a]는 일본 사회의 '사람을 받아들임(人取り)'와 '사람을 돌려보냄(人返し)' ('우리 땅'에 귀속된 주인·영주의 신청이 있으면, 받아들인 인물을 반환해야 한다)의 관습에 비추어 조선인의 掠取·刷還 문제를 파악하려고 하고 있다. 1599년부터 1643년까지의 쇄환 인원에 대해서는 약 7,500명으로 하는 內藤說을 수정하여 약 6,100명으로 보았다. 쇄환 경위에 대해서는 a) 피로인의 자력귀국, b) 대마도종씨 등을 개재한 송환, c)조선사절 일본 방문 시 송환으로 분류하였다. c)에 대해서는 ⅰ) 사절 滯日中에 출두한 피로인을 사절 본대가 귀로에서 순차적으로 회수하는 하는 것. ⅱ) 저명한 피로인을 피로인들이 살고 있는 곳으로 보내 동포의 쇄환을 독려하는 것. ⅲ) 사절의 분견대를 각지에 파견해 쇄환에 종사하게 하는 방법이 취해졌다. 또한 쇄환에 가장 중심적인 역할을 한 것은 宗氏라고 평가하고, c-iii의 패턴에서는 분견대에 宗氏 家臣이 동행했다고 한다. 게다가 막부가 일정 지역 (江戸·大坂·堺 등)에 招募지령을 내리는 경우도 있었지만 기본적으로는 宗氏가 막부의 보고하여 招募를 행하고 있었다고 본다. 諸大名의 반응은 a) 領國內의 피로인을 스스로 초모하여 보낸다. b) 요청에 따라 분견대 등의 쇄환 활동에 협력한다, c) 요청에 소극적 태도를 보인다는 것이었는데, b)에는 막부의 지시뿐만 아니라 宗氏로부터의 요청도 있었다고 한다.

米谷[1999b]는 조선사절의 분견대 구성과 피로인의 신병 인수 실태를 일본 사료를 바탕으로 서술했다. 피로인의 사는 곳의 領主의 허가가 필요하다는 점, 기리스탄이 아니라는 점 등이 신병 인수의 조건이 되고 있었다. 국내 이동에 있어서는 여성 피로인의 경우 關所에서 「女手形」를 소지하지 않은 것이 문제가 되기도 했다. 조선사절들은 礼曹諭文을 휴대하고 있었는데, 米谷는 그 원본의 요지가 길어서 사절에 의해 거리에 게시되었을 것이라고 했다. 또, 米谷는 礼曹諭文의 사본 (滋賀縣 東淺井郡 八木文書) 및 한문과 일문의 사절 諭文(紀州 鷲森氏 所藏文書)을 발견했다. 日文諭文은 일본어 밖에 읽을 수 없는 피로인을 위한 편의로 작성된 것으로 본다

米谷[2008]는 쇄환 총수에 관한 본인의 의견을 약 6,300명으로 수정했고, 礼曹諭文의 사본이 伊予松山에게도 전해졌음을 밝혀냈다. 또한 한문·일문 사절유문이 招募를 중개하는 피로인에게 교부되어 이들이 각지에서 귀국을 희망하는 피로인을 모집한다는 실태를 밝혔다. 또 쇄환 후 피로인 대우에 대해 전쟁후 얼마 되지 않은 시기에 自力으로 귀국한 자에게는 면역·복호가 인정되었지만, 사절에 의해 일제히 쇄환된 자에게는 충분한 보호 조치가 취해지지 않았다고 하여 예조유문에 보이는 이념과는 괴리된 실태를 지적했다. 예조유문에 「免罪」 문구가 있다는 점과 귀국한 朴守永이 적에게 붙어 나라를 배신한 죄로 처형된 데서 조선정부의 피로인에 대한 냉담한 의식도 지적했다.

5. 일본사회에 定住한 조선피로인

1) 武家社会에 포섭된 조선피로인

중앙정권 및 諸大名(諸藩)으로부터 무사 신분을 얻는 등 무가사회에 포섭된 조선 피로인을 다룬다.

豊臣政権

豊臣政權의 관계자에 관해서는 우선, 中村榮孝[1933]의 南忠元에 관한 연구를 들 수 있다. 왕족인 南忠元은 河東에서 포로가 되어 薩摩에 보내졌는데, 1601년에 宗義智・寺澤正成・柳川調信에 의해서 조선에 송환되었다. 한편 그가 일본에 남겨두고 온 딸과 며느리가 豊臣秀吉의 부인 高台院(北政所, 1624년沒)를 섬겨 신임을 얻었다. 內藤雋輔 [1976:201]는 豊臣秀吉의 우대・총애를 받은 李曄, 高台院을 近侍한 李成立・金春福에 대해 기술했다.

德川政権(幕府)

內藤雋輔[1976:201]는 德川家康에게 侍했던 소년 允福, 德川家光의 주방장을 지낸 자에 관해서도 언급했다.

大石學[2002・2005]는 日本史料에 근거해 江戸城 本丸 玄關番인 斧生源內, 千姫 (德川秀忠의 딸, 豊臣秀頼의 妻)의 年寄役을 맡았던 染木早尾와 江戸城 土圭之間取次役을 맡은 染木正信의 매제, 表御台所・講武所・御細工所에서 일한 御家人 高麗氏를 언급했다.

加賀藩(前田家)

片倉穰・笠井純一[1991]는 加賀藩에서 「渡來朝鮮人」에 관한 19개의 사례를 검출했고, 9種의 관계사료를 번각・소개했다. 그중 武士(士分格)가 제일 많았는데, 도래 때의 나이가 밝혀진 자는 모두 7~10세의 소년이었다.

　脇田直賢(金如鐵,1000石)·菅野加右衛門(漢某,700石)·菅野兵左衛門(漢某,600石)를 제외한 小身의 武士는 殺生御用(餌指·火矢·鷹狩)의 일을 하는 자가 많았고, 医師나 繪方細工者도 있었다.

　加賀藩에 渡來한 이유는, a) 연고에 의한 來藩, b)京都·大坂에서의 신규 고용, c) 다른 번에서 주인을 따라 來藩으로 분류했다. 그리고 脇田直賢을 예로 들어 加賀藩 사람들의 文化에 동화 융합하면서 藩主와의 견고한 주종관계를 맺으면서도 죽을 때까지 朝鮮人으로서 民族意識을 갖고, 사후에는 朝鮮式墓에 묻혔다고 한다. 笠井純一[1991a·1991b]는 脇田直賢의 『家伝』(別名『脇田家伝書』、1660년 성립)의 사본 5종을 교감·번각하고『家伝』의 기술을 상대화하면서 「脇田如鐵關係史料集」도 작성했다.

　中野節子[1991]는 加賀藩의 「侍帳」을 분석하여, 脇田直賢의 経歷과 知行高의 추이를 추적했다. 1605년(경장10)에 詰小姓·230石이 된 후, 大坂의 싸움에서 軍功을 세워 知行高는 1615년(원화 원)경에 430石、1631년(관영 8)에 1000石으로 가중되었다. 직책은 1627년(관영 4)경에 殘金奉行、1637년(관영14)에 算用場奉行、1643년(관영 20)에 小姓頭、1645년(정보 2)에 公事場奉行兼金澤町奉行이 되었다. 또 西國諸藩에서 武士가 된 「渡來朝鮮人」 18가지 사례와 비교를 시도해,「그 직책이 側近·小姓、医師等医學關係、漢學·儒學關係의 틀에 대부분이 흡수된다」는 점에서 「기본적으로 武의 世界、즉 軍団機能이 핵심인 武士階級 중에서는 文의 世界 또는 芸能의 世界에 들어가는 경우는 아주 적었다」고 했다.

萩藩(毛利藩)

　木部和昭[1999]는 萩藩의 家臣団을 그 중핵적 존재인 武士와 藩御抱의 技術者 (細工人·繪師·医師·學者등)로 구성되었다고 하면서 武士가 된 朝鮮被虜人의 집안을 3개 뽑고 있다. 앞에 서술한 中野節子[1991]의 연구에서는 加賀藩의 武士는 11家를 뽑고 있는데, 그 가운데 3家를 포함시켜 萩藩과 加賀藩과의 현저한 수량적 차이는 없다고 했다.

그런데 木部가 특히 주목했던 것은 李家元宥인 李聖賢과 村田安政이다. 李聖賢은 全羅道兵馬節度使 李福男의 아들이지만 李姓을 갖고 있어「朝鮮國王之氏族」으로 인식되었고, 또 李福男이 1597년 忠死함에 따라 후대를 받게 되었다. 毛利輝元·秀就의 父子 2代에 측근으로 모시면서 輝元의 命令을 받아 삭발을 하고 道齋라고 칭한 것에서 中野[1991]의 소론에서처럼,「武」보다「文」의 측면이 기대되어「반드시 武士社會에서 정통은 될 수 없는 위치에 머물러 있었다」고 결론짓는다.

村田安政은「임진왜란」에서 피로인이 되었고, 金姓으로 아명은「운나기」였다. 安政의 누이도 피로인이었고, 駿府의 德川家康에게 近侍하여 총애를 받아 남매의 재회가 이루어졌다. 그리고 家康의 중개로 毛利輝元로부터 給地200石의 大組士로 추대되었다. 이 때부터 木部는 安政의 누나로「줄리아 오타」(후술)로 불렸다.

佐賀藩(鍋島藩)

일찍이 松田甲[1926]이 洪浩然를 서술했다. 홍호연은 士族의 자식이었다. 소년기인 1593년(문록 2)에 鍋島直茂 부대에 잡혀 후에 初代藩主 鍋島勝茂에게 불려갔다. 文才로 京都五山에서 수행하고 佐賀藩에 돌아와서 儒者로서 藩主에게 近侍했다. 肥後 熊本의 피로인이던 日遙上人(本妙寺 住持)와 교류했다. 1657년(명력 3)藩主 勝茂가 죽자 얼마되지 않아 殉死했다.

洪家에 전하는 자료(「洪悅郎氏寄贈資料」)는 현재는 佐賀縣立 名護屋城 博物館에 소장되어 있으며, 동 박물관에서 조사연구의 성과가 있었다. (小宮睦之[1996]·山口久範 [1996·2012]·佐賀縣立 名護屋城 博物館[2008·2012]).

洪浩然이 태어난 해는 1582년이고, 태어난 곳은 慶尙道 山陰郡이며, 12세 때에 피로인이 되었다는 것, 1620년(원화 6)에 知行 100石, 5인의 扶持

를 주어 勝茂의 側近(右筆)으로 활동했다는 것, 노인이 되어 귀국을 원했지만 허가되지 않았다는 것, 子孫相續 奉公을 허락받고, 殉死함으로써 洪家의 초석을 닦았다는 점 등이 밝혀졌다. 홍호연은 서예가로 활약했고, 藩內뿐만아니라 京都의 寺院에도 그의 필적이 남아있다. 근년에 町田一仁[2016]는 長府藩 毛利家의 菩提寺笑山寺의 額字가 홍호연의 글씨라고 보고했다.

松田[1926]는 鄭竹塢도 검출했다. 鄭竹塢는 鍋島直茂 부대에 잡혀 온 인물로 詩書文芸와 医術로 蓮池藩(支藩)의 藩祖 鍋島直澄을 모시었다. 1625년(관영 2)경에 儒者 林羅山(道春)과 교류했고, 『羅山詩集』에는 鄭竹塢가 작성한 漢詩가 『羅山詩集』에 다수 수록되었다.

豊後諸藩

근세의 豊後는 작은 藩으로 분립되어 있었지만, 各藩의 피로인에 대해서는 中村質 [2000]의 연구가 있다. 臼杵藩에서는 피로1세인 菊村左三郎(陳姓)이 검출되었다. 그의 2세는 藩医가 되었다. 森藩에서는 朝山安啄(1世)가 검출되었다. 安啄은 京都에서 医師修行을 받은 후, 大坂에서 久留島長親에 100石으로 포섭되었다. 策庵(2世)의 대에 医師에서 御用人格으로 家格이 올라갔다. 佐伯藩에서는 梶西金左衛門(1世、50石)이 검출되었다. 岡藩에서는 武臣 曾清宦의 아들로 여겨지는 曾我清官(1世)이 검출되었고, 2세 이후는 약 130石의 中級家臣으로 자리잡았다.

学者·医師

일찍이 松田甲[1931]이 大坂·京都에서 활동한 조선출신의 易者 李文長이 피로인이었다는 것을 지적했는데, 內藤雋輔[1976:85,144]에 으해 島津부대에 잡혀 온 피로인이었다는 것이 판명되었다. 그 후, 川本桂子[1981]이 그의 足跡을 상세히 밝혔다. 이문장은 1600년(경장 5)이전에 大坂에 이송되었다. 1616년(원화 2)에 귀구을 시도하여 對馬에 도착했지만, 귀국후에 처벌될 것이 두려워 다시 京都로 돌아와 1625년(관영 2)경에 죽었다. 그 사이에 豊臣政權이나 五山禪僧·繪師(海北友松·狩野山樂·雲谷等顔)등과 교류가 있었고, 易學의 실천, 儒學講義, 詩文応酬, 畵贊著贊등을 행했다. 對馬 체재중에는 外交僧 規伯玄方에게 往復書契의 쓰는 방법을 지도했고, 그가 起草한 柳川調興書契案이 『江雲隨筆』에 수록되었다.

內藤雋輔[1976:201]는 尾張藩(尾張德川家)의 廝養 朴承祖, 脇坂家의 茶坊主 梁夢隣을 검출했다. 大石學[2001]은 日本史料 속에서 紀州藩(紀州德川家)의 儒者 李一恕·李梅溪 父子, 一柳家의 參次을 검출했다. 德永和喜[2007]는 苗代川地域의 초기 住人인 陳休八이 島津義弘을 따라 關ヶ原전투에 참전했던 사례를 검출했다. 이에 대해서는 須田努[2014]가 회의적인 견해를 보이고 있다.

2) 僧侶

內藤雋輔[1976:제2장]는、肥後本妙寺의 日遙, 京都西雲院의 宗嚴, 伊予大隆寺의 讓天, 筑前香正寺의 日延과 그의 누이를 검출했다. 여기서는 日遙만을 다룬다. 肥後 本妙寺는 加藤淸正의 菩提寺로 제3대 주지가 된 것이 日遙이다. 日遙의 本名은 余大男, 아버지는 余天甲이다. 1593년, 父子는 慶尙道에서 포박되었는데, 日遙는 熊本에 보내졌고, 후에 本妙寺의 學僧이 되었다. 余天甲은 廣島에 보내졌지만, 1606년에 귀국했다. 그 후 日遙의 친구인 河終男이 귀국해, 그의 생존과 현황을 余天甲에게 전하면서부터 1620년에 부자간의 서한의 왕복이 실현되었다. 현재 本妙寺에는 日遙의 書簡案 1통과 余天甲 書簡 2통이 전해지고 있다. 또 余信鎬[2012]은 往復書簡의 컬라 도판을 붙여 日遙의 생애를 간결하게 정리했다.

3) 職人

豊臣秀吉은 「細工에 종사하는 자」 「縫官」과 「바느질하는 여자」의 징용을 명했다. (中野[2006:319-320])。「細工에 종사하는 자」는 수공업자를 의미하지만, 구체적으로 무엇을 가르키는 지는 분명치 않다. 시대가 내려가면 萩藩에 萩燒의 細工人 3家가 존재하고 있는 것처럼 (木部和昭[1999])、「陶工」을 細工人으로 칭할 가능성은 있지만, 「細工에 종사하는 자」를 陶工으로만 해석하는 것은 위험하다.

陶工의 도래를 둘러싸고, 北島万次 [1982, 2002:제2부 제3장]은 의도적인 연행으로 볼 있으며, 「陶工」에 상당하는 자를 官窯의 사기장으로 보고 있다. 한편 中村質[2000]은 「名工招致說」(燒物戰爭論)에 회의적이다. 中村의 논거는 諸窯가 開窯되기까지 戰後 20년 이상이 소요되고 있다는 점, 古窯址의 出土品의 품질이 치졸하다는 점, 그리고 肥前多久에서는 藩이 陶工을 추방한 사례가 있다는 점이다. 피로인 중에 우연히 포함돼 있던 무명의 陶工들이 시행착오 끝에 기술을 향상시켜 결과적으로 藩의 보호를 받게 되었다고 이해하는 것이다.

私見을 말하자면, 官窯·磁器所에 속한 沙器匠과 陶器所에 속한 甕匠은 별개의 존재이며, 地方官衙나 在地兩班의 농장에 속한 沙器匠도 존재했고, 沙器匠의 밑에서 작업에 종사하는 工人도 존재했다. (荒木和憲[2021]).

의도적인 연행으로 볼지는 일단 제처 두고 우선은 어떤 생산 기술을 보유한 자가 도래했는가를 신중하게 살펴보아야 한다. 考古學·美術史學의 연구 성과를 함께 종합적으로 검증할 필요가 있다. 또 米谷均[1999a]는 1607년(경장 12)의 제1차 回答兼刷還使의 래일에 따라 黑田長政이 「도자기 굽는 唐人」을 조선에 송환한 사례를 소개하고 있다. 이러한 1차 사료에 기초한 사례의 집적이 중요하다.

4) 町人

貿易商人

朱印船貿易에 종사했던 민물로 安南에 3번 도항했던 趙完璧의 전기가 일찍부터 주목되었다. (山口正之[1932·1967]·岩生成一[1954]). 그 후 片岡穰[1991]는 조선과 安南은 모두 儀礼를 중시하는 나라였기 때문에 조완벽은 安南을 「蛮貊之鄕」로 보는 전통적인 의식의 편린을 보이면서도 대체로 華夷思想은 희박했다고 한다. 조완벽은 제1차 회답겸쇄환사(1607)의 신뢰를 얻어 피로인의 招諭刷還을 도급받았다고 한다. (内藤雋輔 [1976:75]).

江戸 : 大石學[2002]이 幕府御用達商人인 堀八兵衛(신발 만듬)를 검출했다.

加賀藩 : 片倉穰·笠井純一[1991]이 町人(豆腐商)과 謡曲師를 검출했다.

長崎 : 長崎의 町人을 상세하게 분석한 것은 中村質[2000]이다. 町人의 전원이 기독교를 버린 후, 1634년(관영 11)과 1642년(관영 19)에 기리스탄 禁壓을 주목적으로 작성된 人別改帳을 분석해, 피로 1세대의 약 4할이 연행당시는 10세 이하이며, 그 중 많은 사람이 1630~40년대에도 생존해 있었다는 것을 지적했다. 또 長崎内의 平戸町의 人別改帳인 1642년의 「平戸町人別生所糺」을 분석하여 49호·223인(戸數의 27%, 人口의11%)가 朝鮮系 住民임을 밝혔다.

게다가 中村는 피로 1세와 그 가족 8례를 들었다. 가족의 구성패턴은 조선인부부, 또는 일본인 남편과 조선인 아내로 모두 유소기에 연행되어 기리스탄이 된 후 개종한 자들이다. 이미 저명한 川崎屋助右衛門夫妻(山口正之[1931b])등을 포함하고 있다. 中村는 1세는 身元引受人을 세우고, 平戸町中에 証文을 제출하는 것이 기본이지만, 2세 이후가 되면 규제가 없기 때문에 出生地主義에 의해 일본인으로 취급되는 존재라고 보았다. 그리고 유럽계 「混血兒」와는 다르게 취급한다고도 지적했다.

이어 피로 2세대와 그 가족 6례(8인)을 들었다.

가족의 구성패턴은 부모가 조선인 부부(2인), 아버지가 조선인(3인), 어머니가 조선인(3인)이다. 여성이 일정한 비율로 포함된 것은 도시인 長崎에서의 여성노동력의 수요에 따른 현상으로 보았다. 2세의 성명은 모두 일본식이고, 곤경 속의 마음의 버팀목으로 기독교를 믿었지만, 長崎奉行 竹中采女의 재임기에 대부분이 종교를 버렸으나, 1623년(원화 9)이후는 受難·殉敎했던 자도 나타난다고 지적했다.

「平戶町人別生所糺」을 사용한 연구로서는 五野井隆史[2003], 大石學[2005], 長森美信 [2020]의 연구가 있다. 五野井는 平戶町에 사는 조선인 24인을 목록화하여, 長森는 가족구성을 보다 세밀히 분류하여, 「부부 모두 피로인」 「남편이 일본인, 아내가 피로인」 「남편이 피로인, 아내가 일본인」 「미혼자」 「남편이 피로인 2세, 아내가 일본인」 「남편이 일본인, 아내가 피로인 2세」의 6가지 유형을 제시했다. 그런데 大石은 平戶町를 「平戶城下」(平戶藩)로 오인하고 있다.

루시오 데 소우자와 岡美穗子[2021]는 長崎內의 新高麗町에 조선인여성의 遊女屋이 형성되어 조선인노예의 대부분이 여성이었다는 사료를 소개했다.

岡山町人 : 米谷均[1998]는 前岡山의 피로인에 주목했다. 將宇喜多秀家의 領國인 備前·美作·備中半國은 피로인이 집중된 지역이지만 秀家가 關ヶ原 전투에서 몰락했기 때문에 그들에관한 사료가 잔존하지 않음을 지적했다. 그리고 선행연구에서 검출이 끝난 해당지역의 피로인을 찾아냈다. 또 피로인연구의 문제점으로 儒者·陶工·小姓등과 같이 大名의 우대조치를 받고, 사료에 남아있기 쉬운 사람들에게 초점이 집중되고 있음을 지적했다. 나아가 岡山의 피로인 「市兵衛」의 사례를 근거로 해, 「대다수의 피로인은 교양도 기술도 면모도 없고, 아마도 단순노동자로 일본각지의 도시나 항만에 산재하여 살면서 현지사회에 沈殿해 간 것이 아닐까」라고 하여, 이러한 유형의 피로인에게 주목할 필요성을 강조했다.

唐人町 : 唐人町에는 中國人系와 朝鮮人系의 2종류가 존재했다. 荒野泰典[1987·2003]는 모두 근세일본사회의 형성에 큰 영향을 미쳤다고 보았다.

朝鮮人系 唐人町의 소재지로는 筑前(福岡), 肥前(佐賀·多久·唐津·中野), 肥後(熊本·人吉), 薩摩(鹿兒島), 長門(萩), 石見 (浜田), 備後(廣島), 伊予(松山)를 들었다. 대부분이 大名의 城下町이다.

米谷均[1998]는, 宇喜多의 領國인 지역에 「唐人上·唐人下」(備前), 「唐人山」(備中), 「唐人山」(美作)의 지명을 찾아 냈다. 「唐人町」에 해당하는 사례인가 아닌가는 신중한 검토가 필요하지만, 피로조선인에게서 유래하는 지명일 가능성이 높다. 또한 松田甲[1926]은 佐賀의 鏡円寺는 佐賀藩이 피로조선인을 위해 창건한 淨土宗 寺院로, 경내에 九山道淸등의 조선인묘가 존재하는 것을 소개하고 있고, 현재도 전해지고 있다고 한다. 후술하는 기독교禁敎와 寺請制度의 문제에 비추어 볼 때, 唐人町의 仏敎寺院는 연구를 심화시켜야 할 문제가 아닐까.

5) 薩摩 苗代川의 朝鮮人集落

城下町의 한편에 형성된 唐人町와는 양상이 다르지만, 조선 피로인의 모여사는 취락으로서 유난히 이채로운 곳이 薩摩 苗代川地域(鹿兒島縣日置市東市來町美山)이다. 이 취락에 관한 본격적인 연구는 有馬美智子[1962]를 효시로 한다. 『先年朝鮮より被召渡留帳』(내용연대는 경장 3년~향보 7년)을 기초로 苗代川의 조선인 취락 형성 과정을 정리하고, 薩摩藩의 정책에 대해서는 「행정면」 「경제면」 「산업면」 「사회·생활면」 「기타」(朝鮮通詞)의 측면에서 논하고 있으며, 여기에 기본적인 틀이 제시되었다고 해도 좋다. 島津氏씨에 의한 조선인 도공 연행에 대해서는 의도적인 것으로 간주하고, 그 이유로 茶道의 流行、燒物의 贈答、産業振興을 들고 있다. 다만 苗代川 주민들이 조선의 의복·언어를 계속 유지한 이유에 대해서는 과제로 남겼다.

內藤雋輔[1976:2장]는 조선에 쇄환된 피로인과는 반대로 '집단생활을 오래 지속한 것'과 '빨리 동화 융합된 대표적인 사례'를 들었으며, 전자의 예로 苗代川의 조선인 취락을 들었다. 有馬[1962]의 연구를 참조한 흔적은 없고 논점이 겹치는 부분도 많지만, 玉山神社 神舞歌의 번각·소개 외에 氏·字의 사용 허가, 일본 이름의 사용 금지, 막부 말기의 窯業衰退와 그 탈피책으로서 南京燒·素燒人形의 제조, 판매 등을 논의하고 있다.

北島万次[1982:360]는 苗代川 거주자의 정체성을 언급하며 '薩摩속의 '異國'의 백성으로서 메이지 유신까지 집단생활을 강요당한' 존재이면서도 민족의 전통을 계속 지키고자 하는 자율성을 유지한 존재이기도 했다고 보았다. 北島[2002: 제2부 제2장]는 南京燒도 언급했다.

苗代川의 集落·住人에 관한 연구는 구체적으로 언급할 여유가 없어서 아래에서는 최근의 포괄적인 연구성과를 다룬다. 우선 德永和喜[2007]의 연구성과는 중요한 내용이 많아 번거롭지만 열거한다.

첫째, 薩摩 도래한 피로인에 대해 1차 사료에 근거하여 94명을 검출했다. 반대로 송환자 수를 100명 정도로 하는 사료도 제시하고 있는데, 여기에는 「從高麗捕來候者共言語不通、召仕候テモ用ニ難立候間」 (조선에서 붙잡아 온 자들은 언어가 통하지 않아 시중을 들어도 도움이 되지 않으므로)이라는 이유가 나와 있다. 종래 피로인의 대부분이 도공으로 여겨져 온 것에 德永은 의문을 표시했다. 덧붙여 內藤雋輔[1976:212]는 島津忠恒가 조선인 155명을 태운 배 1척을 薩摩에 보낸 사례(『『市木記』 所引文書)등을 기초로 피로인원을 약 250명으로 試算했다. 德永의 試算과 합하면, 적어도 350명 정도가 薩摩에 보내진 것이 될 것이다.

둘째, 鹿兒島城下의 高麗町는 「何之業モ無之渡世難成候故、方々ヘ身ヲ賣致分散候」 (아무것도 생업이 없어 생계가 이루어지기 어렵기 때문에, 여기저기 몸을 팔아 분산하고 있다), 「高麗人ハ茶碗ナト燒者故御燒可被思召ニテ候ヘ共、中々燒調者も無之」(조선인은 찻잔등을 굽고 있으므로, 〈鹿兒島城下의 조선인에게도〉굽게 하려고 생각했지만, 좀처럼 구워낼 수 있는 사람이 없었다)라는 기록으로 보아 도공주체의 집단이라고 보기 어렵

다고 했다. 또, 몸을 파는 주민에 대해서는, 藩이 몸값을 지출해 기존의 苗
代川 지역에 집단 거주시킨 점, 苗代川 지역은 「高麗町라고 하는 다른 집
단과의 결합에 의한 사회성의 확립이라고 하는 내적인 어려운 문제」를 안
고, 「藩이 공여하는 경작지 확대나 山林入會權은 주변 지역과의 알력의 불
씨가 되는 외부와의 문제」도 안고 있었음을 지적한다.

셋째, 苗代川의 인구 추이를 밝혔다. 1669년(관문 9) 高麗町에 남아 있던
25가구의 苗代川 이전이 실시된 이후 911명(1704년)으로 기록했다. 그러나
苗代川에서 笠野原로의 分村이 이루어지면서 749명(1706년)으로 감소하였
고, 그 후에는 1,446명(1772년), 1,413명(1800년), 1,390명(1826년)으로 변해
갔다. 盆村한 笠野原는 농업 중심의 취락이 되어 苗代川의 玉山神社가 勸
請되었다. 막부 말기인 1866년(게이오 2)에 笠野原에서 萩塚原로의 分村이
이루어져 笠野原와 萩塚原의 인구는 590여 명과 351명이 되었다. 德永의
試算에 근거하면, 3개 마을의 총인구는 2,000~2,500명 정도가 될 것이다.

넷째, 漂着朝鮮船記載史料를 섭렵하여 薩摩藩廳의 朝鮮通詞 파견사례
를 19개를 검출했다. 歷代通詞는 李家의 世襲이라는 점, 藩校造士館에서
의 연 2회 朝鮮語對談, 異國方書役 2명의 苗代川出張과 朝鮮語學習、通
詞의 役職과 役料와의 상관관계 (自分稽古은 무급, 通詞稽古은 1석8두3석
6두, 稽古通事는 4석, 本通詞는 58석)를 지적했다. 게다가 長崎·對馬 루트
에서의 표류인 송환이 원칙인 가운데 薩摩藩 琉球·淸루트로 송환을 실시
하고 있어 그것이 조선통사의 존재의 의의라고 했다.

2007년부터 2013년까지는 久留島浩·須田努·趙景達을 중심으로 일본 근
세사·근대사, 조선사, 고고학, 미술사학 전문가로 구성된 공동연구가 실시
되었으며, 그 성과로 『薩摩·朝鮮陶工村の四百年』[久留島浩ほか2014)이
간행되었다. 久留島浩[2014]는 총론에서 a) 사쓰마번에 있어서는 「內なる
異國人集落」인 苗代川의 지배가 異國을 지배하고 있다는 자기주장의 근거
가 된 점, b) 생활양식의 「薩摩化」가 진행되는 가운데 민족적 전통을 어떻

게 유지할 것인가가 번·주민 쌍방의 문제였다는 점, c) 따라서 주민들은 자신의 「歷史」(由緒)를 재발견하여 조선어를 자각적으로 보존하고 「朝鮮燒物」을 생산하는 장인집단으로서의 의식을 높이고 조선의 풍속을 외부인에게 주장함으로써 藩內의 다른 사회집단과의 차별화를 꾀했음을 논했다.

이 책에서 전근대의 문제를 논한 것은 渡辺芳郎·深港恭子·須田努·鈴木文· 井上和枝 이다. 渡辺[2014]는 考古學의 입장에서 苗代川窯業의 通說을 재검토하여 17세기 전반부터 가동했던 것은 堂平窯만이라는 것과 그 생산기술은 점차적으로 在地化(薩摩燒化)의 프로세스를 더듬어 왔다는 것, 18세기후반에는 전국적으로 유통하는 상품으로 土瓶이 개발되어, 19세기에는 色繪陶器나 磁器등 다양한 상품을 생산하게 된 것을 지적했다. 深町[2014]은 白薩摩의 생산을 재검토하고 御用品만을 생산했다는 통설을 부정하고, 低品位의 상품도 생산하고 있었음을 지적했다.

須田[2014]은 피로조선인의 苗代川地域 이주에 관해 자율적인 이주설을 부정하고, 타율적인 이주설, 즉 薩摩藩에 의한 강제 이주설을 주장했다.

19세기에 苗代川 주민의 由緒書이 작성된 배경에는 사회질서의 동요가 있었으며, 특히 明治期에는 華族島津家과의 由緒를 주장함으로써 士族에의 편입을 이루려는 의도가 있었다고 논했다. 종래 19세기대에 작성된 由緒書로 17세기대의 歷史像이 이야기되어 왔지만, 그러한 방법론에 재고를 촉구하는 것이다. 鈴木 [2014]는 藩外 인물의 見聞記, 藩內에서 편찬된 地誌類, 苗代川 주민의 由緒記의 기술을 비교하여 그 차이를 논했다.

井上[2014]는 「朝鮮風俗」 유지정책과 「朝鮮式姓名」 유지정책을 재검토했다. 전자에 대하여는 헤어스타일을 제외하고는 완전히 침투되지 않았다는 점을 지적했고, 후자에 대해서는 일본식 이름을 쓰던 남성이 朝鮮式 姓名을 쓰면서 원래는 無姓이던 사람도 「創姓」하여 조선식 이름을 썼다고 논하고 있다. 또 가족제도에 대하여는 日本化가 진행되었으며 아내의 성의 변경, 異姓養子·婿養子를 받아들이고, 父祖名을 襲名하고, 世代를 초월한

同名·同字의 반복 등 조선의 宗族制度와는 괴리된 실태를 밝혔다. 또 役
人·御仮屋守·朝鮮通事를 年代順으로 정리한 일람표는 아주 유용했다.

이상에서 苗代川 지역을 둘러싼 연구동향을 개관했지만, 薩摩燒의 전개
나 朝鮮語學習의 문제 등은 소략했다.

6. 기리스탄이 된 朝鮮被虜人

일본으로 끌려간 뒤 기독교 세례를 받고 기리시탄(기독교인)이 되는 조
선 피로인도 다수 존재했다. 선교사 루이스 플로이스의 정보에 따르면 (루
시오 데 소우자 岡美穗子[2021: 207]), 1593년 12월 長崎에서 100명 이상이
세례를 받았다. 1594년에 세례자 300명 이상의 조선남녀는, 1596년에는 長
崎의 거주자의 집들에서 섬겼다. 또한 1594년에는 有馬·大村·長崎에서 총
2,000명 이상이 세례를 받았고, 다음 해인 1595년에는 더 많은 사람들이 세
례를 받았다고 한다. 정확한 숫자는 알 수 없지만 적게 잡아도 5,000명이
세례를 받은 셈이다. 피로인의 총수를 2~3만 명 이상으로 하는 추계 [內藤
雋輔, 1976:216]에 근거하면 상당한 비율로 키리시탄이 존재한 셈이다.

아무튼 기리시탄이 된 조선 피로인에 관한 선구적 연구로는 山口正之
[1931a]의 연구를 들 수 있다. 예수회 선교사들은 일본으로 끌려간 조선 피
로인 2,000여 명을 수용·구제·교화하고 조선어 교서도 편찬했다고 지적한
다. 일본에서 禁敎가 강화되는 가운데 조선 포교로 방침을 전환하고 조선인
助祭인 빈센트 카운(嘉兵衛)을 베이징에 파견해 조선 입국을 시도한 점, 그
러나 명말 청초의 혼란으로 입국하지 못한 점을 지적했다. 山口의 문제 관
심은 조선 기독교의 기원에 있었지만, 쇄환된 피로인 중에 기리시탄이 포함
되어 있었더라도 기독교가 조선 사회에 뿌리내리지는 않았을 것으로 전망
했다.

빈센트 카운에 대해서는 山口正之[1938·1967]의 연구가 있다. 전쟁 시기

에 선교사 그레고리오 데 세스페데스가 小西行長의 요구로 熊川에 도항했다. 세스페데스는 일본 장병을 위문·세례하고 전몰자를 위령했으나, 加籐淸正의 참언을 당해 조선 소년 2명을 데리고 일본으로 돌아갔다. 그중 한 명이 빈센트 카운이다. 카운은 1614년 베이징으로 갔다가 1618년 일본으로 돌아와 1626년(관영3) 長崎에서 화형을 선고받았다. 朴哲이 스페인어로 공간한 세스페데스의 전기에 대해서는 谷口智子에 의한 일본어 번역판이 출판되었다 (朴哲· 타谷口智子[2013]).

이밖에 山口는 순교·순난의 조선인 기리시탄으로 16가지 사례를 소개했다. 즉 토마스(캄보디아→長崎), 여성 이사벨라(豊後), 시스트 카자에몬과 카탈리나 부부(秋田), 카이요(畿內 北陸→필리핀 추방→일본 再來, 1624년 화형), 안토니오(長崎에서 1622년 처형), 안토니오의 일본인 아내와 자녀(1622년 처형), 베드로 아리조(大村, 1619년 살해), 마노엘(駿府→江戶→駿府), 미카엘(長崎·口之津, 1614년 고문사), 마키젠시아(有馬直統-돈 미카엘의 侍女), 파울루와 안나의 부부와 여성 우르술라(五島), 성명 미상, 줄리아 타쿠아(코스모 타쿠야, 長崎奉行의 重臣?, 1619년 처형), 가스파르트 파스(마카오→일본, 1627년 화형), 안드레아 九郎兵衛(長崎에서 1622년 처형)이다.

吳允台[1968]도 순교·순난 조선인 기리시탄을 찾아냈다. 위의 山口의 연구와 중복을 제외하면 여성 마리야 팩(1606년 세례식 후, 추방되어 마닐라로), 토메 코레아(1623년 인도네시아 암보이나 사건으로 처형된 일본인 명단에 있음), 페드로 코레아(堺出身, 1635년 바타비야 주민의 洗禮簿), 여성 우르술라(平戶 네덜란드 상관이 통킹에 通事로 파견), 미카엘 赤星(有馬의 상인에게 팔린 후 박해 처형), 페테로 某 미카엘 某, 다케야 프란치스코(코스모의 아들, 1622 처형),

안데레 黑兵衛(1622년 화형), 식스토 勘左衛門 (1624년 出羽에서 처형), 카요(1624년 長崎에서 화형), 카이요 次右衛門 (1627년 長崎에서 화형), 가스파르 와스(1627년 長崎에서 화형), 바오로(1630년 天草에서 처형), 요한 부부(1633년 長崎에서 화형), 토마스 전도사 (1643년 나가사키에서 穴吊刑)를 찾아냈다. 또한 여성 우르술라에 대해 五野井隆史[1988]는 조선인설과 '혼혈 일본인'설이 있음을 소개한 후, 일본인 일만의 古賀가 '일본인 부인'으로 기재하고 있는 것에 믿음을 두었으나, 片岡穰[1991]는 일본인설을 와전으로 보고 조선인설을 지지하고 있다.

후안·가르시아·루이즈 데 메디나[1988: 제2장]도 조선기독교사의 기원에 관심을 갖고 歐文史料를 섭렵하고 선교사에 의한 조선 피로인의 보호 구제 교화, 노예무역 금지, 禁敎下에서의 조선인 기리시탄 의 수난 순교(1612~43년) 등을 논의했다. 선행연구에 의해 검출된 인물과의 중복도 많지만 마시마(이家康의 시녀), 하치칸 호아킨(1612년 江戶에서 참수, 조선인 최초의 순교자), 미겔(1614년 口之津에서 사망), 朴마리나 (在 마닐라 1606년 개종 1612년 修道女), 쇼삭 토마스(1619년 大村에서 참수), 辻 쇼비에 가스팔과 아내 마리아(1627년 燒殺), 明石 지애몬 카요(동), 佐藤 신에몬 토머스(동), 파블로(志岐에서 溺死), 토마스(1642년 長崎에서 穴吊刑), 미겔 카르발료(1593년 마카오 출생) 등을 찾아냈다. 다음으로 조선 피로인의 경우에 관한 기사로 주목되는 것을 발췌해 둔다.

> a) 그(日向의 領主 伊東젤로니모)는、山口의 한 항구에서 포로인 고려인을 아주 자유롭게 해주고 남자 노예는 宣敎師에게 인도하고, 여성과 아이들은 자기 아내에게 맡겨 그녀가 일본에서 자립할 수 있을 때까지 그 부양과 보살펴주었다.(72쪽)
>
> b) 1592년 일본으로 보내지기 시작한 고려인 대부분은 그 힘든 상황에도 불구하고 비교적 쉽게 새로운 생활에 익숙해져 갔다. 특히 일시적으로라도 노예로서의 굴욕을 느낀 자라도 동포나 일본인 이교도에게 완전히 자유롭게 복음을 전할 수 있었다.
>
> c) 1610년 고려인 신도단이 기부금 및 회원과 동포의 성금으로 長崎에 교회를 세웠다. 기금이 충분하지 않아 검소한 건물이었지만 그것은 스페

인 순교자 성 로렌소에게 바쳐졌다. 낙성식은 지극히 장엄하게 거행되었고, 다수의 고려인과 초대된 일본인이 참석하였다.

d) 그(미겔)의 주인은 전쟁터에서 자신을 따르는 조건으로 노예 신분에서 그를 해방시켰다. 이후 같은 포로가 된 그의 자매의 몸을 자유롭게 하기 위해 자진해서 다시 노예가 됐다.(84쪽)

이상과 같은 일본의 금교정책과 그 상황 하에서의 선교사의 활동을 체계적으로 연구한 것은 五野井隆史[1978,1981,1992]이며, 조선 피로인도 언급했다. 또한 五野井[2003]는 16~17세기 '한일 기독교 관계사'의 주요 요소로서 기리시탄이 된 피로 조선인의 동향을 논했다. 피로조선인 기리시탄 42명과 長崎平戶町에 거주하는 조선인 24명에 대한 기초적인 데이터를 정리한 일람표는 유용하다. 선교사의 조선도항계획과 피로인쇄환과의 연관성을 논한 점도 중요하다. 1605년 惟政(松雲大師)가 피로인을 쇄환하고 귀국함에 있어 京都下京의 修院의 신부 카를로 스피놀라가 일본 준관구청장 프란시스코 파시오에게 조선도항 허가 신청을 한 점, 아마도 長崎 奉行의 압력에 의해 스피놀라의 도항 계획은 좌절되었지만 피로인 중 신분 있는 사람들은 자신이 베낀 漢籍의 敎理問答을 지참하고 귀국 후에 설교하려 했다고 했다는 것이다.

또 1617년 2차 회답 겸 쇄환사는 피로인 토마(토마스)의 아버지로부터 쇄환을 권유받았다는 점, 그러나 토마는 1614년 마닐라로 추방된 점, 이에 사절은 마닐라에 있는 토마에게 문서를 보내 사정을 설명한 점, 1618년 토마가 귀국할 때 마닐라 도미니코회사가 조선도항을 기도한 점, 도미니코회사는 長崎에서 도항을 포기하고 토마만이 조선으로 귀국한 점을 지적했다. 조선사절이 일본 내 피로인을 招募하기 위해 「使節諭文」을 발행했다는 米谷均 [2008]의 지적을 근거로 하면, 토마에 보낸 문서도 이와 유사할 것이다.

조선 피로인의 기리시탄 수의 통계에 대해 五野井[2003]는 42명으로 하였으나, 長森美信 [2020]는 선행 연구를 정성껏 읽어 55명으로 수정하였다.

생년·피로년·세례받은 해 등 3개 항목 중 2개 항목이 판명되는 17명을 일
람화 해 모두 10~20대에 피로인이 되고 있음을 지적했다. 또「元和八年長
崎大殉敎図」(로마 예수교회소장)에 그려진 군중 속에 조선인이 존재한다
는 설을 검토하고 있다. 거기에 그려진 두루마기를 다른 회화 사진 자료와
비교함으로써 조선인으로 판단할 수 있다는 결론을 내렸다.

殉敎·殉難者의 검출은 歐文史料의 섭렵과 분석이라고 하는 방법론이 중
심에 있지만, 村井무苗[1998]는 備前 岡山의 市兵衛의 족적을 일본사료에
서 찾았다. 앞서 米谷均[1998]도 市兵衛에 주목했지만, 村井는 禁敎政策과
의 관련 속에서 市兵衛의 생애를 밝혔다. 즉 宇喜多家臣인 覺左衛門에서
奉仕(備中) → 池田家臣인 那須久左衛門에게 奉仕(備前) → 放浪 → 覺
左衛門에게 奉仕(備前) → 福島家中衆 (備後)에 奉仕 → 漁師(備後) →
行商(備前) → 池田藩医 中桐道仙에게 奉仕(備前·因幡) → 馬方(備前)와
같이 복잡하게 변전을 거친 후, 일본인여성과 결혼했다.

那須久左衛門의 권유로 부부가 모두 入信하고, 1629년(관영 6)부터 1632
년(동 9년)사이에 완전히 개종했다. 1634~35년(同 11~12)에 기리스탄으로
踏繪를 하고, 誓詞를 제출했는데, 1645년(정보 2)에 藩에 적발되어 감시하
에 놓이게 되었다. 그리고 1650(경안 3)에 막부의 지령에 의해 포박·투옥
되어 1652년(승응 원)에 岡山에서 옥사했다.

줄리아 오타아에 관한 연구도 진행되고 있다. 木部和昭[1999]는 피로인
으로 萩藩士가 된 村田安政의 누나에 비정한다. 후안·가르시아·루이즈 데
메디나[1988:184]는 「오타」를 「大田」에서 유래한 것으로 간주하고, 또한
1596년에 肥後宇土에서 세례를 받았다고 보았지만, 鳥津亮二[2014]는 모두
의심을 품는다. 鳥津은 루이즈 데 메디나가 수집한 歐文史料를 조심스럽게
해석하여 줄리아 또는 小西부대가 연행한 피로인이라는 점, 1592~96년경에
肥後의 志岐 또는 宇土에서 세례를 받은 점, 小西行長의 아내 도나 주스타
를 섬겼음을 지적한다. 또한 세키가하라 전투 직전에 家康가 行長을 회유

하기 위해 大坂에서 쥬스타와 담합한 것, 전후 쥬스타는 구속되었다가 사면된 것을 토대로 하여 이 무렵부터 줄리아가 이에야스를 섬기게 되었다고 추측한다. 그리고 그녀는 江戶에 갔다가 1607년 家康의 駿府入城을 따라 侍女로 섬기게 되면서 시녀들의 신앙생활의 주도적 역할을 맡았다. 그런데, 1612년(경장17)의 기리시탄 탄압의 표적이 되어, 종교를 버리는 것을 거부하고 伊豆大島로 유배되었다. 伊豆大島에서 新島, 그리고 가장 먼 神津島로 유배되었다가 1618년(겐와 4)경에 神津島를 나왔다. 1619년(원화 5)경에는 長崎에 머물렀고, 1622년(원화 8)에 大坂에 머물렀으나 그 후의 행방은 알 수 없다.

Ⅱ. 맺음말

마지막으로 조선피로인 연구의 과제에 대해 간략하게 私見을 서술하고자 한다.

사료론적인 문제에 관해보면, 주로 쇄환 문제에 대해서는 조선 사료, 일본 사회로의 定住나 기리시탄 문제에 대해서는 일본 사료·歐文 사료를 바탕으로 연구가 이루어져 왔다.

하지만 최근 연구에서는 일본 사료나 歐文史料 중에서도 쇄환과 관련된 것이 포함되어 있음을 알 수 있다. 일본 사료·구문 사료의 폭넓은 수집과 또 다른 사실의 검출이 요망된다.

일본 사료의 취급방법에 대해서는 2차 사료(편찬 사료)에 완전히 의거하는 단계는 지났다. 한정된 1차사료의 검출과 활용은 물론 정확한 사료비판을 거친 후, 2차 사료를 사용하는 자세가 요구된다. 이러한 작업을 바탕으로 조선피로인(1세)과 그 후손들의 삶을 있는 그대로 그려낼 필요가 있다.

그런데 본 보고는 연구사 정리를 목적으로 하는 것이므로 선행연구에는 유기적인 관련이 있는 것처럼 기술하였으나 실제로는 상호가 불참조하는 현상이 두드러졌다. 조선피로인 문제에 관해서는 학문영역이 다방면에 걸친 점과 연구 환경의 시대적 제약이 있었던 점을 고려하면 어쩔 수 없는 면도 있겠지만, 앞으로는 선행연구를 충분히 고려해야 할 것이다.

참고문헌

阿部吉雄, 1965, 『日本朱子學と朝鮮』(東京大學出版會)

荒木和憲, 2021, 「朝鮮初期における陶磁器の生産と貢納·流通」(田中大喜編 『中世武家領主の世界』勉誠出版)

荒野泰典, 1987, 「日本型華夷秩序の形成」(朝尾直弘·網野善彦·山口啓二·吉田孝編『日本の社會史』1, 岩波書店)

荒野泰典, 2003, 「江戸幕府と東アジア」(同編『江戸幕府と東アジア』日本の時代史14吉川弘文館)

有馬美智子, 1962, 「薩摩藩に於ける對朝鮮人政策-薩摩燒を通して-」(『史艸』4)

石原道博, 1962, 「月峰海上錄について」(『朝鮮學報』23)

井上和枝, 2014, 「朝鮮人村落「苗代川」の日本化と解体」(久留島·須田·趙2014)

岩生成一, 1954, 「安南國渡航朝鮮人趙完璧伝について」(『朝鮮學報』6)

大石學, 2001, 「近世日本社會の朝鮮人藩士」(『日本歴史』640)

大石學, 2002, 「近世日本社會の朝鮮人」(『日本歴史』655)

大石學, 2005, 「近世日本における朝鮮人」(『日本歴史』688)

長節子, 1967, 「朝鮮役における明福建軍門の島津氏工作」-『錦溪日記』より-」(『朝鮮學報』42、のち改訂増補して長節子『中世 國境海域の倭と朝鮮』〈吉川弘文館,2002年〉に再錄)

長節子, 1970, 「解說(影印錦溪日記)」(『朝鮮學報』56)

吳允台, 1968, 『日韓キリスト教交流史』(新教出版社)

笠井純一, 1991a, 「家伝-金(脇田)如鐵伝」(鶴園1991)

笠井純一, 1991b, 「脇田如鐵關係史料集」(鶴園1991)

片倉穰·笠井純一, 1991, 「加賀藩における渡來朝鮮人」(鶴園1991)

片岡穰, 1991, 「東南アジア渡航朝鮮人に關する覺書 -豊臣秀吉の朝鮮侵略により強制連行された朝鮮人と東南アジア-」(鶴園1991)

川本桂子, 1981, 「李文長のこと」(『群馬縣立女子大學紀要』1)

北島万次, 1982, 『朝鮮日々記·高麗日記-秀吉の朝鮮侵略とその歴史的告發』(そしえて)

北島万次, 2002, 『壬辰倭亂と秀吉·島津·李舜臣』(校倉書房)

北島万次, 2004, 「壬辰倭亂における降倭の存在形態-その素描」(『歴史評論』

651)

北島万次, 2005, 「壬辰倭亂と民衆-降倭についてのひとつの視点」(『朝鮮史研究會論文集』43)

木部和昭, 1999, 「萩藩における朝鮮人捕虜と武士社會」(『歷史評論』593)

久芳崇, 2003, 「朝鮮の役における日本兵捕虜 -明朝による連行と處置-」(『東方學』105, 久芳2010に再錄)

久芳崇, 2007, 「明朝皇帝に獻納された降倭 -『経略御倭奏議』を主要史料として-」(追悼記念論叢編集委員會編『山根幸夫教授追悼記念論叢明代中國の歷史的位相』下〈汲古書院〉, 久芳2010に再錄

久芳崇, 2010, 『東アジアの兵器革命-十六世紀中國に渡った日本の鐵砲-』(吉川弘文館)

久留島浩, 2014, 「近世の苗代川」(久留島・須田・趙2014)

久留島浩・須田努・趙景達(編), 2014, 『薩摩・朝鮮陶工村の四百年』(岩波書店)

五野井隆史, 1978, 「禁教下の宣教者の動向と長崎」(『日本歷史』361, のち五野井1992に再錄)

五野井隆史, 1981, 「禁制下の日本人宣教者についての消息」(『キリシタン研究』21, のち五野井1992に再錄)

五野井隆史, 1988, 「トンキンの日本人女通詞ウルスラについて」(『日本歷史』486)

五野井隆史, 1992, 『德川初期キリシタン史研究』(補訂版, 吉川弘文館)

五野井隆史, 2003, 「被虜朝鮮人とキリスト教」(『東京大學史料編纂所紀要』13)

小宮睦之, 1996, 「洪浩然と佐賀藩」(佐賀縣立名護屋城博物館『研究紀要』2)

佐賀縣立名護屋城博物館, 2008, 『寄贈記念展 洪浩然 忍ぶ・忘れず』(展覽會図錄)

佐賀縣立名護屋城博物館, 2012, 『洪浩然とその家系』(展覽會図錄)

鈴木文, 2014, 「近世の苗代川と玉山宮をめぐる言說について」(久留島・須田・趙2014)

須田努, 2014, 「「苗代川人」という主体 -"朝鮮由來の異邦人"の移住からアイデンティティーの確立・崩壊まで-」(久留島・須田・趙2014)

高橋公明, 1992, 「異民族の人身賣買」(荒野泰典・石井正敏・村井章介編『アジアのなかの日本史』3, 東京大學出版會)

辻善之助, 1932, 『日本人の博愛』(金港堂書籍)

鶴園裕(編), 1991a, 『日本近世初期における渡來朝鮮人の研究 -加賀藩を中心に-』1990年度文部省科學研究費(一般B)成果報告書)

鶴園裕, 1991b,「近世初期渡來朝鮮人研究序說 -「少年捕虜」に關する覺え書き-」(鶴園1991a)

鄭潔西, 2008,「万曆朝鮮役により明軍に編入された日本兵」(『東アジア文化環流』1-2)

德永和喜, 2007,「「苗代川」地域社會の形成と薩摩藩」(『朝鮮史研究會論文集』45)

鳥津亮二, 2014,「ジュリア「おたあ」の生涯」(『うと學研究』35)

中野節子, 1991,「加賀藩家臣団編成と脇田直賢」(鶴園1991)

中野等, 2006,『豊臣秀吉の軍令と大陸侵攻』(吉川弘文館)

中野等, 2008,『文祿·慶長の役』(戰爭の時代史16, 吉川弘文館)

內藤雋輔, 1966,「壬辰·丁酉役における謂ゆる「降倭」について」(『朝鮮學報』37·38, のち內藤1976に再錄)

內藤雋輔, 1976,『文祿慶長の役における被擄人の研究』(東京大學出版會)

中村榮孝, 1933,「所謂朝鮮王族金光の送還に就いて」(『靑丘學叢』13, のち改題·改訂增補して中村1969に再錄)

中村榮孝, 1962a,「「月峯海上錄」について」(『朝鮮學報』25, のち改訂して中村1969再錄)

中村榮孝, 1962b,「「月峯海上錄」と「老松堂日本行錄」」(『日本歷史』173)

中村榮孝, 1965,「朝鮮役の投降倭將金忠善-その文集と伝記の成立-」(『名古屋大學文學部研究論集』38)

中村榮孝, 1969,『日鮮關係史の研究』中(吉川弘文館)

中村質, 2000,『近世對外關係史論』(吉川弘文館)

長森美信, 2020,「壬辰·丁酉(文祿·慶長)亂における朝鮮被擄人の日本定住」(『天理大學報』71)

那波利貞, 1961,「月峯海上錄攷釋」(『朝鮮學報』21·22)

那波利貞, 1962,「慶長丁酉役の水軍俘虜鄭希得の月峯海上錄」(金正柱編『韓來文化の後榮』上, 韓國資料研究所)

深港恭子, 2014,「窯業産地としての苗代川の形成と展開-薩摩燒生産の歷史-」(久留島·須田·趙2014)

ホアン·ガルシア·ルイデメディナ, 1988,『遙かなる高麗』(近藤出版社)

朴鐘鳴, 1984,『看羊錄-朝鮮儒者の日本抑留記-』(東洋文庫440, 平凡社)

朴哲(谷口智子譯), 2013,『グレゴリオ·デ·セスペデス-スペイン人宣教師が見た朝鮮と文祿·慶長の役』(春風社)

町田一仁, 2016,「新出史料 洪浩然の扁額」(『山口縣地方史研究』115)

松田甲, 1926, 「朝鮮より出でたる佐賀の儒者洪浩然」(同『日鮮史話』2, 朝鮮總督府)

松田甲, 1931, 「朝山素心と李文長」(同『續日鮮史話』2, 朝鮮總督府)

丸茂武重, 1953, 「文祿, 慶長の役に於ける朝鮮人抑留に關する資料」(『國史學』61)

村井早苗, 1998, 「朝鮮生まれのキリシタン市兵衛の生涯」(今谷明·高埜俊彦編『中近世の宗教と國家』岩田書院)

八代國治, 1905, 「文祿役に於ける俘虜の待遇」(史學會編『弘安文祿征戰遺蹟』富山房)

山口久範, 1996, 「『洪浩然とその遺墨』展より」(佐賀縣立名護屋城博物館『研究紀要』2)

山口久範, 2012, 「洪浩然の故郷を訪ねて-國立晋州博物館との學術交流協定にもとづく共同調査の一成果-」(佐賀縣立名護屋城博物館『研究紀要』18)

山口正之, 1931a, 「耶蘇會宣教師の入鮮計畵」(『青丘學叢』3)

山口正之, 1931b, 「耶蘇會宣教師の朝鮮俘虜救濟及教化」(『青丘學叢』4)

山口正之, 1932, 「朝鮮役における被擄人の行方」(『青丘學叢』8)

山口正之, 1938, 「文祿役に朝鮮陣より發せし耶蘇會士セスペデスの書翰」(『史學雜誌』49-2)

山口正之, 1967, 『朝鮮西教史』(雄山閣、1985年に御茶の水書房より再刊)

米谷均, 1998, 「岡山における朝鮮被虜人について」(深谷克己編『岡山藩と諸集団』1996·97年度科學研究費補助金(基盤研究(B)研究成果報告書)

余信鎬, 2012, 「壬亂被虜, 日遙上人」(松雲大師顯彰會編『四溟堂松雲大師』海鳥社)

米谷均, 1999a, 「近世日朝關係における戰爭捕虜の送還」(『歷史評論』595)

米谷均, 1999b, 「「朝鮮通信使」と被擄人刷還活動について」(田代和生·李薰監修『朝鮮通信使記録』別冊中, ゆまに書房)

米谷均, 2008, 「朝鮮侵略後における被擄人の本國送還について」(鄭杜熙·李璟珣編著『壬辰戰爭』明石書店)

ルシオ·デ·ソウザ.岡美穗子, 2021, 『大航海時代の日本人奴隷』(増補新版, 中央公論新社, 初版は2017年)

若松實(譯), 1992a, 『月峯海上錄-丁酉再亂慶長の役に因る日本抑留生還記』(日朝協會愛知縣連合會)

若松實(譯), 1992b, 『錦溪日記』(日朝協會愛知縣連合會)

渡辺芳郎, 2014, 「考古學資料から見た近世苗代川の窯業」(久留島·須田·趙2014)

「文禄・慶長の役」時の朝鮮被虜人に関する研究史

荒木和憲 l 九州大學校

Ⅰ. はじめに

　本稿は、「文祿・慶長の役」(壬辰・丁酉倭亂) 時の朝鮮被虜人に關する日本側の研究史を整理することを目的とする。より正確にいえば、日本語文獻にもとづく研究史整理であるから、日本人研究者が外國語で發表した論文を含んでおらず、逆に外國人研究者が日本語で發表した論文は含んでいる。朝鮮被虜人研究の全体を俯瞰するものではないが、日本語文獻にもとづく研究史整理を行い、日韓の研究者間で情報共有を図ることには一定の意義があろう。

　便宜上、1)史學史上の朝鮮被虜人問題、2)朝鮮被虜人の發生、3)東南アジアに轉賣された朝鮮被虜人、4)歸國した朝鮮被虜人、5)日本社會に定住した朝鮮被虜人、6)キリシタンとなった朝鮮被虜人、の6項目に分類して研究史を整理する。なお、被虜人の表記は「被虜人」「被擄人」の2種類があるが、基本的に前者に統一する。被虜人と捕虜(俘虜)を同一とみるか否かも論者によって意見が分かれるが、基本的に前者に統一する。

1. 史學史上の朝鮮被虜人問題

近代日本の歴史學が「文祿・慶長の役」(壬辰・丁酉倭亂)の際の朝鮮被虜人に照明をあてる契機となった出來事は、1905年の日露戰爭である。八代國治[1905]は、日本軍がロシア人捕虜を「俘虜規則」(1892年)にもとづき「博愛的待遇」していることを称賛しつつ、その「博愛仁慈」の精神を「文祿役」に投影した。すなわち、朝鮮二王子(順和君・臨海君)に對する加藤淸正と鍋島直茂の保護を「博愛仁慈」の精神の實踐とみなしたのである。こうした見方を朝鮮被虜人一般に擴大適用したのが辻善之助[1932]であり、

日本軍が捕へた俘虜の數は、 今その精しい數を知ることはできぬが、蓋し幾萬にも上つたことであらう。その待遇については、種々の話が傳へられて居るが、いづれの材料も、皆その待遇の懇切であつて、我軍の仁愛に富めるを證明するものならぬは無い。

と斷言する。

その一方で、山口正之[1931・1932]は、朝鮮キリスト教史の源流を探ろうとする問題關心から、日本の地で「キリシタン」(キリスト教徒)となった朝鮮被虜人に注目した。イエズス會宣教師の書簡類から被虜人の奴隸貿易の實態を突き止め、八代國治以來の「博愛仁慈」說に疑義を呈している。

朝鮮被虜人の研究が体系的に試みられたのは戰後のことである。丸茂武重[1953]は、被虜人を3パターンに分類した。すなわち、

1) ポルトガル人によりマカオ方面へ賣却された者
2) 1599年から1609年(己酉約條)までの期間に送還された者
3) 日本に永住した者

である。1)に關しては、宣教師セルケイラ(1598~1614年に日本滯在)が

ポルトガル國王に人身賣買禁止令を上申したことに着目している。3)に
關しては、

   a) 一定の地域に居住し、食べ物に關する職業に從事する者が多いこと
   b) 近世社會のなかで數代にわたって朝鮮人としての意識(信仰·衣類·髮型·
      言語) を継承していること
   c) キリシタンとなって受難した者がいること(ジュリアおたあ、長崎の
      カイ、伝道師嘉運、コスモ竹屋)
   d) 陶工として各地で開窯した者がいること(萩燒の李敬、平戸燒の今村
      三之丞こと巨關)、伊万里燒の金江參平こと李參平、八代燒の上野喜
      藏こと尊階、薩摩燒の朴平意·沈陶吉·金嘉八など)

を指摘する。丸茂の研究は、被虜人研究に多様な視点を提供した点で
重要なのであるが、その問題關心の根底には戰後の抑留日本人の問題が
あったようである。すなわち、論文の緒言で、

歷史に於ける戰爭と民族の問題は戰後私達が現實に直面した事實か
ら痛切に考へさせられる問題でもある。

と述べている。この点、石原道博[1962]の文章も参考となる。鄭希得『月
峯海上錄』に關する那波利貞[1961]の研究に寄せた短文のなかで、

わたくしは、このたびの敗戰後、滿ソ國境陣地からシベリヤへ連行さ
れ、あしかけ四 年の捕虜生活をおくり、昭和二十三年ようやく內地へ歸
還した。わたくしの、この俘虜抑留という異常な体験は、歷史上の回顧
ともなつて、あるいは、本誌に連載させていただいた「倭寇と朝鮮人俘
虜の送還問題」とか、あるいは「近世東亞交渉史の一全景-鎖國時代日本人
のロシア漂流」「安南漂流記の研究」、 朱舜水の「安南之役」などとなつて
あらわれた。

と述べる。戰後まもない時期の歷史學者たちの問題意識に對して、ア

ジア・太平洋戦争の体験が少なからず影響を及ぼしたことは言うまでもないが、朝鮮被虜人問題が日露戦争期とはまた異なるかたちで注目されたわけである。

　その後、豊富な事例にもとづき朝鮮被虜人研究に金字塔を打ち立てたのが內藤雋輔[1976]である。內藤は第一章の前言において、朝鮮被虜人の刷還問題を研究するに至った動機について、

　　たまたま今次世界大戰におけるシベリア抑留の日本人捕虜の送還問題とか、あるいは最近の在日朝鮮人の歸國問題などにも關連して深い興味を覺えたので、

と述べる(1頁)。日本人捕虜問題だけでなく、在日朝鮮人問題をも含めた双方向的な視点をもっていたことに注意しておきたい。また、內藤は著書の序文において、

　　豊臣秀吉の文祿(壬辰)・慶長(丁酉)役の本質とその影響とについては、すでにいろいろの論考がなされているが、しかし政治や外交・軍事などに關する問題の外に、この戰役が兩國民衆に与えた最大の苦悩は戦争による生活の破壊であったと考えられる。

と述べる。とりわけ、僧慶念が著した『朝鮮日々記』を史料紹介として掲載したことに關しては、「私自らの反省を更に深めたいと思ったからである」(3頁)、「私も熱情をもってその戰爭批判を書いたのである」(779頁)と記す。內藤は朝鮮被虜人問題を戦争が內包する社會史的問題として位置づけたのであり、それを「反省」「批判」の對象に据えるという点において、從來の被虜人研究とは一線を畫している。

　內藤の研究は、薩摩苗代川の朝鮮人集落に關する論考を除けば、主として朝鮮史料に依據したものであるが、卷末に「被擄人資料採訪記」を收錄したことが特筆される。16の「地區」-大分(大分縣)、鹿兒島(鹿兒島縣)、熊本(熊本縣)、福岡(福岡縣)、佐賀(佐賀縣)、唐津(同縣)、高松(香川縣)、松

山(愛媛縣)、大洲・宇和島(同縣)、高知(高知縣)、德島(德島縣)、山口(山口縣)、廣島(廣島縣)、岡山(岡山縣)、鳥取(鳥取縣)、近畿(大阪府・和歌山縣など)-を設定し、各地に殘る多樣な資料を掘り起こした。日本社會における朝鮮被虜人という問題は、ともすれば薩摩苗代川の集落や九州・山口の陶工の問題に歸結されやすいわけであるが、より廣い視野から被虜人たちの個々の生きざまを追跡する途が拓けたのである。

その後、鶴園裕[1991a]が代表を務めた共同研究チームは、加賀藩域(石川縣)の關係史料を重点的に採訪するとともに、全國規模(47都道府縣)での關係史料の所在調査を行っている。とりわけ、加賀藩士となった脇田直賢こと金如鐵の足跡が詳細に浮かび上がったわけであるが、鶴園は總論[1991b]のなかで「興味は日本の近世社會のありように向かう」と述べるとともに、先行研究が「日本國內の事情を朝鮮側の史料を使って說明しようとする方法論的な無理」を重ねてきたことに注意を促している。ここに至り、朝鮮被虜人問題は、日本社會一般がどのように朝鮮被虜人を受容したのか、という日本近世史の課題として明確に位置づいたといえよう。

一方、イエズス會宣教師に關する膨大な文獻を涉獵し、キリシタンとなった朝鮮被虜人の受難や中國・東南アジアでの活動に照明をあてた、ホアン・ガルシア・ルイズデメディナ[1988]の研究も重要である。朝鮮被虜人問題は、日朝關係史や日本近世史の問題としてだけでなく、キリスト教史、ひいては世界史の問題としても位置づけが可能であることがわかったのである。

2. 朝鮮被虜人の發生

戦争で戰鬪員が捕虜となることは普遍的にみられることであるが、「文祿・慶長の役」の場合、とりわけ「慶長の役」で非戰鬪員の拉致・連行が大規

模に行われたところに特徴がある。この点に着目した山口正之[1967:20]
は、当該の戰爭を「人取り」戰爭と形容した。研究史上、「被虜人」という
用語は、廣義には戰鬪員と非戰鬪員を含めて使用される場合もあるが、非
戰鬪員を念頭に置いて狹義で使用される場合が多い。むろん、ここでいう
廣狹とは概念の問題であって、「狹義の被虜人」が「廣義の被虜人」よりも
壓倒的な人數であったことを否定するものではない。內藤雋輔[1976:216]
は朝鮮被虜人の總數を2~3万人以上と推計する。

　「狹義の被虜人」(非戰鬪員の被虜人)の類型は、內藤[1976:220-222]によ
れば、

　　　1) 日本國內での勞働力補充を期待された者
　　　2) 茶の湯の流行を背景として渡來した陶工
　　　3) 女子・童子(とくに美貌・才智がある者)
　　　4) 戰爭中の日本軍協力者
　　　5) 朝鮮で婚姻關係を結んだ者

　などということになる(以下「內藤分類」とする。表現は若干変更した)。
1)の「勞働力」の問題に關して、內藤[1976:198]は「奴僕として一般の勞働
に從事した」ものと理解する。ただし、中村榮孝[1969:221-222]は「農村耕
作者として補塡」したと理解し、北島万次[1982:315-317]も「農耕強制」と
理解する。これに對して鶴園裕[1991b:7-8]は、農業勞働力說には史料的
根據がないと批判する。

　鶴園[1991b]は「少年捕虜」の存在に着目し、「必ずしも自我が確立していな
いが、文字を知り、詩をも作るような聰明な少年を捕虜にし、日本語を敎
え、日本の風俗にさせたうえで通事(通譯)として利用し、長期戰に備えよ
うとした秀吉軍の所行」を惡辣なものと批判する。中野等[2006:326]は、慶
長2年(1597)に比定される軍令で豊臣秀吉が「てるま」の進上を命じたこ

とに着目し、「良家の少年」を意味する「テリョン」という朝鮮半島南部の方言が「てるま」の語源とみる。また、中野は同年の軍令にみえる「かくせい」の語源を「若い既婚女性」を意味する「カクシ」「カクセン」に求め、秀吉が少年と若い既婚女性に高い關心を拂っていたとみる。こうした少年と若年女性の選別は、內藤分類の3)に位置づけられる。

　中村質[2000]は、豊臣秀吉が軍令上は人取りを禁止していたこと、および寺澤正成·小西行長が拉致·賣買された幼少男女の解放を指示したことに言及する。その一方で、1593年(文祿2)に秀吉が朝鮮人の「細工人」(「細工仕るもの」)と「縫官女」(「ぬいくわん、手の聞き候女」)を徵用した事例、および戰場で軍勢のあとをつける人買商人の事例にも触れ、理念と現實との乖離を讀み取る。中野等[2006:320,2008:220]は「ぬいくわん」と「手の聞き候女」を別の存在とみる。また、中野は寺澤正成·小西行長連署書狀(「相良家文書」)を文祿4年(1595)に比定し、細工人らの徵用を命じる秀吉の軍令を慶長2年(1597)に比定する。

　豊臣政權·諸大名から人買商人に至るまで、「人取り」の主体が重層的かつ複合的であるからには、朝鮮被虜人發生の理由も多樣であると言わざるをえない。また、諸大名の軍勢單位の戰鬪でなかば場当たり的に行われた人取りと、豊臣政權の明確な指令のもとに實行された細工人·縫官·女性の徵用は、嚴密には區別して考えるべきであろう。この点は內藤分類2)の陶工の渡來をどう理解するかという問題とも深く關わってくる。なお、後述するように、中村自身は「名工招致說」には懷疑的であり、無差別的に捕らえられた人びとのなかに陶工が偶然含まれていたという見方を呈している。

　なお、戰爭を双方向的ないしは多角的にとらえる上では、日本人の捕虜(戰鬪員)、すなわち「降倭」が明·朝鮮でどのように扱われたかという問題も重要となるが、本稿では取り上げない。さしあたり、中村榮孝[1965]·內藤

雋輔[1966]・北島万次[2004・2005]・久芳崇[2003・2007]・鄭潔西[2008]の研究
を擧げておく。

3. 東南アジアに轉賣された朝鮮被虜人

　キリスト教イエズス會が布教と貿易を一体化させた世界戰略を實行
していたことはよく知られている。16世紀半ばにポルトガルの宣教師が日
本に到來し、布教とともに「南蛮貿易」が展開されたわけであるが、そのな
かでポルトガル商人は長崎と廣州マカオをむすぶ奴隷市場を形成していっ
た。当初は日本人奴隷の取引が中心であったが、「文祿・慶長の役」で流入
した多数の朝鮮被虜人が奴隷として轉賣される狀況が卷き起こった。

　こうした奴隷貿易に着目した山口正之[1931b]は、イエズス會宣教師は
奴隷貿易を行う商人を取締り、被虜人を收容・救濟・敎化する存在である
とみた。その上で宣教師フランチェスコ・カルレッチの見聞錄にもとづき、
カルレッチが年齡・性別に關係なく送られてくる朝鮮被虜人のなかから少
年5人を12スキウド(エスクード)で買い受けて日本を發ち、うち4人をイン
ドのゴアに留め、1人(アントニオ・コレア)をローマまで連れて行ったと
いう事例を紹介する[山口1932・1967]。

　片岡穰[1991]は朝鮮被虜人が轉賣される前提として、東南アジアで廣く
奴隷取引が行われていた實態に着目した。高橋公明[1992]は、奴隷取引を世
界史的規模で通觀し、戰争と長距離交易が異民族奴隷賣買の發生する基本
的要素であり、異民族性と流通性は相關關係にあるとする。靺鞨・肅愼・女
眞が異民族奴隷の賣買を社會にとりこんできた民族であるとした上で、
東アジアにおいては基本的に自民族奴隷の賣買が卓越していたが、
14~15世紀に倭寇による明・朝鮮被虜人の賣買、16世紀末に「文祿・慶長の
役」での「捕虜」(高橋は「捕虜」と「被虜人」を區別する)の賣買が行われる

ようになったとみる。ただし、淸(後金)が多額の對価の支拂いに応じて朝鮮人「捕虜」を送還したのに對し、日本が廉価でヨーロッパ人に「捕虜」を賣却したところに、奴隷賣買をめぐる社會の相違を見出している。

　ルシオ・デ・ソウザと岡美穂子[2021]は、日本人奴隷の問題を世界史的規模で論じており、補章で朝鮮被虜人の問題も取り上げる。『日葡辭書』にもとづき、日本國內には「ヒトカドイ」(ある人を騙して、あるいは掠奪して連れて行く人)と「ヒトアキビト」(ヒトを賣り買いする商人)、および「ヒトカイブネ」(奴隷あるいは誘拐した者を運ふ船)が存在し、彼らがポルトガル商人と結託し、日本人奴隷だけでなく朝鮮被虜人をも奴隷として取引していたとする。一方、イエズス會は朝鮮被虜人の洗礼と奴隷証書の發行(年季契約の締結)を行うことで、ポルトガル商人の行爲を「合法化」していたという。　この問題をめぐってはイエズス會も一枚岩ではなかったようで、被虜人賣買の合法性を問う「正戰」論爭が繰り廣げられ、1598年にアルカラ大學の神學者ガブリエル・バスケスが合法と判斷したのに對し、日本司敎のルイス・デ・セルケイラは違法性を主張し、日本人キリシタンに朝鮮被虜人の買い戻しを指示したとする。なお、中村質[2000]が長崎の人別改帳の分析にもとづき、東南アジアから長崎に戻ってきた朝鮮被虜人の存在を指摘するが、こうした事例については「年季契約」という視点からの檢討も必要であろう。

4. 歸國した朝鮮被虜人

1)自力で帰国した被虜人

「慶長の役」で被虜人となった士族のうち、姜沆・鄭希得・魯認は自力で歸國を果たし、かつ詳細な記録を殘したことで著名である。

姜沆　姜沆は1597年(慶長2)9月に靈光の沖合で藤堂高虎勢に捕らえられ、日本に送られた。1600年8月に歸郷するまでの経緯について、「賊中封疏」「賊中見聞録」「告俘人檄」「詣承政院啓辭」「涉亂事迹」の5章立てで著述したのが『看羊錄』である。翻刻本としては、朝鮮古書刊行會編『海行總載』1(1914年)などがある。　朴鐘鳴[1984]は海行總載所載のテキストと原刊本(1656年刊、阿部吉雄旧藏本)を對校し、譯注を付している。內藤雋輔[1976]は『看羊錄』にもとづき姜沆の足跡を概説している。

姜沆が藤原惺窩との交流を深めたこと、ひいては近世日本における朱子學の展開に大きな影響を及ぼしたことを論じる研究は枚擧に違がないが、さしあたり阿部吉雄[1965]の研究を擧げておく。姜沆は1598年(慶長3)に赤松廣通・藤原惺窩の知己を得ると、廣通のために袖珍本四書五経と性理諸書を筆寫した。廣通は姜沆に筆寫の對価として銀錢を支給し、羈旅の費用を蓄えさせたのである。阿部は袖珍本四書五経が內閣文庫(國立公文書館)に現存することを突き止めた。一方、姜沆は惺窩のために多くの序跋を寄せており、阿部はその年次が判明する事例(1598~1600年)を9例擧げた。惺窩は京都・相國寺僧であり、漢學を重んじる禪宗界に身を置いていたが、姜沆との邂逅と交流をとおして、宋學(朱子學)を重んじる儒者として獨立を図ったのである。

鄭希得　鄭希得は1597年(慶長2)8月の南原の戰いののち、海上で蜂須賀勢に捕らえられ、日本に送られた。しばらく阿波國德島で抑留生活を送ったが、宗義智・柳川調信によって朝鮮に送還され、1599年6月に歸國を果た

した。その顛末を記した『月峯海上錄』について、今西本(今西龍旧藏本)の記述內容を詳細に檢討したのが那波利貞[1961·1962]である。なお、今西本の影印は『朝鮮學報』23号·25号(1962)に揭載された。刊行年代の「崇禎後丙午」を憲宗12年(1846)と解すべきところを、那波は正祖10年(1786)と解したため、石原道博[1962]が疑問を呈している。また、刊行年代を「崇禎四丁未」(1847)とする東京大學附屬図書館本との相違が明らかとなり、初版本との異同箇所が『朝鮮學報』26号(1963)に揭載された。その後、中村榮孝[1962a]が史料學的檢討を行い、今西本を初版本、東大本を重版本とみなした。そして、「封疏」と「風土記」は後人の補塡によるものであるが、「日錄」「詩編」は史料的価値が高いと結論づけた。また、中村[1962b]は鄭希得が日本國內で宋希璟『老松堂日本行錄』の寫本を寓目し、これを書寫して歸國したことを明らかにしている。なお、內藤雋輔[1976]は『月峯海上錄』にもとづき鄭希得の足跡を概觀し、若松實[1992a]が『月峯海上錄』の全文譯を行っている。

　魯認　魯認は1597年(慶長2)8月の南原の戰いで島津勢の捕虜となり、薩摩へ送られた。その経緯の一部を記す『錦溪日記』については、影印が『朝鮮學報』56(1970)に揭載され、長節子[1970]が解題を付した。魯認は抑留中の万曆27年(1599)2月22日に起筆し、3月17日の日本脱出、4月9日の福建到着を経て、福建滯在中の6月17日で擱筆している。長節子[1967]は、『錦溪日記』にもとづき、福建軍門金學曾が使者を薩摩在住の許儀後·郭國安のもとに遣わし、島津氏の朝鮮撤兵を工作していたこと、その使者の助力で魯認が日本を脱出できたことを明らかにした。內藤雋輔[1976:第3章]は『錦溪日記』の翻刻·校訂·現代語譯を行い、若松實[1992b]も現代語譯を行っている。

2) 外交ルートで刷還された被虜人

　戰後の對馬宗氏-朝鮮政府間の交渉(1600~30)、ならびに德川幕府-朝鮮

政府間の回答兼刷還使・回答使(1607・1617・1624)と日本國通信使(1636・1643)をとおして、朝鮮被虜人の一部が刷還(送還)された。こうした1600年から1643年に至る刷還の過程と朝鮮被虜人の多樣性を、朝鮮史料、とくに使行錄の分析にもとづき詳細に描き出したのが內藤雋輔[1976:第1章]である。約半世紀間に刷還された被虜人の總數を約7,500人と試算し、うち5,720人は1606年までに刷還されたとする。以下、內藤の研究にもとづき、使節往來にともなう刷還の狀況を槪觀する。

　戰間期の1596年に來日した通信使(正使黃愼)がごく少數の被虜人を刷還したこと、1598年6月に明の質官河応潮と豊臣政權との講和會談の場で公式に朝鮮被虜人の刷還問題が取り上げられたことを「刷還交涉前史」と位置づけた。內藤のいう「刷還交涉」は國家間の使節往來時を想定したもので、對馬宗氏を主體とする交涉にまで深く踏み込んではいない。なお、この時期に送還された人物に金光がいる。中村榮孝[1933]は、金光が王族ではなく慶尙道河東の幼學であること、抑留先の薩摩から對馬に移動し、1603年(慶長8)11月頃に宗義智・柳川調信によって送還されたこと、彼がもたらした日本情報が朝鮮政府內の議論に影響を及ぼしたことなどを明らかにしている。

　第1次回答兼刷還使(1607)の使命は刷還に重點があり、被虜人全員の刷還を目標としていた。德川家康も歸國を願う被虜人についてはすべて刷還に応じる姿勢を示した。しかし、被虜人たちは旣に通婚によって「土着生活に入った者が意外に多かった」ため、刷還者の總數は1,418人にとどまった。

　第2次回答兼刷還使(1617)も被虜人全員の刷還を目的としたが、實際に刷還できたのは321人である。被虜人が刷還に応じない背景には、日本人と通婚して家族をなしている、財産を築いている、主人との主從關係が嚴格である、などの事情があった。また、幼少期に連行された者の場合

は、言語や所作も日本人同様となっていて、朝鮮の事情をよく知らないという事情もあった。なお、当該使節は万暦45年(1617)5月日付の礼曹諭文(諭帖、佐賀縣立名護屋城博物館藏)を持參し、「被擄士民」に對して刷還に応じるよう告知している。

　1624年の回答使は刷還を名目としては掲げなかったが、被虜人146人(大半は湖南地方の出身者)を刷還した。この頃になると、歸國しても處罰されてしまうとか、放置されて保護を得られないといった噂も流れていた。1636年の通信使の刷還人數は未詳であるが、1643年の通信使が刷還したのは14人に過ぎない。こうして朝鮮被虜人の刷還問題には終止符が打たれた。

　近年、刷還問題の研究を進めているのが米谷均である。米谷[1999a]は、日本社會における「人取り」と「人返し」(「味方の地」に歸屬した主人・領主の申請があれば、掠取した人物を返付しなければならない)の慣習に照らし、朝鮮人の掠取・刷還の問題をとらえようとしている。1599年から1643年までの刷還人數については、約7,500人とする內藤說を修正し、約6,100人とする。刷還の経緯については、a)被虜人の自力歸國、b)對馬宗氏などを介在した送還、c)朝鮮使節來日時の送還、に分類した。c)については、i)使節滯日中に出頭した被虜人を使節本隊が歸路において順次回收する、ii)有志の被虜人を現住地に赴かせて同胞の刷還に当たらせる、iii)使節の分遣隊を各地に派遣して刷還に從事させる、という方法がとられた。また、刷還に最も中心的な役割を果たしたのは宗氏であると評価し、c-iii)のパターンにおいては、分遣隊に宗氏家臣が同行していたとする。さらに、幕府が一定地域(江戸・大坂・堺など)に招募の指令を出す場合もあったが、基本的には宗氏が幕府の上意を体して招募を行っていたとみる。諸大名の反応は、a)領國內の被虜人を自ら招募して送付する、b)要請に応じて分遣隊等の刷還活動に協力する、c)要請に消極的態度を示す、とい

うものであったが、 b)には幕府の指示だけでなく、 宗氏からの要請も
あったとする。

　米谷[1999b]は朝鮮使節の分遣隊の構成や被虜人の身柄引受の實態を、
日本史料にもとづき論じた。被虜人の現住地の領主の許可が必要である
こと、キリシタンではないことなどが身柄引受の條件となっていた。國
內移動にあたっては、女性被虜人の場合、關所で女手形を所持していな
いことが問題視されることもあった。朝鮮使節は礼曹諭文を携行してい
たわけであるが、米谷はその原本の料紙が長大であることから、使節に
よって路傍に掲示されたものとみる。また、米谷は礼曹諭文の寫し(滋賀
縣東淺井郡八木文書)、および漢文と和文の使節諭文(紀州鷺森氏所藏文書)を
發見した。和文諭文は日本語しか讀めない被虜人のための便宜として作成され
たものとみる。

　米谷[2008]は、刷還總數に關する自說を約6,300人に修正し、礼曹諭文の
寫しが伊予松山にも伝來していたことを突き止めた。また、漢文・和文の
使節諭文が招募を仲介する被虜人に交付され、彼らが各地で歸國希望の被
虜人を募るという實態を明らかにした。また、刷還後の被虜人の待遇につ
いて、戰後まもない時期に自力で歸國した者には免役・復戶が認められた
が、使節によって一齊に刷還された者には充分な保護措置がとられていな
かったとして、礼曹諭文にみえる理念からは乖離した實態を指摘する。礼
曹諭文に「免罪」の文言があることや、歸國した朴守永が「賊に附して國に
背いた罪」で處刑されたことから、朝鮮政府の被虜人に對する冷淡な意識
をも讀み取る。

5. 日本社會に定住した朝鮮被虜人

1) 武家社會に包摂された朝鮮被虜人

中央政權および諸大名(諸藩)から武士身分を得るなどして、武家社會に包攝された朝鮮被虜人を取り上げる。

豊臣政權　豊臣政權の關係者に關しては、まず中村榮孝[1933]の南忠元に關する研究が擧げられる。王族の南忠元は河東で捕虜となり、薩摩に送られたが、1601年に宗義智·寺澤正成·柳川調信によって朝鮮に送還された。その一方で、彼が日本に殘してきた女子·子婦は、豊臣秀吉の夫人である高台院(北政所、1624年沒)に仕えて信任を得た。内藤雋輔[1976:201]は、豊臣秀吉の優遇·寵愛を受けた李曄、高台院に近侍した李成立·金春福を檢出した。

德川政權(幕府)　内藤雋輔[1976:201]は德川家康に近侍した少年允福、德川家光の廚子を務めた者を檢出した。大石學[2002·2005]は、日本史料にもとづき、江戸城本丸玄關番の斧生源内、千姫(德川秀忠の娘、豊臣秀頼の妻)の年寄役を勤めた染木早尾と江戸城土圭之間取次役を勤めた染木正信の姉弟、表御台所·講武所·御細工所で勤仕した御家人高麗氏を檢出した。

加賀藩(前田家)　片倉穰·笠井純一[1991]は加賀藩における「渡來朝鮮人」19例を檢出し、9種の關係史料を翻刻·紹介した。そのうち武士(士分格)が最多であり、渡來時の年齡が判明する者はすべて7~10歳の少年である。脇田直賢(金如鐵、1000石)·菅野加右衛門(漢某、700石)·菅野兵左衛門(漢某、600石)を除く小身の武士は、殺生御用(餌指·火矢·鷹狩)を勤める者が多く、医師や繪方細工者も存在した。加賀藩への渡來の理由は、a)緣故による來藩、b)京都·大坂での新規召抱え、c)他藩から主人に隨從しての來藩、に分類する。その上で、脇田直賢を例にとり、加賀藩の人びとの文化に同化·融合し、藩主との強固な主從關係を築きつつも、終生朝鮮人としての

民族意識を保ち、没後は朝鮮式墓に埋葬されたとする。なお、笠井純一
[1991a・1991b]は、脇田直賢の『家伝』(別名『脇田家伝書』、1660年成立)の寫
本5種を校勘・翻刻するとともに、『家伝』の記述を相對化すべく、「脇田如鐵
關係史料集」も作成している。

中野節子[1991]は加賀藩の「侍帳」を分析し、脇田直賢の経歴と知行高の
推移を跡づけた。1605年(慶長10)に詰小姓・230石となったのち、大坂の陣
での軍功により、知行高は1615年(元和元)頃に430石、1631年(寛永8)に1000
石へと加增された。役職は1627年(寛永4)頃に殘金奉行、1637年(寛永14)に
算用場奉行、1643年(寛永20)に小姓頭、1645年(正保2)に公事場奉行兼金澤
町奉行となっている。また、西國諸藩で武士となった「渡來朝鮮人」18例
との比較を試み、「その役職が側近・小姓、医師等医學關係、漢學・儒學關
係の枠に、殆どが入ってしまう」ことから、「基本的には武の世界、つま
り軍団機能が中核となる武士階級の中では、文の世界または芸能の世界
に入る非常に偏った部分に屬していた」とする。

萩藩(毛利藩)　木部和昭[1999]は萩藩の家臣団を、その中核的存在であ
る武士と藩御抱の技術者(細工人・繪師・医師・學者など)から構成される
ものと定義した上で、武士となった朝鮮被虜人の家を3家檢出している。
先述の中野節子[1991]の研究においては、加賀藩の武士は11家が檢出さ
れていたが、上記の定義にもとづけば、3家とカウントすべきであり、萩
藩と加賀藩とで顯著な数量的差違はないという。

さて、木部がとくに注目したのは李家元宥こと李聖賢と村田安政である。
李聖賢は全羅道兵馬節度使李福男の子であるが、李姓であることから「朝鮮
國王之氏族」と認識され、かつ李福男が1597年に忠死を遂げたことにより、厚
遇を受けることとなった。毛利輝元・秀就の父子2代に側近として仕えなが
ら、輝元の命令で剃髪して道齋と称したことから、中野[1991]の所論に依
りつつ、「武」より「文」の側面が期待され、「必ずしも武士社會における正

統とはなり得ない位置に留め置かれていた」と結論づける。

　村田安政は「文祿の役」での被虜人であり、金姓で幼名は「うんなき」であった。安政の姉も被虜人であり、駿府の德川家康に近侍して寵愛を受けたことから、姉弟の再會が叶った。そして家康の仲介もあって、毛利輝元から給地200石の大組士として取り立てられた。このことから、木部は安政の姉を「ジュリアおたあ」(後述)に比定した。

　佐賀藩(鍋島藩)　早くに松田甲[1926]が洪浩然を檢出した。洪浩然は士族の子息である。少年時の1593年(文祿2)に鍋島直茂勢に捕らえられ、のちに初代藩主鍋島勝茂に召し抱えられた。文才を買われて京都五山で修行し、佐賀藩に戻ってからは儒者として藩主に近侍した。肥後熊本の被虜人である日遙上人(本妙寺住持)との交流もあった。1657年(明曆3)、藩主勝茂の死去にともない殉死した。

　洪家に伝來した資料(「洪悅郎氏寄贈資料」)は、現在は佐賀縣立名護屋城博物館に所藏されており、同館による調査研究が成果を擧げている(小宮睦之[1996]・山口久範[1996・2012]・佐賀縣立名護屋城博物館[2008・2012])。洪浩然の生年は1582年、生地は慶尚道山陰郡であり、12歳のときに被虜人となったこと、1620年(元和6)に知行100石・5人扶持を与えられて勝茂の側近(右筆)として活動したこと、老境にさしかかり歸國を願い出たが許されなかったこと、子孫相續奉公を許され、かつ殉死することで洪家の礎を築いたこと、などが明らかとなった。洪浩然は能書家として活躍し、藩內のみならず、京都の寺院にもその書跡をとどめている。近年、町田一仁[2016]は長府藩毛利家の菩提寺笑山寺の額字が洪浩然の書であることを報告した。

　松田[1926]は鄭竹塢も檢出している。鄭竹塢は鍋島直茂勢に捕らえられてきた人物であり、詩書文芸と医術をもって、蓮池藩(支藩)の藩祖鍋島直澄に仕えた。1625年(寬永2)頃に儒者林羅山(道春)との交流をもち、『羅山詩集』には鄭竹塢が作成した漢詩が數多く收錄されている。

豊後諸藩　近世の豊後には小藩が分立していたが、各藩における被虜人については、中村質[2000]の研究がある。臼杵藩では被虜1世の菊村左三郎(陳姓)が檢出された。その2世は藩医となっている。森藩では朝山安琢(1世)が檢出された。安琢は京都で医師修行したのち、大坂で久留島長親に100石で召し抱えられた。策庵(2世)の代に医師から御用人格へ家格が引き上げられた。佐伯藩では梶西金左衛門(1世、50石)が檢出された。岡藩では武臣曾清宦の子とされる曾我清官(1世)が檢出され、2世以降は約130石の中級家臣として位置づいている。

學者・医師　早くに松田甲[1931]が大坂・京都で活動する朝鮮出身の易者李文長が被虜人であることを指摘していたが、內藤雋輔[1976:85,144]によって島津勢に捕らえられた被虜人であることが判明した。その後、川本桂子[1981]がその足跡を詳細に明らかにした。李文長は1600年(慶長5)以前に大坂へ移送された。1616年(元和2)に歸國を試みて對馬に到着したが、歸國後に處罰されることを恐れて京都に引き返し、1625年(寛永2)頃に沒した。この間、豊臣政權や五山禪僧・繪師(海北友松・狩野山樂・雲谷等顔)などとの交流があり、易學の實踐、儒學の講義、詩文の応酬、畫贊の著贊などを行っている。對馬滯在中には外交僧規伯玄方に往復書契の書き方を指南し、彼の起草になる柳川調興書契案が『江雲隨筆』に收錄されている。

內藤雋輔[1976:201]は尾張藩(尾張德川家)の廏養朴承祖、脇坂家の茶坊主梁夢隣を檢出した。大石學[2001]は日本史料のなかに紀州藩(紀州德川家)の儒者李一恕・李梅溪父子、一柳家の參次を檢出した。德永和喜[2007]は、苗代川地域の初期の住人である陳休八が島津義弘に従い、關ヶ原の戰いに參陣するという事例を檢出したが、これについては須田努[2014]が懷疑的な見解を示している。

2) 僧侶

内藤雋輔[1976:第2章]は、肥後本妙寺の日遙、京都西雲院の宗嚴、伊予大隆寺の讓天、筑前香正寺の日延とその姉を檢出した。ここでは日遙のみを取り上げる。肥後本妙寺は加藤清正の菩提寺であり、その第3代住持となったのが日遙である。日遙の本名は余大男、父は余天甲である。1593年、父子は慶尙道で捕縛されたが、日遙は熊本に送られ、のちに本妙寺の學僧となった。余天甲は廣島に送られたが、1606年に歸國を果たした。その後、日遙の友人である河終男が歸國し、彼の生存と現況を余天甲に伝えたことから、1620年に父子間の書簡の往復が實現した。現在、本妙寺には日遙の書簡案1通と余天甲書簡2通が伝存する。なお、余信鎬[2012]は往復書簡のカラー図版を付し、日遙の生涯を簡潔に整理している。

3) 職人

豊臣秀吉は「細工仕るもの」「ぬいくわん」(縫官)と「手の聞き候女」の徴用を命じている(中野[2006:319-320])。「細工仕るもの」は手工業者を意味するが、具体的に何を指すのかは判然としない。時代は下るが、萩藩に萩燒の細工人3家が存在したように(木部和昭[1999])、「陶工」が細工人と称されていた可能性はあるが、「細工仕るもの」を陶工にのみ引きつけて解釋するのは危險であろう。

陶工の渡來をめぐって、北島万次[1982, 2002:第2部第3章]は意図的な連行とみなしており、「陶工」に相当する者を官窯の沙器匠に求めている。一方、中村質[2000]は「名工招致說」(燒物戰爭論)に懷疑的である。中村の論據は、諸窯が開窯されるまでに戰後20年以上を要していること、古窯址の出土品の品質が稚拙であること、および肥前多久では藩が陶工を追放した事例があることである。被虜人のなかに偶然含まれていた無名の陶工たちが

試行錯誤の末に技術を向上させ、結果的に藩の保護を得たと理解するのである。

　私見を述べると、官窯・磁器所に屬する沙器匠と陶器所に屬する瓮匠は別個の存在であるし、地方官衙や在地兩班の農莊に屬する沙器匠も存在すれば、沙器匠のもとで作業に從事する工人も存在した(荒木和憲[2021])。意圖的な連行とみるか否かはひとまず措くとして、どのような生産技術を保持した者が「渡來」したのかを愼重に見極めなければならない。　考古學・美術史學の研究成果と突き合わせながら、總合的に檢証する必要があるだろう。なお、米谷均[1999a]は、1607年(慶長12)の第1次回答兼刷還使の來日をうけ、黑田長政が「やき物燒之唐人」を朝鮮に送還した事例を紹介している。こうした一次史料にもとづく事例の集積が重要である。

4) 町人

　貿易商人　朱印船貿易に從事した人物としては、安南に3度渡航した趙完璧の伝記が早くから注目されてきた(山口正之[1932・1967]・岩生成一[1954])。その後、片岡穰[1991]は、朝鮮と安南はともに儀礼の國であるため、趙完璧は安南を「蛮貊之郷」とみる伝統的意識の片鱗をみせつつも、總じて華夷思想は希薄であるとする。なお、趙完璧は第1次回答兼刷還使(1607)の信頼を得て、被虜人の招諭刷還を請け負っている(內藤雋輔[1976:75])。

　江戶　大石學[2002]が幕府御用達商人の堀八兵衛(履作り)を檢出した。

　加賀藩　片倉穰・笠井純一[1991]が町人(豆腐商・洗い張り)と謡曲師を檢出した。

　長崎　長崎の町人を詳細に分析したのは中村質[2000]である。町人の全員がキリスト教を棄教した後の1634年(寛永11)と1642年(寛永19)にキリシタン禁壓を主目的として作成された人別改帳を分析し、被虜1世の約4割が連行当時は10歳以下であったこと、その多くが1630~40年代にも生

存していたことを指摘した。また、長崎內の平戸町の人別改帳である、1642
年の「平戸町人別生所糺」を分析し、49戶·223人(戶數の27%、人口の11%)が朝
鮮系住民であることを明らかにした。

　その上で、中村は被虜1世とその家族8例を擧げた。家族の構成パター
ンは、朝鮮人夫妻、または日本人夫と朝鮮人妻であり、いずれも幼少期
に連行され、キリシタンとなったのち改宗した者である。つとに著名な
川崎屋助右衛門夫妻(山口正之[1931b])などを含んでいる。中村は、1世は
身元引受人を立て、平戸町中に証文を提出するのが基本であるが、2世以
降になると規制がないことから、出生地主義で日本人扱いされた存在で
あるとみた。そして、ヨーロッパ系「混血兒」とは異なる扱いであるとも
指摘した。つづいて2世とその家族6例(8人)を擧げた。家族の構成パター
ンは、父母が朝鮮人夫妻(2人)、父が朝鮮人(3人)、母が朝鮮人(3人)である。
女性が一定の比率で含まれているのは、都市長崎における女性勞働力の
需要によるものとみた。2世の姓名はいずれも日本式であり、苦境のな
かでの心の支えとしてキリスト敎を信仰したが、長崎奉行竹中釆女の在
任期に多くが棄敎し、1623年(元和9)以降は受難·殉敎した者が現れると指
摘した。

　「平戸町人別生所糺」を使用した研究としては、五野井隆史[2003]、大
石學[2005]、長森美信[2020]の研究がある。五野井は平戸町在住の朝鮮人
24人を一覽化し、長森は家族構成をより細かく分類し、「夫婦ともに被擄
人」「夫が日本人·妻が被擄人」「夫が被擄人·妻が日本人」「未婚者」「夫が被
擄人二世·妻が日本人」「夫が日本人·妻が被擄人二世」の6類型を提示し
た。なお、大石は平戸町を「平戸城下」(平戸藩)と誤認している。

　ルシオ·デ·ソウザと岡美穗子[2021]は、長崎內の新高麗町に朝鮮人女
性の遊女屋が形成されており、朝鮮人奴隷の多くが女性であったとする
史料を紹介する。

岡山町人　米谷均[1998]は備前岡山の被虜人に着目した。總大將宇喜多秀家の領國である備前・美作・備中半國は被虜人が集中する地域であったが、秀家が關ヶ原の戰いで沒落したため、彼らに關する史料がほとんど殘存していないことを指摘する。その上で、先行硏究で檢出濟みである当該地域の被虜人を洗い出した。また、被虜人硏究の問題点として、儒者・陶工・小姓などのように、大名の優遇措置を受け、史料にも殘りやすい人びとに焦点が集まりがちであることを指摘する。さらに、岡山の被虜人「市兵衛」の事例を踏まえ、「大多數の被虜人は、さしたる敎養も技術も面貌もなく、恐らくは單純勞働者として、日本各地の都市や港湾に散在し、現地社會に沈殿していったのではないか」として、こうした類型の被虜人に着目する必要性を說く。

唐人町　唐人町には中國人系と朝鮮人系の2種類が存在した。荒野泰典[1987・2003]はいずれも近世日本社會の形成に大きな影響を及ぼしたとみる。朝鮮人系唐人町の所在地としては、筑前(福岡)、肥前(佐賀・多久・唐津・中野)、肥後(熊本・人吉)、薩摩(鹿兒島)、長門(萩)、石見(浜田)、備後(廣島)、伊予(松山)を擧げる。そのほとんどが大名の城下町である。米谷均[1998]は、宇喜多領國であった地域に「唐人上・唐人下」(備前)、「唐人山」(備中)、「唐人山」(美作)の地名を檢出した。「唐人町」に相当する事例であるか否かは愼重な檢討が必要であるが、被虜朝鮮人に由來する地名である可能性が高い。なお、松田甲[1926]は、佐賀の鏡円寺は佐賀藩が被虜朝鮮人のために創建した淨土宗寺院であり、境內に九山道淸らの朝鮮人墓が存在することを紹介しており、現在も伝存する。後述するキリスト敎禁敎と寺請制度の問題に鑑みれば、唐人町の仏敎寺院は追究を深めるべき問題ではなかろうか。

5) 薩摩苗代川の朝鮮人集落

城下町の一角に形成された唐人町とは様相が異なるが、朝鮮被虜人の集住集落として、ひときわ異彩を放っているのが薩摩苗代川地域(鹿兒島縣日置市東市來町美山)である。この集落に關する本格的な研究は、有馬美智子[1962]を嚆矢とする。『先年朝鮮より被召渡留帳』(內容年代は慶長3年~享保7年)をもとに苗代川の朝鮮人集落の形成過程をあとづけ、薩摩藩の政策については「行政面」「經濟面」「產業面」「社會·生活面」「その他」(朝鮮通詞)の側面から論じており、ここに基本的な枠組みが提示されたといってよい。島津氏による朝鮮人陶工の連行については、意図的なものとみなし、その理由として、茶道の流行、燒物の贈答、產業振興を擧げる。ただし、苗代川の住人が朝鮮の衣服·言語を保ちつづけた理由については課題として殘した。

內藤雋輔[1976:2章]は、朝鮮に刷還された被虜人との對比で、「集団生活を長くつづけたもの」と「早く同化融合した代表的なもの」を取り上げ、前者の例として苗代川の朝鮮人集落を取り上げた。有馬[1962]の研究を参照した形跡はなく、論点が重なる部分が多いが、玉山神社神舞歌の翻刻·紹介のほか、氏·字使用の許可、和名使用の禁止、幕末期の窯業衰退、その脱却策としての庶民向け南京燒·素燒人形の製造·販賣などを論じている。

北島万次[1982:360]は、苗代川の住人のアイデンティティに触れ、「薩摩のなかの「異國」の民として明治維新まで集団生活を強いられた」存在でありながらも、民族の伝統を守りつづけようとする自律性を維持した存在でもあったとみる。なお、北島[2002:第2部第2章]は南京燒にも言及する。

苗代川の集落·住人に關する研究は枚擧に遑がないので、以下では最近の包括的な研究成果を取り上げる。まず、德永和喜[2007]の研究については、重要な指摘が多々みられるので、煩を厭わずに列記する。

第一に、薩摩に渡來した被虜人について、一次史料にもとづき94人を

檢出している。逆に送還者數を100人程度とする史料も提示しており、そこには「從高麗捕來候者共言語不通、召仕候テモ用ニ難立候間」(朝鮮から捕らえてきました者たちは言語が通じず、召し使いましても役に立ちにくいですので)との理由が逑べられている。從來、被虜人の多くが陶工と考えられてきたことに德永は疑問を呈する。なお、內藤雋輔[1976:212]は島津忠恒が朝鮮人155人を乘せた船1艘を薩摩に送った事例(『市木記』所引文書)などをもとに被虜人數を約250人と試算する。德永の試算と合計すれば、少なくとも350人ほどが薩摩に送られたことになろう。

　第二に、鹿兒島城下の高麗町は「何之業モ無之渡世難成候故、方々へ身ヲ賣致分散候」(何も生業がなく生計が成り立ちがたいですので、あちらこちらに身を賣って分散しています)、「高麗人ハ茶碗ナト燒者故御燒可被思召ニテ候へ共、中々燒調者も無之」(朝鮮人は茶碗などを燒いている者なので、〈鹿兒島城下の朝鮮人にも〉燒かせようとお思いになりましたが、なかなか燒き上げる者はなく)との記述から、陶工主體の集團とは考えがたいとした。また、身賣りした住人については、藩が身代銀を支出して既存の苗代川地域に集住させたこと、苗代川地域は「高麗町という違う集團との結合による社會性の確立という內なる難しい問題」を抱えつつ、「藩が供与する耕作地擴大や山林入會權は周辺地域との軋轢の火種となる外部との問題」をも抱えたことを指摘する。

　第三に、苗代川の人口の推移を明らかにした。1669年(寬文9)に高麗町に殘っていた25家の苗代川への移轉が實施されて以後、911人(1704年)を數えた。しかし、苗代川から笠野原への分村が行われ、749人(1706年)に減少し、その後は1446人(1772年)、1413人(1800年)、1390人(1826年)と推移した。分村の笠野原は農業中心の集落となり、苗代川の玉山神社が勸請された。幕末の1866年(慶応2)に笠野原から萩塚原への分村が行われ、笠野原と萩塚原の人口は590人余と351人となった。德永の試算にもとづけば、3か村の總人

口は2000~2500人程度となろう。

　第四に、漂着朝鮮船記載史料を涉獵し、薩摩藩廳による朝鮮通詞の派遣事例19例を檢出した。歷代通詞は李家の世襲であること、藩校造士館での年2回の朝鮮語對談、異國方書役2名の苗代川出張と朝鮮語學習、通詞の役職と役料との相關關係(自分稽古は無給、通詞稽古は1石8斗~3石6斗、稽古通事は4石、本通詞は5~8石)を指摘した。その上で、長崎·對馬ルートでの漂流人送還が原則であるなか、薩摩藩が琉球·淸ルートでの送還を實施しており、それこそが朝鮮通詞の存在意義であるとした。

　2007年から2013年にかけては、久留島浩·須田努·趙景達を中心として、日本近世史·近代史、朝鮮史、考古學、美術史學の專門家からなる共同研究が實施され、その成果として『薩摩·朝鮮陶工村の四百年』[久留島浩ほか2014)が公刊された。久留島[2014]は總論において、a)薩摩藩にとっては「內なる異國人集落」である苗代川の支配が異國を支配しているという自己主張の根據となったこと、b)生活樣式の「薩摩化」が進行するなかで民族的伝統をいかに維持するかが藩·住民双方の問題であったこと、c)それゆえ住民たちは自らの「歷史」(由緒)を再發見し、朝鮮語を自覺的に保存し、「朝鮮燒物」を生產する職人集團としての意識を高め、「朝鮮の風俗」を外部者に對して主張することで、藩內の他の社會集團との差異化を図ったこと、を論じる。

　同書のうち前近代の問題を論じたのは、渡辺芳郎·深港恭子·須田努·鈴木文·井上和枝である。渡辺[2014]は考古學の立場から苗代川窯業の通說を再檢討し、17世紀前半から稼働していたのは堂平窯のみであること、その生產技術は漸次在地化(薩摩燒化)のプロセスをたどったこと、18世紀後半に全國的に流通する商品として土瓶が開發され、19世紀には色繪陶器や磁器など多樣な商品を生產するようになったことを指摘した。深町[2014]は白薩摩の生產を再檢討し、御用品のみを生產したとする通說を否定し、低品位の商品も生產していたことを指摘する。

　須田[2014]は被虜朝鮮人の苗代川地域移住に關して、自律的移住説を否定し、他律的移住説、すなわち薩摩藩による強制移住説を主張した。また、19世紀に苗代川住民の由緒書が作成された背景には社會秩序の動搖があり、とくに明治期には華族島津家との由緒を主張することで士族への編入を果たそうとする意図があったと論じた。從來、19世紀代に作成された由緒書をもって、17世紀代の歴史像が語られてきたが、そうした方法論に再考をうながすものである。鈴木[2014]は藩外の人物の見聞記、藩內で編纂された地誌類、苗代川住民の由緒記の記述を比較し、その差異を論じる。

　井上[2014]は「朝鮮風俗」維持政策と「朝鮮式姓名」維持政策を再檢討した。前者については、髪型を除いては完全に浸透しなかったことを指摘し、後者については、日本式名を名乗っていた男性が朝鮮式姓名を名乗るようになり、本來は無姓であった者も「創姓」して朝鮮式姓名を名乗ったと論じる。また、家族制度については日本化が進行しており、妻の姓の変更、異姓養子・婿養子の受入、父祖名の襲名、世代を越えた同名・同字の反復など、朝鮮の宗族制度からは乖離した實態を明らかにした。なお、役人・御仮屋守・朝鮮通事を年代順に整理した一覧表は有用である。

　以上、苗代川地域をめぐる研究動向を概觀してきたが、薩摩燒の展開や朝鮮語學習の問題などに關する研究については割愛した。

6. キリシタンとなった朝鮮被虜人

　日本に連行されたのち、キリスト教の洗礼を受け、キリシタン(キリスト教徒)となる朝鮮被虜人も多數存在した。宣教師ルイス・フロイスの情報によると(ルシオ・デ・ソウザ　岡美穂子[2021:207])、1593年(文祿2)12月に長崎で100人以上が受洗した。1594年に受洗した300人以上の朝鮮人

男女は、1596年(慶長元)には長崎の住人の家々に仕えた。また、1594年には有馬·大村·長崎で合計2,000人以上が受洗し、翌1595年にはさらに多くの者たちが受洗したという。正確な數字は知りえないが、少なく見積もっても5,000人が受洗したことになる。被虜人の總數を2~3万人以上とする推計[內藤雋輔1976:216]にもとづけば、相当な割合でキリシタンが存在したことになる。

ともあれ、キリシタンとなった朝鮮被虜人に關する先驅的研究としては、山口正之[1931a]の研究が擧げられる。イエズス會宣敎師は、日本に連行された朝鮮被虜人約2,000人の收容·救濟·敎化を行い、朝鮮語の敎書も編纂したと指摘する。日本で禁敎が强化されるなかで、朝鮮での布敎に方針を轉換し、朝鮮人イルマン(助祭)であるヴィンセント·カウン(嘉兵衛)を北京に派遣し、朝鮮への入國を試みたこと、しかし明末清初の混亂で入國できなかったことを指摘する。山口の問題關心は、朝鮮キリスト敎の起源にあったが、刷還された被虜人のなかにキリシタンが含まれていたとしても、キリスト敎が朝鮮社會に根づくことはなかったと展望した。

ヴィンセント·カウンについては、山口正之[1938·1967]の研究がある。戰時期に宣敎師グレゴリオ·デ·セスペデスが小西行長の求めで熊川に渡航した。セスペデスは日本の將兵を慰問·洗礼し、戰沒者を慰靈したが、加藤清正の讒言に遭い、朝鮮人少年2人を連れて日本に戻った。そのうちの1人がヴィンセント·カウンである。カウンは1614年に北京へ赴いたが、1618年に日本へ戻り、1626年(寬永3)に長崎で火刑に處された。なお、朴哲がスペイン語で公刊したセスペデスの伝記については、谷口智子による日本語譯版が出版されている(朴哲·谷口智子[2013])。

このほか、山口は殉敎·殉難の朝鮮人キリシタンとして16例を檢出した。すなわち、トーマス(カンボジア→長崎)、女性イサベラ(豊後)、シスト·カ

ザエモンとカタリナ夫妻(秋田)、カイヨ(畿内・北陸→フィリピン追放→日本再來、1624年火刑)、アントニオ(長崎で1622年處刑)、アントニオの日本人妻と子(1622年處刑)、ペトロ・アリゾー(大村、1619年殺害)、マノエル(駿府→江戶→駿府)、ミカエル(長崎・口之津、1614年拷問死)、マキゼンシヤ(有馬直純=ドン・ミカエルの侍女)、パウロとアンナの夫妻と女性ウルスラ(五島)、氏名未詳、ジュリアおたあ、コスモ・タクヤ(コスモ竹屋、長崎奉行の重臣ヵ、1619年處刑)、ガスパルト・パス(マカオ→日本、1627年火刑)、アンドレア・九郎兵衛(長崎で1622年處刑)である。

　吳允台[1968]も殉教・殉難の朝鮮人キリシタンの檢出を行った。上記の山口の研究との重複を除けば、女性マリヤ・パック(1606年受洗、のち追放されマニラへ)、トメ・コレア(1623年のインドネシアのアンボイナ事件で處刑された日本人の名簿に記載あり)、ペドロ・コレヤ(堺出身、1635年のバタビヤ住民の洗礼簿に記載あり)、女性ウルスラ(平戶オランダ商館がトンキンに通事として派遣)、ミカエル赤星(有馬の商人に賣られたのち迫害・處刑)、ペテロ某・ミカエル某、竹屋フランシスコ(コスモの子、1622處刑)、アンデレ黒兵衛(1622年火刑)、シクスト勘左衛門(1624年出羽で處刑)、カヨー(1624年長崎で火刑)、カイヨ次右衛門(1627年長崎で火刑)、ガスパル・ワス(1627年長崎で火刑)、パウロ(1630年天草で處刑)、ヨハネ夫妻(1633年長崎で火刑)、トマス伝道師(1643年長崎で穴吊の刑)を見出している。なお、女性ウルスラについて、五野井隆史[1988]は朝鮮人説と「混血日本人」説があることを紹介したうえで、日本人イルマンの古賀が「日本人婦人」と記載していることに信を置いたが、片岡穰[1991]は日本人説を誤伝とみて朝鮮人説を支持している。

　ホアン・ガルシア・ルイズデメディナ[1988:第2章]も朝鮮キリスト教史の起源に關心を寄せ、歐文史料を渉獵し、宣教師による朝鮮被虜人の保護・救濟・敎化、奴隷貿易の禁止、禁敎下での朝鮮人キリシタンの受難・殉

教(1612~43年)などを論じた。先行研究によって檢出された人物との重複も多いが、マシマ(家康の侍女)、ハチカン・ホアキン(1612年に江戸で斬首、朝鮮人初の殉敎者)、ミゲル(1614年に口之津で死去)、朴マリナ(在マニラ、1606年改宗、1612年修道女)、ショーサク・トマス(1619年に大村で斬首)、辻ショービョーエ・ガスパルと妻マリア(1627年燒殺)、明石ジエモン・カヨ(同)、佐藤シンエモン・トマス(同)、パブロ(志岐で溺死)、トマス(1642年に長崎で穴吊刑)、ミゲル・カルヴァリョ(1593年マカオ生まれ)などを檢出した。以下に朝鮮被虜人の境遇に關する記事として注目されるものを拔粹しておく。

a) 彼(日向の領主伊東ジェロニモ)は、山口のある港で、捕虜の高麗人をことごとく 自由にしてやり、男の奴隷は宣敎師に引渡し、女性と子供は自分の妻に任せて、彼 女らが日本で自立できる時まで、その扶養と世話をさせた。(72頁)

b) 1592年(文祿元)に日本に送られ始めた高麗人の大部分の者は、その苦しい狀況 にもかかわらず、比較的容易に新しい生活に慣れていった。殊に、一時的にせよ奴 隷としての屈辱を感じた者でも、同胞や日本人異敎徒に、全く自由に福音を伝える ことができた。(80頁)

c) 1610年(慶長15)に、高麗人信徒団が、寄付金および會員と同胞の募金で、長崎 に敎會を建設した。基金が充分でなかったので、質素な建物であったが、それは、スペイン人殉敎者・聖ロレンソに捧げられた。落成式はきわめて莊嚴に擧行され、多數の高麗人と、招待された日本人が列席した。(81頁)

d) 彼(ミゲル)の主人は、戰場の從者として仕えることを條件に、奴隷の身分から彼 を解放した。その後、同じく捕虜になった彼の姉妹の身を自由にするため、自ら進んで再び奴隷となった。(84頁)

以上のような日本の禁敎政策とその狀況下での宣敎師の活動を体系

的に研究したのは五野井隆史[1978・1981・1992]であり、朝鮮被虜人にも言及
する。また、五野井[2003]は16~17世紀の「日韓キリスト教關係史」の主要な
要素として、キリシタンとなった被虜朝鮮人の動向を論じた。被虜朝鮮
人キリシタン42人と長崎平戸町在住の朝鮮人24人に關する基礎的な
データを整理した一覽表は有用である。宣教師の朝鮮渡航計畫と被虜人刷
還との關連性を論じた点も重要である。1605年に惟政(松雲大師)が被虜人
を刷還して歸國するにあたり、京都下京の修院の神父カルロ・スピノラが
日本準管區長フランシスコ・パシオに朝鮮渡航の許可申請を行ったこと、
おそらく長崎奉行の壓力によってスピノラの渡航計畫は頓挫したが、被
虜人のなかの「身分ある人々」は自らが寫した漢籍の教理問答を持參し
て歸國後に說教しようとしていたことを指摘する。また、1617年の第2次
回答兼刷還使は、被虜人のトマ(トマス)の父から刷還の依頼を受けていた
こと、しかしトマは1614年にマニラに追放されていたこと、それゆえ使
節はマニラにいるトマに文書を送って事情を說明したこと、1618年にト
マが歸國するに際してマニラのドミニコ會士が朝鮮渡航を企図したこ
と、ドミニコ會士は途上の長崎で渡航を斷念し、トマだけが朝鮮に歸國
したこと、を指摘した。朝鮮使節が日本國內の被虜人を招募するため「使
節諭文」を發していたとの米谷均[2008]の指摘を踏まえれば、　トマに送
られた文書もそれに類するものとなろう。

　朝鮮被虜人のキリシタン數の檢出數について、　五野井[2003]は42人と
したが、長森美信[2020]は先行研究を丹念に讀み解いて55人に修正した。
生年・被虜年・受洗年の3項目のうち2項目が判明する17人を一覽化し、總
じて10~20歳代で被虜人となっていることを指摘した。また、「元和八年
長崎大殉教図」(ローマ・ジェズ教會藏)に描かれる群衆のなかに朝鮮人が
存在するという說について檢討している。そこに描かれる髻(サントゥ)・
上衣(トゥルマギ)を他の繪畫・寫眞資料と比較することで、　朝鮮人と判斷

してよいとの結論を示した。

　殉敎·殉難者の檢出は、歐文史料の涉獵·分析という方法論が中心であるが、村井早苗[1998]は備前岡山の市兵衛の足跡を日本史料から跡づけた。先述のように、米谷均[1998]も市兵衛に注目したが、村井は禁敎政策との關わりで市兵衛の生涯を明らかにした。すなわち、宇喜多家臣の覺左衛門に奉仕(備中)→池田家臣の那須久左衛門に奉仕(備前)→放浪→覺左衛門に奉仕(備前)→福島家中衆(備後)に奉仕→漁師(備後)→行商(備前)→池田藩医中桐道仙に奉仕(備前·因幡)→馬方(備前)というように、めまぐるしい変轉を経たのち、日本人女性と結婚している。那須久左衛門の勸めで夫婦ともに入信したが、1629年(寛永6)から1632年(同9年)の間に一向宗に改宗した。1634~35年(同11~12)のキリシタン改めで踏繪を行い、誓詞を提出したが、1645年(正保2)に藩の摘發を受けて監視下に置かれた。そして1650(慶安3)に幕府の指令で捕縛·投獄され、1652年(承応元)に岡山で牢死した。

　ジュリアおたあに關する研究も進んでいる。木部和昭[1999]は、被虜人で萩藩士となった村田安政の姉に比定する。ホアン·ガルシア·ルイズデメディナ[1988:184]は「おたあ」を「大田」に由來するとみなし、かつ1596年に肥後宇土で受洗したとみたが、鳥津亮二[2014]はいずれにも疑念を呈する。鳥津はルイズデメディナが收集した歐文史料を丁寧に解釋し、ジュリアおたあは小西勢が連行した被虜人であること、1592~96年頃に肥後の志岐または宇土で受洗したこと、行長の妻ドナ·ジュスタに仕えたことを指摘する。また、關ヶ原の戰いの直前に家康が行長を懷柔するために大坂でジュスタと談合したこと、戰後にジュスタは身柄を拘束されたが赦免されたことを踏まえ、この頃からジュリアおたあが家康に仕えるようになったと推測する。そして彼女は江戸に赴いたが、1607年(慶長12)の家康の駿府入城に従い、侍女として仕えるようになり、侍女たちの信仰生活の主

導的役割を担っていた。ところが、1612年(慶長17)のキリシタン彈壓の標
的となり、棄教を拒んで伊豆大島に配流された。大島から新島、そして最
遠の神津島へと配流されたが、1618年(元和4)頃に神津島を出た。1619年
(元和5)頃に長崎に滞在し、1622年(元和8)に大坂に滞在しているが、その
後の行方は未詳である。

II. おわりに

最後に朝鮮被虜人研究の課題について、簡略に私見を述べておきたい。

史料論的な問題に触れると、主として、刷還の問題については朝鮮史
料、日本社會への定住やキリシタンの問題については日本史料・歐文史料
にもとづき研究が行われてきた。とはいえ、近年の研究では、日本史料や
歐文史料のなかにも刷還に關連するものが含まれていることが分かっ
てきている。日本史料・歐文史料の博捜とさらなる事實の掘り起こしが望
まれる。日本史料の取り扱い方については、二次史料(編纂史料)に完全に
依據する段階は過ぎている。限りある一次史料の檢出と活用は言うまで
もないが、的確な史料批判を経た上で二次史料を使用する姿勢が求めら
れよう。そうした作業を踏まえ、朝鮮被虜人(1世)やその子孫たちの生き
ざまをありのままに描き出す必要がある。

ところで、本報告は研究史整理を目的とするものであるため、先行研
究には有機的な連關があるかのように記述したが、實際のところは相互
不參照の研究が目立った。朝鮮被虜人問題に關しては學問領域が多岐に
わたることや、研究環境の時代的制約があったことを考慮すれば、致し
方ない面もあるわけであるが、今後は先行研究を十分に踏まえた上で立
論されなければならない。

〈토론문〉

「임진·정유왜란 때의 朝鮮被虜人에 관한 연구사」의 토론문

이 훈 l 한림대학교

1. 본 논문의 의의

荒木 선생의 논문은 100년(1905~2021) 이상 축적된 「일본에서의 조선피로인 연구 동향」을 일본 사학사의 흐름 속에서 일목요연하게 정리한 것으로 이해된다.

피로인 연구에 대한 지식이 많지 않은 토론자로서 이 논문을 잃고 인상 깊었던 점이라면 다음의 몇 가지를 지적할 수 있을 것 같다. 우선 '피로인'이라는 용어에 대해, 정유재란 때 비전투원의 납치·연행이 대규모로 이루어진 것을 특징으로 정의하였다는 것이다. 그리고 비전투원으로서 일본에 납치·연행된 이후 피로인의 삶에 대해서도, 「동남아시아로 전매된 조선피로인, 귀국한 조선피로인, 일본사회에 정주한 조선피로인, 키리시탄이 된 조선피로인」이라는 4개의 범주로 나누어 다양한 형태로 생존하고 있었음을 설명함으로써, 전쟁이란 것이 일반 민중의 생활에 얼마나 큰 변화를 가져올 수 있는 것인가를 알게 해주었다고 생각된다. 특히 각 항목마다 피로인 한 사람 한사람의 성명을 구체적으로 열거함으로써 조일관계에 있어서의 주체나 관점을 국가가 아닌 개인의 문제로 이동시켰다는 것에 큰 의미가 있다고 생각된다.

2. 질문

○ 연구 방향

일본에서 '조선피로인' 연구가 100년이나 계속되고 있는데 특별히 시대적인 배경이 있는지? 제2차 세계대전 이후 1950년대의 억류 일본인 포로 문제에 대한 관심이라든가, 1960~1970년대의 아시아 태평양전쟁 체험에서 비롯된 전쟁 비판적 관심, 1990년대 조선피로인에 대한 일본사회의 수용이라는 관점에서 피로인 문제가 연구대상이 된 것은 이해가 된다. 이후 2020년까지 피로인 연구가 꾸준히 이어지고 있는데 2000년대 이후 연구의 특징은 무엇인가? 발표자(荒木)의 경우, 결론 부분에서 향후의 연구 방향 내지는 과제로서 사료 취급(일본 및 歐文 사료의 활용) 문제 및 향후 '조선피로인과 자손들의 삶'에 대한 연구가 필요하다고 언급했는데, 말하자면 '도래조선인'(재일조선인)에 대한 관심으로 이해하면 되는지가 궁금하다.

○ 용어

① 발표자는 '피로인'으로, 소년(양가의 テリキン=도령), 여성(カクシ, 젊은 기혼여성), 縫官, 細工人과 같이 비전투원의 대규모 납치·연행'이 이루어졌던 것에 대해, 그 배경으로 豊臣秀吉의 軍令(1597)이 있었음을 지적한 한편, 그 밖에도 諸大名, 人買商人 등과 같이 중층적이고도 복합적인 이유가 있었음을 강조하였다. 피로인 발생의 다양한 경위를 설명하기 위한 것으로 이해는 되지만, 납치·연행의 다양한 현상들은 궁극적으로는 전쟁으로 인한 징용의 여러 형태라 할 수 있지 않을까?

특히 발표문을 보면 도공(陶工)에 대해서는 발생 배경이 '납치·연행'인지, '招致'인지 아직도 확실치 않은 것으로 이해되는 부분도 있다.

선행 연구자(內藤) 및 발표자(荒木)의 경우 陶工에 대해서는 '도공의 渡來'라 표현하고 있다. 그리고 발표문 말미의 〈참고문헌〉을 보더라도, '피로인'을 '근세일본'이라는 제한이 있기는 하지만 「도래조선인」(鶴園裕·片岡穰), 「도항조선인」의 범주로 파악한 연구도 있는 것 같다. '도래·도항'이라면 豊臣秀吉의 조선침략에 따른 강제연행이 아니라, '자발적'인 의사도 있는 것으로 이해되는 한편, 고대에 일본열도로 간 '도래인'이 연상된다. 豊臣秀吉의 군령과는 상관없이 다이묘(大名) 레벨에서 이루어진 것이라 하더라도, '渡來'라는 용어란 전쟁에 따른 강제연행이 사라진 애매한 표현으로, 이 용어가 과연 적합한지 발표자의 의견을 듣고 싶다. 또한 굳이 '도공의 도래'라는 말이 성립되기 위해서는 다른 문제, 예를 들면 도래와 관련된 '비용'의 문제도 함께 언급되어야 하지 않을까라고 생각된다.

② 그리고 조선인 포로를 '피로인'이라 하는데, '피로인'이란 사료 속에 보이는 용어인가?

○ '피로인'의 일본 내 지역적 분포

① 일본내 피로인의 지역적 분포를 보면, 九州(大分, 鹿兒島, 熊本, 福岡, 佐賀, 唐津, 平戶), 山口(萩), 石川(加賀), 香川(高松), 愛媛(松山), 高知, 德島, 廣島, 岡山, 近畿(大阪, 和歌山)와 같이, '규슈~關西' 이남에 집중되어 있는 이유는 무엇인가?

② 혹시 대마도에는 피로인의 定住가 없었나?

○ 일본으로 연행되기 이전에 대한 검토

〈5. 일본사회에 정착한 조선피로인〉에 대해서는, 제목처럼 일본에 연행된 이후의 행보에 대한 검토가 주를 이루고 있으므로, 연행의 의도성이나 강제성 여부는 묻혀버린 감이 있다.

예를 들면, 사츠마 나에시로가와(薩摩 苗代川) 처럼 조선피로인이 집락을 이루고 있는 경우, 발표자는 그들의 기술 능력으로 볼 때 도공 주체의 집단으로 보기는 어렵다는 연구성과(德永和喜)를 크게 평가하고 있는 것 같다. 물론 피로인의 일본 행적과 실태에 대한 세밀한 연구는 반드시 필요하다고 생각된다.

그러나 토론자로서 궁금한 것은, 儒者·陶工·細工人 처럼 특별한 교양과 기술을 갖춘 사람과 이러한 조건을 갖추지 못한 일반인, 그리고 사츠마 나에시로가와(薩摩 苗代川)처럼 조선피로인이 집락을 이루고 있는 경우, 일본군의 연행 조건이 모두 달랐을 것으로 생각된다. 따라서 일본으로 연행되기 이전 조선에서는 어떤 조건으로 이들을 데려갔는지 알 수 있는 사료가 있는지가 궁금하다.

부산 왜관(釜山倭館)에 살았던 대마도(對馬島) 사람들

정성일 | 광주여자대학교

I. 머리말

이 글은 부산 왜관의 대마인(對馬人)에 관한 것이다. 먼저 '부산 왜관'이란 부산에 있었던 왜관을 뜻한다. 그러므로 부산포왜관(1407년, 현재 부산시 동구 범일동 일대),[1] 절영도왜관(1601~1607년, 현재 부산시 영도구 대평동 일대),[2] 두모포왜관(1607~1678년, 현재 부산시 동구 수정시장 일대),[3] 초량왜관(1678~1876년, 현재 부산시 중구 용두산공원 일대)을 모두 포함해야 마땅하다.[4] 다만 자료의 한계 때문에 마지막 '부산 왜관'이었던 초량왜관을 중심으로 살펴볼 수밖에 없음을 미리 밝혀 둔다. 그리고 '대마인(對馬人)' 즉 대마도 사람이란 대마도(對馬島)[5]에서 부산으로 건너와서 초량왜

---

1) 부산포왜관에 대해서는 김동철, 2008, 「15세기 부산포왜관에서 한일 양국민의 교류와 생활」, 『지역과 역사』 22, 부경역사연구소 참조.
2) 절영도왜관에 대해서는 김재승, 2000, 「절영도왜관의 존속기간과 그 위치」, 『동서사학』 7, 동서사학회 참조.
3) 두모포왜관에 대해서는 양흥숙, 2004, 「17세기 두모포왜관의 경관과 변화」, 『지역과 역사』 15, 부경역사연구소; 강영조, 2013, 「근대 부산에서 고관공원의 성립과 설계 사상」, 『한국전통조경학회지』 31-4, 한국전통조경학회 참조.
4) 부산광역시 중구, 2018, 『우리의 삶터 중구 부산을 담다』(부산 중구지 증보판 상), 제2장 역사가 만든 도시, 중구(2. 국제도시 속의 전쟁과 평화: 조선시대) 76-141쪽 참조.

관 등에서 살았던 일본인을 말한다,

왜관을 가리키는 명칭은 시간이 흐르면서 바뀌었다. 게다가 조선과 일본
의 왜관 명칭 사용이 조금 차이가 있다. 조선에서는 왜관(倭館)이라고 했는
데 정작 그곳에 와서 살았던 일본인들은 주로 화관(和館)이라는 한자를 썼
다. 둘 다 일본어 발음은 '와칸'으로 동일하지만 왜(倭)와 화(和)의 뜻이 다
르다. 게다가 조선 내부에서6) 일본을 가리키는 용어로 왜(倭)라는 글자가
쓰이는 것을 당시 일본인들은 좋아하지 않았다.7) 미노와 요시쓰구[箕輪吉
次]에 따르면 1678년 초량왜관으로 옮긴 뒤부터 일본 측 자료에서는 화관
(和館)으로 통일되었다고 한다.8)

---

5) 한국에서 대마도(對馬島)라고 부르는 섬을 가리켜 일본에서는 '쓰시마'라 하고 對
馬 또는 津島로 표기한다.

6) 조선이 외부적(공식적)으로 일본을 가리키는 문서에 倭라는 글자를 쓰지는 않았다.
예를 들면 외교문서인 國書와 書契에서는 모두 수신인을 '日本國'으로 시작하고 있
는 것에서 이를 쉽게 확인할 수 있다. '日本' 대신에 '倭'를 사용한 것은 조선 내부
곧 '국내용'이었다고 생각된다.

7) 오다 이쿠고로[小田幾五郎]는 조선에서 일본인을 가리켜 '왜인(倭人)'이라 부르는
것을 다음과 같이 비판한 적이 있다. "내가 스무 살 무렵 나가사키에 갔을 때 그곳
사람들이 표류민 주변을 돌면서 '고려(高麗, 고마) 고려(高麗)'라고 말했는데, 그 뒤
서른 살 무렵 근무하러 갔을 때는 조선인(朝鮮人)이라 불렀다. 요즘은 일본 어디에
서나 조선인이라고 한다. 그런데 조선인은 일본인을 가리켜 왜인(倭人)이라고 부른
다. 물건을 적을 때도 왜물(倭物)이라 쓰고, 문정서(問情書) 같은 문서에도 왜인(倭
人)이라고 첫머리에 적는다. … 왜(倭)라는 글자를 다년간 귀국(조선-인용자) 내부
에서 사용하는 것은 성신(誠信)의 뜻이 없는 것이 아닌가?"(田代和生 편저, 『通譯酬
酢』, ゆまに書房, 135쪽.)

8) 미노와 요시쓰구는 "1678년을 경계로 하여 그 전에 왜관(倭館)과 화관(和館), 즉 왜
(倭)와 화(和)가 혼용되다가, 그 뒤는 화관(和館)이나 화(和)가 붙는 한자어가 쓰이
는 것으로 변해가는 모습이 명확하다."고 주장하였다. 이어서 그는 "1678년 이관
(移館) 이후로 (對馬人의) 그 거주 구역이 연향문(宴饗門)·무상문(無常門)·수문(守
門)의 안쪽으로 제한되고, (對馬人의 생활 공간이) 연대청(宴大廳)·숙배소(肅拜所)
등이 있는 곳과 분리된 것"을 그 근거로 제시하였다. 일상적으로 드나드는 수문(守
門)의 안쪽이 관내(館內)이고, 그 바깥쪽이 관외(館外)였기 때문에, 관내(館內)만을
가리켜 화관(和館)이라고 부르게 된 것이라고 그는 보았다. 箕輪吉次, 2016, 「倭館

이처럼 조선에서는 줄곧 왜관(倭館)이라고 불렀다. 그런데 일본은 1872
년부터 화관(和館)을 '대일본 공관(大日本國公館)'으로 명칭을 바꾸었고,
1876년 조일수호조규 부록 제3관에서는 '일본관(日本館)'으로 적었다. 그
뒤 이사관청(理事官廳), 관리관청(管理官廳) 등으로 바뀌었으며, 개항기에
는 그곳이 재부산 일본 영사관(1880~1906년), 부산 이사청(1906~1910년) 등
으로 쓰였다.[9]

지금까지 왜관 연구에서는 조선과 일본 사이의 외교(外交)와 무역(貿易),
그리고 그것을 둘러싼 제도(制度)의 변화가 크게 부각이 되었다. 왜관 안에
서 하루하루를 살았던 '대마도 사람들의 삶'에 대한 학문적 관심은 상대적
으로 덜했다고 말할 수 있다. 그런데 1990년대와[10] 2000년대에 들와서 왜
관 체류자(滯留者)의 생활(生活) 측면 연구가 많아지기 시작했고,[11] 최근에
는 더욱 다양한 시각의 연구가 발표되고 있다.[12] 이러한 학계의 동향을 반

과 和館」, 『한일관계사연구』 55, 한일관계사학회.

9) 『우리의 삶터 중구 부산을 담다(부산 중구지 증보판 상)』, 2018, 166쪽, 168-169쪽,
   171쪽).

10) 손승철, 1993, 「《왜인작라등록》을 통하여 본 왜인」 『항도부산』 10, 부산시사편찬위
    원회.

11) 예를 들면 한·일 월드컵 축구가 한국과 일본에서 공동 개최되던 2002년에 다시로
    가즈이[田代和生]의 『倭館-鎖國時代の日本人町』(文春新書, 2002)이 일본에서 간행
    되고, 뒤이어 그것이 한국에서 번역되어 출판되었다(다시로 가즈이 지음, 정성일
    옮김, 2005, 『왜관-조선은 왜 일본사람들을 가두었을까?-』, 논형, 2005).

12) 한일문화교류기금·동북아역사재단 편, 2012, 『한일관계 속의 왜관』, 경인문화사;
    김강일, 2020, 『조선후기 왜관의 운영실태 연구』, 경인문화사. 특히 왜관의 일본인
    을 '생활' 측면에서 다룬 최근 연구는 다음을 참조 윤유숙, 2011, 「年中行事와 儀式
    으로 본 근세 왜관」, 『일본연구』 15, 고려대학교 글로벌일본연구원; 윤유숙, 2015,
    「근세 왜관에 체재하던 일본인의 생활상」, 『동북아역사문제』 97, 동북아역사재단;
    박화진, 2012, 「왜관관수일기를 통해 본 초량왜관의 생활상」, 『동북아문화연구』 33,
    동북아시아문화학회; 박화진, 2015, 「막말·명치초기 초량왜관 의례양상에 대한 고
    찰」, 『동북아문화연구』 43, 동북아시아문화학회; 부산광역시 중구, 2018, 『우리의
    삶터 중구 부산을 담다』(부산 중구지 증보판 상), 제2장 역사가 만든 도시, 중구(2.
    국제도시 속의 전쟁과 평화: 조선시대, 6) 일본인의 조선 생활) 115-121쪽.

영하면서 이 글에서는 '대마인(對馬人)의 생활(生活)과 활동(活動)'에 초점을 맞추어서 살펴보고자 한다.

II. 왜관을 둘러싼 시간(時間)과 공간(空間)

1. 조선과 일본의 역법(曆法) 차이

대한제국기인 1896년 1월 1일부터 양력(陽曆)이 사용되기 전까지는 조선과 일본이 사용했던 역법(曆法)이 서로 달랐다. 즉 1895년 11월 16일까지 조선은 음력인 시헌력(時憲曆)을 사용하였는데, 당시 일본은 양력을 쓰고 있었다(다만 외교문서에서는 1888년부터 이미 청의 연호를 없애고 조선 개국 기원과 양력을 사용하기로 일본과 합의). 그런데 일본이 양력을 쓰기 전에도 일본은 명과 청의 역법과 다른 역(曆)을 쓰고 있어서 조선과 일본은 역법에서 차이가 발생하였다. 이러한 역법 차이가 부산 왜관에 어떤 결과(영향)를 가져왔을까?

1813년 윤11월 29일 『관수일기(館守日記)』를 보면, "당년에 조선국은 윤달이 없어서 내일이 (조선의) 설날이라 조시(朝市)가 들어오지 않는다."고 적혀 있다.[13] 일본의 (1813년) 12월 1일이 조선의 (1814년) 1월 1일이었던

---

13) "조선국은 금년에 윤달이 없어서 어제 초하루가 바깥[조선]에서는 설날이었는데, 이쪽[왜관]에서는 정월의 의식이 없지만 통신의 뜻을 생각하면 예절을 차려야 하기에 그쪽[조선]의 새해 첫날을 축하하기 위하여 졸자[관수]가 사신[약당사]를 임소[훈도 별차 집무소]로 보내서 축하 인사를 전달하였다(朝鮮國之儀當年閏月無之 昨朔日外向元日二有之 於此方正月之式無之候得共 御通信之間禮節有之事故 彼方之年始爲祝詞 拙者より若黨使を以任所迄年始祝詞口上申含差遣)." 『館守日記』 1813년 (文化 10) 12월 2일. 이것을 보면, 왜관의 '對馬人'에게는 아직 12월이었지만 조선의 설날에 맞추어 관수가 조선의 역관(훈도, 별차)에게 새해 축하 인사를 하였음을 알 수 있다.

셈인데, 이때는 조선과 일본의 연도가 서로 달랐다. 어떤 때는 연(年) 또는 월(月)은 같고, 일(日)만 다르기도 했다. 이런 경우는 외교나 무역 현장에서 서로 주의를 기울이지 않으면 안 되었다.

예를 들어 매월 6회(3, 8, 13, 18, 23, 28일) 3일과 8일이 들어가는 날에 개최하기로 조선과 일본이 합의한 개시(開市)의 경우를 보면, 윤달의 존재 여부 또는 달의 대소(大小)에 따라서 두 나라가 쓰는 날짜가 달라서 그것이 개시일(開市日)을 정할 때 문제가 되기도 하였다. 의례(儀禮)도 마찬가지였다. 그래서 '어느 날에' 개시나 의례를 거행할 것인지 양측이 미리 조정하여 합의하지 않으면 안 되었다.

1815년 5월 3일에(조선력) 별시가 열렸는데, 그날이 일본에서는 5월 2일 이었다.[14] 1818년에도 조선의 3월 18일(일본 3.17.)에 개시 개최를 합의하 였는데,[15] 실제로 그날 개시가 열리지는 못했다.[16] 이처럼 조선과 일본의 역법 차이로 서로 날짜가 다를 경우에는 조선의 시헌력(時憲曆)에 따라서 왜관의 개시 날짜를 잡는 것이 관례처럼 되어 있었다.

2. 왜관의 경계와 건물 배치

17세기 이후 대마인(對馬人)의 생활 공간은 처음에는 두모포왜관[고관,

---

14) 今日別市入來 … 但し大小之違にて今日は外向三日ニ付入來候と相聞候付内向別市と相立今日は相濟候付以來は内向市日を相考入來候樣通詞を以相達置く. 『館守日記』 1815년(文化 12) 5월 2일.

15) 別差より書記へ申出候は當月は内向小の月外向大の月にて内向の十七日外向の十八日ニ相當り候 開市之儀外の十八日内の十七日ニ相當り候日ニ入來候時如何可有之哉之旨申聞候段書記より申出候ニ付内向十七日ニ相當候日は間違御日柄故不宜候間失張内之十八日に相當り候日にニ開市可入來旨書記を以相達候事. 『館守 毎日記』 1818년(文化 15) 3월 15일.

16) "(조선의) 상역(商譯)이 사정이 생겨서 예시가 들어오지 않았다(商譯差支 例市不入來)" 『一代官 毎日 記』 1818년(文化 15) 3월 17일.

구관]이었다. 그 뒤 초량에 설치된 왜관을 초량왜관으로 불렀는데, 이곳이
곧 신관(新館)이다. '고관'이란 명칭은 부산광역시 동구 수정2동의 '고관 마
을'이라는 지명에 아직도 남아 있다.17) 신관[초량왜관]의 현재 모습은 부산
광역시 중구 남포동, 신창동, 중앙동, 광복동 등 용두산공원 일대에서 그 흔
적을 찾을 수 있다.18)

1) 왜관의 위치와 경계 구역

1678년 왜관이 지금의 부산광역시 중구 지역에 속하는 초량왜관으로 옮
겨지면서, 왜관 면적이 "만 평(두모포왜관)에서19) 10만 평(초량왜관)으로
열 배" 확장되었다.20) "초량왜관(약 10만 평)이 일본 나가사키에 설치된 도
진 야시키[唐人屋敷, 약 만 평]의 10배, 데지마[出島, 약 4천 평]의 25배"
규모라는 것이 현재 학계의 정설로 되어 있다.21)

그런데 고관[두모포왜관]이 담장으로 삼면을 둘러싼 것처럼,22) 신관[초량
왜관]도 담장(처음은 흙담, 나중에는 돌담)으로 내부와 외부의 경계가 나뉘

---

17) "2012년 현재 마을이 있던 장소의 중심에 '수정 시장'이 있으며, 부산광역시 동구
청사와 부산일보사, 은행, 보험사 등이 있는 중심지로 바뀌었다. 지금도 마을이 있
던 지역은 고관 입구로 불리고 있어 그 위치를 짐작하게 한다." 부산역사문화대전,
'고관(古館) 마을' 류종현의 해제를 참조.

18) 부산역사문화대전, '초량 왜관(草梁倭館)' 양흥숙의 해제를 참조.

19) 양흥숙, 2004, 「17세기 두모포왜관의 경관과 변화」, 『지역과 역사』 15, 부경역사연
구소, 183쪽; 小田省吾, 1929, 「李氏朝鮮時代に於ける倭館の變遷」, 『京城法文學會
第二部論集』, 126쪽 재인용.

20) 『우리의 삶터 중구 부산을 담다』 상, 80쪽, 87쪽; 다시로 가즈이 지음, 정성일 옮
김, 2005, 『왜관-조선은 왜 일본사람들을 가두었을까?-』, 논형, 77쪽; 田代和生,
2000, 『倭館-鎖國時代の日本人町-』, 文藝春秋, 64쪽; 田代和生, 2011, 『新・倭館-鎖
國時代の日本人町-』, ゆまに書房, 64쪽.

21) 다시로 가즈이 지음, 정성일 옮김, 2005, 『왜관』, 논형, 77쪽; 田代和生, 2000, 『倭館』,
文春新書, 64쪽; 田代和生, 2011, 『新・倭館』, 64쪽.

22) 양흥숙, 2004, 「17세기 두모포왜관의 경관과 변화」, 185쪽.

었다. 국립중앙박물관 소장『왜관도(倭館圖)』는 그 구별을 잘 묘사해 놓았다. 담장 안쪽이 왜관[館內], 그 바깥쪽 왜관 주변(연향대청, 복병막 등)과 설문(設門)이 있는 곳은 글자 그대로 왜관 밖[館外]이다. 초량왜관을 약 10만 평이라고 말할 때는 담장 안쪽의 왜관 내부 면적을 말한다.

1678년(숙종 4, 延寶 6) 당시 동래부사 이복(李馥, 1676.7.~1679.2.)은 초량왜관 완공 후 새롭게 체제를 정비하였다. 대마도 측과 약조를 맺고 일본인의 통행 범위를 정한 것이 그 무렵이었다.23) "앞쪽은 항구를 지나 절영도[현재 부산광역시 영도구]에 갈 수 없고, 서쪽은 연향청(宴享廳)을 지나지 못하며, 동쪽은 객사(客舍)를 넘지 못하였다(제1조). … 개시(開市) 때는 대청(大廳)에 앉고 각방(各房)에 들어가지 못하며(제4조), … 어채(魚菜)를 (왜관의) 문밖에서 매매(賣買)하는 일(제5조) 등"이 정해졌다.24) 먼저 외교와 관련하여 일본 사신의 조선 국왕에 대한 숙배(肅拜) 의례가 열리는 객사라든가, 일본 사신에게 연향(宴享)을 베푸는 연향청은 왜관의 담장 밖에 있었지만,25) 행사가 있을 때는 일본인들이 연향청으로 이어지는 북문(北門)으로26) 빠져나와 그곳까지는 접근이 허용되었다. 그리고 왜관 안에서 개최되는 개시(開市)와, 왜관 수문 밖에서 열리는 조시(朝市) 등 무역에 참가할 때

---

23) 『우리의 삶터 중구 부산을 담다』상, 83-84쪽; 김동철, 2020,「동래부는 초량왜관을 어떻게 통제하였는가」,『새띠벌의 메아리』겨울호 vol.16, 초량왜관연구회, 8-9쪽.

24) 『숙종실록』숙종 4년(1678) 9월 5일, 숙종 8년(1682) 3월 5일.

25) 고관[두모포왜관] 시절에는 연향청을 가운데 두고 동관과 서관이 위치하였는데, 서관에 대한 불만이 커지자 1611년에 연향청을 왜관 밖으로 옮기고 그 자리에 서관을 지었다고 한다(양흥숙, 2004,「17세기 두모포왜관의 경관과 변화」, 187-188쪽). 신관[초량왜관] 건설 때는 지형 관계 때문에 처음부터 그것을 왜관의 담장 밖에 설치했다고 한다(다시로 가즈이 지음, 정성일 옮김, 2005,『왜관』, 40-41쪽, 74쪽).

26) 변박의 왜관도(倭館圖, 국립중앙박물관 소장)를 보면 왜관의 북쪽 담장에 연향대청(宴享大廳)으로 통하는 외북문(外北門)과 내북문(內北門)이 그려져 있다. 이것을 연석문(宴席門)으로도 불렀다. 이것은 사각형의 되[升, 枡, 檞] 모양으로 만든 '일본의 성곽(城郭) 입구 방어용 시설'인데, 일본어로는 마스카타몽[檞形門]이라고 한다. 다시로 가즈이 지음, 정성일 옮김, 2005,『왜관』, 73-74쪽, 324쪽;『國史大辭典』13, 63쪽.

왜관의 대마인(對馬人)이 조선인과 접촉할 수 있는 활동(공간) 범위를 양측
이 합의하여 규정을 만들어 놓았다.

1679년에 일본인 통행 범위가 또 정해졌다. "동쪽은 송현(松峴)에 이르며
왜관과 거리는 30보쯤, 서쪽은 서산(西山)에 이르며 왜관과 거리는 80보쯤,
서남 사이는 초량 민가 앞에 이르며 왜관과 거리는 100보쯤, 남쪽은 해안에
이르며 왜관과 거리는 100보쯤"으로 정했다. 동쪽과 남쪽은 바다로 연결되
어 경계를 표시할 필요가 없었지만, 남서쪽, 서쪽, 북쪽에는 경계를 넘지 못
하게 하는 금지 표지[禁標] 나무가 세워져 있었다.[27]

현재 부산박물관이 보존하고 있는 약조제찰비(約條制札碑, 부산시 지정
기념물 제17호)가 당시 상황을 잘 전해준다. 1678년 동래부사 이복이 마련
한 7개 항의 절목(節目) 중 4개 항을 돌에 새기고자 동래부사 남익훈(南益
熏, 1681.2.~1683.3.)이 조정에 장계(狀啓)를 올렸는데, 비변사(備邊司)가 1
개 항을 추가하도록 하여 5개 조항이 확정되었다. 그 뒤 1683년 역관 박유
년(朴有年) 등이 왜관 측과 협의하여 이 조항을 돌에 새겨 왜관 안에 세우
게 되었다고 알려져 있다. 이렇게 해서 1683년에 맺은 계해약조(癸亥約條)
의 내용을 적은 이 비에는 5개 조항이 새겨지게 되었다.[28]

    ① 대소사를 막론하고 금지 표시를 한 경계 밖으로 뛰쳐나가 침범한 자는
      사형에 처한다.
    ② 노부세(路浮稅, 일본인에게 진 빚)는 현장에서 잡은 후에 준 자와 받
      은 자 모두 사형에 처한다.[29]

---

27) 『우리의 삶터 중구 부산을 담다』 상, 84-85쪽; 김동철, 2020, 「동래부는 초량왜관을
    어떻게 통제하였는가」, 9쪽.
28) 『우리의 삶터 중구 부산을 담다』 상, 85-86쪽.
29) 오다 이쿠고로[小田幾五郎]의 초량화집(草梁話集)에는 이 조항에 해당하는 내용으
    로 "노부세 거래를 끝낸 후에 다시 노부세 거래를 한 것이 드러나게 되면 맡긴 사
    람, 맡은 사람 똑같이 죄를 묻는다(登セ銀差引相濟候以後重テ登セ銀致候段於露顯
    ハ賴之者被賴之者同然罪科ニ可行事)"고 적고 있다(밑줄 부분에 주목). 즉 약조제찰

③ 개시무역을 할 때 (일본인의) 방에 숨어 들어가 몰래 매매한 자는 피
  차 모두 사형에 처한다.
④ 5일 잡물을 왜관으로 들여보낼 때 조선 측 담당 아전 창고지기 소통사
  (하급 역관) 등을 일본인들이 끌어내어 구타하지 못하도록 한다.
⑤ 피차 범죄인은 모두 왜관 밖에서 형을 집행한다. 왜관의 모든 일본인
  은 용무가 있으면 관수에게 보고한 후에 통행증을 직접 소지하여야
  (조선 측 역관인) 훈도와 별차가 있는 곳에 왕래할 수 있다.

2) 왜관의 경계를 넘은 사람들

대마인(對馬人)이 왜관 밖으로 나오는 것도, 조선인이 왜관 안으로 들어
가는 것도 모두 제한을 받았다. 다만 '허락'을 받는다면(또는 묵인한다면),
비록 원칙은 안 되는 일이었지만 실제로는 왜관에 출입할 수도 있었다. 오
다 이쿠고로[小田幾五郎]의 『초량화집(草梁話集)』에는 본디 외교나 무역
등 공적인 임무를 띤 사람이 아니라, 단순히 '구경'을 하려고 왜관에 들어간
조선인에 대해서 언급해 놓은 부분이 있다. 이를 소개하면 아래와 같다.

  왜관을 구경하는 사람들은 동래부사(東萊府使)가 허락하는 공문(公文)을
  지참해야 한다. 이것이 없으면 설문(設門), 수문(守門)을 통과할 수가 없다.
  그리고 아무리 지체가 높은 사람이더라도 무기(武器)를 가지고 왜관에 들어
  가는 것은 동래부사가 못하게 통제를 한다고 한다.

이처럼 왜관을 구경하는 조선인에 대한 기록이 『관수일기』에서도 간혹
발견된다. 예를 들면 1743년 11월 18일에는 "동래부사의 자제 두 명이 내비
장과 훈도와 함께 왜관 구경을 갔는데, (관수가) 오인통사(五人通詞)를 불

비에 새겨진 내용은 "노부세(路浮稅) 즉 노보세깅[登セ銀]을 맡기거나 맡기만 하면,
양쪽 당사자 모두 똑같이 죄를 묻는다"는 뜻인 데 반해서, 왜관 쪽 기록에서는 그
것을 '노보세깅[登セ銀]을 마친 뒤에 다시 그런 행위를 하지만 않는다면, 그때는
죄를 묻지 않을 수 있다.'는 뜻으로도 해석될 수 있는 표현이 아닌가 생각된다.

러서 인사를 시킨 뒤, 요리(소면, 스이모노, 사라모리, 술, 과자 등)를 대접"
했다고 적혀 있다.30) 이튿날인 19일에는 훈도와 별차가 소통사를 보내서
관수에게 어제 동래부사 자제와 함께 대접을 잘 받았다고 감사 인사를 전
달하였다.31) 이때 왜관을 구경한 조선인이 '동래부사의 자제[子息] 2명'이
라고 분명히 밝히고 있다.

1757년 5월 2일(조선 5.3.)과 9월 21일에도 조선인의 왜관 구경을 관수가
허락하였는데,32) 이때는 그 사람이 누구였는지 알 수 없다. 먼저 동년 5월
2일 『관수일기』에 따르면, "별차(別差)와 김판사(金判事)가 왜관에 들어왔
다."는 내용과 함께, "관(館) 내부를 구경하려는 조선인(朝鮮人)이 그들과
동행하였음"이 관수(館守)에게 보고되었다. "좌(座)를 보여 달라는 (조선 측
의) 요청"을 관수가 받아들인 것으로 보인다.33) 동년 9월 21일에도 "좌(座)
를 보여 달라는 (조선 측의) 요청"을 관수가 수용하여 조선인이 별차와 함
께 왜관 안으로 들어가 구경을 하고 돌아온 적이 있었다.34) 여기에서 말하
는 좌(座)를 왜관 안에 있던 여러 상점[좌판]으로 볼 수도 있겠으나, 아마도
개시 때 양측이 마주하는 대좌(對坐) 장면을 가리키는 것으로 생각된다(뒤
에서 보겠지만 1864년 1월 28일에도 동래부사의 친척 한 사람이 開市 장면
을 구경). 앞의 1743년 사례로 미루어 보건대, 1757년에도 ① 동래부사의
허가 → ② 훈도와 별차의 안내 → ③ 왜관 관수의 승낙이라고 하는 절차

---

30) 東萊子息貳人內神將訓導相附罷出候付　五人通詞松本善左衛門召寄挨拶爲致素麪吸物
皿盛御酒ホ出之重菓子振舞皆罷出ル.『館守日記』1743년(寬保 3) 11월 18일.
31)『館守日記』1743년(寬保 3) 11월 19일.
32) 윤유숙, 2011,「연중행사와 의식으로 본 근세 왜관」,『일본연구』15, 고려대학교 일
본연구소, 20쪽.
33) 別差幷金判事致入館候段相屆ル　館見物朝鮮人致同道候處　座見セ吳候樣申聞候ニ付不
差支旨致返答　押付皆々來リ無程罷歸候也.『館守日記』1757년(寶曆 7) 5월 2일.
34) 兩譯方より小通事を以館見物之朝鮮人入來候付　御差支無御座候ハヽ座見物爲致吳候
樣申出し候ニ付　不差支旨申達ス　追付別差同道罷出頓而罷歸ル.『館守日記』1757년
(寶曆 7) 9월 21일.

를 거쳐서 왜관 구경이 성사되었을 것으로 짐작된다.

그런데 이와 정반대로 대마인(對馬人)의 왜관 바깥 구경도 기록으로 확인된다. 『초량화집(草梁話集)』에는 초량산 위의 봉대(烽臺)를 설명하는 가운데 다음과 같은 언급이 보인다.

단, 왜관에서 선박의 왕래를 감시하는 일을 맡은 후나미[船見]가 이 봉대에 올라가는 것은 수문(守門) 쪽에서 고목(告目)을 작성하여 (보고하므로), 조선 쪽에서 잘 알고 있는 일인데도, 후나미가 왕래하는 것에 대해 죄를 묻지 않았다. (후나미가) 지나가는 길은 구초량촌의 앞쪽에서 올라가고, 내려갈 때는 히도츠야 마을 위쪽을 통해 (왜관으로) 돌아간다.

절영도에 가는 것도 원칙적으로 금지되어 있었지만, 실제로는 절영도를 다녀온 대마인(對馬人)이 있었다. 이에 대하여 『초량화집(草梁話集)』에 다음과 같이 적혀 있다.

절영도에 일본인이 가는 것에 대해서는 조선이 정한 수속 절차가 없다. 배가 건너갈 때는 수문(守門)에서 소통사가 와서 (건너가는) 사람 수와 선박 숫자 등을 물어보고 수문에서 동래와 부산에 고목(告目)을 올린다. … 일찍이 1795년에 일본인이 돌을 채취하기 위해 (절영도에) 건너갔을 때 실수로 불을 내고 도망쳐 온 일이 있었다. … 왜관에서도 불 끄는 인부를 (절영도에) 보낸 적이 있었다. 첨사도 질책을 받지 않았고, 일본인도 죄를 묻지 않고 끝냈다. 이 불은 2박 3일 동안 났다가 끝이 났다.

왜관의 후나미[船見] 또는 도오미[遠見]가 초량산 위의 봉대까지 올라가서 왜관 앞 바다의 선박 왕래를 감시할 때는 조선 측 봉대 책임자(또는 실무자)의 양해를 얻어서 그렇게 한 것으로 보인다. 그리고 절영도에 몰래 가서 돌을 채취하려던 일본인이 불을 내는 사건이 발생하였지만, 왜관 측과 부산진 첨사가 힘을 모아 우선 화재를 진압하는 선에서 일을 마무리를 지은 것으로 짐작된다. 앞의 동래부사 자제 등 조선인의 왜관 구경과 마찬가지로, 원칙적으로는 경계를 넘지 못하도록 서로 엄격히 규정을 마련해 놓았지만, 실제로는 양측의 허락(또는 묵인)이 있으면, 왜관의 경계와 일본인의 이동 제한은 꽤 유연하게 적용되었던 것이 아니었을까? 다만 양측이 허락하지 않았거나 합의하지 않은 일에 대해서는 엄격한 처벌이 뒤따랐음은 더 말할 나위가 없다.

3) 왜관 내부의 건물과 공간 배치

고관[두모포왜관]과 신관[초량왜관]의 공간 배치가 유사한 점이 적지 않다. 예를 들면 동관(東館)과 서관(西館)의 구분이라든가 담장이나 묘지의 설치 같은 것은 기본적으로 같다고 볼 수 있다. 다만 시간이 흐르면서 변화도 있었다.[35)]

『왜관도(倭館圖)』(변박, 세로 131.8cm, 가로 58.4cm, 국립중앙박물관)의 세로 위쪽으로 절반가량은 설문(設門), 객사(客舍), 연향청(宴享廳)이 그려져 있다. 그런데 이곳은 모두 왜관의 담장 밖에 해당한다. 그림의 아래쪽 절반을 차지하는 직사각형의 담장(1709년 이후는 돌담)으로 둘러싸인 공간의 내부가 초량왜관이다. 고관[두모포왜관]은 동쪽에 수문(守門)이 한 곳밖에 없었는데, 신관[초량왜관]은 세 곳에 문이 있다. 첫 번째 문은 동쪽의 바닷가로 통하는 수문(守門)이다. 이곳은 일상적으로 사용하는 문인데, 예를 들면 개시(開市) 때 조선의 상인이나 역관이 이 문으로 드나들었다. 그리고 수문 밖에서는 매일 아침 생선과 채소 등을 사고파는 조시(朝市)가 열렸다. 이와 달리 의례(儀禮)가 거행될 때만 열리는 북쪽의 문이 두 번째 문이었다[북문]. 연향대청(宴享大廳)으로 이어진다 하여 이 문을 가리켜 연향문(宴享門)=연석문(宴席門)이라고 불렀다. 세 번째 문은 죽은 사람을 대마도로

---

35) 고관[두모포왜관]의 공간 배치에 대해서는 양흥숙, 2004, 「17세기 두모포왜관의 경관과 변화」, 『지역과 역사』 15, 부경역사연구소가 자세하다.

보낼 때, 또는 왜관 주변에 매장할 때[野送] 사용하는 남쪽 바닷가에 있는 문인데, 이곳이 곧 부정문(不淨門)=무상문(無常門)=수문(水門)이다.[36]

담장으로 둘러싸인 왜관의 중앙에 소나무 숲을 이루고 있는 것이 용두산(龍頭山)이다.[37] 이곳을 사이에 두고 그림의 오른편이 동관(東館)인데,[38] 돌계단 위의 '관수가(館守家)'를 비롯하여, 개시대청(開市大廳)과 여러 채의 대관가(代官家), 그리고 재판가(裁判家)와 동향사(東向寺) 등이 보인다. 금도가(禁徒家)와 창고[倉舍]가 바닷가 쪽에 줄지어 있고, 그 인근에 선창(船艙)과 가까운 곳에 왜관 반입 물품을 검사하는 수검청(搜檢廳)이 그려져 있다. 대관가 아래쪽으로는 다양한 상품을 취급하는 상점들이 들어섰다(舊酒房家, 新酒房家, 燒酒家, 餠家, 麵家, 多多米家, 染家 등). 관수가의 왼쪽으로 보이는 신당(神堂)은 아마도 일본 신사(神社)를 묘사한 것 같다. 그 위로 그림 왼편이 서관(西館)인데,[39] '삼대청(三大廳) 육행랑(六行廊)'이라고 글자가 적혀 있다. 그림 오른쪽 하단에 소나무가 그려진 산이 보이는데 그

---

36) 다시로 가즈이 지음, 정성일 옮김, 2005, 『왜관』, 73-74쪽.

37) 용두산[中山]의 소나무 숲 관리와 관련하여, 1792년(정조 16, 寬政 4) 생솔[生松]에 관한 기록을 소개하면 다음과 같다. 그해 윤2월 9일 기록【"中山 안에 枯松 작은 것이 10그루 정도 있는 데, 그 중에서 근래 濱方 濱焚用으로 베어 주어서 割木으로 쓸 만한 것은 없어서 이번에 生松 벌목을 지시했다."】과 윤2월 10일 기록【別方徒士目付 橘久右衛門이 들어와서 "中山 안의 마른 소나무를 조사했더니 柴枯가 모두 8-9그루나 있으니 割木으로 쓸 만한 것을 벌목할 것"을 보고하자, (관수가) "작은 나무의 枯木도 10그루 정도 있으니 그 중 濱方의 濱焚用으로 벌목하고, 割木으로 만들기 어렵다 하니 生松을 벌목하라고 지시했다."】이 있다. 이것을 보면 '장작'을 만들 때 마른 소나무[枯松]로 충분하지 못하면 생솔[生松]을 벌목하는 경우도 있었음을 알 수 있다(『館守日記』 1792년(寬政 4) 윤 2월 9일, 윤 2월 10일). 정성일, 2019, 「왜관의 연료 조달을 둘러싼 조선과 일본의 마찰(1609~1876)」, 『한일관계사연구』 66, 한일관계사학회, 202쪽.

38) 용두산 동쪽의 동관(東館) 건물에 대해서는 『우리의 삶터 중구 부산을 담다』 상, 89-91쪽 참조.

39) 용두산 서쪽의 서관(西館) 건물에 대해서는 『우리의 삶터 중구 부산을 담다』 상, 91-93쪽 참조.

곳이 용미산(龍尾山)이다. 용두산 남쪽에 해당하는 이곳에는 신사(神社)와
가마터[釜山窯] 등이 있었다.[40]

　왜관의 담장 밖에는 복병(伏兵)이라 적힌 초소(哨所)가 있었다. 처음에는
세 곳에 왜관의 출입 동향을 감시하는 복병막(伏兵幕)이 설치되었다(북면
의 동쪽과 서쪽, 서면의 남쪽). 1739~1740년 무렵에는 매매춘[交奸] 등을
예방하고자 여섯 곳으로 늘려 감시와 통제를 더욱 강화하였다(동 1과 2, 서
1과 2, 남 1과 2).[41] 1760년대에는 남쪽 복병막 중 한 곳을 성신당(誠信堂)
북쪽으로 옮겼다(北伏兵幕).[42] 현재 부산광역시 중구 대청동, 중구청과 부
산기상관측소가 있는 곳의 산 이름이 복병산(伏兵山)인 것도 이런 배경과
관련이 깊다.[43]

　현재 대마도에 소장되어 있는 『왜관도(倭館圖)』에는 왜관 내부를 흐르는
하천(河川)이 표시되어 있다. 이곳을 왜관 사람들은 나카가와[中川] 또는
사쿠라가와[櫻川]로 불렀다.[44] 다만 왜관 사람들이 식수(食水)를 얻는 우물
이 어디에 있었는지는 명확하지 않다. 『초량화집(草梁話集)』에 "가뭄이 들
어 왜관 안의 물이 끊기면 법천(法川)의 강줄기에 우물을 파서 조선에서
(물을) 지고 가지고 온다."고 한 것을 보면, 왜관의 식수 공급 대책이 마련
되어 있었던 것으로 보인다. 그리고 일본에서 건너온 사신이 많아지면 서관
안에 있는 시탄옥(柴炭屋)에 물을 흐르게 하여 화장실로 사용하게 한 적도
있었다고 한다. 이처럼 왜관 안에 물길을 만들어서 식수를 확보하고, 하수

---

40) 용두산 남쪽 건물에 대해서는 『우리의 삶터 중구 부산을 담다』 상, 93-97쪽 참조.
41) 다시로 가즈이 지음, 정성일 옮김, 2005, 『왜관』, 75쪽.
42) 변박이 1783년에 그린 것으로 알려진 왜관도(倭館圖, 국립중앙박물관 소장)를 보면,
　　성신당(誠信堂)과 빈일헌(賓日軒) 위에(북쪽), 초량객사(草梁客舍)의 왼쪽과 거의 나
　　란한 곳에 북복병(北伏兵)이라고 적은 곳이 보인다. 그리고 왜관도(倭館圖)의 맨 아
　　래 왼쪽에 남일복병(南一伏兵)이 그려져 있다.
43) 『우리의 삶터 중구 부산을 담다』 상, 84-85쪽; 김동철, 2020, 「동래부는 초량왜관을
　　어떻게 통제하였는가」, 9쪽.
44) 『우리의 삶터 중구 부산을 담다』 상, 88쪽.

구를 만들어 오수(汚水)를 처리하는 일에도 힘을 쏟았다. 다만 이에 대해서
자세한 것을 알기는 어렵다.

Ⅲ. 왜관 도항자(渡航者)와 체류자(滯留者)[45]

부산 왜관의 대마인(對馬人)에 대해서는 여러 명칭이 있다. 대마도에서
바다를 건너왔으니 도항자(渡航者), 왜관에서 오래 살면 장기 거주자(居住
者), 짧게 머물면 단기 체류자(滯留者)가 된다. 이들을 가리켜 유관자(留館
者) 또는 재관자(在館者)라 부르기도 한다.

1. 도항자의 규모[46]

1) 대마도 선박의 부산 입출항과 선원(1864년)

1864년 1월부터 12월까지 입출항 기록을 월별 통계로 작성한 것이 〈표

---

45) 2013년 11월 부경대학교 대마도연구센터 학술 세미나에서 발표한 「宗家文書와 倭
館-1864년 매일기로 본 왜관과 한일관계-」,『대마도의 宗家文書』자료집을 수정 보
완함.
46) 아메노모리 호슈[雨森芳洲]는 대마도에서 부산으로 건너온 일본인 중에서 송사(送
使)와 사자(使者)를 구분하여 설명한 바 있다. 얼핏 보면 사(使)라는 글자가 두 곳에
모두 들어 있어서 이 둘을 같은 것으로 생각하기 쉽다. 그런데 그에 따르면 대마도
사람들이 조선에 올 때 송사(送使)로 건너오면 그 사람은 무역(貿易)이 자신의 임무
임을 깨달아야 한다고 강조했다. 그래서인지 조선의 문서에도 이런 경우에는 그들
이 탄 배를 가리켜 상선(商船)으로 적고 있다. 이에 반해서 송사 이외의 특별한 용
무를 띠고 조선으로 오는 사람을 그는 사자(使者)라고 규정하였다. 아메노모리 호
슈의 주장대로 한다면 연례송사(年例送使) 즉 송사(送使)는 외교보다는 무역하러
조선으로 건너 온 것이 되고, 그들이 타고 온 세견선(歲遣船)은 사송선(使送船)보다
는 무역선(貿易船)의 성격이 더 강하다고 말할 수 있다(雨森芳洲 저, 한일관계사학
회 편, 2001, 『譯註 交隣提醒』, 국학자료원, 21쪽).

1〉이다. 선박 기준으로 입항과 출항이 각각 44건씩이었다. 연간 최소 88척의 배가 조선과 대마도 사이를 오간 셈이다.[47] 이것은 세견선(歲遣船) 정액(定額)보다 두 배나 더 많은 수치이다. 그리고 뱃사람이[水夫] 연인원으로 최소 633명을 넘었다. 누락이 되었을 선원 수까지 고려한다면, 그 수가 약 7백 명에 이를 것으로 추산된다.

월별로는 4월 입출항 건수가 가장 많아 총 17척의 배가 드나들었다(입항 8척, 출항 9척). 한 달 동안 동원된 뱃사람 숫자만 해서 연(延) 121명이나 되어 연중 최고치였다. 이에 반해서 8월과 12월에는 입항 선박이 단 한 차례도 없었다. 출항 선박은 3월과 9월이 각각 1척으로 가장 적었다. 이러한 계절적 차이는 북쪽 대륙이나 남쪽 바다에서 불어오는 계절풍 영향이 컸을 것으로 추정된다.

〈표 1〉月別 入出港 回數와 水夫의 人數(1864년)

월	回數 (隻)			水夫 (人)		
	入港	出港	계	入港	出港	계
1	2	3	5	23	6+α	29+α
2	4	3	7	42	25	67
3	4	1	5	24	15	39
4	8	9	17	59	62	121
5	3	4	7	17	30	47
6	3	3	6	17	16	33

---

47) 1864년 입항 선박 31척(隻)은 동일한 기준으로 1707년 84척, 1708년 65척, 1709년 90척보다 적은 규모였다(다시로 가즈이 지음, 정성일 옮김, 『왜관』, 169쪽). 그리고 1864년 입항 횟수 44회는 동일 기준으로 1689년 45회, 1690년 53회, 1691년 40회와 대체로 비슷한 규모였다(박화진, 2019, 「전근대 부산포 초량왜관의 해양교류 양상-일본선 부산포 입항사례를 중심으로(1689-1691)-」, 『동북아문화연구』 60, 82쪽)와 1692년 59회, 1693년 43회(박화진, 2021, 「초량왜관시대 초기 왜관 운영체계 변화와 일본선의 부산포 출입동향에 대한 연구-왜관관수일기를 중심으로(1692~1693년)-」, 『동북아문화연구』 68, 97쪽, 102쪽).

월	回數 (隻)			水夫 (人)		
	入港	出港	계	入港	出港	계
7	8	3	11	79	11+α	90+α
8	0	4	4	0	34	34
9	5	1	6	44	6	50
10	2	4	6	12	31	43
11	5	6	11	48	α	48+α
12	0	3	3	0	32	32
계	44	44	88	365	268	633

*자료 : 『館守日記』 1864년(元治 1)에서 필자 작성.
*주 : α는 水夫의 人員數가 지재되어 있지 않은 경우임.

이 기간에 한 척의 배가 두 번 이상 대마도와 왜관을 왕복한 적도 있었다. 〈표 2〉에서 선박별로 나누어 보면 21종의 배가 조선으로 입항하였는데, 이 가운데 10종의 선박은 2회 이상 왕복한 것으로 드러났다. 무엇보다도 사스나비선[佐須奈飛船]이 12번이나 현해탄(玄海灘)을 건너 가장 많았다. 3월에는 세 번 그리고 5월과 10월에는 각각 두 번씩 왕복하였다. 같은 비선(飛船)인데도 와니우라[鰐浦]나 도요[豊] 지역의 비선이 각각 2회와 3회 왕복에 그치고 있는 점은 사스나비선과 좋은 대조를 보인다.

〈표 2〉 船舶別 入出港 回數와 時期(1864년)

入港						出港					
No	船名	回數	月日			No	船名	回數	月日		
1	國德丸	2	04.04	09.22		1	國德丸	3	01.02	11.08	05.19
2	金毘羅丸	2	04.22	06.11		2	金毘羅丸	2	04.27	06.22	
3	吉榮丸	3	01.18	04.22	11.15	3	吉榮丸	3	02.28	07.17	12.02
4	大神丸	2	04.08	09.22		4	大神丸	3	01.02	05.19	11.08
5	德重丸	1	06.01			5	德重丸	1	06.22		
6	妙見丸	1	05.14			6	妙見丸	1	05.22		
7	繁榮丸	2	01.18	07.11		7	繁榮丸	2	02.17	11.14	
8	寶壽丸	1	11.08			8	寶壽丸	1	12.06		

入港						出港					
No	船名	回數	月日			No	船名	回數	月日		
9	順吉丸	3	02.24	07.08	11.15	9	順吉丸	3	03.09	08.02	12.02
10	順榮丸	2	02.25	07.06		10	順榮丸	2	04.06	10.21	
11	順風丸	1	07.08			11	順風丸	1	11.14		
12	鰐浦飛船	2	07.23	07.23		12	鰐浦飛船	2	09.03	10.26	
13	立吉丸	1	09.22			13	立吉丸	1	10.09		
14	佐須奈飛船	1	02.09			14	佐須奈飛船	1	04.06		
15		2	03.12	05.16		15		1	10.26		
16		1	03.12			16		1	08.21		
17		1	03.29			17		2	02.28	11.14	
18		1	04.23			18		1	08.05		
19		1	05.16			19		1	05.24		
20		1	06.26			20		1	08.05		
21		1	09.05			21		2	04.06	07.23	
22		1	10.01			22		1	01.18		
23		1	10.01			23	住吉丸	2	07.18	11.08	
24		1	11.15			24	住德丸	1	04.09		
25	住吉丸	1	07.01			25	住好丸	1	04.27		
26	住德丸	1	03.03			26	千早丸	1	04.27		
27	住好丸	1	07.07			27					
28	千早丸	1	04.22			28	春榮丸	1	04.06		
29	千秋丸	1	11.15			29	豊飛船	2	04.06	06.27	
30	春榮丸	1	04.23								
31	豊飛船	3	02.09	04.23	09.05						
계		44						44			

* 자료 :『館守日記』1864년(元治 1)에서 필자 작성.

　　외교 사행의 등급에 따라 조선에서 머무를 수 있는 기간이 정해져 있었
다. 만일 기한 만료일이 다가오면 해당 사행의 책임자가 관수에게 그 사실
을 알렸다. 1864년 4월 20일 고습참판사(告襲參判使)[48] 도선주(都船主, 戶

---

48) 告襲參判使 正官人[仁位孫一郎]과 封進[平山弥吉郎], 附醫[橋邊文安], 橫目[江口廣右衛
　　門] 등이 승선한 順榮丸이 4월 6일(맑음) 새벽 出帆하였다. 이 使者는 對馬島主 宗氏
　　의 襲封을 알리기 위해서 조선에 파견되었다. 그런데 정관인과 봉진 등이 탑승한 이
　　배만 이날 출항하였을 뿐, 都船主[戶田四方助] 등은 이때까지만 하더라도 왜관에 잔

田四方助)가 관수에게 가서 "오늘까지[4.20] 해서 체류 기한이 만료된다고 [日滿] 알렸다"고 한다.49) 동년 6월 26일 기사에도 "고환사(告還使)가 오늘로 (기한이) 만료된다[日滿]"고 했다.50) 고습사와 고환사의 출항 날짜가 각각 5월 19일[國德丸]과 7월 17일[吉榮丸]이었으니,51) 결과적으로 고습사는 29일 동안, 고환사는 20일 정도 약정된 체류일수를 초과한 것으로 보인다. 이처럼 기한을 초과한 일수(日數)에 대해서는 조선 정부가 각종 잡물을 일본 측에 지급하지 않았을 것으로 짐작된다.

〈표 3〉 船舶別 朝鮮 滯留期間(1864년)

연번	船名	船種	船頭名	入港日 (廻館)	出港日 (出帆)	滯留期間 (日數)
1	國德丸	御手船	田寺善右衛門	04.04	05.19	45
2	吉榮丸		江嶋左兵衛	01.18	02.28	40
3			善口芳兵衛	04.22	07.17	84
4			善口芳兵衛	11.15	12.02	18
5	大神丸		吉田喜介	04.08	05.19	41
6	繁榮丸		小田善右衛門	01.18	02.17	29
7	順吉丸		永瀬八五郎	02.24	03.09	15
8			河內卯右衛門	07.08	08.02	25
9			安川槌五郎	11.15	12.02	18
10	順榮丸		武田利吉	02.25	04.06	41
11			武田利兵衛	07.06	10.21	106
12	金毘羅丸	御借船	馬場卯左衛門	04.22	04.27	6
13			江嶋左兵衛	06.11	06.22	12
14	德重丸		浦田熊次郎	06.01	06.22	22

류하고 있었던 것으로 보인다(『館守日記』 1864년(元治 1), 4월 4일, 4월 6일).

49) 『館守日記』 1864년(元治 1) 4월 20일.
50) 『館守日記』 1864년(元治 1) 6월 26일.
51) 『館守日記』 1864년(元治 1) 5월 19일, 7월 17일.

연번	船名	船種	船頭名	入港日 (廻館)	出港日 (出帆)	滯留期間 (日數)
15	妙見丸		中村久助	05.14	05.22	9
16	寶壽丸		中山左兵衛	11.08	12.06	29
17	立吉丸		井手治兵衛	9.22	10.09	18
18	住吉丸		小宮喜兵衛	07.01	07.18	18
19	住德丸		橘甚右衛門	03.03	04.09	37
20	春榮丸		小田善右衛門	04.23	04.27	5
21	鰐浦飛船		好平	07.23	09.03	41
22			茂八	07.23	10.26	94
23			喜平	02.09	04.06	57
24			傳治	03.12	04.06	25
25			善八	04.23	05.24	31
26	佐須奈飛船	飛船	惣七	05.16	08.05	79
27			傳治	05.16	07.23	67
28			熊平	06.26	08.05	39
29			仲治	09.05	10.26	52
30			淺治	10.01	11.14	43
31	豊飛船		政治	02.09	04.06	57
32			才助	04.23	06.27	64

* 자료 : 『館守日記』 1864년(元治 1)에서 필자 작성.
* 주 : 날짜는 日本曆이며, 滯留日數는 입항일과 출항일을 포함한 것임.

〈표 3〉에서 보는 것처럼 입항일과 출항일을 서로 비교해 보면 각 선박의 조선 체류 일수를 알 수 있다. 먼저 그것이 가장 짧은 것은 춘영환(春榮丸)의 5일이었다[No. 20]. 그 다음이 금비라환(金毘羅丸)의 6일이었는데[No. 12], 이 둘은 모두 임차(賃借) 선박인 어차선(御借船)이었다. 이와 반대로 조선 체류 기간이 가장 길었던 경우는 순영환(順榮丸)의 106일이었다[No. 11]. 그 다음으로는 와니우라비선[鰐浦飛船]의 94일로 밝혀졌다[No. 22]. 한 가지 눈에 띄는 현상은 비선(飛船)의 체류 일수가 대체로 길었다는 점이다.

비선 중 짧은 것이 25일, 31일이었으며, 긴 것은 94일, 79일이었다. 이처럼 비선이 다른 형태의 선박보다 그 기간이 상대적으로 길었던 까닭은 왜관 측이 비상시에 대비하여 왜관에 비선을 상시 대기시켜 두었기 때문이었다. 이와 반대로 어차선(御借船)의 체류 기간이 짧았던 것은 선박의 임차 비용을 절감하기 위한 대책에서 비롯된 것으로 해석할 수 있다.

2) 부산 입출항 선박과 탑승자의 사례(1864년)

외교 사행의 입항과 출항 일자를 정리한 것이 〈표 4〉이다. 입출항 때 승선한 선박이 서로 일치한 적도 있었지만(一特送使는 吉榮丸으로 1월 18일 입항, 7월 17일 출항), 송사(送使)나 사자(使者)가 입출항 때 서로 다른 배에 탄 경우가 더 많았다. 그리고 사행원이 두 척 이상의 배에 나누어 타는 일도 있었다. 예를 들어 제1·2·3선송사가 조선 입항 때는 길영환(吉榮丸)과 금비라환(金毘羅丸)에 각각 분승(分乘)하여 건너왔지만, 출항 때는 그 사신 일행이 각각 입길환(立吉丸)과 사스나비선[佐須奈飛船]을 타고 돌아갔다. 외교 사행이라 할지라도 그들이 이용할 선박이 고정(지정)된 것이 아니라, 그때그때 대마도와 왜관의 선박 상황에 따라서 결정되었던 것으로 보인다.

〈표 4〉 日本 外交使行의 入出港 船舶(1864년)

구분	使行名		入港[廻館]		出航[出帆]	
			月日	船名	月日	船名
정기 (年例送使)	第1·2·3船送使		04.22	吉榮丸 金毘羅丸	10.09 10.26	立吉丸 佐須奈飛船
	第4船送使 以酊庵送使	1863년조			02.17	繁榮丸
		1864년조	04.23	春榮丸	10.21	順榮丸
	一特送使		01.18	吉榮丸 繁榮丸	07.17	吉榮丸
	萬松院送使		02.25	順榮丸	(08.20)	順吉丸

구분	使行名	入港[廻館]		出航[出帆]	
		月日	船名	月日	船名
	副特送使	04.04 04.08	國德丸 大神丸	10.09 10.21	立吉丸 順榮丸
임시 (差倭)	告襲使			04.06 05.19	順榮丸 國德丸
	告還使	02.24	順吉丸	07.17	吉榮丸
	初巡漂差使	06.10 06.11	德重丸 金毘羅丸	10.21	順榮丸
	裁判	03.30	住德丸	05.19	國德丸
	圖書參判使 先問使	05.16	佐須奈飛船	10.21	順榮丸
	圖書使	07.06 07.08	順榮丸 順吉丸	11.14 12.20	繁榮丸 吉榮丸
	貳巡漂差使	07.10	住吉丸	12.20	順吉丸
	參巡漂差使	09.22	大神丸		
	弔禮使	07.11	繁榮丸		
	陳賀使	11.15 11.15	順吉丸 吉榮丸		

* 자료 : 『館守日記』1864년(元治 1)에서 필자 작성.
* 주 : 날짜는 日本曆임.

　선박 탑승자 중에서 외교와 직접 관련이 없이 도항하는 일반 사람들, 예를 들면 왜관에 파견된 역인(役人)과 상인(商人), 잡역인(雜役人)의 경우도 마찬가지였다. 이것은 외교 사행이 입항과 출항 때 이용했던 선박이 단순한 '교통수단' 이상의 의미를 지니지는 않았음을 보여준다. 즉 선박 편성 시 외교적 형식보다는 경제적 실리를 더 중요하게 고려했다고 말할 수 있다.

　그리고 어떤 사행이든 대마도로 귀국할 때 사행 참가자 전원이 반드시 함께 귀국했던 것은 아니었다. 1864년 7월 17일 출항한 길영환(吉榮丸)의 사례도 그러했다. 일행 중 일부는 대마도로 바로 돌아가지 않고 질병 등 이런저런 이유로 왜관에 잔류할 때도 있었다. 이것을 대마도 기록은 아토노코리[跡殘]라고 적었다. 그럴 때 처음 배속된 곳에서 다른 쪽으로 소속을 바꾸는 일도 있었다. 몇 가지를 더 소개하면 다음과 같다.

> ㉠ 좌길(佐吉)이 처음에는 신유조[1861년] 부특송사(副特送使) 이선주(二船主) 오우라[大浦惣右衛門]의 하인(下人)이었는데, 사행 일행과 함께 대마도로 돌아가지 않고 왜관에 잔류해 있다가, 나중에 마쓰오[松尾繁之介]의 하인으로 귀국하도록 지시를 받은 적이 있었다.
>
> ㉡ 치병위(治兵衛)는 왜관 세물옥(細物屋)의 청부찰(請負札)로,
>
> ㉢ 원차랑(源次郎)은 정대관(町代官) 간자키[神崎德右衛門]의 하인으로 잔류하였으며,
>
> ㉣ 장개(庄介)는 계해조[1863년] 부특송사 정관인의 하인으로 건너온 사람이었는데, 나중에 다카세[高瀨浪江]의 하인으로 소속을 바꾸어서 대마도로 귀국할 것을 지시 받았다.
>
> ㉤ 등작(藤作)이란 사람 역시 계해조[1863년] 일특송사(一特送使) 정관인 다카세[高瀨浪江]의 하인이었는데, 와타나베[渡邊左一郎] 쪽에 남으라고 지시를 받았으며,
>
> ㉥ 구치(龜治) 역시 같은 일특송사 정관인의 하인이었지만, 재판[多田佐一郎] 쪽의 요청에 따라 왜관 잔류를 지시받기도 하였다.[52]

이처럼 잔류하는 사람 중 하급직이 많았다. 질병 등 개인 사정으로 잔류하는 경우도 있었겠지만, 위의 사례는 대체로 왜관의 인력 수급 상황과 깊은 관련이 있는 것으로 판단된다.

2. 체류자의 규모

왜관 체류 인원수에 대해서는 대체로 4~5백 명 선으로 보고 있다.[53] 통

---

52) 『館守日記』 1864년(元治 1) 7월 7일.
53) 다시로 가즈이[田代和生]는 "고관[두모포왜관]에서 이사를 가던 날 관수(館守) 이하

신사행과 같은 대규모 사절단이 오갈 때는 천 명에 이를 때도 있었다고 하
는데, 보통은 4~5백 명으로 보는 것이 다수설이다.54) 그런데 왜관의 일본인
[對馬人] 규모를 장기간에 걸쳐 정확하게 기록한 자료는 아직 발견되지 않
고 있다. 조선 정부의 기록을 보면 왜관에 머무르는 일본인이 많을 때는 6
백 명을 넘을 때도 있었다. 『표인영래등록(漂人領來謄錄)』에 따르면, 1696
년 왜관 체류 일본인이 609명(5월 15일), 592명(6월 19일), 497명(7월 14일),
505명(7월 18일), 526명(8월 10일)이라고 했다.55) 5월부터 8월까지 인원수
가 이전에 비하여 '17명 감소 → 95명 감소 → 8명 증가 → 21명 증가' 등
으로 편차가 심하다.56) 당시 표류민(漂流民) 송환(送還) 업무를 맡은 조선
의 역관들이 왜관을 드나들고 있었기 때문에, 조선 정부는 왜관에 체류하는

───────────────

450여 명이 신관[초량왜관]으로 들어갔다"는 기록에 근거하여, 왜관 체류자의 인원
수를 4백 명에서 5백 명 정도로 추정했다. 그는 "당시 대마도 총 인구가 약 3만 명
정도였으니, 왜관 거주 대마인(對馬人)이 4~5백 명이라고 하는 숫자는 그 중 1.5%
에 해당한다. 그런데 왜관에는 남자만 거주하였으므로 그 비중이 3% 정도가 된다.
여기에서 노인이나 어린아이, 병든 사람을 뺀다면, 장년 남자 인구에서 차지하는
비중은 5%이다. 즉 대마도의 장년 남자 20명 중 1명이 왜관에 와 있었다는 의미가
된다."고 계산한 바 있다. 이에 따른다면 왜관 거주자가 적게는 4~5백 명, 많게는
천 명에 이르렀다고 하는 것은 대마도 전체 장년 남자 인구 20명 중 1명(또는 10명
중 1명)에 해당할 정도로 높은 비중을 차지하였음을 말해준다고 하겠다. 다시로 가
즈이 지음, 정성일 옮김, 2005, 『왜관』, 180쪽.

54) 1869년 茶禮宴 행렬 인원을 분석한 논문에서도 행렬에 직접 참가한 인원이 총 84
명이라고 하면서, "의례를 준비하기 위해 연대청이나 초량객사로 미리 건너가 대기
하고 있는 수십 명의 인원을 감안한다면, 초량왜관 측 참가 인원은 약 100~150명
이 될 것"으로 추산했다. 그러면서 이 인원이 "초량왜관 거주 총 인원 400~500명
중에 상당히 많은 비중을 차지했다"고 썼다. 박화진, 2015, 「막말·명치초기 초
량왜관 의례양상에 대한 고찰」, 『동북아문화연구』 43, 97쪽.

55) 『표인영래등록(漂人領來謄錄)』 제3권, 서울대학교 규장각 영인본, 1993. 다시로 가
즈이 지음, 정성일 옮김, 2005, 『왜관』, 342쪽.

56) 〈표 1〉과 같이 선박 입출항 때 선원[水夫]의 인원수가 월별로 차이가 컸다. 예를
들면 1864년 4월에는 입항 59명 출항 62명, 동 7월에는 입항 79명 출항 11명+a(미
기재), 동 8월에는 입항 0명 출항 34명 등이었다. 선박의 입출항 자료를 통해서도
당시 왜관 체류자의 인원수 변동을 짐작할 수 있다.

일본인의 규모를 꽤 정확하게 파악할 수는 있었겠지만, 위의 숫자가 어떻게
해서 조선 정부의 기록물 속에 남게 되었는지는 명확하지 않다.[57]

고관[두모포왜관] 때부터 관수를 비롯하여 재판(裁判)과 동향사승(東向
寺僧) 등 3역(役)이 왜관에 파견되었다. 여기에 대관(代官)을 넣으면 4역이
된다.[58]

관수(館守)는 왜관을 통괄(統括)하는 직책을 말한다. 병자호란(丙子胡亂)
후 1637년(인조 15, 寬永 14)부터 1639년 무렵 관수 제도가 확립되었다.[59]
관수라는 직책이 마련되지 않았을 때는 사절(使節)로 파견되어 온 첨관(僉
官)이나 대관(代官)이 왜관을 관리했다.[60] 관수가 상주하면서 왜관을 관리
할 수 있게 된 관수 제도의 출현은 왜관 역사에서 중요한 의미를 지닌다.
한반도 등 대륙에 대한 정보 수집은 물론이고, 왜관 내부 범죄의 단속, 왜관
시설 확충 등 관수의 임무 범위는 꽤 넓었다.[61] 이렇게 해서 1630년대 초반
부터 확립된 관수 제도가 1870년대 초반까지 2백 년 넘게 이어졌다(1637년
제1대 관수부터 1872년 제105대 관수까지).[62]

57) 왜관으로 건너오려면 대마도 본국에서 발행하는 도항증인 표찰(標札)을 소지해야
하는데, 1736년의 경우 총 157~160매의 표착이 확인된다. 이 가운데 관수가 13~14
매, 재판이 12~13매, 별일대관 12매, 일대관 10매, 별이대관 10매 등으로 많은 편에
속했다. 그런데 관수는 하급 노동자를 포함하여 13명(경력이 많은 사람이 관수로 오
면 14명)을 데리고 올 수 있는데, 이와 별도로 '관수 서기'로 4매, '의사' 4매가 발급
되며, 각각 하인들의 행동에 대해 관수가 책임을 지게 되어 있었다. 이러한 표찰 허
가수를 기준으로 추산해 보면 약 160명의 하급 노동자가 왜관 체류자 인원수에 포함
되어 있었다고 볼 수 있다. 다시로 가즈이 지음, 정성일 옮김, 2005, 『왜관』, 177쪽.
58) 다시로 가즈이 지음, 정성일 옮김, 2005, 『왜관』, 158쪽; 양흥숙, 2004, 「17세기 두
모포왜관의 경관과 변화」, 174쪽.
59) 정성일, 2018, 「왜관 『관수일기』의 학술적 가치」, 『洌上古典硏究』 63, 열상고전연
구회, 10-11쪽.
60) 양흥숙, 2004, 「17세기 두모포왜관의 경관과 변화」, 174쪽.
61) 다시로 가즈이 지음, 정성일 옮김, 2005, 『왜관』, 57쪽.
62) 현재 일본 국립국회도서관(國立國會圖書館) 소장 『館守日記』는 1687년 9월 제22대
관수 요시다 사쿠에몬[吉田作右衛門]부터 1872년 10월 제105대 관수 후카미로쿠로

재판(裁判)은 글자만 보면 왜관 내의 사법(司法) 업무를 맡는 것으로 생
각하기 쉽지만 그렇지 않다. 1650년대부터 제도로 정착한 재판은 조선 정부
를 상대로 하는 교섭 임무를 띠고 건너와 외교관(外交官) 역할을 하였다.
예를 들어 공목(公木)을 공작미(公作米)로 바꾸어 주는 연한(年限)이 끝나
갈 때마다 조선 정부를 상대로 기한의 연장 교섭을 하는 재판을 가리켜 공
작미연한재판(公作米年限裁判)이라 불렀다. 조선 측에서는 재판을 소차왜
(小差倭)로 분류하였지만, 다른 차왜와 달리 재판은 체류 기한이[留館日限]
없었다. 그래서 한 명의 재판이 왜관에 체류하는 동안이라도 다른 교섭 업
무가 발생하면 전에 파견된 재판과 별개로 또 다른 재판이 대마도에서 건
너오기도 하였다.63)

동향사(東向寺)의 승려는 조선에서는 서승왜(書僧倭)라고 불렀다. 이들
은 종교적 역할과 함께 일본[대마도]과 조선[예조, 동래부, 부산진]이 주고
받은 외교문서의 검토와 작성을 맡았다. 조선전기 삼포왜관 때도 사찰이 있
었는데, 초량왜관에 동향사가 창설된 시기는 지금까지 알려진 1634년보다
더 거슬러 올라갈 수도 있다. 동향사의 승려가 남긴 『양국왕복서등(兩國往
復書謄)』이 현재 전해지고 있어서 당시 상황을 알 수 있다(1654년부터
1870년 8월까지 약 200책).64) 외교문서 검토(작성) 외에 왜관의 각종 제례
(祭禮)와 의식(儀式) 수행이라는 관점에서 동향사 승려에 대한 연구를 더
확대할 필요가 있다.65)

[深見六郎]까지 약 184년 동안의 기록으로 그 분량이 약 9만 7천 매(약 19만 4천
쪽)에 이른다. 정성일, 2018, 「왜관『관수일기』의 학술적 가치」, 12쪽.

63) 다시로 가즈이 지음, 정성일 옮김, 2005, 『왜관』, 159-160쪽; 양흥숙, 2004, 「17세기
두모포왜관의 경관과 변화」, 174-175쪽; 李惠眞, 1998, 「17세기 후반 朝日外交에서의
裁判差倭 성립과 조선의 외교적 대응」, 『한일관계사연구』 8, 한일관계사학회, 10쪽.

64) 다시로 가즈이 지음, 정성일 옮김, 2005, 『왜관』, 160쪽; 양흥숙, 2004, 「17세기 두
모포왜관의 경관과 변화」, 175쪽; 池內敏, 2017, 『絶海の碩學』, 名古屋大學出版會,
93-114쪽.

65) 윤유숙, 2015, 「근세 왜관에 체재하던 일본인의 생활상」, 『동북아역사문제』 97, 동

대관(代官)은 대마도주가 1635년에 공무역과 사무역의 매매[公私賣買]를 전관(專管)하기 위해 24명을 처음 왜관으로 파견했다는 조선 측 기록이 있다. 그런데 앞에서 언급한 것처럼 관수 제도가 확립되기 전에 대관 등이 왜관 업무를 담당하였으므로 대관의 기원은 더 올라갈 수 있다. 왜관의 공무역, 개시무역의 규모가 확대되면서 대관들은 1·2·3대관, 별대관(別代官) 등으로 구분되어 업무를 맡았다.[66] 『왜관도』에 대관가(代官家)가 여러 채 그려져 있는 것으로 볼 때 대관의 인원수가 많았을 뿐 아니라 역할도 다양했을 것으로 짐작된다.[67]

이 밖에 왜관의 질서 유지를 맡았던 목부(目付 메쓰케), 횡목(橫目 요코메) 등이 왜관에 파견되었다. 왜관에서 기록 업무를 맡은 서기(書記)와 환자 치료를 전담한 관의(館醫) 등도 왜관에서 빼놓을 수 없는 직책이다. 여기에 여러 가지 상품과 서비스를 제공하는 상인[請負]과 기술자, 선원[水夫], 그 밖에 청소와 단순 노역 등에 동원된 사람에 이르기까지 다양한 사람들이 왜관에 상주하고 있었다(뒤에 소개하는 〈표 6〉 참조).

1) 직책과 성명이 확인되는 사람들(1864년 사례)

언제 어떤 사람이 몇 명이나 왜관에 체류했는지를 구체적으로 보여주는 자료는 드물다. 여기에서는 포상자 명단(61명)과 맹수 포획 가담자 명단(약 90명)을 통해서 1864년 왜관 체류자에 관하여 살펴보고자 한다. 우선 이 두 가지 자료를 통해서 약 150명의(중복자 포함) 직책과 성명을 파악할 수 있다.

〈표 5〉에서 1번 관수 반누이도노 스케[番縫殿介]에게 준 백미(白米) 3가마니[俵]를 비롯하여, 61번 하목부(下目付 시타메쓰케) 나오에몬[直右衛門]에게 내린 대전(大錢)[68] 300문(文)까지, 그해 12월 12일에 단행된 총 61명

북아역사재단, 7-8쪽.

66) 양흥숙, 2004, 「17세기 두모포왜관의 경관과 변화」, 175쪽.

67) 뒤에 소개하는 〈표 5〉와 〈표 6〉에서도 대관(代官)의 존재를 확인할 수 있다.

에 대한 포상 내용을 확인할 수 있다.[69] 이것은 고종(高宗)의 즉위를 축하
하러 건너온 진하사(陳賀使)의 정관인(正官人) 후루카와 우네메[古川采女]
가 사행 임무를 무사히 마친 뒤에 내린 포상이다. 이때 포상 총액은 쌀이
9섬[俵]이고 대전(大錢)이 21관(貫) 700문(文)-조선 단위로 2,170냥-이었으
며, 면포[公木]가 56필, 종이[中結紙]가 3속(束), 그리고 은(銀)이 101냥[兩]
이었다.

　여기에서 주목할 것은 포상자 61명의 기재 순서와 포상금의 차이, 그리
고 직책에 해당하는 인원수이다. 맨 위에 관수가 자리하고 있고, 그 다음이
일대관(一代官)이다. 이 두 사람에게만 백미(白米)가 지급되고 있는데, 관수
(3俵)보다도 일대관(4俵)에게 지급된 양이 더 많다. 이것은 '위계는 관수가
더 높지만, 그때의 공로는 일대관이 더 많았다'는 의미로 해석된다. 그리고
포상자 중 대관(代官)이 인원수로는 가장 많았는데, 이것은 대관들이 맡은
업무가 다양하고 많았음을 보여준다.

〈표 5〉陳賀使 古川采女가 내린 褒賞 내역(1864년)

No	직책	성명	白米 (俵)	大錢 (文)	公木 (疋)	中結紙 (束)	銀 (兩)
1	舘守	番縫殿介	3				
2	一代官	中村文吾	4				
3	斂官取立役	梯卯右衛門		200			
4	斂官取立役	高木文作		200			
5	斂官取立役	財部松兵衛		150			

---

68) 대전(大錢)은 조선의 동전(銅錢) 즉 상평통보(常平通寶)를 가리킨다. 조선 정부가
　공작미(公作米)의 일부를 동전으로 바꾸어 준다든가, 잡물을 현물 대신에 쌀이나
　동전으로 대신 지급하게 되면서 왜관 내부에 조선 동전이 축적될 수 있었다. 그런
　데 왜관에 전달된 조선 동전이 대마도 등 일본 국내에서 널리 유통되는 데까지는
　이르지 못한 것으로 보인다. 일부 조선 동전이 대마도 안에서 사용된 흔적이 발견
　되는 정도이다.
69) 『(一代官)每日記』 1864년(元治 1) 12월 12일(맑음).

No	직책	성명	白米 (俵)	大錢 (文)	公木 (疋)	中結紙 (束)	銀 (兩)
6	僉官取立役 助勤	齋藤與市		100			
7	代官方 下代	源作			1		
8	代官方 下代	孫助			1		
9	代官方 下代	嘉右衛門			1		
10	代官方 下代	政三郎			1		
11	代官方 下代	喜兵衛			1		
12	代官方 下代	万次郎			1		
13	代官方 下代	猪助			1		
14	藥種方 下代	太右衛門					
15	代官方 定番	卯吉					
16	代官方 壹番	常治	0.5				
17	代官方 壹番	孫治					
18	藥種方 定番	虎治					
19	修理大工	喜右衛門		200			
20	修理大工	儀助		200			
21	番手	清右衛門		200			
22	番手	杢右衛門		200			
23	家守札	權六		300			
24	藏番			200			
25	藏番			200			
26	藏番			200			
27	陳賀使 正官			10,000			
28	陳賀使 都船主			5,000			
29	陳賀使 封進			3,000			
30	重用通弁役	廣瀬豊吉			6		
31	重用通弁役	高木恕一			5		
32	大通詞假役	川本信助			4		
33	大通詞假役	中村喜一郎			4		
34	稽古通詞	山田虎之介			3		
35	稽古通詞	住永正八			3		
36	五人通詞	小田莊助			2		
37	五人通詞	嘉瀬丈助			2		
38	五人通詞	川本政太郎			2		

No	직책	성명	白米 (俵)	大錢 (文)	公木 (疋)	中結紙 (束)	銀 (兩)
39	五人通詞	福山重作			2		
40	五人通詞	吉松友之介			2		
41		神崎永太郎				1	
42		住永又助				1	
43		川本順作				1	
44	藥種方 二代官	鶴園忠右衛門					20
45	亥年 同上	內野寬之助					18
46	者年 同上	俵郡兵衛					18
47	三代官	白水幾右衛門					15
48	藥種方 取調役	山田卯吉					15
49	三代官 藥種方引切兼勤	堀直助					15
50	町代官	八坂治作			3		
51	町代官	中野許太郎			3		
52	細物代官	眞嶋仙藏			3		
53	代官方 書手	長野定五郎			1		
54	藥種方 受者	阿比留廣作			1		
55	館守 書役	永留卯左衛門			3		
56	斂官取立役	梯卯右衛門		200			
57	斂官取立役	高木文作		200			
58	斂官取立役	財部松兵衛		150			
59	斂官取立役 助勤	齋藤與市		100			
60	下目付	茂右衛門	1.5	400			
61	下目付	直右衛門		300			
계			9	21,700	56	3	101

*자료 : 『(一代官) 每日記』1864년(元治 1) 12월 12일(맑음).

<표 6> 맹수 포획에 동원된 왜관의 일본인들(1864년)

No	직책	성명	주요 공적	道具 소지 여부
1	一代官	中村文吾		
2	橫目頭	加納鄕右衛門		
3	目付	古村豊		소지
4	表目付	內野才兵衛		
5	大小姓橫目	踊澤城左衛門		

No	직책	성명	주요 공적	道具 소지 여부
6	一特送使 正官人	高瀬浪濤		
7	以酊庵送使 正官人	岩村傳右衛門		
8	一特送使 都船主	梅野市右衛門		
9	(판독 불명)	(판독 불명)		
10	一特送使 二船主	小川茂一郎		
11	濱方 徒士目付	川邊吉右衛門		
12	藥種方 二代官	鶴岡忠左衛門		
13	古二代官	古賀宇右衛門	三之矢	
14	新二代官	内野寬之助	初矢[内野寬之助 下人 源助]	
15	書役	大浦忠佐衛門		
16		江口廣右衛門		
17		阿比留久右衛門		
18		佐々木十左衛門		
19		阿比留澤之輔		
20	横目	倉田弥三右衛門		
21		大浦郡之丞		
22		田中左軍		
23		扇貫一郎		
24		吉田多實介		
25	告襲使附醫	橋邊文安		
26	一特送使 封進	串崎定之允	二之矢	
27	一特送使 荷押物	春田源助		
28	送還使 封進	船越賀兵衛		
29	三代官	白水幾右衛門		
30		堀直助		
31	重用通弁役	浦瀬最助		
32	藥種方 取調役	山田卯吉		
33	町代官	神崎德右衛門		
34	細物代官	馬嶋仙藏		
35	町代官細物代官 助勤	山田富作		
36	勤番通詞 五通格	津吉軍八		
37	通詞	園田松之助		
38		中野許太郎		
39		束田喜三郎		
40	五人通詞	國分良助		
41		嘉瀬丈助		
42	組横中	50人余		

No	직책	성명	주요 공적	道具 소지 여부
	下目付中			
	大工 番手			
	諸請負中			소지 안 함
	大船 飛船 水夫中			
	和館 水夫共			

* 자료 : 『館守日記』 1864년(元治 1) 1월 24일.

〈표 6〉의 맹수 포획 가담자 명단을 보면 1번 일대관(一代官)부터 41번 오인통사(五人通詞)까지는 한 명씩 성명이 적혀 있다. 그리고 맨 마지막 42번은 성명은 적혀 있지 않고 '50여 명'이라고만 되어 있으며, 이들은 "도구(道具)를 소지하지 않았다"고 한다. 아마도 이들은 함께 소리를 지르며 맹수를 한 곳으로 몰아가는 일을 하지 않았을까 짐작된다.

아무튼 〈표 5〉와 〈표 6〉은 왜관의 어떤 직책에 누가, 몇 명이나 배치되어 있었는지를 파악할 수 있게 해 준다(두 건만 해서 중복자 포함 약 150명). 이를 통해서 왜관 체류자의 규모도 어느 짐작해 볼 수 있다.

Ⅳ. 왜관 안팎의 생활(生活)과 활동(活動)[70]

왜관의 안과 바깥을 구분하는 표현으로 당시 일본인들은 내향(內向)과 외향(外向)이라는 낱말을 자주 사용하였다. 즉 왜관 내부와 일본인[對馬人]을 가리킬 때는 우치무키[內向]를, 그리고 왜관 외부 즉 조선(조선인)을 말할 때는 소토무키[外向]라는 용어를 왜관에서는 즐겨 썼다.

---

70) 이 글에서는 외교와 무역 자체에 대한 언급은 되도록 피하고, 조·일 간에 있었던 마찰과 충돌에 대해서도 기존 연구의 성과를 소개하는 것으로 대신하고자 한다.

1. 왜관 내부의 일상과 행사

1) 왜관 내부의 일상생활

(1) 의식주 생활과 원료 조달

부산의 왜관으로 건너와 생활하던(거주, 체류) 대마인(對馬人)이 의식주 (衣食住) 문제를 어떻게 해결했는지 명확하게 알기 어렵다. 특별한 것이 아니면 기록으로 남기지 않아서인지 『관수일기』에도 이에 대해서는 자세하게 적혀 있지 않다. 의식주에 필요한 물자를 대마도에서 왜관으로 가져와서 사용하기도 하였겠지만, 그것만으로는 충분하지 않아 반드시 현지에서 조달해야만 하는 것도 있었을 터이다.

예를 들면 물과 식재료와 연료 등이 거기에 해당한다고 볼 수 있다. 왜관 앞에서 매일 아침 열리는 조시(朝市)에서 생선과 채소[魚菜] 등 식재료를 매매(賣買)할 수 있게 하고, 대마도에서 건너온 주요 인사들에게 왜관에서 쓸 연료(燃料)를 조선 정부가 지급해 준 까닭은 바로 그것 때문이었다. 『증정교린지(增正交隣志)』 등 조선 측 기록에 조시(朝市)와 잡물(雜物), 시탄 (柴炭)[71] 등에 관한 지급 규정이 자세하게 적혀 있고, 『관수일기』 등 일본 측 기록에 이에 관한 언급이 자주 등장하는 것도 이러한 사정에서 비롯된 것임은 더 말할 나위가 없다.

왜관의 일본인[對馬人]은 당연히 일본식 복장 즉 와후쿠[和服]를 입었다. 다만 평소에 입는 옷[平服]과 의례 참석 때 입는 옷[禮服]의 구별이 있었음은 더 말할 나위가 없다. 평소 입는 옷이라도 조선인이 드나드는 점을 고려하여 옷차림에 더욱 신경을 쓰도록 했다고 한다. 예를 들면 더운 여름철에도 얇은 비단을 착용하게 한 점, '훈도시'만 차고 밖에 나가지 말라고 한 점

---

71) 정성일, 2019, 「왜관의 연료 조달을 둘러싼 조선과 일본의 마찰(1609~1876)」, 『한일관계사연구』 66, 한일관계사학회; 여민주, 2022, 「17~18세기 왜관의 연료 소비 양상과 연료 지급 방법」, 『항도부산』 43, 부산광역시사편찬위원회.

등이 눈에 띈다.72) 예복(禮服)의 경우도 숙배 의례(肅拜儀禮), 연향 의례(宴享儀禮), 개시(開市) 때 격식을 갖추어 차려입는 옷, 그리고 조의(弔儀)를 표하는 뜻으로 입는 상복(喪服) 등을 엄격하게 구분하여 복장 관리를 하였다.73)

왜관의 일본인[對馬人]은 당연히 일본식 음식 즉 와쇼쿠[和食]를 먹었다. 왜관의 음식문화에 대해서는 다시로 가즈이[田代和生]의 책에 자세하다.74) 여기에서는 왜관의 술과 술 가게에 대하여 간단히 소개하고자 한다.

왜관에서 술을 새로 빚으면 관수에게 판매 허가를 받았으며, 정해진 가격으로 판매를 개시하였다고 한다.75) 그런데 조선인이 왜관의 술집에 가서 술을 사서 마시는 일도 있었던 것 같다. "오늘[1836.9.8.-역자] 밤 술시 무렵에 부관인(副官人) 아사오카(朝岡老之助)가 들어와서 말하기를, '내 밑에 있는 곤로쿠[權六]가 술장사를 하고 있는데, 오늘 낮에 조선 사람 두 명이 왔다고 합니다. 한 명은 수영(水營) 사람으로 이름은 김덕중(金德重)이고, 다른 한 명은 사카노시타(坂之下) 사람이었습니다.'고 하였다. 사카노시타 사람은 말도 통하였다고 했으며, 술을 먹고 싶으니 방을 빌려 달라고 하였다."고 한다.76) 여기에서 사카노시타란 임소(任所)를 말하며, 훈도(訓導)와 별차(別差) 등 조선 역관이 근무하는 곳이다. 이런 일이 흔하지는 않았겠지만, 조선 역관과 안면이 있어서 이 두 사람이 대낮에 왜관의 술집으로 들어

---

72) 다시로 가즈이 지음, 정성일 옮김, 2005, 『왜관』, 181-182쪽;『우리의 삶터 중구 부산을 담다』 상, 119-120쪽.

73) 윤유숙, 2011, 「年中行事와 儀式으로 본 근세 왜관」,『일본연구』15, 고려대학교 글로벌일본연구원, 18쪽; 윤유숙, 2015, 「근세 왜관에 체재하던 일본인의 생활상」,『동북아역사문제』97, 동북아역사재단, 9-10쪽; 박화진, 2015, 「막말·명치초기 초량왜관 의례양상에 대한 고찰」,『동북아문화연구』43, 84-86쪽.

74) 다시로 가즈이 지음, 정성일 옮김, 2005, 『왜관』제5장「조선과 일보의 음식문화 교류」, 205-249쪽이 자세하다.

75) 新酒出來ニ付 今日賣出御免の儀願出 左之通直段を以賣出方添書を以 御代官方より 被伺出承届申出候通可被申付旨以手紙相達 / 一 新酒壹升 代銀壹匁六分 / 一 新諸白 壹升 代銀壹匁七分.『館守日記』1836년(天保 7) 9월 8일.

76)『館守日記』1836년(天保 7) 9월 8일.

가 술을 마실 수 있었지 않았나 생각한다.

(2) 왜관의 시설 환경 관리

왜관은 크게 동관(東館)과 서관(西館)으로 나뉜다. 동관은 관수가(館守家)를 비롯하여 왜관에 상주(常住)하는 대마도 역인(役人)들의 공간이다. 그래서 그곳에서 생활하는 대마도 사람들이 자신들의 필요에 의해서 자체적으로 수리를 하는 일이 많았다. 그런데 서관은 사자(使者)로 건너온 일행들이 일시 기거(寄居)하는 곳이라서 원칙적으로 조선 정부가 수리와 관리 책임을 지고 있었다.

〈표 7〉과 같이 1864년 왜관의 수리(공사) 관련 기록은 주로 서관과 선창에 관한 것이었다. 예를 들어 동년 11월 11일 『관수일기』를 보면 서관 보수 공사 기록이 보인다. 즉 서관의 동대청(東大廳) 서행랑(西行廊) 가운데 하나인 일특송사(一特送使)가 묵을 숙소의 아래채 행랑[下行廊]을 대수리(大修理)하는 것과 관련한 내용이 자세하게 소개되어 있다. 이날 감동관(監董官) 성시(聖始) 김지사(金知事)와 훈도 학일(學一) 이주부(李主簿), 별차 우경(雨卿) 오주부(吳主簿)가 관수[館守] 앞으로 각서를 제출하였다. 이 각서는 두 가지 내용을 담고 있었다. 하나는 왜관 수리를 위해 이번 겨울에 벌목하여 내년 이른 봄에 걸쳐 공사를 시작한다는 것이었다. 다른 하나는 이 공사와 관련하여 대마도[貴州]에서 차지(次知) 1명, 소금도(小禁徒) 1명, 도목수(都木手) 1명을 전례에 따라 보내 달라는 요청이었다.[77]

〈표 7〉 왜관의 수리와 공사(1864년)

No	월일		대상지		내용
1	4	14	서관	參判家	아래채 長屋 수리 위해 조선 인부가 왜관에 들어감
2		15	선창		선창 공사를 하러 조선 인부가 왜관에 들어감

---

77) 『館守日記』 1864년(元治 1) 11월 11일.

No	월일		대상지	내용
3		16	서관 斂官家	첨관가 공사 하러 조선 인부가 왜관에 들어감
4		22	서관	서관 수리 공사를 하러 조선 인부가 왜관에 들어감
5		25	선창	폭풍 피해 입은 선창 공사를 하러 조선 인부가 왜관에 들어감
6		26	서관 參判家	아래채 長屋 수리 위해 조선 인부가 왜관에 들어가 공사 시작
7	5	22	서관 斂官家	첨관가 공사 하러 조선 인부가 왜관에 들어감
8		23		
9		24		
10	6	14	서관 斂官家	첨관가 공사 하러 조선 인부가 왜관에 들어감
11		15	서관 西館家	서관가 공사 하러 조선 인부가 왜관에 들어감
12	11	11	서관 一特送使家	일특송사가 묵을 東大廳 西行廊 숙소의 아래채 행랑 대수리

* 자료 : 『館守日記』 1864년(元治 1)에서 필자 작성.

　　왜관 내부 건물이나 선창 주변 공사를 위해서 조선인 인부가 왜관 안으로 들어가는 것과 정반대로, 왜관의 대마인(對馬人)이 왜관 밖으로 나와서 절영도[마키노시마] 주변의 항로를 점검하는 일도 있었다. 즉 절영도[牧嶋]의 수가(水架)와 방렴(防簾)에 대한 점검이 주기적으로 이루어졌는데, 이와 관련하여 대관방(代官方)에서는 통역을 위해 오인통사(五人通詞) 한 사람을 현장으로 출장을 내보내는 것이 관례가 되다시피 했다. 그 밖에 인솔자가 동행하여 왜관 밖에서 이루어지는 현장 점검을 철저하게 통제하였을 것으로 짐작된다.

〈표 8〉 절영도 주변의 항로 점검(1864년)

No	월일		대상지		내용
			水架	防簾	
1	1	16		○	방렴을 잘 점검했다고 倉田弥三右衛門과 五人通詞가 관수에게 보고
2		17		○	방렴을 잘 점검했다고 五人通詞 嘉瀨丈助가 관수에게 보고
3	3	26	○		수가 점검을 마침
4	5	4	○		수가 점검을 마침

No	월일		대상지		내용
			水架	防簾	
5	10	10		○	소통사들이 설치한 방렴이 선박 입출항에 지장 없는지 점검
6		11	○	○	수가와 방렴이 특별히 문제 될 것이 없다고 관수에게 보고
7		17		○	남쪽 해변에 설치된 방렴을 점검
8	11	16	○	○	수가와 방렴 점검하러 갔는데, 수가는 설치가 안 되어 있었다고 보고
9		24		○	방렴을 점검했다고 別方에서 관수에게 보고
10	12	10	○		수가 설치 완료했다고 조선 측이 알려 주었기에 점검을 나갔음
11		20		○	방렴 점검을 나갔음

* 자료 : 『館守日記』1864년(元治 1)에서 필자 작성.

〈표 8〉에서 보는 것처럼 1864년에는 모두 11차례에 걸쳐서 수가(水架)나 방렴(防簾) 등 시설물을 점검할 때 왜관에서도 사람을 현장으로 내보내서 참여하도록 했다. 수가나 방렴을 설치한 쪽은 조선이었던 것으로 보이는데, 그러한 시설물이 혹시 일본 선박의 왜관 입출항에 지장을 주지는 않는지 미리 확인해 보고자, 조선 정부가 왜관에 현장 점검을 요청하였다고 판단된다.

2) 축하 인사

(1) 연말과 연초의 축하 인사

왜관의 기록에서는 요즘말로 종무식과 시무식에 해당하는 것을 각각 세모축사(歲暮祝詞)와 연두축사(年頭祝詞)–연시(年始)로 표기하였다. 그런데 전년도[1863년] 12월은 조선이 국상(國喪) 중이어서, 1864년 1월 1일에는 아무런 행사를 하지 않았다는 기록이 보인다. 1월 5일이 되자 그동안 연기했던 의식을 거행하였다고 한다. 즉 이날 전년도의 세모축사(歲暮祝詞)가 뒤늦게 거행되었는데, 『일대관일기』에 당시 모습이 적혀 있다.

    "날씨가 맑았다. 두 役所[代官方? 藥種方?]의 역중(役中)과 통사중(通詞

中)이 일대관(一代官) 사무실로 들어오자, 그들을 이끌고 일대관 일행이 관수(館守)에게 갔다[出仕]. 전임 이대관[古二代官]과 대관중(代官中)은 쌀을 받느라 출사를 하지 않았다. 일대관 일행이 고습참판사(告襲參判使; 正官仁位孫一郎)에게도 축하 인사를 하러 갔다. 그런데 일대관이 도구 상자를 가지고 가게 되어 있었지만, 일이 많아 그것은 생략하고 그냥 갔다고 한다. 일대관은 통사(通詞)들의 인사를 받았다."78)

일대관 입장에서 보면 관수와 고습사(정관)에게는 일대관이 인사를 하러 갔고, 역소(役所)의 역중(役中)과 통사중(通詞中)은 일대관에게 인사를 하러 왔다. 여기에서 직위의 상하 관계가 확인된다.

하루 뒤인 동년 1월 6일에 조선의 국상으로 미루어왔던 신년도 연두축사(年頭祝詞)가 있었다. 그때 상황은 다음과 같다. "이날도 날씨가 맑았다. 일대관이 상하 5인을 동반한 채 관수에게 출사하여 새해 축하 인사를 하였다. 그 뒤 (고습)참판사에게 가서 본좌(本座)에서 축사를 하고, 동관과 서관을 빠짐없이 돌면서 인사를 했다. 다만 역중(役中)의 집을 모두 돌면서 인사를 하는 것이 선례이지만, 때가 때이니만큼 그것은 생략했다. 첨관중(僉官中)과 빈방(濱方)의 역중이 축하 인사를 하러 일대관 집무실로 들어왔다. 통사(通詞)와 조하횡목(組下橫目), 하목부(下目付), 하대(下代) 이하 모두 인사를 하러 왔기에 일대관이 그들을 만나주었다."79) 이때도 일대관이 관수와 고습사에게는 인사를 하러 갔고, 나머지 역인(役人)들의 인사를 받아주었다. 새해 첫인사라서 일대관이 역중(役中)의 모든 집을 직접 찾아가는 것이 관례였지만, 조선이 국상 중인 점을 고려하여 그것을 생략했다는 점이 인상 깊다.

---

78) 『(一代官) 每日記』 1864년(元治 1) 1월 5일(맑음).
79) 『(一代官) 每日記』 1864년(元治 1) 1월 6일(맑음).

(2) 초하루와 보름의 축하 인사

왜관에서는 매월 초하루와 보름에도 축하 인사를 하는 것이 관례였다. 1864년 1월 15일에도 축사가 있었다. 일대관은 아사[麻]를 위아래 착용하고, 두 역소의 역인들이 들어오자 그들과 함께 전례대로 관수에게 축하 인사를 하러 갔다. 그 뒤 고습참판사(告襲參判使)에게도 축하 인사를 하러 갔다. 예년처럼 역소로 별감(別監)들이 오자 일대관 측에서 음식을 내놓고 접대했다고 한다.[80] 2월 1일에도 전례대로 축사가 있었다. 그런데 이날은 그동안 연기했던 첫 번째 총쏘기[鐵砲打初]와 활쏘기[弓射初]를 관수가(館守家)에서 실시했다고 한다.[81] 그 이듬해인 1865년 2월 1일에도 축하 인사가 있었음은 물론이다.[82] 이처럼 매월 초하루와 보름에 축하 인사를 하는 것이 왜관의 관례였다.

(3) 절기(端午, 七夕, 重陽)에 하는 축하 인사

왜관에서는 5월 5일 단오(端午)와 7월 7일 칠석(七夕), 9월 9일 중양(重陽)에 축사를 하였다. 1864년 5월 5일 기사를 보면, 단오 축사(祝詞)를 하러 일대관(一代官)이 역중(役中)을 거느리고 관수(館守)에게 출사(出仕)를 했다고 되어 있다. 7월 7일에도 칠석(七夕) 축사를 위해 일대관이 역중을 동반하여 관수에게 출사하였으며, 그날 첨관(僉官)과 그 밖의 빈방(濱方) 통사중(通詞中)이 일대관에게 들어왔다고 한다. 9월 9일은 중양(重陽)이라서 축사를 하러 일대관이 역중을 동반하여 관수에게 출사한 뒤, 참판사와 재판, 조례사(弔禮使)에게도 갔으며, 그 밖에 빈방(濱方) 대관중과 통사중이 모두 축사를 돌았다고 적혀 있다.[83] 이듬해인 1865년 5월 5일에도 전례대

---

80) 『(一代官) 每日記』1864년(元治 1) 1월 15일(맑음).
81) 『(一代官) 每日記』1864년(元治 1) 2월 1일(맑음).
82) 『(一代官) 每日記』1865년(元治 2) 2월 1일(흐림). 이날은 대마도로 건너갈 大船의 仕出이 있어서 役中은 가지 못하고, 一代官만 館守에게 가서 祝詞를 했다고 한다.
83) 『(一代官)每日記』1864년(元治 1) 5월 5일(맑음), 7월 7일(맑음), 9월 9일(흐림).

로 단오 축사를 돌았으며, 7월 7일에는 칠석이라서 관수는 물론이고 전임 관수[古館守]에게도 축사를 하러 갔다고 한다.[84]

(4) 우란분(盂蘭盆) 축하 인사

왜관에서는 해마다 7월 14일이면 우란분(盂蘭盆 우란본) 축하 인사가 있었다. 우란분이란 죽은 뒤 고통받는 영혼을 구하고자 하는 마음으로 여러 음식을 만들어 분(盆)에 담아 조상의 영전이나 부처에게 공양하는 불사(佛事)를 말한다. 1864년에도 이날 양역중(兩役中)이 일대관에게 축사하러 들어오자, 일대관 집무실에서 우란분 축사를 하였다. 그 길로 관수에게 함께 가서 우란분 축사를 했다. 그런 다음 일대관 일행이 참판사를 찾아가 축사를 하였으며, 동관과 서관을 돌면서 여러 사람들에게도[東西館諸參負] 축사를 했다. 이때 일대관 일행은 상하(上下) 5인이었다고 한다. 한 해 뒤인 1865년 7월 14일에도 우란분 축사를 하러 일대관 일행이 먼저 관수에게 갔으며, 그 뒤 왜관 안을[館中] 돌면서 우란분 축사를 했다고 기록되어 있다.[85]

(5) 공작미(公作米) 첫 출고(出庫) 축하 인사

조선이 공무역(公貿易)에서 결제(決濟)를 해 주는 쌀을 공작미(公作米)라 불렀다. 해마다 첫 번째로 조선의 쌀 창고에서 공작미를 출고(出庫)해도 좋다는 결정이 내려지게 되면 그 소식이 곧장 왜관에도 전해지게 마련이었다. 그 소식을 접한 왜관의 일본인들은 누구 할 것 없이 이를 크게 반겼다. 그때의 분위기를 왜관의 기록에서는 '공열(恐悅)'로 표기하곤 하였다. 매년 2월쯤에 신년조(新年條) 공작미(公作米)의 고출(庫出)이 있었는데, 『관수일기』에 따르면 1864년에는 2월 16일에 이 소식이 왜관에 전달되었다.[86] 그

---

84) 『(一代官)每日記』(일본 對馬歷史民俗資料館 宗家文庫 日記類 Dc 18) 1865년 5월 5일(맑음) ; 『(一代官)每日記』(동 Dc 19)7월 7일(맑음).

85) 『(一代官)每日記』 1864년(元治 1) 7월 14일(맑음), 1865년 7월 14일.

86) 新年條御米二千俵庫出之段外向より相届、右二付御代官役々御祝詞として罷出候付

런데 『일대관일기』에는 하루 뒤인 2월 17일에 공작미 출고 소식이 왜관에 전해진 것으로 적혀 있다. 즉 "새해 처음으로 이날[2.17-인용자] 공작미가 출고되었다고 조선 측이 소통사(小通事)를 보내서 이 사실을 왜관에 알려 주었다. 이에 역중(役中)이 하오리하카마[羽織り袴]를 입고 축사(祝詞)를 하러 관수(館守)에게 갔으며, 그곳에서 고습참판사(告襲參判使)한테도 가서 축하 인사를 올렸다[御祝詞申上]"고 기록하고 있다.[87]

3) 환자와 사망자의 처리

(1) 환자의 조기 귀국

왜관 체류 중에 병이 나면 체류기간 만료 전이라도 조기에 귀국시키는 일도 있었다. 예를 들어 1864년 8월 15일에는 왜관 수부(水夫) 호오랑(好五郎)과 좌길(佐吉)이 병이 나서 그 무렵 귀국 예정이던 순길환(順吉丸) 편으로 돌아가고자 한다는 요청을 관수가 승인한 적이 있다. 이대관(二代官)을 통해서 그것이 관수에게 보고되었다. 수리대공(修理大工) 광치(廣治)와 왜관 수부 복차랑(福次郎)과 삼원(三原)도 위와 동일하게 관수에게 보고가 들어갔다.[88] 아마도 관수가 이를 허락하였을 것으로 짐작된다.

동년 10월 4일에는 부특송사(副特送使) 하압물(荷押物, 三木田支一郎)이 병이 깊어 조기 귀국을 희망하였다. 그 무렵 대마도로 건너갈 예정이었던 대포방(大砲方) 어차선(御借船) 입길환(立吉丸) 편으로 본인 희망에 따라 귀국하도록 관수가 허락하였다. 이때 그에게 마키고메[卷米]를 3개씩 지급하기로 했다 한다.[89] 앞의 수부와 달리 하압물이라는 직책 때문인지 약간의 호의가 베풀어졌다.[90]

拙者[館守-인용자]出席逐對面(『館守日記』 1864년(元治 1) 2월 16일).
87) 『(一代官)每日記』 1864년(元治 1) 2월 17일(맑음).
88) 『館守日記』 1864년(元治 1) 8월 15일.
89) 『館守日記』 1864년(元治 1) 10월 4일.
90) 12월 11일에는 재판(裁判, 多田佐一郎)의 하인(下人) 행작(幸作)이 병이 나서 순길환

(2) 사망자의 처리

왜관에서 생활하다가 그곳에서 죽은 사람도 있었다. 사망자 중 조선 땅
에 묻힌 경우도 있었다(亡子의 지위와 처지에 따라서 관수가 장례비의 일
부를 지원하기도 함). 대부분 밤에 무상문(無常門)이라 불리는 남쪽의 문을
통해서 왜관 밖으로 옮겨진 시신은 야산에 매장하는 것이 관례처럼 되어
있었다[野送]. 아마도 시신을 수습하여 대마도로 보내려면 적지 않은 비용
이 발생했기 때문으로 보인다.

1712년 5월 23일 세견(歲遣) 제1선 봉진(封進)으로 건너온 사람이 병이
들어 귀국 명령을 받아 지난 21일 승선하였으나, 바다 사정이 좋지 못해 출
항 대기 중 밤에 병사(病死)하는 일이 있었다. 그 시신을 육지로 올리겠다
고 요청하자 관수가 허락하였다고 한다.[91] 아마도 이 시신은 왜관 주변에
묻혔을 것으로 짐작된다.

1864년의 경우 『관수일기』와 『일대관일기』에 보이는 사망자가 모두 7명
이었다. ① 7월 29일 왜관 수부(水夫) 만오랑(万五郎)이 병으로 죽자 그날
밤 야송(野送)을 했다.[92] ② 8월 3일 아침 신유조[1861년] 일특송사(一特送
使) 봉진(封進; 國分蔀)의 하인이었던 이길(利吉)이 병으로 죽자 이날 저녁
시신을 야송(野送) 했다.[93] ③ 8월 14일 가와무라[河村高四郎]가 병사(病
死)했다. 저녁에 시신의 야송이 있었다.[94] ④ 8월 30일 사대관(四代官) 스

(順吉丸) 편으로 귀국을 희망하자 관수가 이를 허가하였다고 한다. 『館守日記』
　　1864년(元治 1) 12월 11일.
91) 『館守日記』1712년(正德 2) 5월 23일).
92) 『館守日記』1864년(元治 1) 7월 29일; 『(一代官)每日記』1864년(元治 1) 7월 29일
　　(흐림).
93) 『館守日記』1864년(元治 1) 8월 3일.
94) 가와무라[河村高四郎]가 대마도에서 왜관으로 가지고 건너온 무기류(武器類)를 관
　　수가 틀림없이 맡아 놓았다고 했다. 그의 공적을 높이 평가하여 장례 비용으로 은
　　과 쌀을 특별히 빌려주었다고 한다. 『館守日記』1864년(元治 1) 8월 14일; 『(一代
　　官)每日記』1864년(元治 1) 8월 14일(맑음).

미나가[住永正兵衛]가 그날 아침 병사했다. 역시 야송을 했다.[95] ⑤ 9월 10일 횡목두(橫目頭) 아비루[阿比留內藏介]가 병사해서 그날 저녁 야송했다.[96] ⑥ 9월 16일 조례사(弔禮使) 정관인(正官人) 히구치[樋口直左衛門]의 하인 상작(常作)이 병으로 죽었다. 그날 저녁 야송이 있었다.[97] ⑦ 12월 10일 연한재판(年限裁判 ; 多田佐一郎)의 하인 충작(忠作)이 병으로 죽었다. 그날 저녁 (재판) 다다[多田佐一郎]가 시신을 야송하겠다고 관수에게 보고했다.[98] 이상 7건은 모두 무상문(無常門)을 통해 밤에 시신을 왜관 밖으로 옮기고[野送], 그 사실을 조선 역관에게 알린 점에서 동일하다. 다만 사망자의 지위와 공적에 따라 일부 장례 비용을 관수가 지원하는 사례도 있었다.

그런데 시신을 야송(野送) 즉 왜관 주변에 매장하는 것이 아니라, 대마도로 그것을 송환한 사례도 있었다. 예를 들어 1694년 7월 7일 일특송사(一特送使) 정관(正官; 平田七郎兵衛)이 왜관에서 죽자 유해를 비선(飛船)으로 송환하였다.[99] 1724년 8월 30일 "재판(裁判) 스즈키가 전부터 병이 들었는데 갑자기 병이 중해지더니 오늘 낮에 사망했다. 유해를 대마도로 가져가겠다고 친척들이 요청하자, 선례대로 하라고 답변하였다. 즉 1694년 7월 7일 일특송사 정관(平田七郎兵衛) 사망 때 유해를 봉인(封印)하여 대마도로 보

---

95) "사대관(四代官) 스미나가[住榮正兵衛]에게 대전(大錢) 5관문을 빌려주고, 쌀[白米] 5
   섬[俵]을 포상으로 지급하라"는 도서참판사(圖書參判使)의 구두 지시가 있었다. 『館
   守日記』1864년(元治 1) 8월 30일; 『(一代官)每日記』1864년(元治 1) 8월 30일(맑음).
96) 9월 14일 "쌀[白米] 3섬[俵]을 빌려주라"고 전하고, "상납(上納)에 관해서는 따로 지
   시하겠다"고 후루카와[古川治部]가 관수와 일대관에게 전달했다. 『館守日記』1864
   년(元治 1) 9월 10일, 동 14일.
97) 『館守日記』1864년(元治 1) 9월 16일.
98) 『館守日記』1864년(元治 1) 12월 10일; 『(一代官)每日記』1864년(元治 1) 12월 10일
   (맑음).
99) 一特送使正官平田七郎兵衛今日死去被致候故佐須奈戻り飛船二爲乘明日出帆申付ル 依
   之御(?)下(?)步行目付佐葉一郎右衛門見聞仕出棺二印判仕ル. 『館守日記』1694년(元祿
   7) 7월 7일.

낸 선례를 따르라고 관수가 지시를 하였다."고 한다.[100]

(3) 묘지 관리와 성묘

『초량화집(草梁話集)』에는 고관[두모포왜관]에 남아 있는 일본인[對馬人]의 묘소에 대하여 다음과 같이 소개한 적이 있다. "(고관에) 묘소가 24곳에 있다. 강을 바라보는 산의 세내(笹內)-개운포(開雲浦)가 된다-쪽에 3개가 있었다. 그 뒤 계속 줄어들어 14곳에 있던 것을 근래 조금씩 찾아내어 지금은 24곳이 되었다. 봄(춘분)과 가을(추분) 피안일(彼岸日)에 (초량왜관의) 하대(下代)들을 그곳으로 보내 청소를 한다."고 적은 것을 보면, 오다 이쿠고로가 왜관에 머물던 시점만 하더라도 24기의 묘가 고관[두모포왜관] 뒷산에 남아 있었음을 알 수 있다.

신관[초량왜관]의 일본인[對馬人]은 주기적으로 참배(參拜)를 했다. 그들이 참배한 곳은 조상의 묘소(墓所)와 사찰(寺刹) 두 곳이었다. 먼저 조상의 묘를 찾는 성묘(省墓)는 피안(彼岸)과 우란분(盂蘭盆) 때였다. 피안이란 본디 산스크리트어 바라밀다(波羅蜜多)를 번역한 것인데, 이승의 번뇌를 해탈(解脫)하여 열반(涅槃)의 세계에 도달하는 것이나 그런 경지를 가리키는 낱말이다. 일본에서는 보통 춘분(春分)과 추분(秋分)을 전후한 1주일 동안을 피안(彼岸 히간) 기간으로 정했다.

1864년에는 2월과 7월, 8월 세 차례에 걸쳐 왜관 사람들의 조상 묘가 있는 고관[두모포왜관]까지 묘소 참배가 허락되었다. 『일대관일기』를 보면 "2월 7일부터 피안(彼岸)에 들어가니 고관 묘소 참배를 허락하되, 왜관을 출입할 때는 반드시 통행증[札]을 발급받아 왕래하도록 하고 밖에서 소란을 피우지 말라"는 관수의 지시가 일대관에게도 전달되었음을 알 수 있다.[101]

---

100) 『館守日記』 1724년(享保 9년) 8월 30일.
101) 朝鮮國王이 薨去하여 아직 장례가 끝나기 전이니 혹시 墓所 참배자 중에서 古館을 오가던 중 왜관 밖에서 조선인과 입씨름이라도[口論] 하게 되면 곤란해진다고 왜관의 고위층에서는 경계하는 움직임이 있었던 것으로 보인다(『館守日記』 1864년

이것이 그 해 첫 번째 성묘였다(①). 또 같은 자료의 7월 8일 기사에는 두 번째 성묘에 관한 기록이 보인다(②). 즉 "우란분(盂蘭盆)이라서 (7월) 13일부터 18일까지 선례대로 고관(古館) 참배가 허락되었다"는 것과 함께, 왜관 밖에 나가 소란을 피우지 않도록 주의하리라는 관수의 당부가 일대관을 비롯한 왜관 전원에게 전달되었다.102) 세 번째 성묘는 8월 17일부터 시작된 것으로 보인다(③). "이날부터 피안(彼岸)에 들어가므로 선례대로 7일 동안103) 고관(古館) 참배를 허락한다"는 관수의 지시가 왜관 사람들에게 전달되었다. 8월 26일에는 일대관(一代官)이 "피안(彼岸)이라 동향사(東向寺)에 가서 참배[參詣]"했다고 하는 기록이 보인다.104)

그런데 왜관에서 개시(開市)와 같은 중요한 일이 있으면 고관 묘소와 관련된 일을 중지하거나 뒤로 미루는 경우가 생겼다. 예를 들면 "개시가 들어와서 고관 묘소 참배를 보류"한다거나(1780년 8월 23일),105) "개시(開市)가 있어서 일손이 모자라 고관 묘소에 청소하러 갔던 하대(下代)를 다시 왜관으로 불러들인 일"이 있었다(1826년 7월 13일).106) 1836년 7월 13일에도 왜관에서 개시가 있어서 고관 참배에 대한 규찰[行規]을 하지 못했다고 한다.107) 이것을 보면 대마인(對馬人)들에게는 조상 묘소 참배도 중요했지만,

---

(元治 1) 2월 7일).

102) 『館守日記』에는 1864년(元治 1) 盂蘭盆 관련한 古館의 墓所 參拜 기간을 7월 13일부터 16일까지라고 했다(『館守日記』 1864년(元治 1) 7월 8일).

103) 1865년에는 "다음달 1일[8.1]부터 彼岸이라서 7일 동안 古館 참배[詣]가 허락되었다"고 되어 있다. 『(一代官)每日記』 1865년 7월 29일(흐림).

104) 『(一代官)每日記』 1864년(元治 1) 2월 7일(흐림), 7월 8일(맑음), 7월 12일(맑음), 8월 17일(흐림), 8월 26일(맑음).

105) 開市入來候段相届ル」 兩譯判事中入館小通事を以相届ル」 開市入來ニ付古館墓所詣差留候ニ付可被得其旨濱方別方へ相達ス. 『館守日記』 1780년(安永 9) 8월 23일.

106) 今朝古館墓所掃除として下代番手差越候處 市入來候付右之者共呼取吳館樣内裨將より別差を以申來候付 二代官より手紙差出小通事使を以申遣候付 市無滯入來候事」 右ニ付古館行規人不罷越. 『館守日記』 1826년(文政 9) 7월 13일.

107) 開市入來兩譯入館之段小通事を以相届」 市入來候付古館行規無之. 『館守日記』 1836년

조선 상인들과 하는 무역 업무를 먼저 처리해야 했던 때도 있었음을 알 수 있다.

〈표 9〉 왜관 거주 對馬人의 寺刹 참배(1863~5년)

No	연	월일		날씨	표기	관련 사항
1						1865. 1. 5(맑음) 御佛参仕 御香典献之
2		5	17	맑음	参詣	
3		5	29	맑음	佛参	1865. 5.29(비) 御向月＝付御佛参
4		8	7	비	佛参	
5		8	9	비	参詣	
6	1864	8	12	맑음	参詣	
7		9	5	맑음	参詣	
8		9	27	비	佛参	
9		11	6	비	寺参	1863.11. 6(맑음) 御向月＝付御佛参仕
10		11	29	맑음	寺参	1863.11.29(맑음) 御向月＝付御佛参仕ル
11		12	3	맑음	寺参	1863.12. 3(맑음) 法事에 일대관이 麻 상하 착용하고 上下 5인이 함께 사찰 참배, 香尊으로 菓子 바침

* 자료 : 『(一代官)毎日記』1864년(元治 1) 1~12월 ; 同 1863년 11~12월, 同 1865년 5월.

왜관의 일본인[對馬人]은 성묘와 별개로 절을 찾아가서 참배하는 경우가 적지 않았다. 그것을 가리켜 불참(佛参)이라든가 사참(寺参) 또는 참예(参詣)라고 표기하였다. 예를 들어 1864년에는 5월 29일부터 12월 3일까지 모두 10회에 걸쳐 사찰 참배가 있었다(〈표 9〉 참조). 1865년 『일대관일기』와 대조해 본 결과, 그것이 전년도의 사찰 참배 날짜와 정확히 일치했다(5월 29일과 11월 6일, 11월 29일, 12월 3일). 이것을 보면 나머지도 이와 비슷한 결과를 보여주지 않을까 짐작된다(단 『일대관일기』가 1865년 7월 이후는 현존하지 않아 확인 불가).

(天保 7) 7월 13일.

4) 왜관의 내부 통제

(1) 벽서 읽어주기[壁書讀度]

벽서(壁書 가베가키)란 글자 그대로 종이에 적은 글을 벽에 붙여 놓은 것을 말한다. 그런데 이것이 왜관 체류자를 모아놓고 벽서의 내용을 낭독하는 의식을 가리키는 용어로도 쓰였다. 왜관의 벽서는 1671년 3월 19일 제15대 관수[唐坊忠左衛門] 때 시작되어 관수가 교체될 때마다 실시되었다고 한다. 처음에는 19개 조항으로 되어 있었는데, 그것이 나중에는 26개 조항으로 늘어나는 등 변화가 있었다. 신임 관수가 임명되어 대마도를 출발하기 전에 관수에게 벽서를 들려주고 규율의 준수를 서약하게 절차가 오래도록 지켜졌다.[108]

예를 들어 1776년 9월 13일에는 관수가 "모레 15일 가베가키 요미와타시[벽서 읽어주기]가 있으니(明後十五日 御壁書讀渡候間)" 미리 준비할 것을 해당 부서에 지시하였다고 한다.[109] 1778년 10월 30일에도 관수가 "내일 초하루에 가베가키 요미와타시[벽서 읽어주기]가 있음(明朔日 御壁書 讀渡候間)"을 미리 알렸다는 기사가 보인다.[110] 이처럼 관수의 주도 아래 왜관의 자율 통제가 작동하고 있었다.

(2) 포상[褒美]과 처벌[禁足]

왜관에서는 신상필벌(信賞必罰)을 통해서 왜관 안의 통제를 강화하고 있었다. 포상은 크게 두 가지가 있었다. 하나는 '호비[褒美]'이고 다른 하나는 '마키고메[卷米]'이다. '호비[褒美]'란 특별히 공로가 인정될 때 쌀[白米]이나 돈[銀 ; 大錢, 和錢, 鳥目]이나 면포[公木]로 주는 상을 포괄하는 의미이

---

108) 田代和生, 2002, 『倭館-鎖國時代の日本人町-』, 文藝春秋, 135쪽; 다시로 가즈이 지음, 정성일 옮김, 2005, 『왜관』, 164쪽; 윤유숙, 2011, 「年中行事와 儀式으로 본 근세 왜관」, 15쪽; 윤유숙, 2015, 「근세 왜관에 체재하던 일본인의 생활상」, 8쪽.
109) 『館守日記』 1776년(安永 5) 9월 13일.
110) 『館守日記』 1778년(安永 7) 10월 30일.

다. 이에 반해서 '마키고메[卷米]'는 수당으로 주는 쌀을 가리킨다. 물론 '마키고메[卷米]'는 일에 대한 대가(代價)로 받는 수당만이 아니라 포상의 의미로 주는 경우도 있다.

1864년 12월 12일에 단행된 포상 내역은 앞에서 소개한 바 있다.[111] 이것은 고종(高宗)의 즉위를 축하하러 건너온 진하사(陳賀使)의 정관인(正官人; 古川 采女)이 사행의 임무를 무사히 마친 데 대한 포상이다(앞의 〈표 5〉 참조).

포상과 정반대로 왜관에서 정해진 규율을 어기는 등 잘못을 저지르면 처벌이 뒤따랐다. 1864년 『관수일기』에 보이는 4건의 처벌 관련 기사가 있다. ① 8월 10일, 계해년조[1863] 부특송사(副特送使) 봉진연(封進宴) 때 창고지기[藏番] 센베에[善兵衛]가 술을 마시고 소란을 피웠다. "와키노리고메[脇乘米]를 빨리 주지 않는다"고 조선 측에 항의하는 것이었지만, 외교의 현장에서 있을 수 없는 일이었다. 센베에 자신부터 우선 근신하도록 할 것을 이대관(二代官)을 통해 일대관이 지시했다고 한다.[112] ② 지난 8월 7일 밤 삼선(三船) 사고[佐護式三郎]가 칼 한 자루[腰]를 잃어버렸는데, 두 달 넘는 수색(조사) 끝에 10월 19일 비로소 그것이 풀숲에서 발견되었다. 용의자에게 내렸던 금족령(禁足令)을 관수가 이날 해제하였다.[113] ③ 10월 26일 왜관의 누룩집[糀屋] 청부찰(請負札) 차랑작(次郎作)에게 내렸던 금족처분을 동월 28일 관수가 해제하였다.[114] ④ 11월 12일, 이좌위문(伊左衛門; 御借船 寶壽丸 乘組)과 웅평(熊平; 佐須奈飛船 船頭 傳助 乘組)에게 금족 처분을 내렸다가 18일에 그것을 해제하였다.[115] 이상 4건 모두 왜관

---

111) 『(一代官)毎日記』 1864년(元治 1) 12월 12일(맑음).

112) 『(一代官)毎日記』 1864년(元治 1) 8월 10일(맑음).

113) 『館守日記』 1864년(元治 1) 10월 19일.

114) 10월 24일 비가 와서 통제가 느슨해진 틈을 타서 대마도로 돌아가는 비선(飛船)이 출범(出帆)하려고 할 때, 차랑작(次郎作)이 '웅담(熊膽)'을 몰래 그 배편으로 보내려다 적발되었다. 밀무역을 시도하다 붙잡혔으니 엄중 처벌해야 마땅하지만, 관수가 이번까지는 '자비(慈悲)'를 베풀어서 금족에서 벗어나게 해주었다고 한다. 『館守日記』 1864년(元治 1) 10월 26일, 28일.

내부의 일이며, 더구나 관수 선에서 처분이 완료되었기에, 이와 관련하여 조선 측에 알리거나 협의한 일은 없었던 것 같다.

5) 그 밖의 행사

1864년에는 1월 7일 그해 처음으로 거행된 은 칭량 의식[銀掛初之式]도 있었다. 또 7월 1일 시아귀(施餓鬼)라고 하는 불교 행사도 개최되었는데, 이 의례에 참석하기 위해서 일대관이 전례대로 아사[麻]를 상하 착용하고 상하 5인이 동향사(東向寺)로 갔다고 한다.[116] 시아귀(施餓鬼)란 글자 그대로 아귀(餓鬼)에게 음식을 베풀어 준다는 뜻의 불교 의식 중 하나인데, 이를 통해서 연고가 없는 망자의 혼을 위로하고자 독경(讀經)과 공양(供養)을 베푸는 일을 말한다. 이듬해인 1865년 7월 1일에도 전례와 같이 시아귀(施餓鬼)가 있어서 일대관 일행 상하 5인이 동향사로 갔다고 되어 있으며, 향존(香尊)으로 과자를 바쳤다고 적혀 있다.[117]

지금까지 살펴본 것처럼 왜관 거주자를 대상으로 실시되는 의례와 행사도 매우 다양하였다. 5백 명이 넘는 왜관 거주자와 각종 사행에 참가한 사람들의 안녕과 무사함을 기원하는 일, 왜관 내부의 규율과 통제, 그들의 생명줄이라고 할 수 있는 쌀의 안정적 확보 등을 위해서 그러한 의식과 절차가 모두 필요한 일이기는 했다. 그렇지만 그로 말미암아 발생하는 비용(費用) 문제를 해결하는 것도 중요한 과제 중 하나였음은 더 말할 나위가 없다.

---

115) 『館守日記』1864년(元治 1) 11월 12일. 11월 18일에 밝혀진 바에 따르면, 이 두 사람이 11월 11일 삼순표차사(三巡漂差使) 봉진연(封進宴) 때 연청(宴廳)에서 술에 취해 법에 어긋나는 추태를 보였다고 한다. 이것은 무엇보다도 (대마도주나 막부 쇼군의) 위광[御威光]에 관계되는 망측한 행동[不埒]이기에 엄중 처벌해야 마땅하지만, 이번에는 각별히 관수가 '자비'를 베풀어서 금족을 해제한다고 하였다(『館守日記』1864년(元治 1) 11월 18일).
116) 『(一代官)每日記』1864년(元治 1) 1월 7일(맑음), 7월 1일(맑음).
117) 『(一代官)每日記』1865년(元治 2) 7월 1일(맑음).

6) 왜관 내부의 거래

여기에서 말하는 왜관 내부의 거래란 조선과 일본(대마도) 사이의 예물·
상품 교환과 대칭되는 개념이다. 왜관 내부에서 이루어지고 있었던 거래를
파악하게 되면, 당시 왜관의 재무구조를 이해하는 데 도움이 될 것으로 판
단하여 한두 가지 사례를 소개하고자 한다.

철종의 승하(昇遐)에 대한 조문 사절로서 조선에 입항한 조례사(弔禮使)
일행이 조선으로 건너오기 위해 대마도를 출발한 것은 1864년 7월 초였다.
그보다 앞서 5월 12일 대마도에서 그 일행에 대하여 상선(上船) 지시가 내
려졌다고 한다. 그들은 대마도의 후츄[府中]에서 일을 마친 뒤 7월 5일 그
곳을 출범(出帆)하여 하루 뒤인 6일 관소(關所)에 닿았다. 그들은 바로 검
문을 마치자마자 바다를 건넜는데, 해류와 조류가 맞지 않아 경상도 기장
(機張)에 불시착(不時着)을 하고 말았다[乘取]. 그들이 왜관으로 돌아간 것
은 닷새 뒤인 7월 11이었다. 그런데 그 뒤 서계(書契)의 일부 글자를 고쳐
쓰는 문제로[改撰] 양측의 교섭이 늦어지는 바람에 10월 25일 현재까지 다
례(茶禮)조차 거행되지 않고 있었다. 그래서 조례사 일행이 요청하기를,
"왜관 도착 이후 다례 전까지 거의 다섯 달이 다 되어 잡비 지출이 과다할
뿐만 아니라, 조례사는 참판사 급이라서 사자(使者)의 격식이 높아 비용이
적지 않게 소요되니 지원을 해달라"는 내용의 문서를 관수에게 제출하였다.
이에 대하여 11월 8일 도서참판사[古川治部]가 관수와 일대관에게 "최근
예에 따라 왜관 도착일[7.11]부터 다례 전일(茶禮前日)까지 일수 중에서 40
일 뺀 나머지 일수에 해당하는 급료를[合力] 주라"고 지시하였다.[118]

1864년 6월 23일에도 사자(使者)로 건너온 사람에게 비용을 지원하는 문
제로 논의가 있었다. "중용통변역(重用通弁役) 우라세[浦瀬最介]에게 일시
귀국[中歸國] 비용으로 대전(大錢) 2관문을 수당으로 빌려주라"고 관수가

---

118) 『館守日記』 1864년(元治 1) 11월 8일.

일대관(一代官)에게 서신을 보내 지시한 적이 있었다. 이에 대하여 대관들이 논의를 한 모양인데, 그 자리에서 "지난 번 개혁(改革) 때 빌려주는 것을 중지하기로 대마도[國元]에서 정했다"는 지적이 나왔다. 이 의견을 이대관(二代官)이 일대관에게 말했고, 일대관(一代官)이 그것을 그대로 관수에게 전했다. 그런데 관수는 "먼저 빌려주고 나서 나중에 대마도[國元] 감정소(勘定所)에 (서신을 통해) 서로 연락하라"고 일대관에게 지시를 하였다고 한다.[119)]

이것을 보면 관수를 중심을 하는 동관(東館)의 살림과 (아메노모리 호슈의 표현대로 한다면 사자(使者)로서 건너온 사람들이 머무는) 서관(西館)의 살림이 분리되어 있었음을 알 수 있다. 그리고 필요에 따라서는 양자 사이에 대차(貸借) 관계가 발생할 수도 있었다는 것을 이 사례를 통해서 확인할 수 있다.

2. 조·일 간 외교 의례와 상품 교환

1) 조선의 국상(國喪)과 일본의 사절(使節) 파견

(1) 왜관 측의 조선 국왕 훙거(薨去) 정보의 입수와 대응

조선 국왕 철종(哲宗)의 훙거(薨去) '소문'이 왜관에 전해진 것은 1863년 12월 15일쯤이었다. 이날 『일대관일기』에 "(조선) 국왕 훙어(薨御) 풍문 있음[國王薨御風聞有之]"이라고 적혀 있는 것을 보면,[120)] 누군가의 입을 통해 이 소문이 왜관까지 전해진 것은 분명하다. 이날 강정관(講定官)과 훈도(訓導)가 왜관에 들어간 것이 확인되기 때문에 그들을 소문의 전달자로 의심해 볼 수도 있으나 확실하지는 않다. 사흘 뒤인 18일에는 왜관 측이 그 소문을 사실로 받아들인 것 같은 반응을 보였다. 관수가 연말이고 해서 그

---

119) 『(一代官)每日記』 1864년(元治 1) 6월 23일.
120) 『(一代官)每日記』 1863년(文久 3) 12월 15일(맑음).

날 아침 정대관(町代官; 神崎德右衛門과 山田富作)을 시켜 역관 집무실[任所]로 가서 공무역 물품 입송(入送) 문제 등을 교섭하도록 했다. 그런데 "조선[外向]에 흉사(凶事)가 생겼으니 (왜관으로) 돌아오라"고 다시 관수가 그들에게 지시를 내린 것이다.[121] 이것을 보면 왜관 사람들이 전에 '소문'으로만 듣고 있었던 홍거를 '사실'로서 받아들였기에 그것을 가리켜 '흉사(凶事)'로 표기한 것이 아닐까 생각한다. 다음 날 19일은 비가 내렸는데, 이날 "별차(別差)가 왜관으로 들어갔다"는 기사와 함께, "조선 국왕이 병으로 지난 8일[12.8] 홍거(薨去)했다고 임관(任官)이 말했다"는 기록이 보인다.[122]

이처럼 1863년 12월 19일 조선 국왕의 홍거가 공식적으로 조선의 역관을 통해서 왜관에 전달되자, 관수는 그날 바로 횡목두(橫目頭; 加納鄕右衛門)와 일대관(一代官; 中村文吾)에게 보낸 서신을 통해서, 선례대로 왜관 사람들에게 "안에서[館中] 춤추는 것[舞]을 금지함"을 알렸다. 아울러 "아랫것들이 함부로 왜관 밖으로 나가 싸움을 하는 일이 없도록 신중히 할 것"을 지시하기도 하였다. 이어서 "공사[普請]는 17일 동안, 수렵과 춤[亂舞]을 추는 연희는 50일 동안, 그리고 아침장[朝市]은 닷새 동안 들어오지 않는다."고 적혀 있다.[123] 아마도 이것은 조선 국왕의 홍거 이후 왜관 사람들이 조의를 표하는 뜻에서 관례적으로 이렇게 해 온 것으로 판단된다.

조선 국왕의 홍거는 왜관에서 개최되는 행사에 영향을 주었다. 먼저 "연말연시[年暮年頭]에 해 오던 축하 인사[祝詞]를 국왕 홍거 때문에 이듬해[1865년] 1월 5일과 6일로 각각 연기하기로 하였다"고 한다. 또 "새해 축하 행사 때 활을 쏘거나[射初] 총을 쏘던 것도[打初] 보류"한다고 했다.[124] 무

---

121) 『(一代官)每日記』 1863년 12월 18일(흐림).
122) 12월 19일 訓導 仲南 李同知와 別差 大年 崔主簿가 작성하여 一代官에게 제출한 각서에도 "大殿 今月 初八日 昇遐事"라고 적혀 있는 것을 보면, '12월 8일 조선 국왕 승하'를 조선 역관이 서면으로 일본 측에 통보하였음을 알 수 있다. 『(一代官)每日記』 1863년 12월 19일(비).
123) 『(一代官)每日記』 1863년 12월 19일(비).

역과 관련해서는 조선의 양역(兩譯)이 "연말에 왜관으로 쌀[御米]과 대금 [御賣米代]을 들여보내야 하지만, 국상(國喪) 중이라서 그것을 취합하기가 어려우니 (1864년) 정월 말까지 유예해 줄 것"을 요청하였다. 그렇지만 왜 관 측은 "전에 양측이 교섭을 벌인 대로 다시 동래(東萊)로 올라가서 해를 넘기지 말고 쌀과 돈을[米錢] 되도록 입송(入送)해 줄 방법을 주선"해 주라 고 오히려 조선 역관에게 왜관의 대관(代官)들이 부탁을 하였다고 한다.125) 왜관의 대마도 사람들도 말은 이렇게 하였지만, 조선 국왕의 훙거로 말미암 아 공무역 대금과 쌀의 왜관 입송이 지체될 것을 크게 염려하는 분위기였 을 것으로 미루어 짐작할 수 있다. 1863년 12월 29일 기사를 보면 "조선의 국상(國喪)으로 (왜관에) 돈[大錢]이 들어오지 않아 왜관의 각종 지급이 연 기될 것"이라고 일대관이 왜관의 각 부서에 전달한 것에서도 당시 더욱 어 려워진 왜관의 재무 상황을 쉽게 상상해 볼 수 있다.126)

(2) 조문 사절[弔禮使]의 조선 입국

1864년 7월 11일『관수일기』를 보면 일본이 파견한 조문 사절의 조선 입 항에 관하여 적은 것을 읽을 수 있다. 이날 의식(儀式)에 대비해서 관수(館 守)는 일찍이 왜관 사람들에게 다음과 같이 지시를 내린 바 있었다. "번영 환(繁榮丸) 편으로 입항한 조례사(弔禮使)127) 정관인(正官人; 樋口直左衛 門) 일행은 (다른 때와) '사자(使者)'의 격이 다르니[御使者柄も違]' 왜관에 있는 사무라이들은[侍中] 모두 '하오리하카마[羽織袴]'를 착용하고 그 밖의

---

124)『(一代官)每日記』1863년 12월 23일(맑음).

125)『(一代官)每日記』1863년 12월 24일(맑음).

126) "當季外向國喪二付大錢入送方之都合二不相成御拂延之儀申出二依、御家中以下二至諸 拂差延申渡候間、日取之義は追而相達可申候間、被得其意關り之筋々可被相觸候, 以上." 『(一代官)每日記』1863년 12월 29일(맑음).

127) 弔禮使란 朝鮮 國王의 喪을 위로하기 위해 조선에 파견된 사신을 가리킨다(『日鮮 通交史 附釜山史 古代記』, 484쪽).

여러 '청부인[請負中]'과 '우마노리'들은[馬乘中] '가타이[肩衣]'를 입고서 (사행을) 맞이하기 위해 해변 쪽으로 나가라"는 명령이 곳곳에 하달되었다고 한다.[128]

조선의 역관[任官]도 전례에 따라 이 사신 일행을 마중하기 위해서 작은 배를 타고 선창으로 나가 인사를 했다. 즉 조선 역관이 '후다노쓰지[札之辻]'라는 곳에서 기다리고 있다가 서로 만나서 뭍으로 오를 때도 인사를 하였는데, 이때 근번통사(勤番通詞; 住永正八)가 통역을 맡았다. 그리고 이날 일본에서 가지고 온 서계(書契)를 필사하기 위하여 조선의 별차와 일본의 근번통사, 오인통사(五人通詞; 嘉瀨丈助)가 함께 들어갔으며, 동향사(東向寺) 서기[書役]가 자리에 나가 그것을 베껴 적었다고 한다.[129]

(3) 축하 사절[陳賀使]의 조선 입국

1864년 11월 15일 『관수일기』에는 일본에서 파견한 고종(高宗) 즉위 축하 사절이 조선으로 들어오는 모습이 보인다. "낮 12시 무렵 아래쪽 포구[下之口]로 진하사(陳賀使)[130] 일행이 순길환(順吉丸) 편으로 들어오자, 양역(兩譯)이 작은 배를 타고 그 일행을 맞이하러[出迎] 선창 밖으로 나가 무사히 도착한 것을 축하한다는 인사말을 전했다. 진하사 일행이 뭍으로 오를 때는 양역이 '후다노쓰지[札之辻]'까지 마중을 나가서 도착 인사를 했다. 왜관 쪽에서도 관수가 '이타노마[板之間]'까지 마중을 나갔다. 서역(書役)은 '식대(式臺)'까지 나가 맞이하였다. 그런 다음 (일행이) 본좌(本座)에 앉자 서계[御書翰] 3상자와 봉진물(封進物)을 내놓고 나서, 정관인(正官人)

---

128) 1869년(고종 6, 明治 2) 6월 15일 茶禮宴 등에 관수 이하 왜관의 관리들이 예복을 착용하고 참석한 것도 1864년과 크게 다르지 않았을 것으로 짐작된다. 박화진, 2015, 「막말·명치초기 초량왜관 의례양상에 대한 고찰」, 『동북아문화연구』 43, 86쪽.

129) 『舘守日記』 1864년(元治 1) 7월 11일.

130) 陳賀使란 朝鮮 國王의 卽位를 축하하기 위해 조선에 파견된 사신을 말한다(『日鮮通交史 附釜山史 古代記』, 484쪽).

후루카와 우네메[古川采女]가 인사말을 했다. 그 뒤 관수(館守)가 축사를 했다. 이어서 일행에게 '1즙 5채' 요리가 제공되었다. 자리를 함께 한 재판(裁判)과 일대관(一代官), 도선주(都船主), 봉진(封進), 부의(附醫)한테도 같은 요리가 나왔다. 스이모노[吸物]과 오헌(五獻) 등에 이어 배사(盃事)가 있었는데, 곧 이어 납배(納盃)를 했다."131)

(4) 의례의 간소화

위의 조례사(弔禮使)와 진하사(陳賀使) 모두 철종(哲宗)의 장례와 고종(高宗)의 즉위가 각각 끝난 뒤에 조선에 파견되었다. 철종(哲宗)의 승하는 1863년 12월 8일이었고,132) 인산(因山) 즉 장례식이 거행된 것은 1864년 4월 7일이었으며,133) 조례사의 입항 일자는 장례식 종료 후 석 달이 더 지난 7월 11일이었기 때문이다. 더구나 고종의 즉위식 일자가 1863년 12월 13일이었는데, 그것을 축하하러 온 진하사는 거의 1년 뒤에 해당하는 1864년 11월 15일 조선에 입항한 것이다.

한 가지 더 지적할 것은 당시 왜관에서 거행된 의례가 전보다 간소하게 치러지고 있었다는 점이다. 앞의 진하사와 관련된 배사(盃事)의 경우 1788년(正祖 12, 天明 8) 무신년 전까지는 대관방(代官方)의 역인(役人)과 관의(館醫), 서역(書役), 통사중(通詞中)까지도 배사를 하는 것이 관례였다. 그런데 그것이 그 뒤 폐지되었기에 1864년 11월 15일에도 이들에 대해서는 배사를 하지 않았다고 한다.134) 이것은 의례(儀禮)의 간소화(簡素化)를 꾀한 결과를 보여주는 것으로서 주목된다.

---

131) 『館守日記』 1864년(元治 1) 11월 15일.
132) 『哲宗實錄』 철종 14년(1863, 계해, 同治 2) 12월 8일(경진).
133) 『(一代官)每日記』 1864년(元治 1) 4월 3일(흐림), 5일(비).
134) 『館守日記』 1864년(元治 1) 11월 15일.

2) 외교 의례와 접대

조선과 일본 두 나라의 기록을 비교해 보면 같은 것을 두고 양측이 서로
다른 용어를 쓰고 있었던 사례를 적지 않게 발견할 수 있다. 외교 의례의
경우 아래에 소개한 것처럼 크게 여섯 가지를 들 수 있는데, 각각의 명칭이
두 나라 기록에서 서로 다르게 적혀 있을 때가 많다(① 下船茶禮[일본, 茶
禮], ② 熟供早飯[일본, 早飯], ③ 下船宴[일본, 封進宴], ④ 別宴[일본, 中
宴席], ⑤ 禮單茶禮[일본, 御返翰], ⑥ 上船宴 [일본, 出船宴). 이 가운데
③ 하선연[봉진연], ④ 별연[중연석], ⑥ 상선연[출선연]을 가리켜 삼도연
(三度宴)이라 불렀다.

1864년 한 해 동안 왜관에서 거행된 주요 외교 의례를 정리한 것이 〈표
9〉이다. 조선이 일본에서 건너온 사자(使者)들에게 여러 가지 접대를 하고
물품을 지급하였는데, 그 가운데 『관수일기』와 『일대관일기』에 그에 관한
기록이 비교적 자세하게 남아 있는 것이 위에 소개한 여섯 가지 의례이다.
이것을 정기 사행[年例送使]과 임시 사행[差倭]으로 구분한 다음 사행별로
각각의 접대 의례가 있었던 날짜를 표에 제시하였다. 이것을 놓고 볼 때 왜
관에서는 1월부터 12월까지 접대와 의례가 없었던 달이 없었다고 할 정도
로 갖가지 의례(儀禮)와 잔치로 분주한 날이 많았음을 알 수 있다.

이상 여섯 가지 외에도 의례가 더 있었음을 보여주는 기사가 간혹 보인
다. 여기에서는 두 가지 사례만 소개하고자 하는데, 하나는 일본의 도서참
판사(圖書參判使)가 조선 역관에게 준 선물이고, 다른 하나는 그와 반대로
조선 역관이 일본의 선문사(先問使)에게 보낸 선물에 관한 것이다.

1864년 10월 22일 『일대관일기』에는 "이번 달에는 (조선과 일본의) 큰달
과 작은달이 서로 달라서 이날[조선은 10.23][135] 예시(例市)와 도서참판사

---

135) 1864년은 조선의 10월 1일이 일본에서는 9월 30일이었고, 조선의 10월 2일이 일
　　본의 10월 1일과 일치했다. 그래서 10월에는 두 나라의 曆이 하루씩 차이가 있었
　　다. 11월 1일부터는 양국의 曆이 다시 같아졌다(內務省地理局, 1932, 『三正綜覽』,

(圖書參判使) 치주시(馳走市)가 함께 이루어지게 되었다"고 적혀 있다. 10
월 22일『관수일기』에도 "도서참판사 치주시(馳走市) 입래"라고 되어 있다.
1867년 5월 13일에도 "전임 관수의 치주시(馳走市)가 들어왔다[古館守馳走
市入來]"고 했다(馳走市에 대해서는 뒤에서 다시 언급).[136]

　동년 11월 11일에는 도서참판사가 조선의 두 역관[馳走譯]에게 답례품으
로 주었다. 한 사람은 당상차비관(堂上差備官) 군장(君章) 이동지(李同知)
라고 되어 있고, 다른 한 사람은 원문에는 아무런 언급이 없으나, 이전 기록
으로 보건대 당상차비관과 대비되는 당하차비관(堂下差備官)이었을 것으로
짐작된다. 선물 목록을 살펴보면 직물류인 해황(海黃 가이키)과 모기장[蠅
張], 썬 담배[截南草], 그리고 부채[花圓扇]와 종이[紋紙], 우산[舊傘], 그 밖
에 일본 전통 기법으로 만들어진 각종 공예품이 눈에 띤다.[137]

　대마도에서 건너온 선문사(先問使)에게 조선의 역관이 선물을 보낸 적이
있었다. 1864년 5월 17일『관수일기』에는 선문사(先問使; 吉右衛門)에게
훈도[大年 李同知]와 가별차(假別差; 敬汝 韓主簿)가 쌀[白米] 5섬[石]과
술[淸酒] 2병(甁), 대구어(大口魚) 15마리[尾]를 보냈다고 적혀 있다. 조선
역관이 작성한 문서에는 이때의 선문사를 가리켜 '도서대차사 선문사 공(圖
書大差使 先問使 公)'으로 표기하였다. 다섯 달 뒤인 10월 5일에도 훈도[學
一 李主簿]와 별차[雨卿 吳主簿]가 선문사에게 선물을 보냈다. 그런데 선
물의 종류와 수량은 5월 10일의 그것과 정확히 일치했다.[138]

　　　帝都出版社; 內田正男, 1975,『日本曆日原典』, 雄山閣).

136)『館守日記』1867년(慶應 3) 5월 13일.

137)『(一代官)每日記』1864년(元治 1) 11월 11일(비).

138)『館守日記』1864년(元治 1) 5월 17일, 10월 5일.

3) 무역 관련 의례와 접대

(1) 개시(開市) 의례

1864년 1월 28일 그해 처음으로 열린 초시(初市)가 있었다. 『관수일기』
에는 "오늘 초시가 들어왔다"고 짤막하게 적었을 뿐 더 이상의 언급은 없
다.139) 이에 반해서 『일대관일기』에는 이때의 일에 대해 다음과 같이 자세
하게 적어 놓았다.140)

이날은 초시(初市)라서 양역(兩譯) 외에 강정관(講定官)과 차비관(差備
官) 이하 도중(都中)이 왜관으로 들어가는 것이 마땅한데, 강정관과 훈도는
부산에 들렀다가 가는 바람에 왜관에 조금 늦게 들어갔다고 한다. 별차 이
하 도중 7인이 왜관으로 간 시각은 오시[11~13시] 무렵이었고, 강정관 성시
(聖始)와 훈도 중남(仲南)이 왜관에 닿은 것은 신시[오후 3~5시]라고 했다.
유시[오후 5~7시]가 지나서 일대관 이하가 그 해부터 변경된 복제(服制)에
따라 간소하게 아사[麻]를 위아래 착용하고 참석했다고 하니, 아마도 이때
부터 초시와 관련된 의례가 시작된 것으로 보인다.

몇 가지 주목할 것이 있는데, 첫째 1864년은 조선에서[外向] 아직 국상
(國喪) 중이라 화려함을 피하고자 조화(造花)와 장식물[嶋臺] 등을 생략한
점이다. 둘째 내비장(內裨將)과 동래부사의 친척 한 사람이 개시 때 벌어지
는 의례 등을 구경하기 위해서 왜관에 들어갔는데, "임관(任官)이 얘기해서
안쪽 개시대청[太廳]에 가 있었다"고 한다. 세 번째는 본선(本膳) 요리를 가
득 내놓았으며[盛], 2선[二膳]은 임관의 요청에 따라 그 가운데 좋아하는 것
을 가지고 가도록 하였다는 점이다. 이것은 이국적(異國的)인 일본의 향응
요리에 관심을 보이는 조선 사람들도 더러 있었음을 보여주는 것이다. 그래
서인지 『일대관일기』에는 첫 개시 즉 초시(初市) 때 조선 사람들을 접대했
던 점심과 저녁 요리의 메뉴[獻立]를 상세하게 기록으로 남겨 놓았다.

---

139) 『館守日記』 1864년(元治 1) 1월 28일.
140) 『(一代官)每日記』 1864년(元治 1) 1월 28일.

한편 양국 간 무역을 위해 왜관에서 만나는 조선의 도중(都中)과 일본의 대관(代官) 사이에도 선물[畓物] 교환이 때때로 있었다. 예를 들면 1864년 5월 25일 도중(都中) 형재(亨哉)가 보낸 것과 6월 25일 자오(子伍) 정서방(鄭書房), 중직(仲直) 김서방(金書房)이 일대관(一代官)에게 선물을 전달하였다.141) 이것을 보면 도중이 대관에게 준 선물은 3가지였으며, 그것도 모두 모양과 종류가 서로 다른 부채[色扇(子), 油尾扇, 油尾扇]였음을 알 수 있다.

동년 12월 21일 별시(別市) 때 왜관에 들어간 도중(都中) 자오(子五[伍]) 정서방(鄭書房)이 일대관(一代官)에게 5가지 선물을 주었는데 그때 부채는 없었다. 그 목록을 살펴보면 감[蹲柿] 1접[貼]과 팥[赤豆], 호두[胡桃], 밤[生栗] 각각 1자루[侊]씩, 그리고 대구어(大口魚) 5마리[尾] 등이었다.142) 12월 26일 형재(亨哉) 박서방(朴書房)과 성범(聖範) 홍천총(洪千摠), 우서(禹瑞) 김파총(金把摠), 치수(致秀) 윤천총(尹千摠)이 그해 마지막으로 일대관에게 보낸 선물도 역시 5가지였다. 즉 곶감[乾市] 1접[貼], 대구어(大口魚) 2마리[尾]와 팥[赤豆], 호두(胡桃), 밤[生栗] 각각 1자루[侊]씩이 그것이다.143) 겨울철인데다가 연말이 다가오고 있는 시기라서 그와 같은 물건을 선물로 보낸 것이 아닐까 생각해 본다.

(2) 간품(看品) 의례

개시(開市)가 사무역(私貿易)이라면 간품(看品)은 공무역(公貿易)과 관련이 깊다. 1864년 8월 30일 물소뿔[黑角]과 구리[生銅] 간품과 관련된 의례가 있었다. 이날 간품이 무사히 끝나자 이를 축하하기 위해 일대관(一代官)이 이대관(二代官)과 정대관(町代官)을 데리고 관수(館守)에게 가서 보

---

141) 『(一代官)每日記』 1864년(元治 1) 5월 25일(맑음), 6월 25일(맑음).
142) 『(一代官)每日記』 1864년(元治 1) 12월 21일(맑음).
143) 『(一代官)每日記』 1864년(元治 1) 12월 26일(맑음).

고를 하였다.144) 그 내용을 간단히 소개하면 다음과 같다.

먼저 훈도(訓導)와 가별차(假別差)가 왜관으로 들어가자 개시대청[太廳]에 '1즙(汁) 5채(菜)' 요리를 일본 측에서 내놓았다. 일대관이 데리고 간 오인통사와 근번통사를 시켜서 요리[膳部]를 접대했다. 그러자 임관(任官)이 감사하다는 인사를 전했다. 왜관에서도 답례 인사를 전달하였음은 물론이다.145)

그런데 간품 때는 조선이 왜관의 일본인에게 요리[膳部]를 접대하는 것이 관례로 되어 있었다. 그래서인지 그것을 받은 왜관 쪽에서는 그것을 가리켜 증래(贈來)라고 표기하였다. 『일대관일기』에 소개된 11가지 조선의 상차림 메뉴를 소개하면 다음과 같다. 먼저 접시[皿]에 담은 것이 7가지였다. ① 오징어[切鯣], ② 쇠고기[牛肉], ③ 달걀 3개[玉子三], ④ 밤 5개[栗五], ⑤ 떡[大切餅, 同小丸色付], ⑥ 감 4개[柿四ツ], ⑦ 대추[棗]가 그것이다. 그 다음으로 보시기[碗]가 3개였는데, 여기에 담긴 것은 ⑧ 닭과 무를 넣고 삶은 것[鷄, 大根], ⑨ 닭다리 넣고 끓인 탕[鷄股丸湯手], ⑩ 생선 살 3점[魚身三点]이었다. 마지막으로 ⑪ 종지[猪口]에는 꿀[蜜]이 담겨져 있었다.146)

4) 그 밖의 의례와 선물 교환

외교 사행이나 무역과 관련된 의례는 아니지만, 넓은 의미의 의례에 포함시킬 수 있는 것이 있었다. 예를 들면 왜관의 안팎에서 이루어지는 공사나 시설물의 관리와 관련된 것이 하나 있고, 다른 하나는 세시풍속(歲時風俗)과 관련된 것이다. 그때마다 양측은 서로 선물을 교환하였다.

---

144) 『館守日記』 1864년(元治 1) 8월 30일.
145) 『(一代官)每日記』 1864년(元治 1) 8월 30일(맑음).
146) 『(一代官)每日記』 1864년(元治 1) 8월 30일(맑음).

(1) 단오(端午) 선물

5월 5일 단오에는 해마다 조선과 일본이 주고받은 선물이 왜관을 드나들었다고 해도 지나친 말이 아니다. 이날도 어김없이 일대관(一代官)에게 단오 선물이 전달되었다. 다만 이때의 물품 내용에 대해서는 『관수일기』와 『일대관일기』 모두 기록을 남기지 않아서 알 수 없다.[147] 아마도 그것은 왜관 사람들이 오래전부터 조선의 단오 선물을 해마다 반복적으로 받아왔기 때문이며, 그래서인지 1864년 이 무렵에는 더 이상 그것을 일기에 기록으로 남길 정도로 신선한 자극이 되지는 못했던 것이 아닐까 여겨진다.

그래서 1730년 『조선어대관기록(朝鮮御代官記錄)』을 통해서 왜관에 전달된 조선의 단오 선물 목록을 추적해 보고자 한다. 조선의 단오 선물은 쌀과 고기, 생선, 술, 참기름, 꿀, 대추 같은 식재료와 종이와 붓 같은 문방구 등이었다. 또 단오 선물을 5월 3일 부산첨사가 가장 먼저 보냈다. 다음날(5.4.) 동래부사를 비롯하여 훈도 현첨지(玄僉知)와 별차 박정(朴正)이 왜관으로 단오 선물을 들여보냈다. 그런데 동래부사의 선물이 11가지였고, 부산첨사와 훈도와 별차의 단오 선물 가짓수가 하나같이 7가지씩이었다.[148]

이에 대하여 왜관 측은 어떻게 답례를 하였을까? 1864년 5월 30일 동래부사와 부산첨사에게 전달된 답례품[回答] 목록을 보면 동래부사에게 7종, 부산첨사에게 5종의 단오 선물이 전달되었다. 일본의 단오 답례품을 보면 찬합이라든지[重] 병[瓶]과 단지[壺], 젓가락[五色箸] 같은 일본식 공예품이 주류를 이루었다. 그 가운데 안경으로 짐작되는 목경(目鏡, 메가네)이 동래부사와 부산첨사에게 보낸 단오 선물 목록 속에 각각 2개씩 들어 있는 것이 흥미롭다.

이보다 17년 전에 있었던 일본의 단오 선물과 비교해 보면 어떠한 차이

---

147) 『館守日記』1864년(元治 1) 5월 5일; 『(一代官)每日記』1864년(元治 1) 5월 5일(맑음).
148) 『朝鮮御代官記錄』1730년 5월 3일, 4일(국사편찬위원회 대마도종가문서 기록류 No. 5133, MF 0836).

를 발견할 수 있었을까? 먼저 1847년 5월 13일 동래부사에게 전달한 일본의 단오 예물은 5가지였다. 종이, 납촉, 부채, 꿀, 족집게 등이 그것이다[日用紙 2束, 白蠟燭 2斤, 扇子 10柄, 蜜油 2封, 鑷子 1箇]. 그리고 부산첨사에게 보낸 일본의 단오 선물은 3가지였는데, 내용물은 동래부사와 비슷한 것이었지만 수량이 더 적었다[蜜油 1封, 扇子 2柄, 半切紙 1束].149)

먼저 일본의 단오 선물 가짓수가 시간이 지나면서 차이가 생겼다. 1847년에는 동래부사에게 5가지 부산첨사에게 3가지였는데, 1864년에는 그것이 각각 7가지와 5가지로 2가지씩 늘었다. 게다가 여전히 3, 5, 7과 같은 홀수로 선물 가짓수를 맞춘 것도 특별한 의미를 지니는 것이 아닌가 하는 생각이 든다. 또 단오 선물로 선택된 공예품은 양국 문화의 특징을 가장 잘 보여줄 수 있는 물품이라고 생각된다.

(2) 세모(歲暮) 선물

단오와 더불어 또 하나 빼놓을 수 없는 것이 세모(歲暮) 선물이었다. 묵은해를 보내고 새해를 맞이하는 것을[送舊迎新] 서로 축하한다는 뜻으로 해마다 선물을 주고받는 것이 관례처럼 되어 있었다고 생각한다.

여기에서 소개하고자 하는 사례는 조선의 역관[兩譯]과 상인[都中]이 일본의 일대관(一代官)에게 보낸 세모(歲暮) 선물이다. 1864년 12월 26일 조선 상인이 먼저 5가지의 세모 선물을 왜관의 일대관에게 전달했다. 이틀 뒤인 12월 28일 역관이 세모 선물로 7가지 품목을 역시 일대관에게 보냈다. 여기에서도 5, 7이라고 하는 홀수로 세모 선물의 가짓수가 정해졌음을 알 수 있다. 또 상인보다는 역관의 선물 가짓수가 더 많은 것은 상대적으로 역관의 높은 위상을 보여주는 것으로 판단된다. 조선의 역관과 상인이 왜관의 일대관에게 세모 선물로 준 것은 흰떡[白餠], 곶감[乾市], 오리[鴨子], 대구

---

149) 『(一代官)每日記』(국사편찬위원회 대마도종가문서 기록류 No. 1406, MF 0264) 1847년 5월 13일.

어[大魚], 청어(靑魚), 호두(胡桃), 생밤[生栗] 등으로 모두 음식과 식재료였으며, 각각 수량은 1~3의 범위 안에 들 정도로 소량이었다. 그런데 『관수일기』에 동년 12월 26일과 28일 모두 이에 관한 아무런 언급이 없다. 이것만 놓고 본다면 이때 조선의 도중(都中)과 양역(兩譯)이 관수에게는 보내지 않고 일대관에게만 세모 선물을 보낸 것으로 해석할 수도 있겠으나, 『관수일기』의 기록 누락 가능성도 배제할 수는 없다.150)

(3) 그 밖의 선물 교환

동래부사(東萊府使)가 연석(宴席)에 참석하게 되면[出宴] 그가 부리는 군관사(軍官使)를 시켜서 관수(館守)에게 안부 인사를 전하곤 했다. 그때 동래부사는 부채 같은 간단한 선물을 함께 보내는 것이 보통이었다. 이에 대하여 관수는 약당사(若黨使)를 통해 답례품으로 담배를 보내는 일이 많았다. 부채와 담배가 마치 동래부사와 관수의 '마음'을 연결해 주었다고 볼 수 있는데, 그것이 선물의 본래 기능이기도 했다.

몇 가지 사례를 소개하면 다음과 같다. 고습사(告襲使) 봉진연(封進宴)이 있었던 1864년 2월 21일 관수는 약당사(若黨使)를 시켜서 상자에 담은 담배[箱多葉紛]를 동래부사에게 보냈다. 동년 5월 27일 이정암송사와 제4선 송사 다례(茶禮) 때도 관수는 동래부사에게 상자 담배[箱多葉紛]를 선물로 전달했다. 그리고 동년 12월 27일 진하사(陳賀使) 다례에 동래부사가 참석하던 차에 군관사를 시켜서 관수에게 안부 인사를 전해다. 그러자 관수가 이번에는 잘게 썰어 놓은 담배[刻多葉紛]를 준비하여 약당사를 통해 답례하였다고 한다.151) 이때는 이미 조선에서도 담배가 생산(제조)되고 있었지만, 동래부사에게 담배 선물이 많았던 것을 보면 일본 담배가 조선에서 꽤

---

150) 『館守日記』1864년(元治 1) 12월 26일, 28일; 『(一代官)每日記』1864년(元治 1) 12월 26일, 28일(맑음).

151) 『館守日記』1864년(元治 1) 2월 21일, 5월 27일, 12월 27일.

인기가 있었던 것이 아닌가 생각된다.

조선의 역관(譯官)과 일본의 대관(代官)도 선물을 주고받았다. 역관은 업무상 왜관을 자주 드나들었다. 그래서 역관과 왜관의 일본인 사이에 선물을 주고받는 일도 적지 않았을 것이다. 1864년 6월 4일에도 훈도가 일대관에게 8종의 선물을 들여보냈다. 그런데 그 가운데 '서양(西洋)'이라든가 '당(唐)'이라는 글자가 들어간 물품이 눈에 띈다. '서양가지(西洋佳只)'가 어떤 물건인지 잘 알기 어렵지만, '당묵(唐墨)'은 아마도 중국제 먹을 가리키는 것으로 보인다. 또 만수향(萬壽香)은 향기가 나는 화장품 종류로 짐작된다.152)

이에 대하여 일대관이 전임 훈도[舊訓導]에게 다섯 가지 물품을 답례로 보냈다. 소면(素麵), 차 사발[茶椀], 썬 담배[刻南艸], 우산[傘], 부채[扇子] 등이 그것이다. 여기에서도 역시 일본 담배가 빠지지 않고 있다. 그런데 지난 6월 4일 훈도가 보내온 선물[訃物]이 사실은 목록만 보낸 것이라서(?) 이번에는 조선 역관이 선물을 받을 대상에 해당되지 않는다고 하지만, 정의(情意)를 생각하면 그만둘 수 없어서 이와 같이 보냈다고 『일대관일기』는 적고 있다.153)

일대관이 조선 역관에게 준 선물 가운데 일본의 특산물인 귤과 된장도 들어 있었다. 동년 11월 19일은 훈도가 개시대청에 묶여 있을 때였는데도 [引留] 이날 일대관은 훈도와 별차[兩譯]에게 귤[橘柑] 30개들이 1포대[袋]와 구운 소금[燒鹽] 1갑(匣)을 선물로 보냈다. 그리고 11월 21일에는 일대관이 강정관(講定官) 성시(聖始)에게 답례품으로 귤[橘柑] 30개들이 포대[袋] 1개와 된장[經山寺味噌] 1곡(曲), 그리고 담배[箱入截南草] 1개154)를 전달했다고 한다.155)

그런데 조선 역관이 조선 김치[キミツイ漬]를 일본의 대관에게 선물한

---

152) 『(一代官)每日記』 1864년(元治 1) 6월 4일(비).
153) 『(一代官)每日記』 1864년(元治 1) 6월 7일(맑음).
154) 대마도 기록에서 담배를 가리켜 이때 '南草'라 적은 점에 유의.
155) 『(一代官)每日記』 1864년(元治 1) 11월 19일(비), 11월 21일(아침 비 저녁 맑음).

적도 있어서 주목된다. 동년 11월 23일 강정관(講定官)이 일대관(一代官)에게 "김치 1개를 (포장하여) 보내왔다"고 한다. 12월 4일에도 훈도(訓導)가 일대관에게 "김치[沈菜] 1개를 선물로 보내왔다"고 『일대관일기』에 기록되어 있다. 계절로 보아서는 그것이 김장 김치가 아니었을까 짐작된다.[156]

조선 역관과 왜관의 관수 사이에도 선물을 주고받는 일이 종종 있었다. 『일대관일기』에 따르면 6월 24일 강정관(講正官)이 관수(館守)에게 보낸 것이 7종, 6월 29일 훈도[學一 李主簿]가 부임(赴任) 인사 차 보낸 선물이 13종이었다고 한다. 두 경우 모두 선물의 가짓수가 홀수인 점도 앞의 사례와 비슷하다. 그런데 6월 24일 강정관의 선물에 대해서는 그가 전에 "상경(上京)을 하였을 때 (왜관 측에서) 선물을 보냈기 때문에, 이번에는 [왜관 쪽에서] 답례를 하지 않았다"고 적고 있다. 그리고 6월 29일 훈도[學一 李主簿]가 새로 훈도에 부임한 것을 계기로 관수에게 선물을 보낸 것이다[灰色庫緞 1疋, 西洋木 1端, 元羅布 1필, 三升 1필, 書柱聯 1雙, 畵本 1쌍, 色筆 10자루[枝], 唐墨 3丁, 扇 1자루, 繡囊 1개, 玉佩 1面, 色絲 5台, 萬壽香 10封]. 전체 13종의 선물 가운데 서양목(西洋木)이나 당묵(唐墨)처럼 조선 국내산이 아닌 수입품이 들어 있는 점은 주목할 만하다. 이 점은 앞의 역관과 대관 사이에 주고받은 선물의 경우와 똑 같다. 수를 놓은 주머니[繡囊]라든가 옥으로 만든 노리개[玉佩] 등도 눈길을 끄는 선물의 하나였다.

1864년 10월 13일 대마도주가 주는 예단(禮單) 즉 선물이라고 하면서, 관수가 수역(首譯)과 훈도와 별차에게 줄 물품의 목록을 전달하였다. 세 명에게 준 대마도주 선물도 각각 세 가지여서 역시 가짓수가 홀수였음을 알 수 있다. 또 선물 목록을 살펴보면 그것이 모두 일본 공예품이었는데, 마키에[蒔繪] 기법으로 만든 찬합[重], 거울[鏡], 벼루 상자[硯箱]와 검은 칠을 한 촛대[黑塗手燭], 담뱃대[朱竿煙器] 등이었다.

---

156) 『(一代官)每日記』 1864년(元治 1) 11월 23일(맑음), 12월 4일(흐림).

(4) 선물 교환의 의미

'외교 선물'은 2007년 국사편찬위원회의『한국문화사』편찬 과정에서 처음 학술 용어로 등장하였다. 이에 해당하는 사료 용어는 예물(禮物), 예단(禮單), 별폭(別幅) 등이다.157) 그 동안 주로 학문적 관심을 받아온 외교 선물은 국서(國書)나 서계(書契) 등 외교문서(外交文書)와 함께 최고 정치권력자 사이에 교환된 것에 국한되었다. 그런데 '외교문서'(서계 또는 국서)의 교환 없이도 양국의 외교 업무를 담당하는 사람들 사이에서 개인적으로 선물(예물)을 주고받은 적이 있었음이 위에서 밝혀졌다. 넓은 의미에서 보면 외교 실무 담당자 개인 간 증답품(贈答品)도 '외교 선물'의 범주에 넣을 수 있지 않을까 생각한다.158)

5) 상품의 교환

'외교 선물'이 그것을 교환하는 사람이 값을 치르지 않고, 즉 경제적 반대급부의 제공 없이 주고받은 것이라고 한다면, '상품(商品)'은 처음부터 경제적 이윤 획득을 목적으로 매매(賣買)하는 물품을 가리키는 점에서 근본적으로 서로 차이가 있다. 매매의 주체는 국가(또는 권력자)일 수도 있고 (A), 그로부터 특별 허가를 받은 상인 집단이나(B) 일반 개인이(C) 될 수도 있었다.

예를 들면 A와 같이 외교 형식을 빌려서 대마도[대마번]의 진상(進上) 또

---

157) 외교 선물의 개념에 대해서는 다음을 참조. 정성일, 2007, 「제1장 외교 선물 교환과 사회 풍속」,『역사 속 외교 선물과 명품의 세계』(한국문화사 12), 국사편찬위원회 편, 15～59쪽; 정성일, 2022, 「외교 무대 뒤의 은밀한 물품 거래-1811년 조선, 일본, 쓰시마-」,『東아시아古代學』65, 東아시아古代學會, 158쪽.

158) 다시로 가즈이 지음, 정성일 옮김, 2005,『왜관』, 207-208쪽; 윤유숙, 2011, 「年中行事와 儀式으로 본 근세 왜관」, 4-6쪽; 윤유숙, 2015, 「근세 왜관에 체재하던 일본인의 생활상」, 2-4쪽; 장순순, 2020, 「朝日 문화교류의 측면에서 본 조선후기 왜관-일본산 담배 및 담뱃대를 중심으로-」,『항도부산』39, 부산광역시사편찬위원회, 59-63쪽.

는 봉진(封進)에 대하여 조선 정부가 회사(回賜)를 하고,[159] 거기에서 한 걸음 더 나아가 추가적으로 필요한 물품을 매매하거나(公貿),[160] 무상 또는 유상으로 제공해 주는[求請, 求貿] 경우를 통칭하여 공무역(公貿) 또는 관영무역(官營貿易)으로 불렀다. B는 동래상인(東萊商人) 또는 동래상고(東萊商賈)라 불리는(줄여서 萊商) 특권상인이 거래를 주도하는 것을 말하는데, 이를 개시(開市) 또는 사무역(私貿易)이라고 했다. 규모가 큰 도중(都中)이나 소규모 거래를 맡은 소상인(小商人)이 매월 정해진 개시일(開市日)에 왜관 안으로 들어가 상품의 매매를 담당하였다. 그리고 왜관의 수문(守門) 밖에서 매일 아침 열리는 조시(朝市)에서 생선이나 채소 등을 사고파는 것이 C에 해당한다.

그런데 위의 3가지 일반적인 상품 교환의 틀에서 조금 벗어난 사례가 왜관에서 작성한 기록에서 확인된다. 『관수일기』에는 새로운 관수가 부임을 하면 전임(前任) 관수를 고관수(古館守)라고 하였는데, 그가 대마도로 돌아가기 전에 '치주시(馳走市)'라는 이름을 붙여서 별시(別市)를 개최하기도 하였다.[161] 왜관에서 임무를 마치고 대마도로 돌아가게 되어 있었던 재판

---

159) 진상(또는 봉진)과 회사, 구청과 구무는 '외교'라는 외피(外皮)로 형식을 갖추었지만, 실제 그 내용은 경제적 이득을 얻기 위한 상품의 교환이라는 성격이 강했다. 대가(代價)가 주어지지 않는 경우도 드물게는 있었지만, 대부분은 교환 비율이 일정하게 정해져 있고, 게다가 교환이 정례적(규칙적)으로 반복되고 있었기 때문에, 이를 '넓은 의미의 공무역' 범주에 넣을 수 있다고 생각한다.

160) 일본 측이 제공한 물품에 대하여(예를 들면 구리, 물소뿔 등) 조선 정부가 무명[木綿]으로 값을 치렀는데, 이때의 무명[목면]을 공목(公木)이라고 했으며, 공목의 일부를 쌀로 바꾸어 주었는데 그것을 공작미(公作米)라고 불렀다. 엄밀하게 말한다면 조선 정부가 지급하는 공목과 공작미는 무상(無償)으로 주고받은 '외교 선물'이 아니라, 조선의 물품화폐인 무명[공목]을 기준으로 값을 치르고 교환한 매매(賣買)였다. 그래서인지 일본 측 기록에는 공작미를 가리켜 '대마도[대마번]가 사들인 쌀'이라는 뜻으로 '어매미(御買米)'라 표기하기도 하였다.

161) 1815년 7월 4일(古館守馳走市入來候事), 1816년 8월 21일(明廿二日別市入來之段外向より相屆尤例市前日代り市ニ候へ共 當節は古館守江馳走市と相聞候付別市と相立例

(裁判)이라든가[162) 참판사(參判使)에게도[163) 관수와 마찬가지로 '치주시
(馳走市)'라는 이름의 별시(別市)를 열어서 귀국 전에 조선에서 물품을 조
달해 갈 수 있게 해주는 것이 관례처럼 되어 있었던 것이 아닐까? 대마도
귀국을 앞둔 전임 관수, 재판, 참판사가 개인 자격으로 특별히 훈도(별차)나
관수의 양해를 얻어서 개시[별시]에 참여하였다면, 그것은 어떤 의미에서는
위에서 말한 C의 범주에 들어갈 수도 있다고 생각한다.

3. 특별한 사례(1748년 조선에 정착한 일본인)

윤유숙은 최근 저서에서 매우 흥미로운 사례를 소개한 바 있다. 1748년
4월 일본을 방문한 조선통신사 일행 중 한 명이 말을 타고 통사(通事) 한
명과 관리를 대동하여 오사카 규타로마치[久太郎町]에서 향(香) 가게를 경
영하는 시로헤이[四郎兵衛]를 방문했다는 일화가 그것이다.[164) 원문은 『통
항일람(通航一覽)』에 실려 있다.[165)

之通御横目頭へ御代官方別方へ手紙を以相達ス), 그리고 1822년 5월 19일(古館守馳
走市入來候事)에도 "고관수 치추시가 열렸다"는 기록이 있다(『館守日記』 1815년(文
化 12) 7월 4일, 1816년(文化 13) 8월 21일, 1822년(文政 5) 5월 19일).

162) 1822년 7월 26일(廿七日裁判馳走市入來候付筋筋江相達候事), 1840년 10월 6일(年
限裁判歸國ニ付市入來候事), 그리고 1856년 4월 4일(裁判馳走市入來候事)에도 "재
판 치주시가 열렸다"는 기록이 있다(『館守日記』 1822년(文政 5년) 7월 26일, 1840
년(天保 11년) 10월 6일, 1856년(安政 3) 4월 4일).

163) 1835년 11월 4일(參判使御歸國ニ付馳走市入來候事), 1842년 4월 8일(參判使馳走市
相束例市入來候事), 1845년 1월 26일(初市入來候事 但し講聘使馳走市相束候事), 그
리고 1854년 윤7월 8일(大訃參判使馳走市入來候事)에도 "참판사 치주시가 열렸다"
는 기록이 있다(『館守日記』 1835년(天保 6) 11월 4일, 1842년(天保 13) 4월 8일,
1845년(天保 16) 1월 26일, 1854년(嘉永 7년) 윤7월 8일).

164) 윤유숙, 2021, 『조선 후기 '왜관'의 세계』(동북아역사재단 교양총서 22), 동북아역
사재단, 138-140쪽.

165) 『通航一覽』 권 62, 朝鮮國部 38; 『通航一覽 第二』 일본 國書刊行會 영인본, 1912,
294-295쪽.

시로헤이[四郞兵衛]와 대면하게 된 조선인이 일본어로 말하기를, "사실 나는 기이번(紀伊藩, 지금의 와카야마현) 아리타군[有田郡] 출신으로, 예전에 당신 부친(父親) 대에 이 가게에 고용되어 일한 적이 있습니다. 그러다 돈 4관문(貫文)을 훔쳐 달아나 교토[京都]로 갔지만 이렇다 할 성과를 거두지 못하고 다시 나가사키[長崎]로 갔습니다. 그곳에서 '쓰시마로 가면 윤택한 생활을 할 수 있다'는 사람들의 말을 듣고 쓰시마로 건너가 6년을 살았습니다. 그러는 동안 제법 형편이 좋아져서 조선으로 갈 수 있는 도항허가증을 받아 조선으로 건너갔고[A], 여러 가지 일을 겪은 후 조선인의 사위가 되었습니다[B]. 내 장인은 조선 하급관리의 후손으로, 그 연줄로 이번에 일본으로 건너오는 통신사 일행으로 참가하게 되었습니다[C]. 이번 기회를 빌려 어떻게든 예전에 일하던 주인댁에 들러 그간의 경위를 설명하고, 제 고향 기이(紀伊)의 소식과 풍문도 듣고 싶어서 이렇게 방문하게 됐습니다. 나는 조선에서 집 한 채를 소유하며 그런대로 윤택하게 살고 있습니다."라며, 조선에서 가져온 인삼 세 뿌리와 작은 접시 열 개를 품에서 꺼내 선물했다(밑줄은 인용자).[166]

신원이 밝혀지지 않은 이 남자가 '쓰시마에서 6년을 살다가 조선으로 갈 수 있는 도항 허가증을 받아 조선으로 건너간 것'이[167] 만일 사실이라면[밑줄 A], 이 글에서 다루는 '부산 왜관의 대마인(對馬人)'에 해당될 터이다. 뱃사람[水夫]이든 뭐든 부산으로 건너와 초량왜관에서 일자리를 얻는 것까지는 충분히 그럴 수도 있다고 생각한다. 그런데 거기에서 한 걸음 더 나아가 '조선인 여자와 혼인을 하였다'[밑줄 B]는 것도 놀랍고, 더욱 놀라운 것은 '조선의 하급 관리 후손이라는 처가(妻家)의 배경을 이용하여 일본으로 가는 통신사 일행에 끼어들었다'는 부분이다[밑줄 C]. A, B, C의 세 가지 일이 연속해서[동시에] 성공했다는 믿기지 않는 이야기, 1748년 4월 20일 무렵 오사카에서 있었던 이 '조선인'의 에피소드가 우리에게 신선한 '충격'과 함께, 앞으로 해결해야 할 '과제'를 던져 주고 있다고 생각한다.

166) 윤유숙, 2021, 『조선 후기 '왜관'의 세계』, 138-140쪽.
167) 윤유숙, 위의 책, 142쪽.

V. 맺음말

부산 왜관에 살았던 대마인(對馬人)은 어떻게 되었을까? 1872년 일본 외무성이 조선과의 외교권(外交權)을 장악하는 '외교 일원화(一元化)' 이후, 더 나아가 1876년 조일수호조규(朝日修好條規) 체결 이후, '부산 왜관의 대마인(對馬人)'은 이전과 전혀 다른 길을 걷게 되었다. 한 마디로 '독점(獨占)에서 경쟁(競爭)으로' 기본 체제가 바뀐 새로운 환경에서 작은 섬 출신의 '대마인(對馬人)'은 도쿄[東京]나 오사카[大阪] 등 대도시 출신과 대자본(大資本)을 앞세운 강력한 경쟁자와 맞서지 않으면 안 되었다.

개항(開港) 초기에는 능숙한 조선말을 구사할 줄 알고, 게다가 조선의 지리와 사회에 대한 풍부한 정보를 지닌 것이 강점으로 작용하였다. 예를 들면 고쿠부 쇼타로[國分象太郎, 1862~1921]처럼 근대 이후 조선에서 활약한 인물도 있었다(친일파 이완용과 깊은 인연으로 대마도에 있는 그의 묘비 옆에 이완용이 쓴 비가 세워져 있음). 그리고 메이지[明治] 시대 아사히신문[朝日新聞]의 해외 특파원[조선]으로 활약한 나카라이 도스이[半井桃水, 1861~1926]도 대마도 출신이다. 그는 할아버지가 대마도의 의학 진흥에 공헌한 의사로 유명한 나카라이 집안 출신이다.[168](현재 대마도에 나카라이 도스이의 기념관이 있음)

1882년 3월 무렵에는 부산 거주 일본인(약 2천 명) 중 절반이 대마도 사람이었으며, 대주대친목회(對州大親睦會)라는 이름의 동향회(同鄕會)를 조직할 정도였다. 이 조직이 1886년에는 원산과 인천에서도 활동하였다.[169] 그렇지만 자본력과 기술력에서 밀릴 수밖에 없는 경쟁 구조에서는 '대마인

---

168) 다시로 가즈이 지음, 정성일 옮김, 2005, 『왜관』, 109쪽, 330쪽; 한현석, 2014, 「19세기 후반 재부일본인사회의 구조변화와 쓰시마인(對馬人)의 대응」, 『해양도시문화교섭학』 10, 한국해양대학교 국제해양문제연구소, 83쪽.

169) 한현석, 2014, 「19세기 후반 재부일본인사회의 구조변화와 쓰시마인(對馬人)의 대응」, 81-82쪽, 86쪽.

(對馬人)’의 쇠락(衰落)은 피할 수가 없었다고 생각한다.

　1592년 임진왜란 이후부터 1876년을 전후한 시기를 통틀어서 ‘부산 왜관에 살았던 대마인(對馬人)’을 어떻게 평가할 것인가? 한 마디로 줄이자면 ‘유무상통(有無相通)’과 ‘성신교린(誠信交隣)’이라는 낱말을 빼놓을 수가 없다. 조선과 일본을 잇는 상품 거래를 독점하면서 얻는 경제적 이득을 발판으로 삼아 대마도[대마번]의 재정이 운용되었기에, ‘유무상통(有無相通)’의 정신이 필요했다. 그리고 양국 간 교역이 원활해지려면 반드시 조선과 일본의 외교가 안정되어야 했기에, ‘성신교린(誠信交隣)’의 정신도 중요했다. 이것은 조선도 크게 다르지 않았다. 약 270년 동안 ‘부산 왜관에 살았던 대마인(對馬人)’의 삶은 ‘유무상통(有無相通)’과 ‘성신교린(誠信交隣)’이라고 하는 양측이 공유(共有)하는 이념(理念)을 토대로 영위되었으며, 그것이 조선과 일본의 평화(平和) 관계를 지탱하고 두 나라를 잇는 가교(架橋) 역할을 했다고 생각한다.

「부산 왜관에 살았던 對馬人」에 대한 토론문

한성주 | 강원대학교

이 글은 조선 후기 부산 왜관에 살았던 '대마도 사람들의 삶'에 주목하여 그들의 생활과 활동을 다양하게 살펴보고 있습니다. 왜관을 둘러싼 시간과 공간에서는 조선과 일본의 曆法 차이로 발생하는 시간의 차이, 왜관의 위치와 경계 구역, 경계를 넘은 사람들, 왜관의 건물과 공간 배치에 대해서 자세하게 바라보고 있습니다. 또 왜관 도항자와 체류자에서는 사례별로 그 규모를 파악하였고, 왜관 안팎의 생활과 활동에서는 내부의 일상과 행사, 조선과의 외교 의례와 상품 교환 등에 대해서도 다루고 있습니다. 제가 왜관 전공자는 아니지만, 이 글은 왜관 관련된 연구들을 가장 잘 종합하면서도 많은 사례들을 다루고 있다고 할 수 있습니다. 특히 마지막에 말씀하신 有無相通, 誠信交隣의 정신은 현재에도 귀감이 되는 것이라고 생각합니다. 다만 토론자의 소임을 다하기 위해 두서없이 몇 가지 느낀점과 의문점을 말씀드리고자 합니다.

1. 1795년 일본인이 절영도에 건너갔다가 실수로 불을 낸 일에 대하여 이 불이 2박 3일 동안 났다가 끝이 났다고 기록되어 있다. 이에 대해 발표자는 각주 35번을 통해 "마치 '아무 일이 없었던 것처럼' 해결된 것으로 보아서는 이때의 일이 동래부에 보고되지 않고 양측의 실무선에서 처리된 것이 아닐까 생각된다"고 하였다. 그러나 『초량화집』에 '첨사도 질책을 받지 않았고, 일본인도 죄를 묻지 않고 끝났다. 이 불

은 2박 3일 동안 났다가 끝이 났다'고 한 점을 보면 동래부 등에서 이 사실을 알았을 가능성이 매우 높다고 생각한다.

2. 3장 왜관 도항자와 체류자 부분은 1864년의 기록을 근거로 하고 있는데, 그 이유에 대해 설명할 필요가 있다.

3. 대마도 선박의 부산 입출항 횟수가 1689년 45회, 1690년 53회, 1691년 40회, 1692년 59회, 1693년 43회, 1707년 84회, 1708년 65회, 1709년 90회, 1864년 44회(각주 48번 참고)로 44회~90회까지 차이가 많은 차이가 나타나는 이유는 무엇인가?

4. 1864년에 사스나비선[佐須奈飛船]이 12번이나 왕복하여 가장 많은 횟수로 입출항하였는데, 다른 지역의 비선에 비해 횟수가 많은 이유는 무엇이고, 이것이 일반적인 것인가?

5. 왜관의 수리와 관련해서 동관은 자체적으로 수리하고, 서관은 조선 정부가 수리와 관리 책임을 지고 있었다고 하였는데, 『館守日記』에 동관을 크게 보수했던 기록은 없는지? 이 경우 일본인 인부만으로는 가능했는지? 동관을 수리할 때 조선인 인부가 들어간 사례는 없는지?

6. 왜관의 일본인이 寺刹 참배 일자가 1864년과 1865년 5월 29일, 11월 6일, 11월 29일, 12월 3일에 정확히 일치한다고 하였는데, 이 일자가 어떤 의미가 있는지?

7. 1864년 왜관에서 거행된 의례가 전보다 간소하게 치러진 이유? 즉 1788년(정조 12) 무신년 전까지는 役人, 官醫, 書役, 通詞中까지도 배사를 하는 것이 관례였다고 하는데, 이것이 간소화된 이유는 무엇인지?

8. 1864년 왜관에서의 단오 선물 가짓수가 1847년에 비해 늘어난 이유는 무엇인가? 또 홀수 선물은 조선의 문화를 따른 것은 아닐까? 홀수는 조선 사람들이 좋아하는 수이기도 하고, 주역에서는 홀수를 陽의 수라고 하는 것을 참고할 필요가 있다.

9. 조선과 왜관 사이에 歲暮 선물 중 동래부사와 부산첨사가 보낸 것은 없는지?

10. 古館守 등의 馳走市와 관련하여, 이는 別市라고 할 수 있는데, 이것을 일반 개인(C)의 범주에 들어갈 수 있다고 하였다. 그러나 관수, 재판, 참판사는 일반 개인이라고 볼 수 없으므로 국가(또는 권력자)로 분류한 (A)의 범주에 들어가야 하지 않을까? 또 과연 개인 자격으로 개시에 참여한 것인지, 別市를 개최한 것인지 보다 면밀한 분석이 필요할 것 같다. 그리고 이 馳走市가 열리려면 조선의 상인들이 참여해야 하는데, 이 역시 조선의 허가가 필요한 것이 아니었을까?

11. 『通航一覽』에 실려있는 '일본인(와카야마현 출신)이 대마도에 거주하다가, 다시 왜관에 건너갔다가 조선인 하급 관리의 사위가 되어 통신사의 일행이 되어 오사카의 향 가게에 방문했다는 일화를 소개하고 있다. 이것이 실제 가능성이 있는 이야기일까? 『通航一覽』의 조선 관계의 경우 대마도가 막부에 보고한 자료에 근거하고 있다고 하는데, 대마도의 기록 등과 비교해서 비슷한 사례나 口傳이 있는지? 즉 『通航一覽』에 과장되어 구전되는 이야기가 실린 것에 의존하여 사실 자체를 왜곡할 염려가 없는지 주의할 필요가 있을 것 같다.

12. 통일 필요: 1896년(건양 1), 1813년(文化 10), 1815년(순조 15, 文化 12) 등

제 3 Session

日帝强占期의 한국인과 일본인

일제강점기 재일조선인의 삶과 생활

김인덕 | 청암대학교

I. 머리말

미래 재일조선인[1]의 모습은 현재의 삶에서 시작한다. 이들이 일상을 사는 것은 이론, 운동 보다 더 중요하다. 물론 개인적인 차이가 있다. 많은 사람이 제각기 다양하게, 극히 자연스럽게 행동하고 자기 의견을 서로 제기하면서 그 다양함을 자연스럽게 바람직한 사회를 향한 어떤 흐름으로 만들수 있는 의미에서 진실로 자연스러운 운동이 요구된다고 생각한다. 그리고 다양한 지역의 풍토에 따라 각각의 개별성을 전면에 내세워 표현하는 것이 필요하다. 아울러 지역의 차이나 생각의 차이를 서로 느낌으로 더욱 많은 공감을 자아내게 만드는 것도 중요하다고 생각한다.[2]

진정한 인문학의 노하우는 우리의 운명을 제약하는 요인을 명확히 하는데 도움이 될 수 있다고 한다. 미래를 예측할 수는 없어도 탐구할 수는 있다, 실행 가능성 연구는 우리가 어디로 향하고 있는지를 보여줄 수 있는데, 이것은 오늘날 성장이 전 세계 경제학의 핵심 기조가 되었다.[3]

이런 가운데 재일조선인의 문제는 코로나19시대에 다시 검증해야 할 대

---

1) 현재 일본에서는 '재일한국인', '재일조선인', '재일코리안', '재일한국·조선인' 등으로 불린다. 본고는 현재 일본에 사는 한민족을 재일조선인, 재일동포로 통칭한다.
2) 다카기 진자부로 지음, 김원식 옮김,『지금 자연을 어떻게 볼 것인가』, 녹색평론사, 2007, 248쪽.
3) E.F. 슈마허 지음, 이상호 옮김,『작은 것이 아름답다』, 문예출판사, 2021, 302쪽.

상이라고 생각해 본다. 변화하는 세계는 이전과 달리 우리의 이동을 부자연
스럽게 만들었다. 실제로 코로나19 직전의 시대는 모빌리티의 시대였다. 20
세기 과학은 뉴턴적 과학 요소를 제거했고 복잡성의 전환의 길을 마련했다.
20세기 이전의 과학은 뉴턴적 시간, 즉 불변적 시간, 공간 단위로 분할 가
능한 시간, 길이로 측정 가능한 시간, 숫자로 표현 가능한 시간, 가역적인
시간의 관점을 갖고 작동했다는 것이다. 그것은 불변적이고 측정 가능한 그
리고 전후방으로 움직이는 길이로 구성된 데카르트적 공간으로 간주 될 수
있는 시간이었다. 20세기 과학은 그러한 개념을 제거했고, 아인슈타인은 관
성계와 독립된 고정적이고 절대적인 시간은 존재하지 않음을 보여주었다.
공간과 시간은 동시에 창조되었으며 우주의 시스템적 속성의 일부에 해당
된다. 더 나아가 양자 이론은 전자가 특정한 조직으로 결정되기 전에 모든
가능한 미래로 동시에 나아가는 가상의 상태를 설명하고 있다.

　재일조선인의 삶을 역사적으로 보고 현재의 일상의 모습은 보는 것은 역
사성을 전제한다. 본 연구는 다른 지역의 한민족, 우리 동포와 달리 일본에
살고 있는 이들의 삶의 보편성과 특수성을 이동의 주체라고 생각하면서 살
펴보고자 한다. 재일조선인은 일제 식민지배의 역사적 결과로 인해 구종주
국인 일본에 살게 된 조선인과 그 자손이다. 특히 '재일 1세'란 어린 시절을
조선에서 보내고, 1945년 8월 일본의 패전 이전에 일본으로 간 사람이다.
이들이 겪은 식민지 시대 경험은 강렬한 민족의식의 토대가 되었다. 따라서
이들의 사상은 식민지 체험에서 성립된 것이다. 여기에서 본고는 시작한다.

　본고는 기존의 선행 연구4)에 기초하여 선택으로 재일조선인의 삶을 역
사주의와 시간의 틀을 통해 재구성하면서 논의를 전개하겠다.

---

4) 별도의 각주가 없으면 필자의 선행 연구를 주로 참조한다.

Ⅱ. 재일조선인에게 1945년 일본의 패전과 해방

현재 재일조선인의 삶은 1945년 일본의 패전과 해방과 함께 본격 시작되었다. 즉 1945년 8월 15일 일본의 패전은 재일조선인에게 해방이었다. 재일조선인은 해방을 일본 땅에서 맞이했다. 1945년 8월 일본에는 210만 이상의 조선인이 있었다.[5] 식민지지배 아래 살아야 했던 이들에게 해방은 환희와 기쁨이었다. 특히 나이든 사람들은 살았다면서 눈물을 흘렸고, 젊은 사람들은 귀국해서 새로운 나라 만들기를 고민했다.[6] 물론 다른 생각을 하는 사람도 있었다.

1945년 8월 15일 후추(府中) 예방구금소를 비롯한 아바시리(網走) 형무소, 미야기(宮城) 형무소 등에 3천 여명의 정치범이 수감되었다. 그리고 아키다(秋田) 형무소에는 박열이 수감되어 있었다.[7]

해방의 기쁨 속에서 재일조선인은 많은 사람이 귀국을 희망했다. 패전한 일본 정부는「조선인 집단이주노동자 등의 긴급조치의 건」을 통해 강제연행자의 귀국을 주선했다. 이러한 조치는 귀국을 희망하여 서두르는 재일조선인을 만족시키지 못했다. 1945년 8월부터 12월까지는 매월 수십만의 조선인이 해외에서 귀국했는데, 일본에서는 1945년 8월부터 1946년 12월까지 100만 명 정도가 귀국했다.[8]

귀국을 위해 일본의 주요 항구에는 조선인이 모여들었다. 시모노세키(下關), 하카타(博多), 센자키(仙崎) 등지에서 조선으로 갈 배를 찾았다. 9월 말 시모노세키에는 2만 명, 하카타에는 1만 명이 모였다. 이들은 혼란과 무질서 속에 방치되었다. 귀국할 때 재일조선인은 1,000엔과 수화물 150파운드

5) 水野直樹·文京樹, 『在日朝鮮人 歷史と現在』, 岩波文庫, 2015, 81쪽.
6) 朴慶植, 『解放後在日朝鮮人運動史』, 三一書房, 1989, 43-44쪽.
7) 정영환, 「재일조선인의 기억과 망각」, 정근식·신주백 엮음, 『8.15의 기억과 동아시아적 지평』, 선인, 2006, 15쪽.
8) 최영호, 『재일한국인과 조국광복』, 글모인, 1995, 141쪽.

만 갖고 갈 수 있었다.9)

당시 재일조선인은 기다리고 있지 않고 사선을 이용한 도일을 추진했다. 결국 조선으로 돌아가지 못하고 많은 피해를 보게 되었다.

일본을 점령한 연합국은 구 일본제국이 남긴 재일조선인 문제 해결을 이어받았다. 그들은 재일조선인의 존재는 알고 있었다. 그러나 이 문제에 대처할 정책을 준비하고 있지는 않았다. 이후 1945년 11월 GHQ는 재일조선인을 해방 국민으로 취급하지만 적국민으로 취급할 수 있다고 발표했다. GHQ는 확고한 방침이 없었다.

실제로 재일조선인 문제에서 복잡하게 되는 요인이 발생했다. 귀국했던 재일조선인이 조선에서 정착하지 못하고 역류한 일이었다. 조선으로 갔던 재일조선인이 조선 내에 정착하지 못하고 다시 밀항의 방법을 통해 일본으로 돌아간 사실이다.10) 1946년 3월 GHQ는 귀국한 사람의 일본 재입국을 금지하는 지령을 발표하고 동시에 일본 정부에 명령하여 재류하고 있는 재일조선인의 귀국희망자 등록을 실시했다.

1947년 5월 2일 일본 정부는 외국인등록령을 시행했다. 이에 따라 조선인과 대만인을 당분간 외국인으로 간주한다고 하여 외국인등록이 의무화되었다. 이에 따라 재일조선인은 일본국적의 외국인이 되었다. 그리고 외국인등록증을 휴대해야 했고, 3년 마다 갱신이 의무화되었다.11)

패전 이후에도 한국 내 정국 불안은 일본으로의 밀항자를 낳았다. 오무라수용소는 1950년 문을 열어 한국으로 이들을 강제 송환했다.12)

패전 당시 일본은 미군의 공습으로 많은 기업이 조업 불능 상태가 되었고, 조업이 가능한 공장도 자재 부족으로 생산 마비 상태에 빠졌다. 정규직

---

9) 在日韓人歷史資料館 編, 『寫眞で見る在日コリアンの100年 在日韓人歷史資料館圖錄』, 明石書店, 2010, 70쪽.
10) 水野直樹, 文京樹, 『在日朝鮮人 歷史と現在』, 岩波文庫, 2015, 93쪽.
11) 강홍빈, 『8.15 광복절 기념 열도 속의 아리랑』, 서울역사박물관, 2012, 61쪽.
12) 『재일제주인 삶과 역사』, 제주대학교 재일제주인센터, 2014, 34쪽.

에 종사하는 재일조선인은 거의 없었다.[13] 이것이 해방 공간 재일조선인의
삶의 한 모습이다.

Ⅲ. 재일조선인의 일제강점기 이주의 역사

1. 이주의 삶

한반도가 일제의 식민지로 강점된 1910년부터 일본의 패전으로 해방이
될 1945년까지 한반도에서 일본으로 도항한 조선인과 일본 거주자의 수치
는 어떠한 변화를 보이고 있었다.[14]

연도	도일자	귀환자	재일조선인
1910			
1911			2,527
1912			3,171
1913			1,635
1914			3,514
1915			3,917
1916		3,927	5,624
1917	14,012	9,305	14,502
1918	17,910	12,947	22,411
1919	20,968	20,536	26,605
1920	27,497	25,536	30,189
1921	38,118	46,326	38,651
1922	70,462	89,745	59,722
1923	97,395	75,430	80,415
1924	122,215	112,471	118,152

---

13) 在日韓人歷史資料館 編, 『寫眞で見る在日コリアンの100年 在日韓人歷史資料館圖
　　錄』, 明石書店, 2010, 106쪽.
14) 김광열의 연구에 기초한다.(김광열, 『한인의 일본이주사 연구:1910-1940년대』, 논
　　형, 2010)

연도	도일자	귀환자	재일조선인
1925	131,273	83,709	129,870
1926	91,082	93,991	143,798
1927	138,016	117,522	165,280
1928	166,286	98,275	238,102
1929	153,570	141,860	275,206
1930	127,776	107,420	298,091
1931	140,179	103,452	311,247
1932	149,597	103,218	390,543
1933	198,637	113,218	456,217
1934	175,301	117,665	537,695
1935	121,141	105,946	625,678
1936	115,866	113,162	690,501
1937	118,912	115,588	735,689
1938	161,222	140,789	799,878
1939	316,424	195,430	961,591
1940	385,522	256,037	1,190,444
1941	368,416	289,838	1,469,230
1942	381,673	268,672	1,625,054
1943	401,059	272,770	1,882,456
1944	403,737	249,888	1,936,843
1945	?	?	2,100,000

　　1913년까지 줄고 있던 일본 내 조선인 인구가 일본이 세계대전에 참전한 1914년 후반부터 증가하기 시작했고, 1917년에는 전년 인원의 3배 정도 증가, 1918년에는 전년 인원의 2배 정도 증가하였다. 1920년대 전반에 도일한 조선인 수는 한층 증가했다. 조선인 구직자들이 조선 보다 일본 쪽이 임금 노동의 기회가 더 많다고 판단했기 때문이었다.

　　1920년대 중반까지 도일자 수는 매년 증가하였다. 1920년대 중반에 조선인의 도일이 증가한 것은 도쿄를 중심으로 한 칸토(關東)지방에서 대지진의 피해로부터 부흥하고자 하는 토목사업이 대규모로 전개되었기 때문이다.

　　1930년에 도일한 조선인 수는 역시 전년보다 급감한 12만 8천명 정도였다. 이듬해부터 다시 도항자 수는 증가했고 그 추세는 이후 1934년까지 지속되었다. 특히 1933년에는 거의 20만 명에 육박하는 종래 최대의 도일자 수를 기록했다. 그만큼 대다수 인구가 몰려 있던 조선의 농촌에서 도저히 영농을 지속할 수 없어서 이농하면서 일본으로 도항하는 사람들이 증가하였다고 할 수 있다. 1935년부터 도일 한인 수는 급감했는데 그것은 일본 정부에 의한 일본거주 조선인 인구의 감소정책이 본격적으로 전개되었기 때문이다. 중일전쟁이 발발하여 전면적인 전시 체제로 돌입한 1938년부터 조선인 도항자 수는 다시 증가하기 시작하였다.

1940년대 전반의 조선인 도항자 수는 30년대 후반에 비해 2배 이상 증가하였다. 이 시기는 매년 귀환자 수도 20만 명 이상 기록되고 있었으나, 1940~44년까지 매년 말에 조사된 일본 거주 조선인의 인구를 보면 매년 20만 명 전후의 증가를 보이고 있었다. 그것은 일본 내 기거주자 가족의 자연 증가에 의한 것일 수도 있으며, 부산-시모노세키(下關)로 대표되는 일본행 정기 항로 이외에도 비정규 루트(밀항)를 통해 임금 노동을 위해 도일하는 사람들이 있었다고 추측할 수 있다.

조선에서 수많은 도항자가 발생한 첫 번째의 원인은 경제적 피폐에 처한 조선 농민들의 대규모 이농(離農) 현상에 있었다. 실제로 일본에 간 조선인에 의해 최초의 조선부락15)이 1909년에 건설되었다.16)

2. 시기별 도항제도와 정착의 삶

1920년대 조선인의 도항은 통제되었다. 1922년 12월 여행증명제도가 철폐되고, 다음 해인 1923년에는 도항증명제가 실시되었다. 1923년 관동대지진으로 파괴된 시가시의 복구를 위해 노동력이 요구되자 일본 정부는 도항 증명제를 폐지했다. 1924년 2월 일본 정부는 '조선인에 대한 여행증명서

---

15) 조선촌이라고도 한다.
16) 김찬정 저, 박성태·서태순 역, 『재일한국인 백년사』, 제이앤씨, 2010, 60쪽.

건'을 발령하고 관청이 허가하는 증명서를 소지하지 않은 조선인의 일본으로의 도일을 다시 금지했다.[17] 일본 경제의 상황이 악화되자 내무성은 1925년 8월 도일을 제한해 달라는 요청했고, 이에 따라 1925년 10월부터 도항저지(제한)가 실시되었다. 특히 1928년 7월 조선총독부는 도항 허가 조건을 까다롭게 했다. 지참금을 60엔 이상 소지하고 노동브로커의 모집에 의한 경우가 아닌 도항만 허용했다. 1929년 세계공황에 의해 일본 경제가 타격을 받자 조선인 노동자의 단체 모집은 제한되었다. 도항은 재도일증명서제로 보다 다시 통제되었다. 도항한 조선인은 1920년대 일본의 대도시에 거주했다. 교토, 오사카, 고베지역 등지에 살았다.[18] 이런 곳에 조선인이 많이 거주하는 원인은 일본 내 상공업 중심지로 노동력의 수요가 많았기 때문이었다. 특히 1923년 관동대지진 이후 증가했다.

1920년대 중반이 되면 오사카, 도쿄에 인구 집중 현상이 나타난다. 경제적 문제와 일본의 중심지역이라는 이유는 조선인이 이 두 지역으로 몰리게 했다. 나고야(名古屋)에도 조선인이 증가하는데, 1920년대 후반이다. 이 지역은 게이힌(京濱), 한신(阪神)에 다음가는 3대 산업지역이었다. 일본에 가서 노동자가 된 조선인은 1920년대에도 주로 직공, 광부, 토건인부 등이었다. 절대 다수는 토공이었다.[19] 당시 탄광에서 일하는 조선인 노동자는 가장 힘들었고 이들은 어려운 채탄작업에 집중적으로 배치되었다.

실제로 일본의 경기가 악화되면 먼저 희생되어 실업상태에 빠졌다. 재일조선인의 고용상태는 불안했다. 일일노동자의 고용은 특히 불안정했다

이주자가 급속히 늘어난 1920년대 조선인 집주 지구가 형성되었다.[20] 일본인은 재일조선인에게 집을 빌려주려 하지 않았다.[21] 결국 이른바 조선부

---

17) 김찬정 저, 박성태·서태순 역, 『재일한국인 백년사』, 제이앤씨, 2010, 67쪽.
18) 김인덕, 『식민지시대 재일조선인운동 연구』, 국학자료원, 1996, 32쪽.
19) 水野直樹, 文京樹, 『在日朝鮮人 歷史と現在』, 岩波文庫, 2015, 29쪽.
20) 水野直樹, 文京樹, 『在日朝鮮人 歷史と現在』, 岩波文庫, 2015, 32쪽.
21) 강홍빈, 『8.15 광복절 기념 열도 속의 아리랑』, 서울역사박물관, 2012, 40쪽.

락이 형성되기 시작했다. 조선부락은 재일조선인의 공간이었다.[22] 함바나 회사의 사택에 살면서 이곳을 거점으로 조성된 경우가 많았다. 저지대, 습지대, 하천부지 등에서 임시 가건물을 지어지면서 형성되었다.

도항한 재일조선인의 임금은 일본 사회의 최하였다. 조선인과 일본인의 임금 격차는 식민지 민족에 대한 차별과 노동력 사용가치의 차이 때문이었다. 조선인은 이 임금도 대부분 일급 내지는 청부도급제를 통해 받았다. 당시 일본에서는 내무성에서 월수입 20엔 이하, 집세 3엔 이하를 빈민으로 취급했는데,[23] 이 범주에 상당수의 재일조선인이 들어갔다. 특히 곤궁함은 주거문제에서 잘 나타났다.

재일조선인은 많은 수가 조선부락에 모여 살았다. 그럼에도 주거문제가 발생한 가장 큰 이유는 경제적 문제 때문이었다. 주거비에 많은 돈을 투자하기 어려웠다. 물론 임대의 어려움이 있었고, 임대 거부에 직면했다.[24]

1920년대 재일조선인은 자신의 이름으로 집을 빌어 사용하는 것이 불가능했던 것이다. 집주인들은 임대료의 체납, 건물의 지저분한 사용, 집단 합숙하는 사실 등을 이유로 조선인의 임대를 거부했고, 일본인 집주인들의 임대 기피현상은 조선인 노동자들의 주거문제를 보다 심각하게 만들었다.

재일조선인 노동자의 생활 상태는 실로 비참함 그 자체였다. 특히 먹는 것에서는 용케도 어떻게 생존하는데 필요한 영양물을 섭취하고 있는지 의심하지 않을 수 없을 정도였다.[25] 그럼에도 재일조선인은 조선에서의 생활이나 전통을 가능한 살리고자 노력했다.[26]

---

22) 김인덕, 『식민지시대 재일조선인운동 연구』, 국학자료원, 1996, 45쪽.
23) 藤井忠治郎, 『朝鮮無産階級の硏究』, 1926, 63쪽.
24) 「재류조선인의 분포 및 일반상황」,『독립운동사자료집(별집3)』(재일본한국인 민족운동자료집), 독립운동사편찬위원회, 1978, 45쪽, 참조.
25) 김찬정 저, 박성태·서태순 역, 『재일한국인 백년사』, 제이앤씨, 2010, 오사카지방위원회.
26) 在日韓人歷史資料館 編, 『寫眞で見る在日コリアンの100年 在日韓人歷史資料館圖錄』, 明石書店, 2010, 34쪽.

조선인의 도일은 일제와 사회의 영향을 받았다. 특히 1929년 미국에서 일어난 세계공황은 일본에도 영향을 미쳤고, 1930년대 일제의 조선인에 대한 도항정책은 변했다.

1930년 일본 정부의 도항정책은 일시귀선증명서제도와 도항소개장 발급제도 등으로 설명할 수 있다.27) 1929년 8월 내무성 경보국장은 각 부현에 통첩 「조선인노동자 증명에 관한 건」을 발령했다. 이를 통해 조선인은 일시귀선증명서제도의 영향을 받는데, 1930년대 조선인의 도일은 제도적으로 통제되었다. 실제로 1932년 이후 3년 동안 증명서 신청을 한 사람 중 60%가 허가를 받지 못했다.28)

일시귀선증명서제도는 1936년 5월에 경무국이 발송한 규례통첩으로 강화되었다.29) 이 통첩은 도일을 원하는 조선인은 본적지나 주소지 소재 관할 경찰서장으로부터 '도항소개장'을 발급받아야 했다. 이렇게 일본 정부는 도일을 규제하여 조선인을 통제하고자 했다.

공황 아래에서 가장 먼저 희생의 대상이 된 것은 경제 기반이 약한 중소영세기업의 노동자 혹은 조직과 사회에서 보호받지 못하는 사람들이었는데, 재일조선인은 그 양쪽에 해당되었다. 1930년 12월 오사카시에 사는 조선인의 인구는 8만 5백여 명으로 이들의 실업률은 18%에 달했고 오사카시의 실업자 5명 중 1명은 재일조선인 노동자였다. 오사카의 재일조선인 노동자의 실업률이 다른 지역과 비교해서 높은 것은 그들이 영세기업의 공장 노동자였기 때문이었다.

도쿄도에서 최대의 조선부락은 고토구(江東區)의 후카가와 에다가와쵸(深川枝川町)와 그 인접지역인 시오자키쵸(鹽崎町)가 유명하다. 이 지역은

---

27) 정혜경, 「일제하 재일한국인 민족운동의 연구-대판지방을 중심으로-」, 한국학대학원 박사논문, 1999, 참조.

28) 김찬정 저, 박성태·서태순 역, 『재일한국인 백년사』, 제이앤씨, 2010, 90쪽.

29) 內務省 警保局, 「特高警察通牒」, 朴慶植 編, 『在日朝鮮人關係資料集成』(3), 20-23쪽.

1937-8년경부터 형성되어, 1940년경에는 수백 세대의 재일조선인이 생활하게 되었다.[30]

강제연행이 1939년부터 전면적으로 진행되었다. 1939년 7월부터 1942년 2월까지의 이른바 '모집'이라는 방식으로 강제연행이 전개되었다. 당초에는 일본에서 돈을 버는 노동이 금지되어 있어 여기에 대한 반작용으로 응모자가 쇄도했는데, 반년 후에는 '모집'에 응하는 사람이 줄었다. 일본에서의 열악한 노동환경, 가혹한 노동조건이 알려졌기 때문이다.

1942년 3월부터 1944년 8월까지는 '조선인 내지 이입 알선요강'에 의거하여 조선총독부의 외곽단체인 조선노무협회가 노동자의 알선, 모집사업의 주체가 되어 '관알선'을 진행했다. 전쟁의 전선 확대는 노동력 부족을 더욱 가속화시켰다. 행정의 강제를 동반하는 '관알선' 방식으로도 부족한 노동력을 확보할 수 없던 일본 정부는 재일조선인에게 먼저 1942년 10월부터 '국민징용령'을 적용했다. 당시 이 정책에 대해 한국인은 적극적이지 않았다. 당시 도쿄에서는 4,600명에게 출두 명령이 내려졌으나 출두하지 않은 사람이 2,126명이었다.[31] 실제로 1944년 9월부터 1945년 8월 패전될 때까지 '국민징용령'은 조선에 적용되었고 전면적으로 강제연행이 자행되었다. 이상과 같은 강제연행에는 일본 정부가 처음부터 일관되게 관여했다.[32]

1939년 이후 1945년 8월 일본 패망까지 일제는 강제연행을 자행했다. 노무동원, 병력동원, 준병력동원, 여성동원을 자신들의 필요에 따라 진행했다. 실제로 강제연행은 일본 정부와 일본 기업이 조선에서 인력을 수탈해 갔다.

특히 노무동원의 경우를 보면, 노동시간은 지켜지지 않았고 현실적으로는 노르마가 부과되었다. 조선인은 일본인 광부들이 제일 싫어하는 막장이

30) 김찬정 저, 박성태·서태순 역, 『재일한국인 백년사』, 제이앤씨, 2010, 62쪽,
31) 김찬정 저, 박성태·서태순 역, 『재일한국인 백년사』, 제이앤씨, 2010, 123쪽.
32) 在日韓人歷史資料館 編, 『寫眞で見る在日コリアンの100年 在日韓人歷史資料館圖錄』, 明石書店, 2010, 48쪽.

나 가스 발생 또는 낙반사고가 빈발하는 곳에 배치되었다.[33] 부상을 당해 병원에 진료를 위해 갔다가도 '반도 놈'이라고 경멸하여, 치료를 받지 못하는 일도 있었다. 1940년대에는 탄광 광부의 30-40%를 재일조선인이 차지하는 탄광도 속출했다.[34] 특히 일본의 노동 현장에서 직접 강제로 연행되는 재일조선인도 있었다.

일본은 전쟁 초기 장기간의 동화정책과 강력한 통제정책에도 불구하고 적의를 누그러트리지 않고 있는 조선인들에게 군사훈련을 시키고 무기를 주는 것에 대해 불안했다. 중일전쟁의 본격화와 침략전쟁의 확대는 일본으로 하여금 조선인 병력에 관심을 돌리도록 만들었다.

전쟁은 군인만이 치루는 사건이 아니었다. 따라서 군인을 비롯해 수많은 사람의 희생이 요구되었는데, 전장에서는 필요한 인력이 군인만은 아니었다. 군속이라는 이름으로 조선인을 동원했다. 재일조선인 군속은 비행장이나 철도 건설 현장, 군 관할의 군수공장 노동자 등지에서 일했다. 이러한 강제연행에도 재일조선인은 전면적으로 저항하기도 했다. 현장을 빠져 나와 또 다른 삶을 살거나, 강제연행의 현장에서 일본과 대항해 싸우기도 했다.

특히 미군에 의한 일본 본토 공습이 심해지자 재일조선인 가운데도 많은 희생자가 나왔다. 전쟁의 피해와 물자 부족, 식량난 등으로 생활이 어려워지자 귀국하는 재일조선인도 있었다.[35] 1945년 8월 두 발의 원자폭탄에 히로시마(廣島)와 나가사키(長崎)는 파괴되었다. 여기에 재일조선인도 피폭당했다.[36] 이것을 기억해야 할 것이다.

---

33) 하야시에이다이 저, 신정식 역, 『일제의 조선인노동 강제수탈사』, 비봉출판사, 1982, 95쪽.
34) 在日韓人歷史資料館 編, 『寫眞で見る在日コリアンの100年 在日韓人歷史資料館圖錄』, 明石書店, 2010, 28쪽.
35) 강홍빈, 『8.15 광복절 기념 열도 속의 아리랑』, 서울역사박물관, 2012, 28쪽.
36) 박인환, 『조각 난 그날의 기억』, 대일항쟁기강제동원피해조사 및 국외강제동원희생자등지원위원회, 2013, 94쪽.

IV. 재일조선인의 일제강점기 저항과 삶

1. 1910-1920년대 저항과 삶

1910년 이전부터 일본에 간 조선인은 단체를 만들고 민족의식의 고취에 앞장섰다. 1905년 을사조약이 강제로 체결된 직후 도쿄도립 제1중학에서는 교장의 조선인 학생에 대한 모욕적인 인터뷰에 반대, 동맹휴교를 했다. 와세다대학(早稻田大學)의 1907년 모의국회에서 재일조선인 유학생은 항의의 표시로 자퇴했다. 그리고 학교로부터 사죄를 받아내기도 했다.

1910년대 재일조선인 사회는 국제 정세의 변화에 민감했다. 일본에 살기 때문에 다소 정보의 양이 많았다. 러시아혁명의 소식, 일본 내 1918년 8월 쌀 소동 등 조선인의 주목을 끌기에 충분한 사건들이 일어났다. 이런 가운데 재일조선인 유학생은 본격적으로 항일투쟁을 준비했다. 대표적인 투쟁은 1919년 2월 8일 일어났다.

1919년 2·8운동은 재일본도쿄조선유학생학우회(이하 학우회)가 주도했다. 2·8운동을 주도했던 학우회는 대한흥학회의 후신으로, 1911년 조선유학생친목회가 결성되자, 이 조직이 1912년 10월 학우회를 조직하는데 성공했던 것이다. 학우회 회원 사이에 교제를 하지 않는 자는 '일본의 개'로 취급받았다. 학우회는 기관지『학지광』을 발간했다. 유학생뿐만 아니라 국내 학생에게도 신사상과 반일사상을 고취했다.

1919년 2월 8일 오후 2시 재일조선인 유학생이 조선의 독립을 목적으로 도쿄조선기독교청년회관에서 재도쿄 유학생의 거의 대다수인 600명이 결집하여,[37] 독립선언서와 결의문을 낭독하면서 시작되었다. 조선청년독립단은「선언서」와「결의문」,「민족대회소집청원서」를 각국 대사관 및 공사관에

---

37) 在日韓人歷史資料館 編,『寫眞で見る在日コリアンの100年 在日韓人歷史資料館圖錄』, 明石書店, 2010, 16쪽.

보냈다. 그리고 일본 국회의원, 조선총독부, 그리고 도쿄 및 각지의 신문사
와 잡지사, 개별적인 학자들에게 우편으로 발송했다. 이후 만세시위는 도쿄
시내에서 산발적으로 있었다.

이렇게 2·8운동은 학우회와 조선청년독립단에 의해 주도되었다. 그 투쟁
의 과정 속에서 단련된 대부분의 청년, 학생들은 몇몇을 제외하고는 지속적
인 항일투쟁의 선봉에 섰다. 이런 소식은 국내에 파급되었다.

1919년 조선에서 3·1운동이 발발하게 되었다. 도쿄의 조선인 유학생들은
이전에 귀국했는데, 5월 중순까지 국내에서의 운동에 참가하기 위하여 유학
생들이 귀국했다.

오사카에서도 3·1시위투쟁이 있었다. 당시 3·1운동의 소식을 접한 염상
섭을 비롯한 오사카의 조선인 유학생은 시위를 전개했다. 그는 오사카 덴노
지(天王寺)공원에서 조선독립선언서를 배포하고 시위를 주도했다.[38]

1920년대 재일조선인은 국내 항일운동과 일본 사회의 민주주의의 분위
기에 따라 다양한 형태로 항일운동을 적극적으로 전개했다.[39] 실제로 일본
의 사회운동과 노동운동은 재일조선인의 활동 없이는 성립될 수 없었다고
한다.[40] 이 시기 5월 1일 메이데이의 기수는 재일조선인이었다.

재일조선인의 항일운동에는 단체 결성이 주요했다. 1922년 7월 니이가타
현(新潟縣) 수력발전소 건설현장에서 일하던 조선인 노동자 100여명이 학
살되었다. 이 사건이 발생하자 조선과 일본에서 진상을 조사했다. 특히 이
로 인해 재일조선인 단체도 조직되었다. 1922년 도쿄와 오사카에서 조선인
노동동맹회가 결성되었다. 이들 단체의 요구와 목표는 재일조선인 노동자
생활을 반영할 것과 저임금, 미불 임금, 부당 해고 등에 대한 타파, 그리고

---

38) 김인덕, 『망국의 추억-재일조선인 민족운동-』, 재팬리서치21, 2011, 22쪽.
39) 김인덕, 「일본지역 유학생의 2·8운동과 3·1운동」, 『한국독립운동사연구』(13), 1999,
　　참조.
40) 在日韓人歷史資料館 編, 『寫眞で見る在日コリアンの100年 在日韓人歷史資料館圖
　　錄』, 明石書店, 2010, 44쪽.

일상적인 민족차별문제 등이었다.[41]

재일조선인 사회에서는 단체가 결성되는 가운데 1920년대는 사상단체의 움직임이 주목된다. 1920년대 전반 재일조선인 조직 가운데 적극적으로 활동한 사상단체로는 흑우회, 동경조선청년동맹회, 북성회, 일월회, 조선여자삼월회, 신흥과학연구회 등을 들 수 있다. 이 가운데는 무정부주의자들의 존재도 그 의미가 작지 않았다.[42]

한편 일본에서도 모든 조선인이 항일전선에 있지 않았다. 또 다른 한국사람들은 반민족적 행위를 하기도 했다. 1920년 주구단체로는 상애회가 있다.[43] 박춘금 등이 결성한 상애회는 처음에는 상구회라고 했다. 1921년경 상애회로 정식 출발하여 1923년에 가서는 10만 회원의 조직으로 성장했다.[44] 이 단체는 일본의 유력정치가, 관료의 지원을 받았다.

그런가 하면 1920년대 중반 재일조선인의 항일운동은 일본 전역에서 전개되었다. 지역 단위에서의 조직적 성과에 기초해서 전국적인 대중 조직들이 나타나기 시작했다. 재일본조선노동총동맹을 비롯하여, 재일본조선청년동맹, 신간회지회, 근우회지회, 조선인단체협의회,[45] 조선공산당 일본부 등이 조직되었다.

재일본조선노동총동맹은 재일조선인 노동운동의 구심이었다. 기존의 지역 단위의 분산적 형태의 노동운동 조직들을 결집하여 창립된 것이 재일본조선노동총동맹이었다.[46] 이 단체는 노동자계급의 단결, 자본가의 박멸, 자본주의체제의 타도 등을 내걸고 항일운동의 최전선에서 활동했다. 특히 강

41) 김찬정 저, 박성태·서태순 역, 『재일한국인 백년사』, 제이앤씨, 2010, 74쪽.
42) 在日韓人歷史資料館 編, 『寫眞で見る在日コリアンの100年 在日韓人歷史資料館圖錄』, 明石書店, 2010, 44쪽.
43) 김인덕, 「상애회연구」, 『한국민족운동사연구』(33), 2002, 130쪽.
44) 『일본 한인의 역사(자료집)』, 국사편찬위원회, 2010, 187쪽.
45) 『일본 한인의 역사(자료집)』, 국사편찬위원회, 2010, 182-183쪽.
46) 水野直樹, 文京樹, 『在日朝鮮人 歷史と現在』, 岩波文庫, 2015, 39쪽.

연회, 연구회, 운동회, 웅변대회, 환영회, 환송회, 축하회 등을 통해 대중교
양과 계몽활동을 전개하여 항일 사상을 적극적으로 고양했다.

1920년대 재일조선인에게는 잊지 못할 사건이 있다. 1923년 관동대지진
당시 '조선인학살사건'이 그것이다. 당시 사망한 재일조선인은 지진으로 인
해 다수가 사망한 것이 아니라 학살당했다. 1923년 9월 1일 정오 1분 전 일본
의 중심부 도쿄 일대에 지진이 일어났다. 도쿄에는 많은 이재민들이 생겼다.

일본 정부는 대책을 세우게 되었다. 일본 정부는 9월 2일 오후 6시를 기
해서 계엄령을 선포했다. 그리고 문제는 조선인이 학살된 일이다. 요코하마
(橫濱), 치바(千葉), 사이타마(埼玉), 군마현(群馬縣) 등지에서 죽어갔다. 폭
동을 일으킬지도 모른다고 예비 검속을 당했다. 이렇게 학살 사건이 일어난
근본적인 이유는 조선인에 대한 위험시하는 의식이 일본인 사이에 퍼져 있
었기 때문이다.[47] 일본 정부는 학살 진상을 모호하게 은폐하면서 유언 발
설과 학살에 대한 책임을 지지 않으려 했다. 오히려 진상을 조사하려는 자
유법조단 등의 단체 활동을 방해했다.

학살 사건 이후 조선총독 사이토 마코토(齋藤實)는 일본의 각 신문에 당
시 관동 지방에서 살고 있던 조선인은 노동자 3천, 학생 3천, 합 6천 명이었
고, 이 중 조사 결과 살해당한 자는 2명뿐이라고 발표했다. 사실의 은폐는
일본 정부의 발표에서도 마찬가지로 일본 정부는 1923년 11월 15일 현재
피살자 233명, 중상 15명, 경상 27명으로 발표했다.

사회 운동을 탄압하고자 했던 일본 정부는 '조선인학살사건' 이외에도
가메이도(龜戶)사건, 오스키 사카에(大杉榮)사건을 만들어내어 일본인 사회
주의자를 탄압했다.

1923년 학살을 극복한 재일조선인은 계속된 대규모 화재에도 불구하고
소실을 면했던 천도교청년회의 사무실에 모였다. 자연스럽게 회합에 참석
한 이들은 여러 가지로 논의를 진행했다. 1923년 10월 도쿄지방이재조선인

---

47) 水野直樹, 文京樹, 『在日朝鮮人 歷史と現在』, 岩波文庫, 2015, 19쪽.

구제회를 결성하고, 조사 활동을 시작했다.[48]

1923년 도쿄와 요코하마 등지에 살던 2만 명의 재일조선인 중 살해당한 사람이 6천명 이상이라고 하는 조선인학살 사건은 아직도 진상이 밝혀지지 않고 있다.[49] 짓밟힌 인권과 명예 또한 회복되지 않았다.[50]

2. 1930-1940년대 저항과 삶

재일조선인의 반일운동은 1920년대 말 30년대 초를 거치면서 새로운 모습을 보였다. 1920년대 이후 재일조선인 노동운동과 항일운동 세력은 민족문제 등 독자적인 요구를 걸고 운동을 전개했다. 그러나 당시 국제공산주의운동, 국제노동운동의 지도로 일본의 혁명을 지향하는 세력과의 일체화를 지시받고,[51] 또 다른 운동의 길을 모색했다.[52]

재일조선인 1920년대 대표적인 노동운동 단체였던 재일본조선노동총동맹은 1929년 일본의 노동조합인 일본노동조합전국협의회(이하 전협)으로 들어가기 위한 해체 논의를 하고, 이것을 실행해 옮겼다. 당시 해체를 주도했던 사람들은 일본 사회운동세력과 협의 아래 이 논의와 실행을 주도했다. 해체 논의는 당시의 재일조선인 일반 노동자는 알지 못했다. 보통 조선인 노동자는 항일운동을 멈추지 않았다.

일본 사회운동 속에서 전개된 재일조선인의 항일운동 가운데는 민족주의적 경향을 띠며 재일조선인만의 독자적인 형태의 투쟁도 전개되었다.

독자적인 재일조선인의 항일운동으로 동아통항조합의 자주운항운동을

---

48) 김인덕, 「재일운동사 속의 1923년 조선인 학살」, 『순국』(1993. 9), 37쪽.

49) 在日韓人歷史資料館 編, 『寫眞で見る在日コリアンの100年 在日韓人歷史資料館圖錄』, 明石書店, 2010, 20쪽.

50) 강홍빈, 『8.15 광복절 기념 열도 속의 아리랑』, 서울역사박물관, 2012, 24쪽.

51) 水野直樹, 文京樹, 『在日朝鮮人 歷史と現在』, 岩波文庫, 2015, 41쪽.

52) 김찬정 저, 박성태·서태순 역, 『재일한국인 백년사』, 제이앤씨, 2010, 75쪽.

들 수 있다.[53] 1923년 12월 15일 제주와 오사카 사이에는 직항로가 개설되었는데, 이 항로가 개설된 이래 조선우선(朝鮮郵船)과 아마가사키기선(尼崎汽船) 등이 독점적으로 운항하여, 1928년이 되자 배삯을 전격적으로 대폭 인상했다. 여기에 대항하여 제주도의 오사카 사람이 동아통항조합을 만들었다.

1930년대 전반에는 재일조선인의 생활을 지키는 운동이 주목된다. 일상생활에서 재일조선인은 생활옹호투쟁을 전개했다. 그 가운데 주목되는 것이 조선무산자진료소이다. 이 조선무산자진료소는 오사카 거주 재일조선인들이 언어가 통하는 조선인 의사에게 치료를 받기 위해 만든 일종의 의료조합이었다. 오사카에는 소비조합을 비롯해 생활조합이 활성화되었다. 이들 조합은 재일조선인의 생활권을 옹호하고, 획득하기 위한 목적에서 결성되었다. 그리고 민족적 정체성을 유지하며 운동의 토대로서의 역할을 했다.

조선인은 일상에서 집을 빌리기 힘들었다. 그래서 조선부락 속에 살기를 희망했는지도 모른다. 집을 빌리기 힘든 조선인은 투쟁으로 이를 해결하고자 했다. 이른바 차가운동(借家運動)은 거주권을 획득하기 위한 운동으로, 1920년대 후반부터 발생하여 노동조합과 차가조합을 중심으로 전개되었다.

한편 일본에서 재일조선인이 정주하면서 아이들의 교육문제는 중요해졌다. 재일조선인들은 교육기관을 마련하여 아동과 무학자에 대한 교육을 실시했다. 오사카에 설립된 대표적인 교육기관은 1930년대 초 간사이쿄메이(關西共鳴)학원으로, 이 간사이쿄메이학원은 조선부락이 연합하여 설립한 학교로 조선인의 기금으로 교사를 마련하여 아동을 교육했다. 조선부락에는 야학이 운영되었다.

조선부락은 시간이 지나면서 점차 조선 분위기가 압도적이 되었다. 이곳에는 조선음식점과 조선음식 재료가게가 생겼다. 조선말만으로도 충분히 생활이 가능하게 되었다. 그리고 내부에서는 계층의 분화도 나타났다.[54]

---

53) 김인덕, 「1920년대 후반 재일제주인의 민족해방운동」, 『제주4·3연구』, 역사비평사, 1999, 참조.

1930년대 후반, 1940년대 재일조선인은 강제연행에 대한 저항과 학생 청년의 단체 조직을 통한 항일을 전개했다. 유학생의 항일운동도 지속되었는데, 메이지대학(明治大學)의 조선유학생연구회사건, 나고야(名古屋)의 민족부흥회사건 등과 우리독립운동그룹사건, 계림동지회 등이 적극적으로 항일에 나섰다.

일본에서는 1940년 1도(都) 3부(府) 42현(縣)에 46개의 협화회가 결성되었다. 1934년 일본 정부는 각의결정에 의해 재일조선인을 관리, 통제하고 일본사회로의 동화를 목표로 협화회를 각지에 조직하게 했다. 이 단체는 특고기관과 결합되어 있어, 결국 특고경찰의 대행기관의 역할을 했다. 당시 일본 내무성이 주도한 협화사업의 특징은 재일조선인의 황국신민화였다. 따라서 경찰 관료 주도 아래 진행되어 치안대책과 연계되어 추진되었다. 협화회 지부는 반드시 각지 경찰서 내에 설치되었다. 지부장은 경찰서장이 겸임했다.[55]

협화회의 간부가 되었던 재일조선인은 경찰과 결탁하고, 여러 가지로 편의를 제공받으며 특권적 존재로 살았다. 협화회 간부는 일본의 정책에 대해 노골적인 공모자, 찬미자가 되었다. 1940년 6월 중앙협화회가 결성되었고, 이 조직은 회원을 통제하기 위해 협화회 수첩을 발행하고 소지를 의무화했다. 그리고 창씨개명, 일본 옷 착용, 신사참배, 국방헌금납부, 근로봉사, 일본어 학습 등을 강요했다.[56]

---

54) 水野直樹, 文京樹, 『在日朝鮮人 歷史と現在』, 岩波文庫, 2015, 52쪽.
55) 김찬정 저, 박성태·서태순 역, 『재일한국인 백년사』, 제이앤씨, 2010, 94쪽.
56) 강홍빈, 『8.15 광복절 기념 열도 속의 아리랑』, 서울역사박물관, 2012, 35쪽.

IV. 맺음말 : 전후 재일조선인사와 재일조선인의 미래

해방과 함께 재일조선인 역사적 과제를 인식했다. 도쿄, 요코하마, 오사카, 교토, 효고 등지에서는 재일조선인의 귀환지원과 생활방위를 목적으로 하는 각종 단체가 결성되었다.[57) 1951년 8월 샌프란시스코조약이 조인되었다. 이에 기초해 일본 정부는 재일조선인의 주권 포기와 그에 따른 일본국적을 상실을 상정했다. 당시 재일조선인은 일본 국적 상실의 부당성에 무관심했다. 1952년 4월 샌프란시스코조약이 발효된 날 일본 정부는 재일조선인의 일본 국적 상실을 통고하고 외국인 등록령을 개정한「외국인등록법」을 당일 공포하고 시행했다. 개정된 등록법은 지문날인 의무와 위반법의 법칙 조문을 담고 있었다. 의도된 단속 강화였다.[58) 내용적으로는 전후 보상이나 복리후생에서 외국인인 재일조선인은 배제되는 것이었다.

1950년 한국전쟁이 일어났다. 당시 일본 정부는 출입국관리법제를 정비했다. 전쟁 피난민을 비롯해 일본에 있던 가족에게 의지하러 오는 사람을 받아주지 않고 오히려 해방 이전 일본에서 살았던 사람들조차도 불법입국자로 취급하여 강제 송환하는 경우도 적지 않았다.[59)

이 전쟁은 재일조선인 사회를 첨예하게 대립하게 만들었다. 총련의 지도 아래 전개된 북송[60)은 제1차로 1958년 12월 14일에 출항하여 시작되었다. 이후 잠시 중단되기도 했다. 대체로 1984년의 제186차까지 총 9만 3천 3백 여명이 북한으로 갔다.[61) 귀국 희망자가 많았던 것은 1962년 무렵까지였다.

재일조선인 2세가 1970년대는 삶의 여러 현장에 등장하게 된다. 이들의

---

57) 水野直樹, 文京樹, 『在日朝鮮人 歷史と現在』, 岩波文庫, 2015, 88쪽.
58) 김찬정 저, 박성태·서태순 역, 『재일한국인 백년사』, 제이앤씨, 2010, 190쪽.
59) 강홍빈, 『8.15 광복절 기념 열도 속의 아리랑』, 서울역사박물관, 2012, 189쪽.
60) 水野直樹, 文京樹, 『在日朝鮮人 歷史と現在』, 岩波文庫, 2015, 141쪽.
61) 在日韓人歷史資料館 編, 『寫眞で見る在日コリアンの100年 在日韓人歷史資料館圖錄』, 明石書店, 2010, 114쪽.

다수는 일본 학교를 다녔고 그곳에서 인권과 민주주의에 대해 배웠다. 재일조선인 2세들에 의한 권리획득운동은 1970년의 히다치(日立) 취직 차별사건을 계기로 일반 시민 사이에서 폭넓게 전개되기 시작했다.[62] 또 하나의 1970년대 재일조선인의 차별에 대항하여 승리한 운동은 사법 연수생에 대한 국적조항철폐운동이다. 그 주인공은 김경득(金敬得)이다.

1980년대에 들어서자 재일조선인에 의한 지문날인 거부운동이 활발하게 전개되었다. 1980년 9월 10일, 재일조선인 1세인 한종석(韓宗碩)이 도쿄도 신주쿠구청에서 외국인 등록 변경 때 의무화하고 있는 지문날인을 거부했다. 1980년 이후부터 시작된 재일조선인의 활동 중 하나가 민족문화제이다. 전전부터 계속되어 온 일본 사회로의 동화와 전후 본국과의 단절은 재일조선인에게 민족을 드러내면서 생활하는 것을 허용하지 않았다. 재일조선인을 속박하고 있던 마음 속의 38선을 극복하고, 서로 손잡고 자신들 과제를 해결하겠다는 요구가 있었다. 이러한 요구에 부응한 것이 '이쿠노 민족문화제'였다.

1990년대 이후 재일조선인 사회는 본격적으로 3, 4세의 시대를 맞이했다. 이런 가운데 민단은 1994년의 '제44회 정기 중앙 대회'에서 이전까지의 이름인 재일본대한민국거류민단에서 '거류'라는 두 글자를 사용하지 않게 된다. 이것의 의미는 한국 국적을 가지고 있으면서도 일본에서 영주할 의사를 밝힌 것이다. 그리고 1999년에는 세대교체와 일본 정주를 시야에 넣은 '방향 전환'이 제창되었다. 이후 운동 형태도 그때까지의 '항의·규탄형'에서 '창조·공존공생형'으로 전환하고 있다고 할 수 있다.

2003년 말 현재 일본에서 외국인등록을 한 재일조선인의 수는 약 61만 4천 여 명으로 전체 외국인 191만 5천여 명 중 32.1%를 차지한다. 재일 외국인 등록자 가운데 한국·조선국의 비율이 해마다 감소했다. 서울올림픽

---

62) 국제고려학회 일본지부 「재일코리안사전」 편집위원회 편, 정희선 외역, 『재일코리안사전』, 선인출판사, 2012, 493쪽.

이후 한국의 해외여행 자유화는 일본 내 조선인의 왕래를 보다 증가하는데 기여했다. 특히 재일조선인 사회에는 이른바 뉴커머가 등장하게 했다. 2000년대 헤이트스피치 운동이 나타났다. 헤이트스피치란 일본 우익 인사들이 재일조선인이 많은 거리 등지에서 '한국인은 돌아가라', '조선인을 죽여라' 는 표현을 외치면서 벌이는 비인도적 시위를 말한다. 일본에서 혐한 시위가 본격적으로 전개된 것은 2006년 1월 '재일 특권을 허용하지 않는 시민 모임 (재특회)'이 결성되면서부터라고 할 수 있다.

재일조선인은 현재한다. 그들은 식민지 조선 사람이 아닌 한반도 출신으로 또 다른 갈등 속에서 살고 있다. 재일조선인은 다양한 활동을 하면서 일본 사회 속에서 존재해 오고 있다. 그리고 미래를 향해 가고 있다.

코로나19를 지난 환경의 시대 우리는 어떻게 살아야 하나. 인간에게 사는 것 공생은 실로 절대적인 과제라고 할 수 있다. 야스키모토 이치로(保木本一郎)는『핵의 세기말』(1991.)에서 공생은 지상에 있는 모든 생명의 공생, 사람들의 공생, 통시대적인 공생으로 구분했다. 여기에서 모든 생명의 공생은 에콜로지적 공생이고, 사람들의 공생은 동시대적인 다른 지역간의 사회, 문화, 에스니시티 간의 공생이며, 통시대적인 공생은 과거와 미래의 세대들과 나누는 미래세대와 공생이라고 한다.63) 우주로 열려있는 지구는 모든 생물이 적극적으로 공생하는 살아있는 장이어야 한다. 이런 가운데 재일조선인은 코로나19를 넘어 일본에 살고 있다.

민족문제에서 계급적 관점 그리고 평화와 반핵을 통한 지구촌의 미래를 그리는 삶이 있다. 우리에게는 무엇일까. 미래 재일조선인의 새로운 모습은 운동적 삶이 꼭 전제이어야 하나? 일상을 사는 것은 이론이나 운동 보다 우선이다. 개인적인 가치가 있기 때문이다. 미래는 한 개인의 문제를 함께 고민하는 공동체가 어떨지.

---

63) 다카기 진자부로 지음, 김원식 옮김, 『지금 자연을 어떻게 볼 것인가』, 녹색평론사, 2007, 262쪽.

  그런가 하면 일부의 재일조선인은 핵이 없는 미래를 꿈꾼다. 동아시아 미래는 핵이 없는 사회, 분출하는 자본의 논리 속에서 그리고 이동의 공간 속에서 미래의 재일조선인은 평화의 인도자가 되어야 한다. 한 개인의 문제를 함께 고민하는 공동체가 어떨지. 민족, 계급, 빈부, 성적 차별을 떠난 미래 사회론을 생각해 본다.

참고문헌

하야시에이다이 저, 신정식 역,『일제의 조선인노동 강제수탈사』, 비봉출판사, 1982.

朴慶植,『解放後在日朝鮮人運動史』, 三一書房, 1989.

최영호,『재일한국인과 조국광복』, 글모인, 1995.

김인덕,『식민지시대 재일조선인운동 연구』, 국학자료원, 1996.

정혜경,「일제하 재일한국인 민족운동의 연구-대판지방을 중심으로-」, 한국학대학
　　　원 박사논문, 1999.

정근식, 신주백 역음,『8.15의 기억과 동아시아적 지평』, 선인, 2006.

다카기 진자부로 지음, 김원식 옮김,『지금 자연을 어떻게 볼 것인가』, 녹색평론사,
　　　2007.

김광열,『한인의 일본이주사 연구:1910-1940년대』, 논형, 2010.

김찬정 저, 박성태·서태순 역,『재일한국인 백년사』, 제이앤씨, 2010.

『일본 한인의 역사(자료집)』, 국사편찬위원회, 2010.

在日韓人歷史資料館 編,『寫眞で見る在日コリアンの100年 在日韓人歷史資
　　　料館圖錄』, 明石書店, 2010.

김인덕,『망국의 추억-재일조선인 민족운동-』, 재팬리서치21, 2011.

강홍빈,『8.15 광복절 기념 열도 속의 아리랑』, 서울역사박물관, 2012.

국제고려학회 일본지부「재일코리안사전」 편집위원회 편, 정희선 외역, 『재일코
　　　리안사전』, 선인출판사, 2012.

박인환,『조각 난 그날의 기억』, 대일항쟁기강제동원피해조사 및 국외강제동원희
　　　생자등지원위원회, 2013.

『재일제주인 삶과 역사』, 제주대학교 재일제주인센터, 2014.

水野直樹, 文京樹,『在日朝鮮人 歷史と現在』, 岩波書店, 2015.

E.F. 슈마허 지음, 이상호 옮김,『작은 것이 아름답다』, 문예출판사, 2021.

<토론문>

「일제강점기 재일조선인의 삶과 생활」에 대한 토론문

역사적 속 재일조선인과 현재적 존재로서의 재일코리안 간의 괴리

김웅기 | 한림대학교

역사학자 김인덕 교수에 의한 본 발표는 재일조선인 통사를 정리한 내용이며, 필자가 밝힌대로 '삶의 보편성과 특수성을 이동의 주체로 파악'하는 관점에서 요약적이고 정연하게 잘 정리해 냈다고 감히 말씀 드린다. 이 같은 내용을 지닌 발표에 대하여 어느 특정 부분을 들어 논의를 심화시키거나 문제점을 지적하는 식의 토론은 그리 의미가 없어 보인다. 발표문의 목적은 거기에 있지 않으며, 다양한 인식과 배경을 가진 이들에 의한 다양하고 복합적인 논의를 이끌어내는 데 유용한 내용인 것으로 사료된다. 따라서 토론자 스스로가 발표문의 총체적 내용으로부터 새로이 논을 세워 논의를 전개해 나가야 할 것으로 보여진다. 논의 방향성은 무궁무진하다고 할 수 있다.

1. 여전히 냉전 논리에 갇힌 재일코리안

토론자는 우선 발표문 중 '다른 지역의 한민족, 한국동포와는 달리'라는 부분에 관심이 간다. 그 이유는 오늘날 국민국가 대한민국에서 재일코리안의 존재는 마치 없는 이들인양 간과되는 경우가 한둘이 아니기 때문이다. 또한, '코로나19 직전의 시대는 모빌리티의 시대'라는 부분에서 출발하여 논의가 가능할 것으로 여겨진다. 한국의 국정선거 결과에 따라 한국 입국 길조차 막혀 버리는 재일코리안들이 적지 않게 존재하기 때문이며, 재일코리안 개개인의 정치적 신조에 따라 여권 발급을 제한함으로써 개인의 이동을 통제해온 주체가 바로 대한민국 정부이기 때문이다. 그 강도는 가히 내국인에 대한 통제수위보다 강력하다는 점에 대하여 아는 이는 거의 없을 것이다. 2012년에 시작된 재외국민투표에서 여권 소지가 필수요건이 된 것은 여권 발급을 통해 '바람직하지 않은' 재일코리안을 투표 참여에서 배제하기 위한 대응이었다. 즉 분단국가 대한민국의 주권은 시대변화에도 불구하고 재일코리안의 세계화와 모빌리티 그리고 정치참여라는 기본권마저 가로 막고 있는 것이다. 이처럼 세계화 시대에서조차 재일코리안의 모빌리티를 가로막고 있는 주체 중 하나는 다름 아닌 대한민국인 것이다.

2. '유일하게 특수한 예외적' 재외동포로서의 재일코리안

재일코리안을 일본에서의 관점에서 논의할 때 늘 결락되는 관점이란 국민국가 대한민국의 재외동포 중 한 집단으로서의 재일코리안 일본에 거주하는 한민족 후예를 가리키는 용어이며, 이주시기, 국적, 정치적 신조를 아우르기 위한 최선(best)의 용어로 판단되어 사용할 것이다. (최상〈most〉라고 주장하지는 않겠다) '재일한인'의 취지에는 동의하나, 과도하게 한국 중심의 관점이 부과되는 경향이 있어 재일코리안들로부터는 외면받고 있는 것이 현실이다. 또한, '재일조선인'을 해방 후 내지 적어도 1956년 조총련 결성 이후 상황을 논의하는 데 사용하게 될 경우, 일제강점기에 일본으로 이주한 한민족이라는 함의와 더불어 특정 정치성향을 가진 집단이라는 함의와 중첩되기에 보편성을 잃은 용어로 보는 것이 타당할 것이다. '재일조선인'이라는 용어에 대해서는 오래전부터 일본적 시각에 의한 용어며, 한국 연구자들이 이를 무비판적으로 사용하고 있다는 비판도 제기되고 있기도 하다.

이라는 패러다임이다. 여타 재외동포들과 비교해 볼 때, 재일코리안은 구종주국에 거주하고 남북 분단이 상존한다는 '특수성'을 갖는 존재로 부각된다. 재일코리안의 특수성은 그 외에도 있다. 세대가 지나도 거주국에서 권리로서 국적을 취득할 길이 없고, 거주국 국적을 취득할 경우에도 민족정체성을 함양할 권리가 거의 보장되어 있지 않다는 점에서도 여타 재외동포와 확연히 차이가 난다. 특히 일제강점이라는 푸쉬(push)요인에 따라 비자발적으로 이주하게 된 집단이면서 유일하게 권리로서의 거주국 국적이 불가능하다는 점은 재일코리안의 특수성을 강화하는 작용을 하고 있다. (고려인이나 중국동포는 '한수 위의 외국인'이라고 할 수 있다) 왜냐하면 재일코리안이 한국국적을 유지할 경우, 한국 국민으로서의 의무는 병역까지 포함하여 모두 이행해야 함에도 불구하고 권리 측면에서는 제약을 받는 이등시민 즉 '한 수 아래의 국민'이기 때문이다. 한국에서 같은 재외동포법 범주안에 있는 여타 재외동포는 한국에서의 권리가 완벽하지 못하더라도 거주국에서는 풀멤버십을 가지며, 해방 후 자발적 경제이민에 해당하는 재미동포처럼 한국과 거주국 양측에서 풀멤버십을 본인의 선택에 따라 보장받을 수 있는 길도 열려 있다. 이점에서 볼 때, 재일코리안은 대한민국 내 권리측면에서 볼 때 '밑바닥의 재외동포'로 정의할 수 있다. 자국민인 재일코리안에 대한 정부의 보호의지 또한 매우 취약하다는 점도 특징이다. 여기다가 국적이 존재하는 국가에 의한 박약한 보호 의지도 영향을 미치고 있다. 1992년 LA폭동에서 미국 시민권자인 재미동포에 대한 자선의 손길이 잇따랐던 일이나 2007년 한국계 미국인이 저지른 버지니아공대 총기난사사건으로 한국정부가 사과성명을 내는 등의 지대한 관심과는 매우 대조적으로 2010년대 이후 끊임없이 반복되고 있는 헤이트크라임에 대한 한국 측 항의는 피해당사자인 재일코리안들에게는 전혀 들리지 않을 만큼 낮다고 할 수밖에 없다.

3. 불과 두 세대만에 문화적 정체성을 잃어버린 재외동포

1960년대 들어 한국정부는 재일코리안 민족교육에 관심을 갖기 시작하여 이른바 '모국수학제도'를 도입했다. 모국에서 수학한 재일코리안 2세들은 초기에는 학력 수준이 높은 이들도 적지 않게 존재했지만, 한국에 민주화가 정착될 때까지 시대가 지나갈수록 수준이 지속적으로 저하되었다. 이 원인은 군사정권이 재일코리안을 '북'의 간첩이라는 혐의를 덮어 씌워 160명에 달하는 재일한국인정치범을 양산한 데 원인을 찾을 수 있다. 이들 중 다수가 노인이 되도록 명예회복을 하지 못했고, 이 소식이 재일코리안사회에 알려지자 수많은 재일코리안이 모국 도항을 포기하는 사태가 일어난 점에 대해 관심을 기울이는 이는 거의 없다. 일본에 주재하는 내국인 중에는 재일코리안이 한국말을 못한다며 타박하는 이들이 적지 않지만, 그 전에 이 같은 이 같은 역사 앞에서 겸허해질 필요가 있을 것으로 본다. 학력 수준이 높고 민족의식이 강할수록 한국과 인연을 맺지 말아야 하는 상황이 확실히 존재했다. 즉 재일코리안의 정체성 '상실' 문제는 결코 세대교체만으로 귀결시킬 수 없는 문제인 것이다.

토론자는 그동안 재일코리안사회가 일본에서 민족정체성을 함양하기 위한 교육기회를 어떻게 획득하며 확대해 왔는지에 관하여 연구를 추진해 왔기에 이것이 얼마나 험난한 여정이었는지에 대한 나름의 인식을 가지고 있다. 이 연장선상에서 거론할 수 있는 것은 1970년대 오사카 공교육 안에서 재일코리안 민족교육 기회가 싹을 뜨기 시작했을 당시, 이를 방해했던 것은 대한민국 정부와 민단이었다는 사실이다. 이는 일본 여론의 비난으로 수글어들기는 했지만, 이후 한국에 대한 불신이 오랫동안 남게 되는 결과를 가져다주었다. 2014년부터 한국정부는 국가예산을 거출하여 민족교육 활동을 지원하고 있는데도 말이다.

4. 국민국가 대한민국의 정체성과의 괴리가
   재일코리안을 외부인으로 만든다

김인덕 교수 발표의 주제인 역사적 존재로서의 재일코리안은 오늘날 대한민국에서 과연 어떤 존재일까. 철저한 국민국가 논리 앞에서 일제강점으로 인한 피해란 대한민국 국민이 지니고 있는 정체성 또는 피해의식 중 한 부분을 구성하기는 한다. 그러나 이에 더하여 한국전쟁을 직접 겪고 현재까지 병역 의무가 되는 데 따른 피해의식, 최빈국 상태에서 노출된 가난에 대한 피해의식, 경재사회에서 치열한 교육지옥을 겪어야 하는 데 따른 피해의식 등 다양한 피해의식으로 구성되는 국민국가 대한민국에서 정서적 풀멤버십을 갖기 위해서는 이처럼 다양하고도 많은 피해의식을 두루 공유해야만 하는 것으로 여겨진다. 국민국가 대한민국이 역사적 존재로서의 재일조선인을 받아들일 수는 있어도 현재적 존재로서의 재일코리안을 외부인으로 치부하는 이유는 이 같은 맥락에서 이해해 볼 수 있지 않을까.

식민지 조선의 일본인들

I. 머리말

　개항기와 일제강점기를 거쳐 한반도에 거주한 일본인들의 역사는 부산의 개항으로 시작되었다. 부산에 이어 원산과 인천(제물포)에 거류지가 설치되면서 일본인들은 개항장으로 도항했고 점차 거류민사회가 형성되었다. 청일전쟁과 러일전쟁을 거치면서 한반도의 실정이 일본에 알려졌고 한반도로 도항하고자 하는 일본인은 증가했다. 그 후 통감부의 설치와 1910년 한반도의 식민지화는 일본인의 이주를 촉발시켰다. 이른바 '무단통치'가 이루어진 1910년대를 거쳐 1920년대에도 일본인 인구는 계속해서 증가했다. 1920년대 중반 이후에는 식민지에서 태어난 2세 인구가 눈에 띄게 증가하는 양상을 보였다. 중일전쟁 이후 전시기를 거쳐 1940년대 초반에 일본인 인구는 70만 명을 넘어섰다. 하지만 이들 대부분은 1945년 일본이 패전하면서 일본에 송환된다. 이처럼 재조일본인의 역사는 한반도에 대한 일본의 영향력과 함께 성장하였으나 패전 후 소멸한 식민자 집단이었다고 할 수 있다.

　이들은 한일 학계에서 일반적으로 '재조일본인(在朝日本人)'(이하, 따옴표를 생략함)으로 불리고 있다. 하지만 재조일본인이란 용어 사용이 적절한지에 대해서는 논의가 필요하다. 재조일본인의 사용은 1970년대 일본의 역사학계로 거슬러 올라가는데 그 발상 자체는 재일조선인과 동일했다.[1] 당시 학계에서는 재일조선인 연구와의 연관성 속에서 사용되기 시작했다. 이를 용어 그대로 해석하자면 '(식민지) 조선에 거주하는 일본인'이 되겠지만 현재 진행형인 재일조선인의 역사와 달리, 전후 소멸한 식민자 집단을 동일한 방식으로 칭하는 것이 적절한가라는 문제이다.

또한 재조일본인의 개념 정의도 연구 분야 혹은 연구자에 따라 상이하다는 문제점이 있다. 넓은 의미에서 재조일본인은 총독부 관료, 경찰, 군인 등의 식민지 통치 권력과 민간의 일본인사회를 아우르는 의미에서 사용되지만, 정치학 분야에서는 대개 식민지 통치 권력과 구분하여 민간인 사회를 가리키는 용어로 사용된다. 연구자들 사이에서 재조일본인이 지칭하는 범위가 달라 논의의 초점이 어긋나는 현상도 일어난다. 이처럼 연구 대상의 범위가 다른 이유는 무엇보다 일제강점기 한반도에 거주했던 일본인들의 스펙트럼이 광범위했기 때문이다. 식민지 조선에서 일본인들의 존재 양태는 총독부 관료, 경찰, 군인 등의 상위 식민지 권력층에서부터 일용직 노동자나 요리집 작부에 이르기까지 다양했다. 다양한 스펙트럼의 식민자 군상이 존재했기에 재조일본인 사회를 해부하는 작업은 쉽지 않다.

이렇듯 재조일본인이란 용어가 지닌 문제점으로 인해 '재조일본인 식민자'라는 형태로 부연 설명되거나 '식민지 조선의 일본인', '조선 재주 일본인', '식민지 조선의 농촌에 살았던 일본인' 등으로 칭해지는 경우도 있었다.2) 연구자의 의도는 확인하기 어렵지만, 재조일본인이란 용어의 사용이 회피된 것으로 보인다. 이 글에서는 이러한 문제점을 인식하면서도 재조일본인이란 용어가 한일 학계에서 통용되고 있는 점을 고려하여 하나의 역사 용어로 사용하고 있다.3)

---

1) 재조일본인의 사용이 확인되는 문헌자료로는 姜在彦, 「在日朝鮮人の六五年」, 『季刊 三千里』8, 1976, 23쪽. 美藤遼, 「日本仏教の朝鮮布教」, 『季刊三千里』15, 1978, 117-124쪽 등이 있다.

2) 高崎宗司, 『植民地朝鮮の日本人』岩波新書, 2002. 李昇燁, 「植民地の「政治空間」と朝鮮在住日本人社會」 京都大學大學院博士論文, 2007. 松本武祝, 「解說: 植民地朝鮮農村に生きた日本人」, 『東洋文化研究』10, 2008, 學習院大學東洋文化研究所 등.

다양한 스펙트럼을 지닌 재조일본인 사회를 이해하기 위해 언급해야 할 특징이 있다. 재조일본인은 식민지에서 지배민족으로 또한 식민통치 권력의 일원으로 한반도에 군림한 것으로 인식되기 쉽다. 하지만 엘리트 관료와 군인을 중심으로 식민지 이주가 이루어진 서양의 제국과 재조일본인 사회의 형성사는 달랐다. 서구 열강이 원거리에 획득한 아시아 및 아프리카의 식민지와는 달리, 한반도는 지리적으로 근접한 식민지였고 일반인들의 이주도 어렵지 않았다. 그 결과 식민지 관료와 군인뿐만 아니라 일반 민간인들로 구성된 대규모 식민자 사회의 형성이 가능했다. 서양 제국의 식민자들은 식민지에서도 본국과 동일한 권리를 향유했으나 재조일본인들은 그렇지 못했다. 조선총독부의 '동화', '내선융화', '내선일체'라는 명분 아래 참정권을 비롯한 권리는 제한받았다. 재조일본인들의 역사를 살펴보면 식민지 통치자의 면모도 있었지만, 동시에 식민지 통치를 받는 식민지 생활자라는 면모도 존재했던 것이다. 이처럼 양면적인 성격은 재조일본인 사회를 이해하는 데 반드시 고려해야 할 특성이다. 이 글에서는 이러한 점에 주의를 환기하면서 재조일본인 사회의 역사를 시대순으로 조감하고자 한다.

II. 시기별로 본 재조일본인 사회

역사학적인 관점에서 70년에 이르는 재조일본인의 역사를 시기구분하고 조망하는 것은 쉬운 작업이 아니다. 다양한 존재 양태의 스펙트럼이 존재할 뿐만 아니라 한국사와 일본사에 걸쳐있는 경계적인 존재이기 때문이다. 초기 한반도로 건너온 일본인들은 막말 메이지유신 시기에 태어나 메이지(明治)라는 변혁의 시대를 겪었으며 일본 제국주의의 부상과 더불어 청일전쟁

---

3) 이 글에서는 식민지 통치 권력층과 민간사회를 아우르는 넓은 의미에서 '재조일본인'을 사용하고 있다.

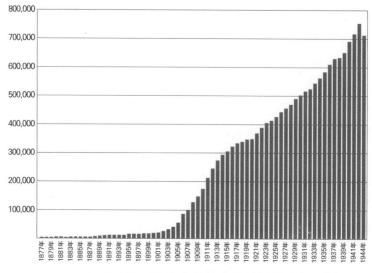

〈그림 1〉 재조일본인 인구 추이(1877~1944년)

과 러일전쟁을 경험한 자들이었다. 한반도 이주 후에는 조선왕조 말기의 혼란과 대한제국기의 정치변동, 통감부 시기, 조선총독부 설치 후 이른바 '무단통치'를 경험했다. 이후 일본 내지(內地)에서는 다이쇼데모크라시와 보통선거의 실시 등 민주주의의 흐름이 한 시대를 풍미했다. 식민지 조선에 거주한 일본인들은 '무단통치'에서 '문화정치'로 변화하는 식민통치의 전환을 경험했다. 이러한 흐름 속에서 식민지에 거주한다는 이유로 향유하지 못하는 참정권을 주장하거나, 조선의 현안문제를 관철시키기 위해 중앙정부에 청원했으며 이에 머무르지 않고 제국의회 의원으로 정계 진출을 꾀하는 이들도 있었다.

1920년대 이후 증가세가 두드러지는 식민자 2세들도 경계적이고 혼종적인 삶을 살았다. 이들은 조선에서 '내지인(內地人)'으로 조선인 위에 군림했지만, 본국(內地)의 일본인과의 관계에서는 혼종(하이브리드)적인 존재로 차별과 멸시의 대상이 되기도 했다. 식민지에서 태어났지만 그들 상당수는 자신이 식민자임을 자각하지 못했으며, 송환 이후에도 조선의 땅을 고향으로 인식하고 그리워하는 자들도 적지 않았다.

위와 같은 경계적이고 혼종적인 재조일본인들의 역사를 시기구분하기 위해서는 정치적 변동과 함께 식민자 사회의 형성 과정에 나타난 사회 양태를 고려할 필요가 있다. 식민자들의 정주(定住)의식과 식민자 2세의 성장은 시기구분에서 중요한 바로미터가 된다. 이 글에서는 인구 추이, 정주 의식의 확산, 식민자 2세의 증가 등을 기준으로 삼아 재조일본인 사회의 역사를 여섯 시기로 구분하여 개괄하고자 한다.

1. 개항기부터 청일전쟁 시기까지

지금까지 많은 자료에서 활용되어 온 재조일본인 인구 통계 중 특히 개항 초기 인구는 정확하다고 보기 힘들다.[4] 1906년 통감부 설치를 거쳐 1910년 조선총독부가 설치되면서 비교적 실제에 가까운 인구 통계를 얻을 수 있는데, 부산이 개항된 1877년부터 조선총독부 마지막 통계라고 할 수 있는 1944년까지 재조일본인의 인구 추이는 〈그림 1〉과 같다.

일본 외무성 기록을 통해 조선에 거류한 일본인 인구가 확인되는 것은 개항 후 10년 정도가 지난 1886년 부산항 인구로, 당시 해당 거류지에는 1,976(남 1,075명 여 901명)명의 일본인이 있었다.[5] 한반도 내 전체 거류민 인구가 확인되는 것은 1888년 통계부터인데, 거류 목적을 살펴보면 공용(公用), 유학(留學), 상용(商用), 기타(고용, 직공, 어업, 시찰, 여행 등이 이에

---

4) 거류지를 넘어 내륙지역으로 행상을 다니거나 거주하는 일본인들이 있어 정확한 거류민 인구 파악은 어려웠다. 개항초기부터 통감부 시기까지 인구 추이에 대해서는 이동훈, 「'재조일본인' 사회의 형성에 관한 고찰: 인구 통계 분석과 시기 구분을 통해」, 『일본연구』제29집, 2018을 참조.

5) 「外務省外交史料館」 7-1-5-4 「海外在留本邦人職業別人口調査一件」 第一卷, 1897년 3월 11일, 釜山領事室田義文 → 外務次官青木周藏, 公제40호의 부속서류.

해당) 중 상용이 가장 많았다. 잡화상, 무역상, 선박운송업(回漕業) 등에 종사하는 자가 많았으며 남성 인구 비율이 높은 사회였다. 조선과의 대외무역을 담당하던 쓰시마 출신자를 비롯하여 해외 도항의 경험을 지닌 나가사키현 출신자들이 다수를 차지했다. 정주(定住)할 생각보다는 돈벌이할 심보(出稼ぎ根性)로 건너온 자가 대부분이었다.[6]

개항 초기 일본인의 이동 범위는 개항장 방파제로부터 기산하여 동서남북 각 직경 10리로 정해졌다. 이 범위 내에 있어서 일본인들은 통행하고 물품을 매매할 수 있었다. 이후 일본인들의 통행 범위는 50리에 이어 추가적으로 100리로 확대되었다. 한행리정(閑行里程, 일본 측 자료에서는 間行里程으로도 표기)은 일본인이 자유롭게 통행하고 물품을 사고 팔 수 있는 범위를 의미했다. 예를 들어 인천항의 경우 동쪽은 안산·시흥·과천까지, 동북쪽은 양천·김포까지, 북쪽은 강화도까지로 정해졌다가 이후 범위가 확대되면서 경기도 남양·수원·용인·광주까지 통행할 수 있었다. 이에 따라 내륙지역으로 행상을 가는 일본인들도 증가했다. 당시 영사관 기록을 살펴보면 일본인들이 통행 범위를 넘는 지역을 다녀온 기록이 확인된다.[7] 실제로 규정이 엄격하게 지켜지지 않았던 것이다.

또한 거류지 밖에서 조선인으로부터 토지 가옥을 구입하거나 임차한 일본인도 적지 않았다. 경성영사관의 기록에 의하면 일본인들이 이미 용산에서 공공연히 토지 및 가옥을 소유하고 있었으며 조선 정부도 성(城) 밖의 일본인 거류를 묵인하고 있었던 점이 확인된다.[8] 통행 범위와 거류지의 확산 과정을 거쳐 청일전쟁 시기 부산항과 인천항의 일본인 인구는 1만 명을

---

6) 藤村德一編, 『居留民之昔物語』 朝鮮二昔會事務所, 1927, 43쪽.

7) 예를 들어 「外務省記錄」 3-3-7-14 「朝鮮國ニ於ケル內地行商論在同國仁川帝國副領事ヨリ送致一件」, 1889년 12월 27일, 仁川領事館副領事林權助 → 外務省通商局長淺田德則, 公信제153호 부속서류.

8) 예를 들어 「外務省記錄」 3-8-6-7 「在朝鮮國麻浦淸國稽査局設置並城外日本人居留一件」, 1893년 4월 11일, 京城領事杉村濬 → 外務次官林董, 送제68호.

넘어서게 된다.

2. 청일전쟁 시기부터 러일전쟁 시기까지

1890년대 후반 일본인이 거주할 수 있는 지역으로 목포, 진남포, 평양, 군산, 마산, 성진 지역이 추가되었다. 거류지 근방은 물론 이를 넘어 내륙 지역으로 들어가 거주하는 일본인도 증가했다. 평양이 공식적으로 개시(開市)하기 이전인 1897년 평양의 일본인 인구는 67명이었다.[9] 그들 대부분은 잡화상 등의 행상이었다. 러일전쟁 기간 중 일본인이 증가하면서 성내에 수용할 공간이 없게 되자 남문 밖에 일본인 거리가 생겼다. 외교 조약을 통해 허가된 적이 없는 일본인의 거주 실태는 평양에 국한된 일이 아니었다. 조약에 의해 개시(開市)된 적이 없는 대구에서 일본인의 거주가 확인되는 것은 1893년경부터다. 최초 거주자는 오카야마현 출신으로 조선인의 집을 빌려 잡화 및 약품 판매상을 하던 자였다.[10] 개시장으로 설정된 적이 없는 개성의 경우도 마찬가지였다. 청일전쟁을 계기로 개성에 거주하는 일본인이 증가했다. 인삼 생산지이면서 비교적 자산가가 많다는 점이 일본 상인들의 투자를 유도하는 요인이 되었다.[11] 토지나 가옥을 매수하는 일본인이 늘어났으며, 일본인 백십 여 명 중 다수가 장기 거류중이었다.

이러한 상황이었던 까닭에 일본영사관에서도 거류지뿐만이 아니라 내륙 지역에 거류하는 일본인들을 파악하고자 했으며 이들을 통계에 포함시킨 사례도 확인된다. 1902년 마산 인구에는 창원, 통영, 진주 인구가, 군산 인구에는 강경, 전주, 황산, 공주, 논산 인구가, 진남포 인구에는 재녕(載寧),

9) 「外務省記錄」 7-1-5-4 「海外在留本邦人職業別人口調査一件」.
10) 大邱府編, 『大邱民団史』秀英舍, 1915, 1-2쪽.
11) 「外務省記錄」 3-1-1-15 「韓國各地開港關係雜件」第三卷, 1902년 9월 15일, 在韓特命全權公使林權助 → 外務大臣小村壽太郎, 機密제112호, 「開城府解放ニ關スル件」.

황주(黃州), 수안(遂安), 함종(咸從) 등 주변 지역의 인구가 포함되었다.[12) 이 지역들은 거류지 밖 100리 이내라는 거류 범위를 넘어서는 곳이었다. 이런 사정을 파악하고 있던 인천 영사 시노부 준페이(信夫淳平)는 거류지 밖에서 행상(行商)을 한다는 이유로 거류하는 사람을 포함하면 실제 인구는 조사치의 3배가 될 것이라고 언급했다.[13) 이를 근거로 시노부 영사는 영사관 조사에 따른 1899년 인천항 인구는 15,537명이었으나 실제로는 2만명이 될 것으로 추정했다. 이러한 일본인들의 거류 실태에 대해 한국의 지방 관리들은 이렇다 할 제재를 가하지 않았으며 묵인 혹은 방관하고 있었던 것으로 보인다.[14) 이를 구실 삼아 일본공사관 측은 조약 위반 사실을 인지하면서도 거류민 보호 방침에 따라 현상 유지를 견지했다.

하지만 당시 일본인의 한반도 도항이 절차상 쉬운 것은 아니었다. 도항에 영향을 미친 것이 1896년에 제정된 '이민보호법'이었다. 이 법률은 하와이 및 남미 이민 과정에 나타난 폐해를 개선하기 위해 제정된 것으로 악덕 이민업체로부터 이민자를 보호하기 위한 법이었다. 이민도항과 이민계약의 허가제를 비롯하여 이민업체의 보증금 납부를 의무화시킨 제도였다. 이민보호법 제1조에서 이민은 '노동에 종사하기 위한 목적으로 외국에 도항하는 자'로 규정되었는데, 이 조문에 따라 한국 도항 희망자는 이민보호법이 적용되어 지방관청의 허가를 받을 필요가 있었다. 경우에 따라서는 2명 이상의 보증인을 필요로 했다(제3조).

도항을 희망하는 자가 신청하면, 일본의 지방관청은 허가 여부를 결정하

---

12) 「外務省記錄」 7-1-5-4 「海外在留本邦人職業別人口調查一件」 제四卷, 「在韓帝國領事館來之部」, 1903년 1월 6일, 馬山領事館本제1호의 부속서류. 같은 자료, 1903년 1월(일자 불명), 群山分館主任 橫田三郎 → 外務大臣小村壽太郎, 公제8호의 부속서류. 같은 자료, 1903년 1월 21일, 鎭南浦領事 中山嘉吉郎 → 外務大臣小村壽太郎, 鎭제6호의 부속서류.

13) 信夫淳平, 『韓半島』 東京堂書店, 1901, 687쪽.

14) 「外務省記錄」 3-1-1-15 「韓國各地開港關係雜件」 제三卷, 1902년 9월 15일, 在韓特命全權公使林權助 → 外務大臣小村壽太郎, 機密제112호, 「開城府解放二關スル件」.

기 위해 신분 조회와 보증인 자격을 조사했다. 여권을 휴대하지 않은 채 도항을 시도할 경우 승선을 거부당하거나 승선표 판매 자체를 거부당하는 일이 있었다. 이러한 탓에 일부 일본인들은 한반도로 가기 위해 밀항을 택하기도 했다. 이러한 복잡한 절차와 규제에 대해, 거류민 사회에서는 불만이 터져 나왔다. 경성의 거류민 대표는 여권 휴대 확인과 여권 발부 시의 보증인 제도를 폐지하여 절차를 간소화해 줄 것을 청원했다.15) 또한 일본인 상업회의소연합회도 '자유도한(自由渡韓)에 관한 청원서'를 영사관에 제출하고 도항 절차의 간소화를 요청했다.16) 거류민들의 청원을 받은 재한 영사관에서는 이에 대한 대응을 본국 외무성에 상신했다. 부산 영사인 노제 다쓰고로(能勢辰五郎)는 "한국의 경우와 같이 불과 바다 건너편인 곳은 가능한 우리 국민의 도항을 자유롭게 하고 영리 추구를 장려하는 것이 오히려 국가의 이익이 될 것"이라고 언급하면서 수속 과정을 관대하게 하고 남녀를 불문하고 여권 발급을 간소화할 것을 요청했다.17)

그 후 1902년 이민보호법의 개정과 러일전쟁의 전란 속에 한국 도항자에 대한 여권 소지가 폐지된다. 거류민들이 줄곧 주장해온 '자유도한'이 실현된 것이다. 이에 따라 러일전쟁을 거치면서 일본인 인구는 급증하게 된다. 인천항에서는 하루 건너 입항하는 증기선에서 일본인이 500~600명씩 내리는 광경을 볼 수 있었고, 급격한 인구 증가에 주거공간 부족을 겪을 정도였다.18) 서울에서는 하루에 일본인이 사오십 명이 유입되어 한 달에 천 명 이

15) 「外務省記録」 3-8-2-115 「淸韓兩國渡航取扱方ニ關スル訓令並伺雜件」, 1900년 1월 19일, 京城領事山庄円次郎 → 外務大臣靑木周藏, 公信제4호, 「海外旅券ニ關スル当地商業會議所ヨリノ建議書進達ノ件」 부속서류 중 甲제1호.
16) JACAR(아시아역사자료센터) Ref.A05032420800, 內務大臣決裁書類·明治35年, 1902년 7월 16일, 外務省總務長官珍田捨巳 → 內務總務長官山縣伊三郎, 送제111호(國立公文書館).
17) 「外務省記録」 3-8-2-115 「淸韓兩國渡航取扱方ニ關スル訓令並伺雜件」, 1899년 12월 30일, 釜山領事能勢辰五郎 → 外務大臣靑木周藏, 公제326호.
18) 京城居留民團役所編, 『京城發達史』, 1912, 131쪽. 「外務省記録」 3-8-2-201 「居留民

상이 증가하는 양상을 보이기도 했다. 그들 대다수는 풍문으로 임금이 폭등한 것으로 듣고 와 여관에 숙박하면서 배회하는 자들이었다고 한다. 이들 상당수가 일확천금이란 공상을 꿈꾸지만 특별한 기술도 재력도 없는 사람들이라는 세평(世評)을 당시 일본영사관 보고서에서 찾아볼 수 있다.[19]

러일전쟁을 전후하여 일본인 인구가 급증하는 시기에 나타난 특징 중 하나는 철도역 부근에 집단 거주지가 형성되었다는 점이다. 1904년 경성영사관이 집계한 거류민 인구 통계를 살펴보면 경성과 용산을 비롯 심천, 조치원, 회덕(신탄진과 대전역 사이), 영등포, 중약, 개성 등의 일본인 거주지가 경부·경의선 철도역과 거의 일치하는 것을 알 수 있다.[20] 또한 대구와 대전와 같이 철도 부설의 영향으로 일본인 거주지가 형성된 지역도 있었다. 또 다른 하나의 특징은 일본군의 진주(進駐)에 따른 일본인들의 이주이다. 이는 다름 아닌 전쟁특수를 노린 일본인 상인들의 이동이었다.

이 시기 한반도의 일본인 인구는 여권 휴대 폐지와 러일전쟁의 영향으로 급격히 늘어나 5만 명에 이르게 된다. 이로 인해 거류지에서는 물가 급등과 주택 부족 등의 문제를 겪었다. 초기 한반도로 건너온 일본인들의 이력을 살펴보면 지역 사회에서 시대조류와 변화에 편승하지 못하고 낙오한 인물들이 한반도로 이주하는 사례가 적지 않았다. 그 배경에는 메이지(明治)라는 변혁의 시대를 거쳐 청일·러일전쟁이라는 두 번의 전쟁을 경험하면서 성장한 제국 일본이 있었다. 한반도가 식민지가 된 이후에는 이전보다는 더 나은 학력과 배경을 지닌 중간층 이상의 비율이 늘어났으며, 식민지 권력

団法並同施行規則制定資料雜纂」, 1905년 1월 27일, 仁川領事加藤本四郎 → 外務大臣小村壽太郎, 「專管居留地及居留民団法案ニ對スル意見上申」.

19) 「外務省記錄」 3-8-2-115 「淸韓兩國渡航取扱方ニ關スル訓令並伺雜件」, 1904년 6월 1일, 京城領事三增久米吉 → 外務大臣小村壽太郎, 公信제77호, 「渡韓者取締ニ關スル件」.

20) 「外務省記錄」 1-6-1-17-1 「韓國各港駐在帝國領事官管轄內情況取調一件/京城, 釜山, 馬山」, 1904년 11월 12일, 京城領事三增久米吉 → 外務大臣小村壽太郎, 公信제184호, 「管內情況調査報告」.

지배층에 해당하는 인물들이 유의미하게 증가했다. 일본 내에서는 한반도에 대한 관심이 높아지면서 한국사정과 이주안내를 다룬 서적이 다수 출판되었고 이는 한반도 이주를 촉진하는 요인이 되었다.

3. 러일전쟁 시기에서 1920년대 중반까지

러일전쟁에 승리한 일본은 1905년 한국을 보호국으로 삼았다. 1906년 한국통감부의 설치는 일본인들의 이주를 촉진하는 기폭제가 되었다. 1907년과 1908년 사이 인구 변화를 보면 약 3만 명이 증가했는데, 증가율이 가장 높은 지역은 청진, 서울, 대구 순이었다.[21] 개항한 지 얼마 지나지 않은 청진을 제외하면 내륙 지역으로의 이주가 눈에 띈다. 이에 반해 초기 개항지 중 하나인 원산과 인천의 증가율은 저조했다. 원산의 경우 육지 교통망이 불편하다는 단점이 있었고[22] 인천의 경우 거류지 면적이 협소하다는 점과 인근 서울로의 이주자가 증가한 점 등이 영향을 미쳤다.

이 시기 인구 증가율이 가장 높았던 청진의 사례를 살펴보면 통감부 시기 일본인의 거류 행태를 엿볼 수 있다. 개항전이었음에도 1907년 말 청진의 일본인 인구는 이미 천 명을 넘어서고 있었다. 개항한다는 소문을 듣고 이주한 일본인들이 있었기 때문인데, 그들 대부분은 개항지를 미리 선점하여 부동산 차익을 노리는 자들이었다.[23] 청진의 사례에서 알 수 있듯이 통

---

21) 「外務省記錄」 7-1-5-4 「海外在留本邦人職業別人口調査一件」 제七卷, 1909년 3월 2일, 統監府外務部長鍋島桂次郎 → 外務省通商局長萩原守一, 統發제1101호 부속서류, 「明治四十一年十二月末現在在韓本邦人戶口表」. 통감부 인구 통계와 다소 차이가 있다.

22) 1909년 원산으로 건너간 인물의 회고에 따르면 경원선이 부설되기 전 경성에서 원산으로 가기 위해서는 보통 육로가 아니라 부산을 경유한 배편을 이용했다고 한다. 교통이 불편했기 때문에 원산은 동떨어진 외딴 섬 같은 느낌이었다고 한다. 和田八千穗・藤原喜藏 編, 『朝鮮の回顧』, 近澤書店, 1945, 34・36쪽.

23) 1906년 가을 개항 업무를 맡고 부임한 하시모토 도요타로(橋本豊太郎)는 이미 청진으로 이주한 일본인들을 접하게 된다. 橋本豊太郎, 『おもひ出草』, 1928.

감부 설치 이후 일본인들은 실질적으로 조약과 거류지 규정에 상관없이 한반도 어느 지역이든 거류할 수 있었다.

이러한 동향과 함께 일본인들의 거류 의식에도 변화가 일어났다. 일시적 거류가 아닌 정주(定住)하려는 일본인들이 늘어나기 시작한 것이다. 인천의 일본어 신문에는 '오라, 오라, 조선으로. 빠르든 늦든 결국 조선은 제2의 일본이 될 나라다'24) 라는 논조의 기사가 심심치 않게 게재되었다. 한반도를 '제2의 일본' 즉 식민지로 여기는 의식이 일본인들 사이에 빠르게 확산된 것이다.

정주의식의 확산은 사회인프라 구축을 통해서도 표출되었다. 일본인들은 신사와 유곽을 설치하고 공원을 정비했다. 도로와 상수도가 갖추어지고 학교와 병원이 신축되었다. 특히 화장터와 묘지를 설치·정비하는 일본인 사회의 동향을 통해서는 한반도에 '뼈를 묻고자'하는 정주의식의 발현을 엿볼 수 있다. 사회인프라 구축의 예로 1905년 경성심상고등소학교의 (후의 히노데소학교) 건물 신축을 들 수 있다. 일본인 거류민 대표는 당시 일반적이었던 목조 건물 대신 빨간 벽돌로 튼튼하게 건축할 것을 적극적으로 주장하여 거류민회 의원들의 동의를 얻었다.25) 건축비는 당시 거류민단의 1년 예산의 반을 넘는 금액이었다. 이는 정주를 염두에 둔 투자인 셈이었는데 1910년 식민지화 이후 정주의식은 더욱 확산한다.

이 시기 재조일본인의 집단거주지는 크게 ①개항장 거류지, ②전통도시의 잡거지, ③새롭게 형성된 시가지의 형태로 분류할 수 있다. 기존의 개항지 외에도 서울, 대구, 평양에서도 일본인 인구가 꾸준히 늘었다. 특히 도청 소재지 등의 내륙에 위치한 광주, 공주, 전주, 진주 지역의 증가가 특히 괄목할 만하다.26) 일본인 유입에 의해 새롭게 형성된 시가지로는 영등포, 김

---

24) 『朝鮮新報』 1906년 12월 4일, 「在韓邦人の增加」.
25) 中井錦城, 『朝鮮回顧錄』 糖業研究會出版部, 1915, 148쪽.
26) 統監官房文書課, 『第一次統監府統計年報』, 1907, 26~27쪽.

천, 대전 등을 들 수 있다. 철도 정차역 부근에 일본인 집단거주지가 형성된 사례이다.

특히 일본인 비율이 높은 지역(조선인 100명 당 일본인 인구가 200명을 넘는 지역)으로는 진해, 이리, 대전, 방어진을 들 수 있다. 진해에는 해군 기지가 건설되었고 방어진에는 어업 이민촌이 생겼다. 대전은 철도 부설로 인해 일본인 인구 유입이 급증하면서 시가지가 형성된 곳이었다. 이처럼 일본인 집단거주지가 형성된 배경에는 철도 부설, 군대 주둔, 농어업 집단 이민 등의 배경이 존재했던 것이다.

1910년 한반도의 식민지화와 조선총독부의 설치는 일본의 영향력을 확고한 것으로 만들었다. 1910년 17만명 정도였던 일본인 인구는 1920년대 중반 40만 명에 이르게 된다. 이와 연동하여 사회 양태와 거류의식에도 변화가 일어났다. 정착을 염두에 둔 정주(定住)의식이 일본인 사회에 자리잡게 되었고 조선인에 대한 일본인들의 우월의식은 언행으로도 표출되었다. 차별적이고 멸시적인 시선에서 조선인을 '요보(ㅋボ)'로 조롱하는 것은 일본인 사회 내에서 유행했다.

4. 1920년대 중반에서 중일전쟁 시기까지

통감부 시기와 1910년대의 재조일본인 사회는 주로 일본 본토로부터의 유입 인구로 구성되었다. 유입 인구는 시기별로 다소 기복이 있었다. 유입 인구가 가장 많았던 해는 1911년으로 37,656명이 조선으로 이주했다. 3·1 운동의 영향으로 이듬해인 1920년에는 유입 인구가 다소 감소했다. 마지막으로 유입인구가 산출되는 1938년의 통계처럼 유입보다 유출 인구가 많았던 적도 있다. 전반적인 흐름을 보면 1906년부터 1910년대 초까지 이주자가 가장 많았으며 이후 감소 추세를 보이다가 1920년대 이후에는 증감을 반복했던 것을 알 수 있다.

초기 식민자 사회는 종주국으로부터 유입된 인구로 구성되지만 식민지에서 태어난 2세 인구가 점차 증가하는 과정을 거친다. 재조일본인 사회 또한 이러한 과정을 거쳤는데, 1920년대 중반 이후 유입 인구와 식민지 태생 인구가 비슷한 수준을 보이게 된다. 한반도에서 태어난 일본인 인구를 보면 1906년 1,500여명을 시작으로 1910년에 5천명을 넘어 1925년에는 매년 1만 명을 넘어서게 된다.[27] 1906년부터 1938년까지 출생자수의 합계는 307,250명인데 1906년 이전과 1938년 이후의 출생자수를 포함하면 한반도에서 태어난 재조일본인 2세 인구는 40만 명을 넘을 것으로 추정된다.

1925년 연령별 인구 통계를 기초로 하여 인구 피라미드를 제작하면 전체적인 형태는 20대와 30대 경제 인구가 많은 도시형 피라미드인 것을 알 수 있다.[28] 이는 재조일본인의 거주지가 도시 시가지에 집중되어 있었다는 점과도 부합한다. 아울러 남녀 성비를 보면 20~50대 연령층에서 성비 불균형이 확인된다. 남성 중심의 사회였다는 점이 확연히 드러나는데 특히 평안남도와 함경도의 20~24세 남성 인구는 여성 인구 100명당 200명을 넘는 수준이었다. 이러한 부자연스러운 성비의 배경으로는 국경지대 혹은 벽지로 남성이 단신으로 부임한 경우가 많았다는 배경을 들 수 있다.

또한 인구 피라미드를 통해서는 당시 0~4세와 20~24세 인구의 두터운 층이 확인된다. 1920년대 초부터 출생한 유아 인구가 상당한 축적을 보였다. 앞서 언급했듯이 1925년은 한반도에서 태어난 출생자수가 1만 명을 넘어선 해였다. 아울러 일본인 인구가 러일전쟁을 전후하여 급증한 이후로 20년이 지난 시점이기도 했다. 앞서 살펴본 출생자 및 유입 인구 추이와 인구 피라미드를 종합해보면 1920년대 중반은 2세 인구가 성인이 되어 사회에 등장하기 시작한 시기라고 할 수 있다.

---

27) 자연 증가 인구(출생자수에서 사망자수를 뺀 수치)는 1906년부터 1938년도까지 조선총독부 인구 통계를 통해 확인할 수 있다.
28) 이동훈, 앞의 논문, 2018을 참조.

월경(越境)의 경험을 지닌 1세대와 식민지 태생의 2세가 지닌 정체성은 다르다. 재조일본인들의 인식을 들여다 보아도 식민지 시기 이전과 이후 이주자를 재조일본인 스스로가 구분하는 인식을 찾아볼 수 있다. 월경(越境)과 식민을 경험한 제1세대와 그렇지 않은 세대를 동일한 틀에서 해석할 수는 없으며, 세대에 따라 연구 관점을 달리 하여 분석할 필요가 있다. 일본에서 태어나 한반도로 이주한 1세대와 식민지 태생의 2세를 단순 분류하는 편의적인 도식화가 아닌 이주 시기, 거주 지역, 계층, 젠더, 직업 등의 요소와 함께 입체적인 세대론 분석이 더해져야 할 것이다.

식민자의 후손인 2세가 인구구성에서 유의미하게 증가한 점은 식민자 사회의 양태 변화를 예고하는 것이었다. 당시 일본인들에 의해 간행된 지역사 자료를 살펴보면 재조일본인의 '향토'의식을 엿볼 수 있다. 본국과 떨어져 식민지에 거주하는 자신들의 정체성이 재인식되면서 제국 일본에 속한 하나의 지역으로 조선을 바라보는 시각이 공유되었다. 식민자임을 자각하지 못한 채 조선의 지역을 '향토'로 창조하고 내면화하게 된 것이다.

재조일본인 사회의 지역의식은 조선에 거주하는 내지인(內地人)으로서 권리를 향유하고자 하는 참정권 요구로 이어졌다. 또한 식민정책에도 영향을 미쳤다. 철도부설과 산미증식계획 등 총독부의 식민지 정책과 관련하여 일본인들은 정치·경제단체를 중심으로 한 목소리를 내고자 했으며, 목적 달성을 위해 조선인 엘리트 층과 협력을 꾀하기도 했다. 이는 식민지화 이후 조선총독부가 표방해온 조선인에 대한 동화와 '내선융화(內鮮融和)'라는 슬로건에 부합하는 일이기도 했다.

5. 중일전쟁 시기에서 1945년 종전까지

1930년대 재조일본인 인구는 50만에서 60만 명대로 증가했다. 중일전쟁 이후 전시기에도 재조일본인 인구는 꾸준히 증가 추세를 보였다. 태평양전

쟁 시기에 이르러서는 징병과 본국 귀환 등으로 다소 감소를 보이기도 했
다. 1944년 조선총독부의 마지막 통계에 의하면 일본인 인구는 약 71만 명
이었는데 여기에 조선군을 포함하면 약 90만 명을 넘는 일본인이 한반도에
체류하고 있었던 것으로 보인다.

전시기에는 이전과 같은 '내지인'으로서 특권 요구는 제한을 받았다. 전
시체제의 유지가 우선시되면서 재조일본인들은 조선총독부의 전시 정책에
동조하고 체제에 순응하는 경향을 보였다.29) '내선일체(內鮮一體)'라는 슬
로건 아래 조선인과 일본인 단체가 (흡수)합병되었으며, 황민화 정책에 협
조하고 조선인들을 '지도'하는 역할이 일본인들에게 부여되었다. 녹기연맹
(綠旗聯盟)과 애국부인회 조선지부의 활동에서 확인할 수 있는 것처럼 재
조일본인들은 조선인 엘리트층과 함께 중추적인 역할을 수행했다.

조선인 사회에 대한 교화활동은 이후의 국민정신총동원운동 등에서도 확
인된다. 일본인들은 창씨개명과 지원병 제도 등 총독부 정책에 협조했으며
국책에 적합한 형태로 조직을 개편하거나 활동을 조율하기도 했다. 이와 동
시에 일본인들은 상공회의소를 중심으로 현안에 대처하고자 했으며 총력전
체제하에서도 일본인 사회의 이익을 보전하고자 했다. 군사후원을 목적으
로 한 교화단체를 중심으로 조선인 엘리트층 사이의 협력도 행해졌다.

6. 일본의 패전 후 송환사업이 거의 완료되는 1946년 말까지

이 시기는 일본군의 무장해제와 만주 피난민의 한반도 유입 등의 요인으
로 정확한 일본인 인구를 파악하기 어렵다. 전후 송환자 지원 사업을 수행
한 일본 후생성원호국의 통계에 의하면 한반도에서 귀환한 일본인은 약 92
만 명으로 추산된다.30) 하지만 이 통계에는 공식적인 송환사업 전후의 밀

---

29) 전시기 재조일본인 사회에 관해서는 우치다 준, 「총력전 시기 재조선 일본인의 '내
선일체'정책에 대한 협력」, 『아세아연구』제131호, 2008를 참조.

항자가 포함되어 있지 않으므로 실제 한반도에 체류한 일본인은 이보다 많은 100만 명 내외였을 것으로 추정된다.

전후 일본인에 대한 송환사업은 미소의 점령 정책과 새로운 한국 정부의 건설 그리고 일본인을 추방하라는 조선인 사회의 여론과 밀접히 연동되어 진행되었다.[31] 남한에서는 미군정에 의해 1945년 겨울부터 1946년까지 계획적이고 일괄적인 송환사업이 시행되었다. 일본인들은 지역별로 세화회(世話會)를 조직하여 당국의 귀환 정책에 대응하면서 한 목소리를 내고자 했다. 한편, 북한에서는 소련 군정에 의해 이동금지와 억류 방침이 취해졌다. 일본인 집단 수용소에서는 영양실조와 전염병으로 다수의 희생자를 낳았으며 38도선을 넘어 남한으로 탈출하는 자도 있었다.

송환, 즉 히키아게(引揚げ)에 대해 한일 학계는 각기 다른 관점에서 접근했다. 일본 학계에서는 주로 전후 인적 이동과 인구 유입이라는 측면에서 분석되었다.[32] 아울러 식민지와 제국 일본의 영향권 아래에 있었던 지역들 사이의 비교 분석이 이루어졌다. 특히 북한 지역에서 일본인들이 겪은 히키아게 체험은 개인사 및 오랄히스토리로 기록되었고 재생산되었다. 반면 한국 학계에서 일본인의 송환은 주로 '기억'의 왜곡이란 시각에서 다루어졌다. 전후 일본 사회의 식민지 지배에 대한 인식 부족과 식민자의 변신에 대한 비판이었다. 이에 대해서는 일찍이 재조일본인 출신인 무라마쓰 다케시(村松武司)가 전후 송환자들이 히키아게샤(引揚者)로 불리며 피해자와 동

---

30) 남한 지역에서 596,454명을 비롯 북한 지역에서 322,585명 총 919,039명이었다. 이 수치에는 종전 후 무장 해제되어 제대 조치된 군인 및 만주 피난민이 포함되어 있다. 厚生省援護局庶務課記錄係, 『引揚援護の記錄』續々編, 1963, 417쪽.

31) 이하 재조일본인의 송환과 관련해서는 森田芳夫, 『朝鮮終戰の記錄－米ソ兩軍の進駐と日本人の引揚』, 巖南堂書店, 1964. 이연식, 『조선을 떠나며』, 역사비평사, 2012을 참조.

32) 일본학계의 전후 송환에 관한 연구사 정리는 今泉裕美子, 「近年の「引揚げ」研究の視点と本書の課題」, 今泉裕美子・柳澤遊・木村健二編『日本帝國崩壞期「引揚げ」の比較研究』日本經濟評論社.

일시되었다는 점을 지적한 바 있다.[33] 피해자로의 변신이 전후 일본 사회에서 무비판적으로 수용된 점에 대한 비판이자 자기반성이었다. 역사학자인 가지무라 히데키(梶村秀樹) 역시 전후 송환 과정의 경험이 식민지에 대한 일본인의 인식의 골격을 이루게 되었고 피해자 의식의 형성으로 이어졌다고 지적했다.[34] 이러한 관점을 기반으로 한국 학계에서는 전후 일본에서 식민지 통치에 대한 의식 결여를 초래한 요인으로 '히키아게'에 대한 비판적 고찰이 이루어졌다.

Ⅲ. 최근의 재조일본인 연구

최근 재조일본인 연구는 상당한 축적을 보이고 있다. 일본 제국의 식민지 지배는 식민지 통치 권력과 민간의 이주자 사회가 결합이 되어 이루어진 산물로, 재조일본인은 이전과 다른 새로운 각도에서 식민지 지배를 규명할 수 있는 연구 주제로 주목받아왔다. 총독부, 조선인 엘리트층, 재조일본인 사회 사이에 보여지는 대립·타협·협력의 과정, 지배 정책을 둘러싼 민족 모순에 관한 검토였다. 총독부와 조선인 사회에 비해 등한시되었던 재조일본인 사회가 식민지 지배정책에 영향을 미치는 중요한 팩터(factor)로서 인식된 것이다.

연구 주제별로 살펴보면 다양한 관점의 연구가 이루어졌다. 재조일본인 단체 연구는 조선총독부, 조선인 엘리트층 사이의 관계를 분석하는데 유효

---

33) 村松武司, 『朝鮮植民者—ある明治人の生涯』, 三省堂, 1972, 108쪽.

34) 梶村秀樹, 「植民地と日本人」, 『日本生活史8—生活の中の國家』, 河出書房新社, 1974, 82·85쪽. 梶村秀樹, 「植民地での日本人」, 金原左門編, 『地方文化の日本史9 地方デモクラシーと戰爭』, 文一總合出版, 1978. 이후 논문은 梶村秀樹著作集刊行委員會·編集委員會編, 『梶村秀樹著作集』제1권, 明石書店, 1992에 수록되었다.

한 주제이며, 이를 통해서는 당시 재조일본인 사회의 현안과 여론을 파악할 수 있다. 지역사 및 도시사 연구 영역에서도 재조일본인의 활동과 역할이 검토되고 있다. 정치 경제의 중심지이면서 일본인들이 가장 많이 거주한 서울을 비롯하여 개항장에서 식민지도시로 성장한 부산, 인천에 관한 연구가 대표적이다. 재조일본인 인구의 대다수가 도시생활자였던 까닭에 한반도의 도시 형성 과정은 재조일본인과 밀접하게 관련이 있다. 지역사를 재조명하는 관점에서 일본인사회의 활동과 영향력이 밝혀지면서 지역사의 공백이 점차 메꾸어지고 있다.

총독부 관료를 비롯하여 경찰과 학교 교원에 관한 연구가 이루어지면서 '일제(日帝)'라는 전지전능하고 거대한 식민지 지배권력으로 지칭되던 기술 형태가 지양되고, 보다 명확한 식민지 지배의 주체가 서술되고 있다. 정형화되고 단면적인 해석에서 벗어나 이들 통치권력이 시행착오를 겪었던 점과 식민지 지배에 균열을 일으키는 존재이기도 했다는 점이 밝혀지고 있다. 재조일본인의 경제활동에 관한 연구도 빼놓을 수 없다. 경제사적인 관점에서 일제강점기 자본 축적과 산업 실태가 분석되었다. 일본인 자본가 및 기업 활동에 대한 사례연구가 축적되면서 일본인들의 한반도 진출 배경과 성장 과정이 밝혀지고 있다.

이렇듯 주제별로 다양화 및 세분화되고 있는 재조일본인 연구성과 중에서 2000년대 이후 발표된 주요 연구성과를 소개하면 다음과 같다.

다카사키 소지(高崎宗司)의 연구는 재조일본인의 역사를 개항부터 전후 송환까지 통사적으로 다룬 성과이다.[35] 그는 일본의 식민지 지배가 단순히 총독부 관리, 군인, 경찰에 의해 행해진 것이 아니라 민중의 침략에 의해 이루어진 점을 강조한다. 이러한 관점에서 다카사키의 연구는 재조일본인을 민중의 침략자로 보는 이전 가지무라 히데키와 요시미 요시아키의 '풀뿌리

---

35) 高崎宗司, 『植民地朝鮮の日本人』, 岩波新書, 2002 ; 다카사키 소지, 이규수 역, 『식민지 조선의 일본인들 : 군인에서 상인 그리고 게이샤까지』, 역사비평사, 2006.

파시즘론'의 영향을 받은 것으로 볼 수 있는데36), 풀뿌리 침략자라는 고정된 틀 속에서 논의하는 점은 한계로 작용하기도 한다. 재조일본인 사회에서 나타난 다양성과 다면성을 간과한 측면이 있다는 것이다.37)

경제사적인 관점에서 재조일본인 연구를 진행해온 기무라 겐지(木村健二)는 '종주국 국민에게 식민지는 어떠한 의미를 지녔을까'는 물음과 '일본 국내의 근대화 조류에는 뒤쳐졌으나 이를 신영토 조선에서 만회하려고 한 사람들'이라는 관점에서 연구를 진행했다.38) 일본인들이 대륙으로 '진출'하면서 형성된 네트워크 등 일본인 상인들의 상업 활동에 관한 분석이 중심이었다.

이승엽은 조선총독부를 중심으로 한 식민지 통치 권력, 재조일본인, 조선인 엘리트층을 정치 주체로 설정하고 삼자간의 대립과 협력의 관계성에 주목했다.39) 정치사적인 측면에서 1920년대 '문화정치'시기부터 1930년대 초기를 대상으로 재조일본인의 정치활동이 표면화하는 과정을 분석했다. 이는 식민지 통치를 둘러싼 대립·협력의 상호 관계를 규명하는 연구, 특히 통치 권력과 조선인 사이에 전개된 교섭 과정을 살펴본 이전의 연구와 동일한 관점을 공유한다.40) 이승엽은 여기에 더하여, 조선인 사회와 협력을 시도하고 참정권 부여를 요구한 재조일본인 사회를 더하여 식민지의 '정치공간'을 분석했다.

우치다 준(Uchida Jun)은 미국 학계의 주목할 만한 재조일본인 연구자이다.41) 우치다의 연구는 계통적으로 미국 학계의 선구적 연구자인 피터 두

---

36) 이규수, 『제국과 식민지 사이: 경계인으로서의 재조일본인』, 어문학사, 2018, 15쪽.

37) 內田じゅん, 「書評 著 植民地朝鮮の日本人」, 『韓國朝鮮の文化と社會』2, 2003.

38) 木村健二, 「在朝鮮日本人植民者の「サクセス·ストーリー」」, 『歷史評論』625, 校倉書房, 2002, 59~60쪽.

39) 李昇燁, 「植民地の「政治空間」と朝鮮在住日本人社會」, 교토대학대학원박사논문, 2007.

40) 김동명, 『지배와 저항 그리고 협력: 식민지 조선에서의 일본제국주의와 조선인의 정치운동』, 경인문화사, 2006.

41) 우치다 준, 한승동 역, 『제국의 브로커들: 일제강점기의 일본 정착민 식민주의

스의 문제의식을 계승한 것으로 평가할 수 있다. 두스는 개항기부터 한국강점에 이르는 시기를 대상으로 메이지유신 이래 일본인의 조선관과 일본 상인의 조선 진출 그리고 일본 상품의 시장 획득 과정을 검토했다.[42] 우치다는 이러한 문제의식을 심화시키면서 일본인 상공업자의 활동을 '정착민 식민주의(Settler colonialism)' 이론을 통해 분석하고 있다.

'정착민 식민주의'는 영미 학계에서 제국사 연구의 주요한 논점으로, 백인의 식민지 이주와 토지 획득 과정에 나타난 폭력 문제를 비판적으로 고찰하는 관점의 포스트 콜로니얼리즘 이론이다. 신대륙으로의 이식 및 정착을 폭력에 의한 정복, 원주민 사회의 파괴라는 관점에서 역사를 재해석하고 재구성하려는 시도라고 할 수 있다. 이 이론을 배경으로 우치다는 '제국의 브로커'라는 분석의 틀을 통해 재조일본인의 존재를 고찰한다. 재조일본인 상공업자를 식민지 통치 권력과 조선인 엘리트층과의 사이에서 중간자적인 역할을 하는 존재로서 규정한 것이다. 또한 조선인 엘리트와의 협력 모색과 상공업자의 청원 활동을 식민자의 실익 중시 행동 패턴으로 평가한다. 총독부가 내걸었던 '문명화', '동화', '내선일체'라는 슬로건이나 명분보다 재조일본인들은 실리를 우선시했다는 것이다.

우치다가 서양의 식민지와 비교·분석하며 제시한 '제국의 브로커'라는 해석의 틀은 매력적이지만 재조일본인의 70년 역사를 아우르는 틀로는 논의를 필요로 한다. 총독부 지배가 안정적이었던 시기를 분석하기에는 유효하지만 그렇지 않은 시기, 예를 들어 개항기, 중일전쟁 이후 전시체제기, 전후 송환 시기에 적용한가 하는 문제이다. 아울러 '정착민 식민주의' 이론이 서양의 식민지에 적합한 것으로 제국 일본의 식민지에는 부분적으로 적용

1876~1945』, 길, 2020. ; Jun Uchida, *Brokers of empire: Japanese settler colonialism in Korea*, 1876~1945, Harvard University Asia Center, 2011.

42) Duus, Peter. 1995, *The abacus and the sword: the Japanese penetration of Korea, 1895~1910*, University of California Press, pp.1-480.

가능하다는 지적도 살펴보아야 한다. 본국 정부로부터 자치를 보장받아 식민자 사회가 통치에 직접 관여하는 형태나 식민자의 특권이 제도적으로 보장되어 있는 식민지에 적용 가능한 이론이라는 것이다. 아프리카 식민지인 로데시아, 알제리, 케냐에 비해 식민지 조선이나 대만은 자치권이나 식민자에 대한 특권 보장에 있어 낮은 수준이었다. 이러한 관점에서 이 이론을 식민지 조선에 적용하는 문제는 보다 깊은 논의를 요한다.

이동훈은 역사학적인 관점에서 재조일본인 사회의 역사를 시기구분하고 식민자 사회가 형성되는 전반기에 주목했다.[43] 일본인들이 설립한 거류민 단체, 교육사업, 1910년대 공진회 개최에 관한 고찰을 통해서는 일본인 사회의 현안과 여론을 검토했다. 일본인들이 간행한 지역사 간행물을 통해서는 식민자로서의 자아의식과 조선인에 대한 타자의식을 살펴보았다. 거류민 창건 신사를 통해서는 본국 일본의 국가신도 체제에 순응하면서 이민족에 대한 포섭의 공간으로 신사가 변모한 점을 분석했다. 다양한 각도에서 식민자 사회의 형성과정과 식민자의식의 발현이 검토되었다.

한편 일본 학계에서는 주로 일본인의 해외이주 즉 식민과 이민이라는 논점이 식민지 연구의 주된 축이 되어왔다. 일본인의 해외 이주라는 주제 아래 제국 일본과 식민지 사이의 인적 이동, 일본인 이민 사회와 경제 활동을 분석하려는 관점이 주를 이뤘다. 일본 학계는 인적 이동과 환류(還流)라는 관점에서 일본인들의 해외 이주와 송환(히키아게)을 종합적으로 검토하려는 경향을 보였다.

그 중 시오데 히로유키는 일본인들의 식민과 이민이 불러온 현지의 정치질서 변동은 어떠했을까라는 물음에서 근대 시기 일본인의 '월경'을 검토했다.[44] 이민과 식민에 관한 비교사적이고 광범위한 고찰을 시도한 것이다. 재조일본인 연구 분야에서 주요 성과를 발표해온 기무라 겐지의 연구도 일

---

43) 李東勳, 『在朝日本人社會の形成-植民地空間の變容と意識構造』, 明石書店, 2019.
44) 塩出浩之, 『越境者の政治史』, 名古屋大學出版會, 2015.

본인의 해외 이민을 주요 논점으로 삼았다. 그는 일본 근대사에서 일본인의 해외이민을 노동형 이민(메이지시기 하와이와 북미), 중간층의 재생 및 비약형 이민(메이지·다이쇼 시기 한반도), 기업가 지향형 이민(쇼와 시기 브라질과 만주)으로 구분하여 일본인의 해외 이민의 양상을 살펴보았다.[45] 이러한 연구동향을 통해서는 일본 학계가 일본인들의 능동적인 '대륙진출'과 해외이민에 학문적 관심을 두고 있음을 알 수 있다.

이상에서 살펴본 것처럼 2000년대에 들어와 국제적인 논의가 더해지고 다양한 연구성과가 발표되면서 재조일본인 연구는 한층 개별화·세분화되고 있다. 특히 한일 양국의 일제강점기(식민지 시기) 연구가 정치사, 경제사 중심에서 사회·문화사 영역으로 확산되면서 더욱 활성화되고 있다. 제국사 연구의 동향에서 본다면 '낡은 제국사'에서 '새로운 제국사'로 전개되어 온 것이다.[46] 재조일본인을 다루는 학문적 영역 또한 역사학에 머무르지 않고 사회학, 문화인류학, 문학 방면으로 확산되면서 다양한 분석 방법이 동원되고 있다.

이러한 흐름 속에서 지금껏 다루어지지 않았던(혹은 못했던) 식민자 사회의 다양한 계층이 재조명되고 있다. 예를 들어 식민지에서 생활한 일본인 여성은 지배민족이면서도 가부장적 이에(家) 구조 속에서는 통제와 규율을 받는 대상이기도 했다.[47] 여성의 식민지 책임을 묻는 관점의 연구에서는 여성 개인의 식민지 경험에 주목했다. 고등여학교 졸업생들의 인터뷰를 바탕으로 식민지 경험과 전후 식민지주의의 내면화, 식민자로의 자각 과정 등이 고찰되었다.[48] 또한 재조일본인 2세 문학가인 고바야시 마사루(小林勝),

45) 木村健二, 『近代日本の移民と國家・地域社會』, 御茶の水書房, 2021.
46) 일본식민지연구회편, 서정완·송석원 옮김, 『일본식민지 연구의 논점』, 소화, 2020, 12~13쪽.
47) 헬렌 리, 「제국의 딸로서 죽는다는 것」, 『아세아문제연구』51-2, 2008.
48) 廣瀬玲子, 『帝國に生きた少女たち: 京城第一公立高等女學校生の植民地経驗』, 大月書店, 2019.

가지야마 도시유키(梶山季之) 등의 생애와 작품에 관한 연구가 이루어졌
다.49) 조선을 주제로 한 작품을 통해 식민자 2세의 정체성과 식민지 체험이
어떠한 방식으로 작품 속에 녹아있는지가 검토되었다. 아울러 전후 일본에
서 결성된 동창회 모임을 통해서는, 한반도 태생 일본인의 식민지 인식과
기억의 문제가 검토되었다.50) 식민지 조선에서의 기억은 전후 한반도에 대
한 인식으로 재생산되었고 한반도를 고향으로 인식하는 일본인들의 망향,
귀향 의식을 통해 전후 일본인들의 역사의식이 분석되었다. 이렇듯 최근의
연구 동향은 정치사 및 경제사 관점의 엘리트층 연구에서 탈피하여 비주류
인물 연구로 확대되고 있다. 식민자로서의 자아인식과 정체성 그리고 조선
인 및 조선사회 대한 타자인식이 검토되고 있으며 여기에 젠더론이 더해지
면서 재조일본인 연구는 논의의 폭이 확장되고 있다.

Ⅳ. 나오며

　용어 사용에서 단편적으로 드러나듯 한국사와 일본사에 걸쳐있는 복합적
이고 경계적인 존재인 재조일본인을 하나의 틀에서 검토하기는 어렵다. 시
기별로 일본의 각 지역에서 다양한 배경을 지닌 사람들이 각기 다른 이유
에서 한반도로 이주했기 때문이다. 이주 시기, 출신지, 직업, 성별, 나이 등의
항목을 비롯하여 연구 대상 시기에 따라 입체적인 분석의 틀이 필요하다.
　2000년대 이후 재조일본인 연구가 다양해지고 세분화되고 있지만 여전
히 과제는 남아있다. 무엇보다 본국 일본과 식민지 사이에 걸쳐있는 경계적

---

49) 신승모, 『재조일본인 2세의 문학과 정체성』, 아연출판부, 2018; 原佑介, 『禁じられ
　　た鄕愁──小林勝の戰後文學と朝鮮』, 新幹社, 2019.
50) 차은정, 『식민지의 기억과 타자의 정치학: 식민지 조선에서 태어난 일본인들의 탈
　　향, 망향, 귀향의 서사』, 선인, 2016.

이고 혼종적인 재조일본인 사회를 고찰하기 위해서는 한국사라는 내셔널 히스토리를 벗어난 문제의식과 논의가 요구된다. 식민지 조선에 거주하면서도 재조일본인들의 의식 기준은 '내지(內地)'에 있었다. 제도적인 측면에서도 일본의 제도가 식민지에 그대로 준용되는 경우가 많았는데, 동시대적 문맥에서 일본의 동향과 함께 재조일본인 사회를 분석하는 시각이 필요하다.

아울러 식민지에서 재조일본인이 행한 역할과 그 영향력에 대한 재조명이 필요하다. 재조일본인은 식민지 조선에서 한번도 주역이 된 적이 없으며 이들의 역할을 과대평가해서는 안된다는 의견이 있지만 이에 반해 중요한 역할을 수행했다는 평가도 있다. 일본인들의 정치적 영향력에 한정한다면 식민지에서 그들의 역할은 제한적일 수밖에 없지만, 그 범위를 사회문화 영역으로 넓힌다면 일본인 사회가 미친 영향력은 각 방면에서 찾아볼 수 있다. 물론 재조일본인들의 활동을 과대평가하는 점에는 유의해야겠지만, 일제강점기 경제·사회·문화 전반에 걸쳐 재조일본인들이 결코 무시할 수 없는 영향력을 행사했다는 점은 여러 논고에서 밝혀지고 있다. 재조일본인 사회는 식민지 통치 권력과 협력하여 자기들의 이익을 추구하는 중간자적인 존재로 활동했지만 이와 동시에 식민지 통치 권력과는 달리 독자적으로 행동하는 존재이기도 했다. 재조일본인의 다양한 스펙트럼과 사회양태, 각 방면에 미친 영향력에 주목하면서 실증적인 연구를 축적해 나가야 할 것이다.

참고문헌

고려대학교 글로벌일본연구원, 『개화기 일제강점기(1876~1945) 재조일본인 정보 사전』, 보고사, 2018.

김동명, 『지배와 저항, 그리고 협력: 식민지 조선에서의 일본제국주의와 조선인의 정치운동』, 경인문화사, 2006.

미야타 세쓰코 해설·감수, 정재정 역, 『식민통치의 허상과 실상: 조선총독부 고위 관리의 육성 증언』, 혜안, 2002.

신승모, 『재조일본인 2세의 문학과 정체성』, 아연출판부, 2018.

우치다 준, 한승동 역, 『제국의 브로커들: 일제강점기의 일본 정착민 식민주의 1876~1945』, 길, 2020.

이동훈, 「'재조일본인' 사회의 형성에 관한 고찰: 인구 통계 분석과 시기 구분을 통해」, 『일본연구』제29집, 2018.

이동훈, 「일본인 식민자 사회가 바라본 3·1운동: '재조일본인'의 '조선소요' 인식」, 『일본비평』21, 2019.

이규수, 『식민지 조선과 일본·일본인』, 다할미디어, 2007.

이규수, 『제국과 식민지 사이: 경계인으로서의 재조일본인』, 어문학사, 2018.

이연식, 『조선을 떠나며』, 역사비평사, 2012.

이형식편, 『제국과 식민지의 주변인』, 보고사, 2013.

전성현, 『일제시기 조선 상업회의소 연구』, 선인, 2011.

전성현, 「식민자와 식민지민 사이, '재조일본인' 연구의 동향과 쟁점」, 『역사와 세계』, 2015.

전성현·하지영·이동훈·이가연, 『일본인 이주정책과 재조선 일본인사회』, 동북아 역사재단, 2021.

최혜주, 『근대 재조선 일본인의 한국사 왜곡과 식민지통치론』, 경인문화사, 2010.

토드 A. 헨리, 김백영·정준영·이향아·이연경 옮김, 『서울, 권력도시: 일본 식민 지배와 공공 공간의 생활 정치』, 산처럼, 2020.

홍순권, 『근대도시와 지방권력: 한말 일제하 부산의 도시 발전과 지방세력의 형성』, 선인, 2010.

蘭信三 編, 『日本帝國をめぐる人口移動の國際社會學』, 不二.出版, 2008.

李東勳, 『在朝日本人社會の形成-植民地空間の變容と意識構造』, 明石書店, 2019.

李昇燁, 「植民地の「政治空間」と朝鮮在住日本人社會」, 京都大學大學院博士論文, 2007.

李炯植, 『朝鮮總督府官僚の統治構想』, 吉川弘文館, 2013.

今泉裕美子·柳澤遊 · 木村健二編, 『日本帝國崩壞期 「引揚げ」の比較研究-國際關係と地域の視點から』, 日本經濟評論社, 2016.

梶村秀樹, 『(梶村秀樹著作集 第一卷)朝鮮史と日本人』, 明石書店, 1992.

木村健二, 『在朝日本人の社會史』, 未來社, 1989.

木村健二, 「在朝鮮日本人植民者の「サクセス·ストーリー」」, 『歷史評論』625, 校倉書房, 2002.

木村健二·坂本悠一, 『近代植民地都市釜山』, 櫻井書店, 2007.

木村健二, 『近代日本の移民と國家』, お茶の水書房, 2021.

塩出浩之, 『越境者の政治史—アジア太平洋における日本人の移民と植民—』, 名古屋大學出版會, 2015.

高崎宗司, 『植民地朝鮮の日本人』, 岩波新書, 2002.

日本植民地研究會編, 『日本植民地研究の現狀と課題』, アテネ社, 2008.

橋谷弘, 『帝國日本と植民地都市』, 吉川弘文館, 2004.

廣瀬玲子, 『帝國に生きた少女たち: 京城第一公立高等女學校生の植民地経驗』, 大月書店, 2019.

村松武司, 『朝鮮植民者』, 三省堂, 1972.

松本武祝, 「解說: 植民地朝鮮農村に生きた日本人」, 『東洋文化研究』10, 學習院大學東洋文化研究所, 2008.

森田芳夫, 『朝鮮終戰の記錄－米ソ兩軍の進駐と日本人の引揚』, 巖南堂書店, 1964.

柳澤遊, 『日本人の植民地經驗 \: 大連日本人商工業者の歷史』, 靑木書店, 1999.

柳澤遊·倉澤愛子編, 『日本帝國の崩壞: 人の移動と地域社會の変動』, 慶應義塾大學出版會, 2017.

「식민지 조선의 일본인들」에 대한 토론문

일제강점기 한국인과 일본인-재조일본인의 삶과 생활

선우정 | 조선일보

이동훈 계명대 교수님의 발표 논문을 잘 읽었습니다. 재한, 재조 일본인의 역사와 현황, 연구 동향을 일목요연하게 정리해 주셨습니다.

그동안 이 분야에 관해 한정된 범위에서 관심을 가져 왔습니다만, 깊은 인상을 준 책은 모리타 요시오의 〈조선 종전의 기록〉 이연식의 〈조선을 떠나며〉, 그리고 논픽션 다큐멘터리로 TV미야자키가 만든 〈つなぐ~今語られ38度線の眞實~〉를 들 수 있습니다. 그리고 여러 문학 작품을 통해 전전과 전후 재조 일본인의 극적인 변화상을 접할 수 있었습니다.

이들 중 〈조선 종전의 기록〉과 〈つなぐ~今語られ38度線の眞實~〉는 전후 일본인 송환자에 대한 내용입니다. 논문에서 인용한 무라마쓰 다케시의 지적처럼 "전후 송환자들이 피해자와 동일시되고, 이런 피해자로의 변신이 전후 일본 사회에 무비판적으로 수용"되는데 영향을 끼친 작품이라고 할 수 있을 것입니다. 하지만 팩트의 치밀성과 내용의 웅장함, 그리고 서술의 균형 측면에서 대단한 업적이라고 생각합니다. 〈조선 종전의 기록〉은 해방 전후 한반도 상황에 대한 풍부한 사료를 전해주고 있고, 특히 TV미야자키의 다큐는 시선을 일본 지배자에 의해 희생된 만주 주민으로 돌림으로써 전후 일본인 송환 문제를 보편적 전쟁 시기 민간인 인권 문제로 확대할 수 있는 가능성을 보여줬다고 생각합니다.

이 논문이 설정한 개항기~해방까지 역사는 여전히 한국에서 금기가 적용되는 영역입니다. '일제의 침탈과 한민족의 투쟁'이란 도전과 응전의 역사관에서 벗어나기에 어렵습니다. 연구가 그 수준에 머문다는 게 아니라 대중을 상대로 한 한국 언론이 다룰 수 있는 영역이 그렇다는 것입니다. 재조일본인을 예로 들면 아사카와 다쿠미와 사이토 오토사쿠, 야나기 무네요시와 다카하시 도루가 그럴 것입니다. 한국 언론은 아사카와 야나기를 자주 다룹니다. "한국을 사랑한 일본인" 타이틀이 주로 붙습니다. 하지만 한국의 산림 정책과 문화 연구에 큰 영향을 미친 사이토와 다카하시는 거의 거론하지 않습니다. "지배자적 시각"을 가졌다는 이유입니다. '착한 일본인, 못된 일본인'이란 이분법적 시각으로 이 시대를 바라보기 때문에 재조일본인에 대한 객관적 접근은 거의 이루어지지 않고 있습니다. 이 시대에 대한 완전한 객관화는 상당기간 불가능할 지 모르지만 역사와 팩트를 선악의 주관적 잣대로 분별하는 것은 한국 근대사를 더욱 척박하게 할 뿐입니다. 현재를 제대로 바라보는 데에도 도움을 줄 수 없습니다.

한국 근현대사에서 재조일본인이 미친 영향은 적지 않다고 생각합니다. 근대 제도, 경제, 학문, 문화, 기술 등 분야에서 일부러 이들을 배제할 수는 있으나 이들을 배제하는 이상 온전한 역사를 쓸 수는 없을 것입니다. 양주동 박사 스스로 오구라 신페이의 선구적 업적과 강한 영향을 인정하는데 교과서에선 양주동 박사를 한국 고대어 연구의 태두라고 가르치는 것과 같습니다.

일반 민중의 영역에서도 마찬가지입니다. 논문이 서술한 대로 도시사, 지역사 분야에서 충분치는 않아도 그동안 학계에서는 많은 연구가 있었습니다. 서울, 부산, 인천, 대전 등 대도시의 확장 과정에서 재조일본인의 역할과 함께, 비록 재조일본인과 조선 민중의 삶이 분절됐다고는 해도, 그 결과로서 당시 식민지 한국인의 삶에 미친 광범위한 영향도 보다 객관적인 연구가 있어야 하지 않을까 생각합니다.

사례를 말씀드리면 이렇습니다.

〈그림 1〉

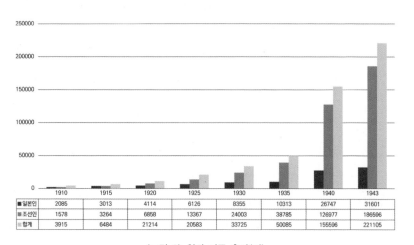

	1910	1915	1920	1925	1930	1935	1940	1943
■일본인	2085	3013	4114	6126	8355	10313	26747	31601
■조선인	1578	3264	6858	13367	24003	38785	126977	186596
■합계	3915	6484	21214	20583	33725	50085	155596	221105

〈그림 2〉 청진 인구 추이(명)

"가슴이 울렁거렸다, 청진에 가자! 어디 가서 어떤 노동을 해도 지금보다 나을 것이다. 같은 쥐라도 뒷간에 있던 쥐는 똥 먹다 도망가고, 광에 있던 쥐는 쌀 먹다 도망간다고 했는데!" 〈시련은 있어도 실패는 없다〉

"강원도 송전의 20세 청년 정주영, 1935년 동네에 배달된 동아일보에서 청진항 개항공사와 청진 제철소 건설공사 소식을 접하고 가출."

감사합니다.

종합토론

종합토론 녹취록

손승철 오늘 종합토론 진행을 맡은 손승철입니다. 그동안 매년 한일문화교류기금에서 학술대회를 진행해 왔는데, 많은 주제를 가지고 했지만, 한일 관계에서 가장 중요한 주제는 사람이 아닐까, 그리고 다음이 어떤 물건이 아니겠나, 그리고 요즘에는 정보라는 말을 많이 사용합니다만 그런 인·물·정보의 교류가 관계사의 어떤 축이 아닌가, 이렇게 생각을 하였습니다. 그러면서 이제까지는 주로 관계사를 다루거나 교류사를 다룰 때, 정치사나 또는 외교사·제도사·경제사 이런 측면에서 많이 접근을 해봤는데 순수하게 이번에는 한번 사람을 통해서 보는 건, 어떨까 이런 생각을 하였습니다.

매년 2월이면 한일문화교류기금에서는 그 해에 사업 계획을 구성하여 이 사회를 열고 토론을 거쳐서 확정이 됩니다. 그런 과정에서 몇 년 전부터 사람을 한번 주제로 해보면 어떻겠나 이제안이 있었고, 그래서 지난 2년간은 한국사람 일본사람의 상대에 대한 인식을 다루었고, 올해는 한일 양국을 오가면서 살았던 사람들 그러니까 오늘 주제가 그겁니다. 고대부터 현대에 이르기까지 한국 사람으로 일본 가서 산 사람들, 또 일본 사람으로 한국에서 산 사람들. 어떤 사람들이 어떤 사유로 어떻게 와서 어떤 생활을 했을까. 그리고 그들의 족적이 역사 속에 어떻게 남겨졌으며 그 이후의 역사에 어떤 영향을 미쳤을까. 현재 한일 간에는 여러 가지 그 문제가 있습니다만, 결국 사람에 관한 문제들을 통해서 뭔가 어떤 메시지라고 이런 거를 좀 볼 수 있을까 이런 생각을 했던 겁니다. 그렇게 해서 이번 학술대회의 주제가 한반도의 일본인. 그러니까 한반도에 와서 살았던 일본 사람, 그리고 일본 열도에 가서 살았던 한국사람 이것이 이번의 주제입니다. 그래서 오늘 주제 강연을 포함해서 전부 7개의 주제가 발표되었습니다.

이 자리가 학술대회의 토론이기 때문에 기본적으로는 학술적으로 접근해야 되겠지만 너무 미세한 문제들에 집착하다 보면 이 종합토론이라는 의미가 없을 것 같습니다. 그리고 오늘 토론이 약정 토론이라서 이미 토론문을 제출해 주셨습니다. 그래서 작성하신 토론문을 전부 하지 마시고, 도대체이 땅에서 산 일본인들, 또 저 땅에 가서 산 한국인들은 어떤 생각들을 하고 어떻게 살았고 그것이 역사 속에 어떻게 기억되고 현재 살고 있는 사람들에게 어떤 영향을 미쳤을까 이런 문제를 생각해보는 시간이 되었으면 좋겠습니다. 오늘 발표자나 토론자들이 모두 기간에 차이가 있겠습니다만 다 상대국에서 살아보셨지 않았습니까. 그래서 그것을 함께 잘 버무려서 뭔가 오늘 끝날 때쯤이면 고대부터 현대에 이르기까지 결국 양국인들은 어떤 본질적인 문제들이 역사 속에는 항상 내재하고 있구나하는 그런 문제가 지금의 문제와 앞으로의 문제에 어떻게 접근해 갈 방법은 없을까 하는 그런 관점, 좀 추상적이고 이상적이긴 합니다만 그런 시간이 됐으면 좋겠습니다. 그러면 제1주제부터 시대 순으로 토론을 시작해 보겠습니다. 먼저 첫 번째 세션은 고대의 한국인과 일본인입니다. 첫 번째 발표는 동북아재단의 명예위원이신 연민수 교수님께서 발표를 해 주셨습니다. 우리가『신찬성씨록』에 관해서는 많이 들었습니다만, 신찬성씨록의 분석입니다만, 상당히 의미있는 그런 내용이었던 것 같습니다. 거기에 대해서 고려대학에 계신 송완범교수께서 토론을 해주시기 바랍니다.

송완범 예 송완범입니다. 금방 손승철 선생님께서 말씀하셨습니다. 한반도에 일본인, 일본 열도에 한국인이라는 주제는 어떻게 보면 흔한 주제일수도 있고 그만큼 더 어려운 주제일 수도 있는 것 같습니다. 거기에 이제한일 문화교류기금이 이런 장을 만들어주신 것에 대해서 경의를 표합니다.

저는 개인적으로 일본사를 전공으로 합니다만, 아무리 일본사 전공을 하더라도 한국을 설명하지 못하면 의미가 없다. 이런 개인적인 생각을 가지고 있습니다. 그래서 연민수 선생님께서 오늘 말씀하신 도래인에 관한 이야기, 그리고 도래인들이 이후에 율령국가에서 어떻게 자발적이든 타발적이든 국민으로 녹아 들어가지 않으면 그쪽에 백성이 되지 않으면 살아갈 수 없었던 그런 것까지를 아울러서 정리를 해 주신 것이 아닌가 그런 생각이 듭니다. 연민수 선생님께 특별하게 다시 말씀드릴 것도 없이 도래인 시정연구의 권위자라고 하실 수 있습니다. 그리고 최근에 일본 고대국가의 도래인 시조를 다룬 저서를 출간하셨는데, 이미 서평도 홍성화 선생님께서 발표하신 것으로 쓰신 것으로 알고 있습니다.

연선생님은 설명을 드릴 것도 없습니다만 『역주 일본서기』, 『신찬성씨록』 그리고 최근에 『역주 속일본기』 등 기초적 자료 간행에서도 업적을 갖고 계십니다. 『신찬성씨록』은 말할 것도 없이 기나이, 왕경 기나이에 거주한 당시의 본관·사적·조상의 유래 등을 적은 계보서입니다. 우리가 『신찬성씨록』을 보면 대단히 우리에게 도움이 되고, 한국의 사람들을 위해서 만든 것 같은 착각을 불러일으키지만 그건 고대 일본이 그 사람들을 관리하는 하나의 그런 책이었다 하는 것을 항상 생각하고 있습니다. 질문이라고 할 것은 따로 없습니다만 5가지 정도로 선생님께 조금 더 다른 설명을 보강해 주시면 청중들에게나 방금 손승철 교수님께서 말씀하셨던 것과 같은 양쪽 사람에 관한 이야기가 좀 더 보강되지 않을까 이런 생각을 갖고 있습니다.

첫째, 전체 주제에 의한 것이겠지만 한국계 도래인이라는 얘기가 나오는데 다른 일본 열도로 간 도래인이라고 선생님께서 다시 또 이야기를 하셨기 때문에 그건 정리가 됐다고 봅니다.

두 번째, 『신찬성씨록』은 원래 이제 왕경, 헤이안, 기나이, 천황가를 중심으로 한 호족에 대한 기록입니다. 천황가의 지배 의지가 강하게 투영된 것이라고 봐야할 것입니다. 그래서 이제 아까도 제가 말씀드렸다시피 『신찬성씨록』의 본래 의미 조금 다시 한 번 강조해 주시면 어떨까 생각합니다.

세 번째, 이번에 '역주 작업을 통해서 새로운 한반도계로 인정된 씨족들을 많이 발견하셨다.' 이렇게 적고 계십니다. 그런데 일본 학계에서 그에 대한 반응이 혹시 있었는지 그게 조금 궁금합니다.

넷째, 화(和)씨, 백제왕씨, 고려왕씨, 여(余)씨 이렇게 보면 굉장히 계층이 높은 분의 실적들이 노출이 되고 있습니다. 청중들이 관심이 많을 것 같습니다. 조금 더 자세히 설명을 해 주시면 더 좋지 않을까 하는 생각이 들었습니다.

마지막입니다. 역시나 한반도의 고구려, 백제, 신라가 존속했던 때에 오갔던 도래인이라고 하는 성격하고 한반도의 고구려와 백제가 멸망하고 나서 오갈 데가 없는 유민이라고 하는 존재는 질적 차이가 있을 것입니다. 그렇게 됐을 때 그 사람들은 이제 각자의 고국에서의 다양한 특기, 자기가 갖고 있던 특별한 기술이 있었겠지만 결국에는 율령국가 체제로 들어가는 것이 아닌지, 그렇다면 일본 열도에서 바라보는 한반도관이 어떻게 보면 다시 재정비되는 그런 부분도 생각해 볼 수 있겠는데 거기에 대해서 조금 말씀을 해 주시면 어떨까 이런 생각이 있습니다. 5가지 간단하게 말씀 해주시면 감사하겠습니다.

연민수 중요한 질문입니다. 첫째와 셋째 질문은 서로 연관되어 같이 설명드리겠습니다. 즉 '한국계는 어떻게 정리했느냐.' 그리고 '새로 발굴했다는 150씨족은 어떤 기준으로 어떠한 방식으로 추출했느냐.' 두 가지 질문인 것 같습니다. 우선 『신찬성씨록』에는 씨족들의 국적 분류가 되어 있습니다. 예컨대 황별, 신별, 제번 3분류인데, 그중에서 제번에는 중국계인 漢系를 비롯하여 백제, 고구려, 신라, 임나 순으로 국명이 배열되어 있습니다. 이러한 분류방식을 통해서 보면 명확하게 백제계, 신라계 등으로 분류할 수가 있지요. 여기에 일본의 정사인 『일본서기』, 『속일본기』로부터 『삼대실록』

에 이르는 육국사에 한반도계라고 추정할 수 있는 씨족들을 뽑았습니다. 또 『신찬성씨록』에서는 조상의 출자가 불분명한 씨족들을 未定雜姓으로 분류해 놓았는데, 이중에서 한반도계 인명, 한반도제국의 관위, 관직을 가진 인물들을 추출했습니다. 아울러 중국계 씨족 중에는 원래 한반도계인데 후에 중국계로 출자를 개변한 씨족들이 꽤 많이 나옵니다. 예를들면 진시황을 조상으로 삼거나, 한 고조를 조상으로 하는 씨족들인데, 이들 중에는 원 출자가 중국임을 주장하면서 한반도에서 건너온 사람들입니다. 즉 중시조에 해당하는 인물들이 우리에게 잘 알려진 王仁, 아직기, 弓月君 등 있습니다. 이들은 모두 백제계인데, 이들 후손들이 후에 중국계로 개변합니다. 조상의 기원을 더멀리, 유명한 제왕으로 삼는 것은 출자를 고귀하게 하는 일에 의해 자신의 씨족의 입지를 높이려는 의도지요. 또 하나의 사례는 원래 한반도계인데, 황별이나 신별 즉 일본출자로 개변하는 경우입니다. 이런 경우는 한반도에 파견된 일본의 씨족들이 현지에 정착해서 현지 여인과의 사이에서 출생했다는 전승을 갖는 데, 이들이 어느 시기에 일본에 건너와서 자신의 원래 조상은 일본계라고 주장하는 것입니다. 대체로 이런 전승은 개변의 근거로서 『일본서기』에 나오는 씨족의 조상전승을 삼고있지만, 대부분 허구로 생각됩니다.

둘째는 『신찬성씨록』의 편찬의 의미랄까 목적에 대한 질문인데, 『신찬성씨록』은 도래계뿐만 아니라 일본계도 3분의 2 이상이고, 천황가의 후손 및 천황가와의 밀접한 관계를 맺고 있는 신별이 나옵니다. 신별은 일본의 건국신화에 보이는 신들을 자기 조상이라고 주장하는 호족들이 많습니다. 황별과 신별은 개별적으로 떨어져 있는 관계가 아니라 천황가 봉사해온 씨족으로서의 신별이고, 동시에 의제적인 동족관계를 통해 하나의 혈통을 나타내고 있습니다. 이른바 천황가를 중심으로 한 가족주의적인 지배구조를 갖는 그 이념을 표출하기 위해 『신찬성씨록』을 편찬한 목적이라고 생각합니다. 천황가가 지배층을 통치하기 위해 계보의 장악은 매우 유효한 방법입니다.

그리고 도래계 씨족인 諸蕃은 천황에 신속화하는 이른바 황민화 정책이라고 할 수 있습니다. 천황의 백성, 공민으로 포섭하는 것이지요. 즉 성씨록의 편찬목적은 율령국가의 이완에 따른 통치체제의 강화라는 측면이 있다고 봅니다.

넷째는 和氏와 百濟王氏, 高麗王氏, 余氏에 대한 질문입니다. 화씨는 『신찬성씨록』에 백제 무령왕의 아들인 순타태자를 조상으로 하고 있지요. 6세기 초 순타태자가 왜국에 정주하여 그 계보를 잇는 후예라고 할 수 있습니다. 나중에 문서행정을 담당하는 和史氏가 되는데, 그다지 두각을 나타내지 못하다가 8세기 후반에 환무천황대에 고위관인으로 출사하는 인물이 많아집니다. 환무천황의 생모는 高野新笠이라고 하는 백제계 여성인데, 환무천황의 즉위 이후에 백제계가 우대받는 상황이 됩니다. 다음 백제왕씨는 백제 멸망 이후에 일본에 망명한 의자왕의 후손들입니다. 즉 왜국에 체재하고 있던 의자왕의 아들인 선광을 조상으로 하는 후예들이지요. 이들은 일본조정 내에서도 고위관료로 진출하게 되는데, 특히 환무천황은 자신의 외척이 백제계였기 때문에 백제왕씨에 특별한 관심을 갖고 대우합니다. 8세기 후반에서 9세기 전반까지는 백제왕씨의 전성기라고 할 수 있지요. 그리고 余氏 인물들이 나오는데, 의자왕의 직계혈통이 아닌 백제왕족을 출자로 하는 씨족이지요. 이 씨족은 후에 百濟公 혹은 百濟朝臣 등으로 국명을 관칭한 성으로 개성합니다. 고려왕씨는 백제왕씨와 마찬가지로 아주 특별한 성으로 고구려 멸망기에 일본에 사신으로 돌아가지 못하고 정착한 고구려의 귀족 玄武若光입니다. 고려왕씨는 현무약광에게 내린 성입니다. 현재 일본에 있는 고려신사는 고려왕씨의 시조인 고려약광을 氏神으로 모신 신사입니다. 고려왕씨는 고구려 멸망직후에 망명한 고구려 5부의 하나인 소노부 출신의 福德의 후손인 背奈氏(후에 高麗朝臣으로 개성)와 의제적 동족 관계를 맺습니다. 고려신사가 있는 무장국 고려군의 國守, 郡司는 이들 고려조신으로부터 배출되어 지방호족으로도 성장해 갑니다.

다섯째 질문은 일본에 정착한 도래인은 그 이전의 왕래한 인물들과는 질적 차이가 있지않느냐. 그렇다면 그후의 일본의 한반도관은 차이가 있지 않겠는가 하는 질문입니다. 삼국이 정립하던 시기와 신라가 주인공이 된 한반도에 대한 일본의 외교와 대외관은 차이가 있지요. 삼국정립기에는 다국외교를 통해 자국에 유리한 외교를 펼칠 수 있었지만, 백제, 고구려 멸망 이후에는 신라만을 상대로 해야했고, 당연히 긴장감이 더했지요. 그러나 교류는 피할 수 없는 것이어서 대립과 갈등 속에서 문물 교류는 지속되어 갑니다. 특히 천황제 율령국가의 이념인 신라에 대한 우월의식, 복속관은 심화되었고 이를 실현하기 위해 노력하는 과정에서 신라와의 마찰이 일어나기도 합니다. 어쩌면 일본열도내에서 자기세계에 갇힌 일본판 중화의식이 표출이라고도 할 수 있습니다. 양국의 공적교류가 끝나는 9세기 이후가 되면 신라하대의 혼란기에 신라인의 표류, 신라해적의 출현 등으로 신라에 대한 경계의식, 적대감으로 변화되어 가는 모습도 볼 수 있습니다. 이 정도로 답변하겠습니다.

손승철 그런데 이제 제가 생각해 보면 백제에서 갔든, 신라에서 갔든, 고구려에서 갔든, 간 사람들이 초창기에 일본에 가서 언어 문제 때문에 고생하지 않았을까 그런 생각이 듭니다. 그리고 지금도 마찬가지입니다만 1970-80년대에 미국에 간 사람들이 처음에는 엄청 고생을 했는데, 이제 2세, 3세가 되니, 어느 정도 정착을 하는 모양입니다. 그런데 마치 이 사람들이 가자마자 바로 어떤 자리가 준비해 놓은 것처럼 가서 바로 정착해서 어떤 관인의 위치에 오른 것처럼 보아서는 안되지 않나요. 그게 실제로 그렇게 쉽게 가능한 일이 아닌데 그걸 그냥 그 과정을 다 무시해 버리는 거 같아서, 혹시 그런점에 관한 설명을 좀 해주실 수 있습니까?.

연민수 난민의 경우에는 언어문제는 중요하지 않지요. 이들은 죽음을 무룹쓰고 험한 바다를 건너온 망명자들입니다. 특히 일본에서 파병한 백제부흥군과 함께 싸우다 온 사람들이 많기 때문에 정착에 도움을 주지않을 수 없었고, 뿐만아니라 백제멸망 이전부터 백제에서 일본열도로 이주한 선주민들도 적지않았기 때문에 이들의 정착문제는 이미 예상하고 있었다고 봐야 하겠지요.

손승철 관인이라고 하면 어느 위치에 올라서 다스리는 거 아닙니까? 관직을 받고.

연민수 백제의 명명 1세대는 현직 관인, 지배층이 많았고, 이들은 한문에 능했기 때문에 실무관료로서 발탁될 수 있었지요. 일본조정에서는 백제의 관인 출신자에 대해 백제에서의 관위와 관직, 이들의 실무능력을 고려해 일본의 관위, 관직을 수여하지요. 따라서 초기에는 일본의 행정제도는 백제 관제의 영향을 많이 받게됩니다. 소통의 문제는 문서행정이고, 한문이라는 공통된 문자로 행정하는 시스템적으로 움직이는 것입니다.

손승철 그런 시스템이 있었습니까?

연민수 물론 있었습니다. 망명자들의 정착과정을 보면, 이른바 난민촌 비슷한 정착촌을 만들고, 일정기간 정착을 위한 교육이랄까 이런 과정을 거치고 이들을 사민정책을 통해 각지에 배치시켜 생활할 수 있도록 구분전이라는 토지를 주고, 일본 공민의 신분을 부여하여 호적을 만듭니다. 그리고 10여년간 과역을 면제시켜 줍니다. 과역은 조용조 중의 용과 조인데 농민의 부담이 가장 큰 세제입니다. 과역의 10년 면제는 생활의 기반을 닦을 때까지 특혜를 주는 것이지요. 사실 백제난민에 대한 혜택은 생각보다 매우 컸다고 생각됩니다.

손승철 그래서 사민 정책 연구가 되어있었군요.

연민수 그렇습니다. 사민정책은 백제뿐아니라 고구려, 신라인에게도 적용됩니다. 왕경을 비롯하여 기내지역, 개발이 되지않은 동국지방에도 배치시켜 새로운 농업에 의한 현지개발도 추진하지요.

손승철 그런 정책 과정이 좀 설명되면 훨씬 재미있겠네요.

연민수 기록이 자세하지 않지만, 단편적인 기록으로도 대체의 실상을 추정할 수 있습니다.

손승철 이훈선생님, 하실 말씀이 있으십니까?

이훈 지금 말씀하신 것은 어려운 문제입니다. 그러면 궁금한 게 『신찬성씨록』이 한문으로 기록되었습니까?

연민수 그렇습니다.

이훈 그럼 『신찬성씨록』이 ,저도 일본 근세 문서를 보지만 한문이라고 하더라도 좀 고전적인 한문하고는 좀 틀립니다. 그런데 『신찬성씨록』의 그 한문은 어떻습니까?

연민수 에. 똑같습니다.

이훈 만약에 그렇다면은 한문으로 써야 되니까 조금 애로 사항은 좀 덜했다고 볼 수 있겠습니다.

연민수 당시 동아시아 공통 언어가 한자이기 때문에 필담을 통해 기본적인 행정소통은 가능했다고 생각됩니다. 또한 당시 양국간에는 오랜 교류가 있어 상호 백제어, 일본어를 할 수 있는 인물도 적지 않았다고 봅니다. 그래서 법무부 차관, 대학총장을 비롯하여, 군사, 의학 등 각 분야에 고위관인, 실무관료로 백제관인을 발탁할 수 있었지요.

손승철 두 달 전에 우리 한일문화교류기금에서 문화강좌에서 이성시 교수가 한국의 목간하고 일본의 목간을 비교해서 발표를 하였습니다. 그런데 전에는 일본 목간이 완전히 일본 독자적인 어떤 문자 체계를 갖고 있었다고 하는데, 한국에서 목간이 출토가 되면서 결국 중국의 목간이 한국의 목간으로, 또 한국의 목간이 일본의 목간으로 그렇게 가면서 그 목간이 하나의 문서니까 그 문서 형태가 그대로 전승되었다고 이야기를 하였습니다. 그렇다고 한다면 그렇게 할 수 있었겠네요. 백제의 문서나 신라 문서식으로 일본 문서를 다이카 개신 이후에 만들어 갔다. 이렇게 볼 수도 있겠습니다.

연민수 그렇습니다. 백제망명인들의 지식과 기술은 일본에 그대로 이식되었고, 율령국가가 시작되면 문자지식에 정통한 관인층이 많이 필요했기 때문에 교육을 통한 문자습득 계층이 많아집니다. 특히 8세기 이후에는 제도의 정비와 더불어 각종 사서의 편찬이 활발해집니다. 그렇다고 도래인들이 전부 한 것은 아니지요. 그만큼 문자지식에 대한 욕구가 컸고 일본조정의 적극적인 뒷받침이 이루어졌기 때문에 가능했다고 생각됩니다.

손승철 알겠습니다. 그런데 『신찬성씨록』의 그 성씨들이 언제까지 유지되고, 언제부터 소멸됩니까?

연민수 『신찬성씨록』 편찬 당시에도 이미 일본 성으로 바꾼 사람들은

7~8할 정도 됩니다. 자신의 출자가 밝히고 있기 때문에 조상의 출신국을 알 수가 있는 것이지요. 성씨록이 편찬되는 9세기초를 기점으로 일부를 제외하고는 대부분 일본성을 개성하게 되지요. 씨성은 자의적으로 바꾸는 것이 아니라 일본조정의 승인이 필요합니다. 개성의 의미는 이른바 천황의 신민, 일본의 공민이 되었다는 증거이기도 합니다. 이후 9세기말 이후가 되면 사료상에서 한반도계 씨성을 찾아보기 어렵게 되어 소멸해 버리고, 완전히 일본인으로서 동화되어 버린다고 할 수 있겠지요. 즉 거의 기억 속의 출자인식으로 남는 그런 상태가 되는 것입니다.

손승철 그러면 동화되어 가는 과정도 사실은 궁금해지네요. 우리가 지금 토론 방식이 약정 토론이지만 중간에 혹시 의견 있으시면 언제든지 말씀해 주시면 되겠습니다. 자, 두 번째는 그 시기에 일본인으로서 한반도에 왔던 사람들이 남긴 흔적 중에 하나가 전방후원분입니다. 전방후원분에 대해서는 공주대학의 서정석 교수님께서 발표해주셨는데, 건국대학의 홍성화 선생님께서 토론을 해주시겠습니다.

홍성화 예. 건국대학교 홍성화입니다. 우선 먼저 한일문화교류기금의 국제학술대회에 토론자로 초빙해 주셔서 감사의 말씀을 드립니다. 서정석 선생님의 발표문은 일단 일본의 전형적인 그런 소위 전방 후원분과 같은 그런 모습과 비슷한 것이 한반도의 남부 특히 영산강 유역 쪽에 나타나고 있는 것을 통해서 고분의 현황이라든지 축조 배경 이런 부분에 대해서 발표를 하신 것 같습니다. 사실은 한반도에서 일본의 전방후원분과 형태가 발견됐다는 게 학계에도 1990년 정도부터 알려지게 되어 아주 비상한 관심을 불러일으켰고, 특히 이러한 사실은 연구자들뿐만이 아니라 일반인들한테까지도 비상한 관심을 불러일으키고 있는 그런 추세입니다. 물론 아직까지도 모든 부분들이 다양한 학설들이 펼쳐지고 있고, 수수께끼로 남아 있는 그런 부분들이 많다고 생각을 합니다. 사실은 저도 개인적으로는 문헌학을 하는 입장인데도 불구하고 고고학의 논문들이나 이런 걸 보면서 그 당시에 대한 수수께끼를 좀 풀어야겠다라는 그런 생각에서 몇몇 논문들도 싣기도 했고, 또 몇몇 학술대회에서도 발표를 했던 그런 경험도 있었던 것 같습니다. 그래서 그런 걸 기반으로 해서 일단 몇 가지만 오늘 서정석 선생님의 발표에 대해서 궁금한 점을 여쭤보려고 합니다. 일단 영산강 유역에서 전방후원분 고분과 관련해서 기술된 것은 현재 발굴된 그런 부분들에 대해서만 하셨던 것 같습니다. 그런데 여기에 내용에 쓰신 거 보면 현재까지는 한 16기 정도, 앞으로 더 발견될 수 있을 가능성이 있는지는 모르겠지만 그런 부분들의 어떤 전체적인 분포도가 좀 있었으면 좋지 않을까, 그래서 대략 지금 소위 영산강 유역이라고만 그렇게 얘기를 하고 있는데 대략의 분포도는 대략 어느 정도까지의 범위인가라는 것을 한번 먼저 한번 구체적으로 말씀을 해주시면 좋겠습니다. 그 다음에 두 번째로는 이 본 발표문의 특징으로서 제가 생각이 되는 것은 기존에는 영산강유역에 나타나고 있는 전방후원분 고분을 많은 연구자들이 5세기 말에서부터 6세기 초 정도로 시기를 한정하고 있는 것 같은데, 지금 선생님께서는 전남 지역의 전방후원분을 6세기 중엽 이후에 축소된 것으로 보는 게 사실은 조금 특징적인 그런 부분인 것 같습니다. 그래서 그 부분과 관련해서는 많은 연구자들이 사실은 영산강 유역에 발견되고 있는 형태가 전방후원형 고분만 있는 게 아니라 그 외에 원형 고분인데도 거기에 나타나고 있는 그런 석실, 여기 횡혈식 석실의 이제 그런 모습들이 큐슈에서 나타나고 있는, 북부 큐슈에서 나타나고 있는 그런 모습들과 유사하고 그런 형태들이 거기만이 아니라 한반도의 경상남도의 남해안 지역이라든지 거기서부터 이어져가지고 또 영산강유역까지도 그런 큐슈의 횡혈식 석실 무덤이 같이 연관성이 있는 거 아니냐 그런 이야기들을 하고 있습니다. 그래서 그런 부분에서 또 수수께끼라고 생각되는 부분들은 무엇인가 하면 큐슈에 있는 횡혈식 석실분이 대개 4세기 말부터 나타납니다.

4세기 말부터 나타나고, 그런데 또 일본의 기나이의 지역에 있는 그런 횡혈 석실분은 그것보다는 한 1세기 정도 늦게 나타납니다. 그리고 최근에 여러 가지 연구자들의 의견을 보면 기나이 지역에 있는 그런 횡혈식 석실분 같은 경우에는 백제 지역과의 유사성을 갖고 있다. 그렇게 지금 얘기를 하고 있는 상황인 것 같습니다. 그렇다고 하면 결국은 일본 내의 구도를 보면 횡혈식 석실이 서쪽에서부터 동쪽으로 이렇게 쭉 이동하는 그런 형태를 보이고 있는 반면에, 한반도에 있어서의 횡혈식 석실은 과연 이걸 어떻게 이해해야 되는 것인지 그런 부분들이 조금은 수수께끼라고 할 수 있을 것입니다. 한반도의 이런 상황들을 우리가 횡혈식 석실묘 계보를 통해서 우리가 한국과 일본 또 특히 동아시아에 있어서의 어떤 흐름을 한번 좀 구체적으로 설명을 좀 해 주셨으면 좋겠다는 생각입니다.

그다음에 마지막으로는 제 개인적인 생각으로는 당시 4세기 말이라고 하는 시점이 백제하고 왜가 4세기 중엽부터 교류를 처음 시작을 했고, 그러면서 과거에는 선박을 통해서 배를 통해서 이동하면서도 신거리의 항로를 통해서 갔으면 대개 연안 항로를 통해서 갔을 거라고 그렇게 생각이 됩니다. 그래서 일단은 영산강 유역 부근에서도 결국은 경상남도의 남해안을 거쳐서 그런 다음에 대마도를 건너서 제 아마 일본 열도로 들어가는 루트들이 가장 정상적인 루트가 아닌가라고 이렇게 생각이 듭니다. 그런 측면에서의 4세기 중엽부터 백제와 왜의 교류들이 시작 됐다고 한다면 그런 부분에서 영산강 유역이라고 하는 그런 지역들은 기본적으로 백제와 또 일본과의 어떤 중간 루트로서의 그런 역할을 하고 있는 거라고 생각이 됩니다. 물론 저는 과거의 여러 가지 논고들을 통해서 그 영산강 유역이 있었던 것은 『삼국사기』나 또는 중국에 있는 『남제서』나 이런 걸 통해서 거기에 이제 백제계의 목씨가 그쪽에 주둔하고 있었고, 또 목씨라는 것은 『일본서기』라든지 이런 데 보면 목라근자라든지 목간나라든지 이런 인물들을 통해서 백제와 일본 간의 많은 그런 교류 상황들 속에서 또 이야기가 전달이 되고 있는 내용이 굉장히 많이 있다고 생각을 합니다.

그래서 제 개인적으로는 중간에 목씨가 백제와 어떤 일본 간의 매개자 역할을 하면서 거기에도 교류를 했었던 그런 흔적이 아닐까. 어차피 백제 일본이 교류를 많이 했지만 일본 내에서도 백제계의 고분이 나타나는 것은 저는 개인적으로 당연하다고 생각을 합니다. 그런 부분에서 한반도 내에도 일본의 고분이 나타나는 것은 또 당연한 게 아닌가 저는 그런 생각을 갖고 있습니다. 그래서 영산강 유역의 정치체제에 대해서 과연 어떻게 생각하고 계신지 그 내용을 한번 듣고 싶습니다.

서정석 잘은 모르지만 말씀하신 걸 중심으로 답변을 드리겠습니다. 전방 후원분이냐, 전방후원형고분이냐, 장고분이냐는 오래전부터 계속되어 온 논란이랄까, 논쟁이랄까. 그리고 지금도 명쾌하게 어떤 합의가 이루어지지 않은 상태에서 각자 그냥 자기 어떤 기준에서 쓰고 있습니다. 그런데 이것들이 저는 기본적으로 같다고 생각을 합니다. 일본에 있는 전방후원분하고 같아서, 그것을 표현을 어떻게 하든 기본적인 본질은 차이가 없기 때문에 그런 점에서 일본에 있는 전방후원분들하고 구별하기 위해서 다른 명칭을 붙이는 것은 좀 적절하지 않다고 생각합니다. 그게 실제로도 형태가 비슷하고 그 본질이 다른 거라면 전방후원형 고분이라는 표현이 적합한데, 이게 형태만 비슷한 게 아니라 실질적으로 모든 것이 다 같습니다. 거기 묻힌 사람도 같고, 근데 그거를 굳이 이렇게 명칭을 달리해가면서 할 필요가 있나 하는 생각입니다. 그래서 어떤 명칭을 해도 괜찮은데, 그게 다른 부분이 아니라는 걸 전제를 같이 해서 사용을 해 주셨으면 좋겠다는 말씀입니다.

두 번째는 이제 횡혈식 석실 얘기는 참 쉽지 않은 얘기입니다. 원래 백제에서 한강 유역에 있는 가락동, 방이동 석실이 백제 것이라고 70년대 이후로 그런 얘기들이 주류를 이루었습니다. 그래서 이제 그거를 이어받아서 일본에 있는 큐슈의 초기 횡혈식 석실이 백제로부터 영향을 받은 것이다. 그래서 이제 4세기 말이다. 이렇게 편년을 하셨었습니다. 그런데 이제 긴키지역에 있는 다카이다야마라는 고분이라는 게 같이 말할 수 있는지, 이제 큐슈 지역에 있는 고분하고는 형태가 조금 다릅니다. 그러니까 그건 계보를 달라서 공주에 있는 성산리 구분의 영향을 받아서 5세기 중엽 경에 나타난 긴키형이고, 이건 4세기 말에 나타난 큐슈형이다. 이렇게 얘기를 했었습니다. 서울 가락동, 방이동에 있는 횡혈식 석실이 백제 것이라는 것이 처음에는 다수였었는데 요즘에는 모르겠습니다. 아니라는 견해도 있는데 이제는 신라 것이라는 견해가 많아졌습니다. 그러니까 이제 4세기 대에는 백제 횡혈식 석실이 없는 것입니다. 이렇게 되니까 이제 일본 쪽에서도 혼란스러워졌습니다. 자기는 그걸 백제에서 왔다고 이렇게 설명을 했는데 백제에서 그 시기 것이 아니라고 그러니까 그럼 이거 어떻게 된 거냐. 그래서 저는 지금도 아마 정리를 조금 못 하고 있는 것이 아닐까 이렇게 생각을 하고 있는 것입니다. 실제로도 그게 가락동, 방이동 것하고는 형태가 좀 다릅니다. 그래서 왜 그거를 가락동, 방이동하고 같은 계통이라고 처음부터 생각했지를 모르겠습니다. 일본 연구자분들이 그 누가 봐도 다른 그건데 이제 그 뒤에 여러 가지 얘기들이 맞게 되어버리는 것입니다. 그래서 그 이후에 석실의 편년이 다 재검토할 수밖에 없는 상황이고, 그래서 아까 저도 그런 말씀을 드렸습니다. 그 연장선상에서 우리가 지금 큐슈에 있는 그거를, 지금 우리 전남 지방에 있는 전방후원분도 마찬가지고 5세기 말, 6세기 전반 그러는데 그게 다 일본의 편년안입니다. 근데 그거는 그 시기에 백제 그런 구분이 없습니다. 웅진기에는 지금 일본 연구자들도 얘기하듯이 가시와라시에 있는 다카이다야마고분 같은 그런 형태만 있지 이런 게 없습니다. 문설주하고 문지방을 갖춘 이런 문틀식 구조 말입니다. 없는 그거보다도 그럼 더 빠르냐 큐슈에 있는 것이 더 빠르냐. 물론 큐슈에 있다고 해서 꼭 늦어야 되는 것은 아닙니다만 실제 전반적으로 문화의 흐름을 놓고 본다면 처음에 횡혈식 석실이 여기서 갔다고 그 이후로도 영향을 받은 걸로 얘기를 하는데 근데 그렇게 책으로 발달된 형태만 먼저 나온다고 하는 거는 편년안이 오히려 잘못되었다고 하는 게 옳은 것인 거지 그거를 다른 걸로 이렇게 설명하다 보면 또 설명 안 되는 부분이 있지 않을까 하는 생각입니다. 그래서 이 문제는 애초부터 그러니까 좀 잘못됐기 때문에 저는 일본의 횡혈식 석실에 대한 편년안이 좀 재검토될 필요가 있지 않나 생각합니다. 그리고 이제 대관절 백제로부터 영향을 받았다는 게 이제 아닌 것이 되어버렸으니까 재검토할 필요가 있지 않나 하는 생각입니다.

그리고 또 하나 이제 아까 목씨와 관련해서 설명을 하셨는데 문헌적으로야 선생님께서 분석하신 것들이 잘 맞으실 텐데, 사실 이제 고고학계에서는 목씨와 관련된 것을 청주에 있는 신봉동 고분군을 남긴 사람, 또 공주에 있는 수천리 고분을 남긴 사람, 그쪽에 연결을 해 왔었습니다. 그것은 무슨 얘기냐 하면 이제 목씨 정도면 백제 중앙 세력이 남긴 고분 문화와 같은 것을 남겼어야 된다는 이런 생각이 있습니다. 여기도 마찬가지로 뭔가 목씨가 여기 근거지가 있고 그래서 뭔가 좀 이렇게 큰 역할을 했다. 사료상에는 그게 맞는데 그게 영산강 유역이다라고 하려면 뭔가 좀 백제와 관련된 목씨를 대변할 수 있는 그러니까 백제 중앙 세력을 대변할 수 있는 그런 어떤 유적 같은 것들이 있어야 되는데, 유적으로는 지금 횡혈식 석실로는 백제 중앙과 연결된 그런 것이 보이지 않습니다. 그래서 그런 것들이 조금 선생님하고는 의견을 달리하는 부분이고요. 그리고 또 다시 한 번 말씀드리면, 제 생각은 전에 그 피장자를 놓고 재지 사람이냐 왜인이냐 이렇게 이제 갈라져 있었는데, 어느 쪽이 됐든 이 전방후원분을 남긴 사람이 뭔가 큰 정치적인 세력 힘이 있는 사람이라고 생각을 하고 그런 전제 속에서 왜인이다, 또 아니면 재지인이다. 이렇게 비정을 하셨었는데, 제가 보기에는 이 사람은 그러니까 그렇게 정치적인 큰 세력이 있는 사람이 아닙니다. 그렇게 볼 수 있는 근거들이 없습니다. 왜 글쎄 그렇게 하셨는지 모르겠지만 그 고분이 크다면 클 수 있나 이랬을 수 있는데, 그거는 어떻게 생각하면 원부 쪽하고 방구 쪽하고 합쳐져서 그런 건 거고 그렇지 않고 그 두 개가 예를 들어서 하나를 따로따로 있었던 게 하나로 합쳐진 것이라고 생각하면 사실 그렇게 큰 것도 아니고, 또 그 부분이 크다고 그래서 거기에 묻혀있는 사람이 그 정치적인 권력이나 이런 게 세냐 그것도 사실은 입증된 바는 없습니다. 예를 들면, 이제 그렇게 따진다면 구마모토에 있는 에다후나야마 고분 같은 경우는 대역분이 아니거든요, 그런데도 거기서 굉장히 많은 국보급 유물들이 나옵니다. 그런 것 같은 경우는 이제 설명하기가 또 곤란해지는 것입니다. 그래서 과연 이 고분이 조금 크다고 그래서 그럴까요. 그 피장자한테 그렇게 큰 권력이 있었던 것처럼 그렇게 해석하는 게 옳은지. 또 그렇다 할지라도, 또 여기는 또 다른 게 아까 말씀드린 것처럼 그리고 여러 연구자들이 다 지적하는 것처럼 여기는 당대에 끝나게 됩니다. 문화가 이어지지를 않습니다. 그러면 바로 밖에 가서 하나씩밖에 남아 있지 않은데, 과연 이 사람을 큰 세력이 있는 사람처럼 이해해야 하나 그게 왜인이든 재지인이든 그거랑 관계없이 그 자체를 그렇게 이해해야 하나. 그것이 조금 그거에 대해서 저는 이의를 제기하고 싶고, 그래서 고분 자체를 놓고 봤을 때 큰 힘이 있는 사람이 아니라는 걸 좀 말씀을 드리고 싶습니다.

손승철 그래서 이제 결론 부분에 일본 열도에서 살기 어려운 사람, 아까 그렇게 이제 표현을 하셨는데, 고려대학의 김현구 선생님은 그렇게 얘기 안 하고 있지 않습니까?

일종의 어떤 세력군으로 보고 있고 용병설도 있고 해서 그게 임나일본부하고 연결도 얘기하고 그렇습니다. 그렇게 보면 꽤 세력이 있는 사람 같이 여겨지고, 또 하나 우리 고고학은 전혀 모르지만 그 피장자 그 한 사람만 와서 산 건 아닐 것 아닙니까.

서정석 아닙니다.

손승철 아니 그 가족도 있을 거고 그 휘하에 사람들이 있을텐데, 그 사람들은 다 죽어서 어디 갔을까요. 한 사람만 딱 묻어버리고 끝내나요?

서정석 글쎄 그거는 저도 궁금합니다. 그러니까 그 사람 한 사람만 나왔을 일은 없습니다. 그러니까 아까 거기 사례를 제가 들었지만 백제에서 넘어갈 때도 한 600가가 넘어가고 한 2천 명이 넘어가고 그러니까 그때 올 때도 일단의 무리들이 왔을 거라고 생각이 됩니다. 그래서 그 일단의 무리들이 이제 군데군데 정착을 해서 지금 이제 고창에 있고, 나머지 다 전남인데 함평이라든가 해남이라든가 또 영암, 이제 올라와서 담양, 광주 이쪽에 이렇게 있습니다.

손승철 왜 하나씩만 남았을까요.

서정석 그러니까 이제 갈 때, 이렇게 건너왔을 때 그건 이제 두 가지일 수도 있는데, 미리 그쪽과 관계가 있어서 갔을 수도 있고 그렇지 않으면 좀 들어가서 살 수 있는 공간이 있는 데를 찾아 들어가지 않았을까 생각됩니다. 기존에 어떤 세력이 있는 데를 가면 거기랑 마찰이 있을 테니까 그렇게 마찰이 없는 데를 찾아서 들어가다 보니까 와서 배에 타고 와서 정착하기 쉬운 해안가 쪽으로 가고, 기존에 세력이 형성돼 있었던 나주 지역이라든가 이런 데는 들어가지 못하고 외곽으로 자리 잡은 것이 아닌가 싶습니다. 그렇게 자리 잡은 것부터 이 사람은 큰 힘을 과시할 수 있는 그런 세력이라고 보기 좀 곤란한데, 그러니까 아까 말씀하신 것처럼 자꾸 그걸 그렇게 힘 있는 사람이라고 하다 보니까 이게 이제 초미의 관심사가 되어버린 거고 이쪽이냐 저쪽이냐가 관심사고 어느 쪽에든 자꾸 또 거기다 이제 의미 부여를 이렇게 하시다 보니까. 그러니까 그 일단의 무리들이 오니까 자기들이 떠나오기 전에 있었던 그 전통에 따라서 하는데, 그 뒤부터는 이제 여러 가지 여건도 안 되고 동화가 되고 이래서 토착의 묘제 그러니까 백제 묘제로 바뀌어 갔다고 생각이 됩니다. 이제 맨 처음에 말씀드린 함평 신덕고분 1호분은 전방후원분, 2호분은 백제 시대 횡혈식 석실입니다. 바로 앞에 있는데. 그러니까 그렇게 그 하나만 있다고 해서 그러니까 혼자만 왔을 리는 없고 나머지 분들이 안 돌아가셨을 리도 없고 돌아가셔서 그러니까 다 현지 것으로 바뀌어 버리다 보니까 그래서 우리 눈에 띄는 전방후원분은 하나씩만 있는 게 아닌가 그렇게 생각이 듭니다.

손승철 제가 문헌 사학하는 입장이라 그런지 모르지만 고고학 하는 분들 저렇게 얘기하시는데, 참 한가지 가지고 많은 걸 상상하는 것이 부럽기도 합니다.

김웅기 저도 전방후원분에 대해서 문헌사 쪽으로 쓴 게 있어서 한 말씀 좀 드리면, 고고학적인 측면에서 볼 때는 발표하시는 게 상당히 설득력도 있고 동의하는 부분이 있습니다. 문제는 그 축조에 대한 배경을 설명할 때는 상당히 논란이 많습니다. 특정 시기, 5세기 후반에서 6세기 전반에 한 1세대 30년 정도 시기에 열 서너 개가 나타났다가 사라지는 겁니다. 근데 그게 먹고살기 힘들어서 온 일반 백성들의 묘가 아닙니다. 지배층의 묘입니다. 호족, 유족. 거기에 토착해서 뭔가 어떤 세력이 없으면 그만한 고분을 축적하기가 어렵습니다. 그리고 고분은 고유성이 강해서 그 부분의 어떤 양식이라든가 장례, 의례 이런 것은 지배층이 바뀌지 않으면 좀처럼 바뀌기 어려운 속성이 있는데, 그런 영산강 유역을 따라서 일시에 나타났다 일시에 없어졌다. 그런데 우연히라고 보려고 하면 또 거기에 부수적으로 설명을 해야되는데, 그럼 갑자기 왜인들이 와서 거대 정치 세력을 형성을 했느냐 그 배경이 뭐냐. 그런데 그 시기 일본 열도에서 한반도를 걸어놓을 만한 큰 일본 열도의 어떤 변화가 있었느냐 이건 없습니다. 그런데 문화적으로 보면 서로 어떤 영향을 받으면 얼마든지 가능한데, 또 백제는 중앙에서 끊임없이 남쪽으로 세력을 확장해 나가는 상태고, 특정 시기에 나타났다 없어지는 거를 정치적인 배경, 축조의 배경을 설명할 때는 참 고고학적으로 설명이 안되는 부분이 많습니다. 그래서 이거는 이제 고고학적인 측면에서 서선생님이 발표하신 것이 충분히 이해가 되는데 문헌사하고 충돌하는 부분에 있어서는 상당히 접점을 찾기가 쉽지가 않은 것입니다.

손승철 그럼 시기적으로 보면 지금 전방후원분하고 도래인하고 시기적으로 보면 어는 것이 더 이른 시기입니까? 아니면 시기적으로 같은 시기입니까?

홍성화 도래인들은 백제하고 일본하고 교류를 했었던 초기부터 나오고 있기 때문에 그것보다는 전방후원분이 나오는 시기는 이후입니다. 5세기 말 6세기 초 즈음이죠. 그리고 또 일단은 그런 부분들을 생각해 볼 수 있습니다. 그러니까 무덤이 축조되는 시기는 일단 정착했던 시기보다는 최소한 20년이나 30년 이후에 축조가 되고 있기 때문에 그런 부분을 고려하면 사실은 5세기 중엽부터 5세기 말까지의 영산강 유역이 있었던 변화와 관련이 있는 게 아닐까 그렇게 추론해 봐야 될 것 같기도 합니다. 그래서 아까 말씀하셨던 김웅기선생님 같은 경우는 거의 왜계 백제 관료를 말씀하셨던 것입니다. 예를 들면 일본서기에 보면 야마토의 정권의 성씨를 갖고 있으면서 백제 관료의 관직을 갖고 있는 그런 인물들이 나옵니다. 그렇기 때문에 그 인물들이 왜계 백제 관료 아니냐고 그랬는데 사실은 왜계 백제 관료는 일본서기에 보면은 되게 6세기 중엽 이후에 옵니다. 그러니까 시기적으로 조금 안 맞는 부분들이, 왜계 백제 관료라고 한다면 또 지금 여기 나오는 게 대부분 또 큐슈 시기라고 한다면 큐슈와 관련이 있어야 되는데, 왜교 백제 관료들 중에는 큐슈 쪽은 없습니다. 그런 부분들도 또 문제로 지적이 될 수도 있을 것 같습니다.

손승철 어느 일정 시기는 한반도에서 도래인들이 가면서 반대로 일본 쪽에서 왜인들이 오고, 이게 중첩되는 시기가 있다고 봐야할 것입니다. 그랬을 경우에 서로 이주해 가는 이주민들의 어떤 특성, 이런 것도 얘기할 수 있을 것입니다.

홍성화 예. 제 생각에도 그래서 5세기 중엽에서부터 5세기 말까지의 어떤 변화와 축조 시기와의 시차를 고려하면, 그때를 봐야 되지 않을까 생각합니다. 그런데 제가 볼 때는 영산강 유역에 나오는 그런 고분들이 물론 형태는 전방후원형 고분의 형태를 갖고는 있지만 그 안에서 보면 큐슈 하고는 또 다른 매장 양식을 갖고 있었던 건, 장례 의식을 갖고 있었던 건, 큐슈 같은 경우에는 거기 관이 아니라 시상대 위에다 그냥 시체를 올려놓는 건데, 영산강 유역 같은 경우에는 거기를 발굴을 해보면 일단 관골이나 뭐 이런 게 좀 나옵니다. 그러면 관이 있었던 거는 또 백제식이기 때문에 그런 것도 사실은 좀 수수께끼입니다. 그러니까 모양 형태는 큐슈식인데, 안에 있는 장례 풍습은 또 백제식을 또 갖고 있고, 이런 부분들이 굉장히 복합적인 부분들이 있지 않을 생각을 합니다.

손승철 지금 종합 토론에서 사회를 보는 입장에서 보면 더 중세, 근현대로 가면서 어떤 한 시기에 가는 사람 오는 사람 다 있었던 것 아닙니까? 그러면서 통시적으로 봤을 때 어떤 특징 같은 게 한반도에서 일본으로 가는 사람들의 특징이라든지, 반대로 일본에서 한반도로 오는 사람의 특징이라든지 뭔가 그걸 좀 이렇게 정리할 수 있는 단어들이 있을까. 이제 그 생각을 지금 하는데 하여튼 일단 조금 더 진행을 해보겠습니다. 역시 고대가 멀어서 그런지 더 어렵습니다.

연민수 한반도에서 일본열도로 건너간 사람들은 여러 시기에 걸쳐 왕경을 중심으로 각지에 정착하고 있고 고고학적인 유물로도 확인되고 있지만, 일본열도에서 한반도에 온 사람들의 사례는 매우 적습니다. 왜계백제관료의 예를 들어도 대부분 중앙에서 활동하고 있고, 이들이 남긴 유물, 유적도 찾기 쉽지않습니다. 물론 영산강유역 등 한반도남부에 산재되어 있는 전방후원분을 왜인의 묘로 볼 수도 있지만, 논란이 많고 간단히 설명하기에는 해결해야 할 문제가 많습니다. 고대의 도래인 문제는 대부분 한반도에서 일본열도의 문제이고, 그 반대의 경우는 매우 드문 상황입니다.

손승철 될 수 있으면 멀리 가는거네요.

연민수 일본열도에서 한반도에 왔다고 하는 흔적은 대체로 한반도남부의 고고학적인 왜계유물을 통해 추정하고 있어, 왜인들이 한반도에 정착했다고 하면 주로 남해안지역을 중심으로 얘기할 수 있다는 것이지요. 한반도에서 일본열도로의 도래인이 지배층을 중심으로 다양하지만, 일본열도에서 한반도로 이주했다고 하면 지역세력, 변경지의 상인, 어로를 생업으로 사람들일 것으로 추정되어 양자의 이주에는 그 목적과 성격에 많은 차이가 있다고 생각됩니다.

손승철 갈 때부터 목적이 달랐다. 이 정도 하고, 또 다음 이야기 다시 이어가겠습니다. 그럼 두 번째 세션은 조선시대입니다. 조선시대는 먼저 임진왜란 때 피로인으로 일본으로 간 사람들 아라키 선생님 발표에 대해서 이훈 선생님께서 토론해주시겠습니다.

이훈 이훈입니다. 저는 전공하는 시기가 임진왜란 이후이기 때문에 사실 피로인 여부에 대한 지식이 많습니다. 제가 일반인의 시각에서 이 논문을 읽고 제일 인상 깊었던 대목은 다음 세 가지였습니다.

우선 피로인이라는 용어에 대해서 정유재란 때 비전투원의 납치 연행이 대규모로 이루어진 것으로 정의를 해 주셨습니다. 그리고 또 주안점을 둔 게 비전투원으로서 일본에 납치·연행된 이후에 피로인의 삶에 대해서 동남아시아로 전매된 조선 피로인, 귀국한 사람들, 그 다음에 일본 사회의 정주한 피로인 키리시탄이 된 조선인 범주로 나누어서 어떤 형태로 생존하고 있었는지를 이렇게 쭉 정리해 주심으로써 전쟁이라는 것이 일반 민중의 생활에 얼마나 큰 변화를 가져올 수 있는 것인가를 알게 해줬다고 생각이 됩니다.

그리고 특히 이 논문을 읽으면서 다른 논문을 읽을 때와 달랐던 게 각 항목마다 피로인 한 사람 한 사람의 성명을 이렇게 서술하니 구체적으로 와 닿았습니다. 그리고 한일관계에 있어서 의미라면, 그 주체나 관점이 국가 간의 문제 또는 정치적인 문제가 아니라 개인의 문제로 이렇게 이동시켰다는 것에 큰 의미가 있었다고 생각이 됩니다. 그래서 손승철 교수님한테 이 논문을 받고서, 제가 독서 속도가 그렇게 빠르진 않은데 순식간에 읽었습니다. 처음부터 끝까지. 그래서 이제 읽고서 여기에 대한 지식이 많지 않기 때문에 몇 가지 질문 사항을 써보았습니다. 질문은 네 가지입니다.

하나는 연구 방향에 있어서 아라키선생님이 피로인 연구가 어떤 주제를 정해서 본인이 피로인을 검토했다기보다는 연구사를 정리해 주신 것입니다. 그래서 보니까 피로인 연구가 일본에서 100년이나 계속되고 있는데 각각 1950년대, 또 60년대, 70년대, 90년대에는 왜 피로인 연구가 이루어졌는지 그때그때 일본 사회에 필요가 있었습니다. 그런데 2000년대에 들어와서 계속해서 2020년까지 연구가 끊이지는 않던데, 2000년대에 들어와서도 피로인 연구가 계속되고 있는 어떤 시대적인 필요가 있는지 그거 하나 말씀해 주셨으면 좋겠고 그 다음에 두 번째는 용어 문제입니다. 아라키 선생님이 피로인 발생의 배경을 쭉 설명하시면서 도요토미 히데요시의 군령이 있었던 게 요인이지만 이 밖에도 일본 내의 다이묘라든지 그 다음에 상인들과 같이 다양한 계층의 여러 가지 복합적인 이유가 있어서 피로인 발생의 경위가 한두 가지가 아니었다. 다양한 경위가 있었다라고 설명을 하였습니다. 그러면서 발표문이나 뒤에 연구사를 보니까, 특히 도공에 대해서는 발생 배경이 전쟁으로 인한 납치 연행이라는 것인지 아니면 어떤 특수한 기술이 있어서 초치한 것인지 아직도 확실치 않은 것으로 이해되는 부분이 있었습니다. 특히 연구사를 보니까 연구자에 따라서는 도공에 대해서는 도공의 도래라고 서술하였습니다. 그리고 연구자를 보면 근세 일본이라는 시대적인 제한이 있긴 하지만, 도래 조선인, 도공에 대해서 도항 조선인의 범주로 파악하고 있는 연구가 있었는데, 여기에 대한 지식이 없는 사람이 언뜻 들으면 도해·도항이라면 전쟁에 따른 어떤 강제 연행이 아니라 자발적으로 간 것이 아닌가 이런 의미도 포함되어있다고 생각이 되어서 이 도래·도항이라는 용어에 대해서 아라키 선생님은 이게 적합한지 어떤 의견이신지 한번 듣고 싶습니다. 그다음에 세 번째는 피로인의 일본 내 지역적인 분포인데, 쭉 보니까 큐슈하고 관서 이남에 집중되어 있는 것으로 보였습니다. 그래서 지역적으로 이렇게 분포되어 있는 이유는 무엇인지, 그리고 마지막으로 아라키 선생님의 연구사 정리가 피고인이 일본 사회에 건너간 다음에 어떤 식으로 정착됐는지 그런 관점, 그게 주요 대상이기는 한데 저는 논문을 읽으면서 연행되기 이전에 그러니까 피로인들 중에 궁금했던 것은 피로인 중에 유학자나 도공, 세공인처럼 특별한 교양과 기술이 있는 사람도 있고 이런 기술을 갖추지 못한 일반인도 있는데 일본에서 단기간에 전쟁과 관련해서 이 사람들을 데려갈 때 어떤 조건으로 데려갔는지, 연행된 이후가 아니라 연행되기 이전에 어떤 조건으로 데려갔는지 혹시 이런 것들을 살펴볼 수 있는 사료는 있는지 궁금합니다. 왜냐하면 이 부분이 궁금했는데 이 부분이 밝혀져야지, 조선시대 때 일본 쪽으로 건너간 사람들의 성격이 드러나지 않을까 생각합니다.

손승철 질문이 너무 많은 것 같습니다만 ….

이훈 아닙니다. 그래서 아라키 선생님한테는 제가 사전에 질문 내용을 요약해서 드렸습니다.

손승철 그럼 간단히 답변해주시기 바랍니다. 정성일선생님이 아라키선생님을 좀 도와주시면 감사하겠네요.

손승철 지금 이 자리에 계신분들은 대부분 다 일본 유학하셨기 때문에, 아마 대강 알아들으실 겁니다. 아라키선생의 답변을 정 선생님께서 간단히 요약해주시면 감사하겠습니다.

아라키(정성일) 이훈선생님 첫 번째 질문이 자료집 140페이지 상단에 있습니다. 50년대, 60년대, 70년대에는 연구가 이렇게 이루어진 배경에 대한 설명으로 이해가 됩니다. 2000년대 이후에 이렇게 피로인 관련된 연구가 이루어진 게 무엇 때문일까 그에 대한 질문이었는데, 거기에 대해서 답으로, '1980년대부터 약 한 40년 동안은 국제화라고 하는 흐름 속에서 설명할 수 있겠다.' 이렇게 답을 하셨습니다. 그래서 국제화라고 하면 크게는 국가 간의 관계, 국가 대 국가 이렇게 되겠지만, 또 한쪽에서는 국경을 넘어서 지역과 지역 간에 관계, 즉 대외관계사, 교류사 이런 쪽에서 피로의 문제도 학문적인 관심이 되었던 것이 아닌가 싶습니다. 저는 이렇게 이해하는데 맞습니까?

손승철 예. 그 정도면 되겠습니다. 말씀 계속 부탁합니다.

아라키(정성일) 국제관계사, 교류사라고 하면 이제 평화적인 교류라고 할지, 경제교류 이것만 생각하기 쉬운데, 교류의 범주 속에는 전쟁으로 인한 어떤 포로, 피로인 문제까지 포함되어서 그런 의미로써 피로인 연구가 국제화 학문적인 관심 속에서 이루어졌다. 이렇게 보충, 추가 답변을 하셨습니다.

예. 두 번째 질문은 피로인이 일본에 가게 된, 즉 일본에 오게 된 계기나 배경, 원인이 무엇일까에 대한 해석입니다. 한쪽에서는 납치·연행 이렇게 강제성으로 보는 시각이 있으며, 또 한쪽은 도래·도항, 꼭 자발성이라고는 않더라도 강제성이 아닐 수 있다. 이런 상반된 시각이 있는데, 여기에 대해서 아라키 선생님은 어떤 입장이냐라고 질문하셨습니다. 이에 '이것은 사실 말하기 어려운 부분이다. 본인은 연구사를 정리한 것이지 여기다 실증 연구를 한 것 아니어서 뭐라고 답변하기는 어렵다. 다만 연구사를 정리하다 보니까 연구자들마다 인식이 다른데 예를 들면 도요토미 히데요시가 한 행위를 비판적으로 보는 연구자들은 강제성을 강조하는 그런 인식을 갖고, 도요토미의 행위를 잘했다고는 아니더라도 강제성이 확실하게 증명되지 않은 그런 사례도 있어서 좀 더 객관적으로 이 사실을 보려고 하는 그런 연구자들은 객관성을 인정하지 않는 이런 상반된 인식이 있습니다. 결론적으로 연구사를 정리하다 보니까 본인은 이게 어느 쪽인지 확실하게 말하기는 어렵다.' 이것이 결론이었습니다.

한 가지 추가적으로 답변드리면 '도래'라고 용어를 쓴 연구자들의 경우에도, 조선 피로인들이 자발적으로 왔다. 그렇게 보는 사람은 아마 거의 없을 거라고 생각합니다. 대부분은 자발적인 의지가 아닌 경우가 많았기 때문입니다. 예를 들면 어린아이 같은 경우로, 어린아이가 자발적으로 일본 길을 선택했을 것이라고 보지는 않습니다. 부모가 데리고 왔을 수도 있기 때문입니다. 그래서 도래라고 썼다고 해서 바로 자발적 의지로 보는 건 아니지만, 다양한 배경이 있었다는 것을 강조하고 싶은 것 같습니다.

세 번째 질문이 피로인들이 일본에 지역적으로 분포한 것에 대한 질문입니다. 141쪽 상단입니다. 이거는 이제 임진왜란과 정유재란의 성격, 전쟁의 성격 차이 때문에 나오는 것 같은데 정유재란 같은 경우는 주로 한반도 남부를 어떻게 지배할 것인가 이런 것이 초점이었고 정유재란에 참여한 여러 번 세력들이 결국에는 피로인의 지역을 많이 차지하는 이런 결과를 가져온 것이 아닌가 이렇게 해석하는 것 같습니다.

네 번째 마지막 질문입니다. 피로인들이 가지고 있던 기술의 여러 다양성, 차이 이것입니다. 히데요시가 군령을 내려서 이런 사람, 예를 들면 여성 같은 경우는 직조적인 베를 짤 수 있는 기술, 이런 사람들을 데려오라고 하는 군령 명령은 분명히 있었던 것인데 다만 현실적으로 일본의 피로인으로 간 사람들이 어떤 기술을 가졌는지는 앞으로 개별 사례들을 발굴해서 실증적으로 검토해봐야 더 밝혀지지 않을까 이런 생각이라고 합니다.

손승철 혹시 이훈선생님, 보충하실 것이 있으십니까?

이훈 없습니다.

손승철 사실은 학술대회를 기획할 때, 동시통역을 처음에 계획을 했었는데 거의 일본어가 가능하신 분들이고, 또 그래서 번역문이 붙어 있기 때문에 사실은 비용 문제도 있고 그래서 통역을 따로 두지 않았습니다. 그렇지만 이 정도면 어느 정도 소통이 되지 않았나 생각이 됩니다. 저도 피로인 문제를 전공하지는 않습니다만은 처음에는 원고를 받고 당황했습니다. 왜냐하면 처음에 제가 부탁한 것이 연구사를 해달라는 게 아니었기 때문입니다. 그래서 이것을 어떻게 하나 하는데 생각이 있었지만 내용을 읽다보니까 연구사 분류를 잘해주셔서, 이걸 통해서 피로인의 상황을 이해할 수 있었습니다. 이제까지 제가 본 글 중에서 피로인연구로는 최고 같아요. 그래서 굉장히 감탄을 했습니다. 더구나 아직 코로나가 유행하고 있어 면대면으로 계획했다가, 중간에 줌으로 하기로 했다가, 다시 면대면으로 하게 되었습니다.

그래서 발표자도 또 변동이 있었고, 아주 힘들었고, 또 엊그제 아라키 선생이 후쿠오카에서 비행기를 못타서 애를 먹었습니다.

이훈 아니 왜요?

손승철 방역 뭐 증명서가 안 되어가지고, 그래서 아라키선생이 오늘 오전에 비행기를 타고 조금 전에 회의장에 도착한 것입니다. 하여튼 고생을 많이 하셨습니다.

그런데 피로인을 토론하다 보니 하나 궁금한 게 있는데요. 민간인들을 전부 끌고 간 건데, 실제로 전투원들은 끌려 간 사람이 없습니까? 그거 궁금합니다. 전쟁에서 다 죽었습니까? 군인 포로는 없었습니까? 그 문제가 항상 궁금했습니다. 전투원들은 포로가 없었는지요. 하여튼 이 정도로 하겠습니다.

다음 주제는 210년간 부산 왜관에 와서 살았던 일본인들에 관한 발표입니다. 정성일선생께서 발표를 해 주셨는데, 거기에 대해서 한성주 교수께서 토론해 주시겠습니다.

한성주 안녕하십니까. 강원대학교의 한성주입니다. 짧게 하겠습니다. 정성일 선생님의 글은 왜관 관련된 연구들을 가장 종합하면서도 많은 다양한 사례들을 다루고 있습니다. 특히 마지막은 제 머릿속에도 떠나지 않습니다. 부산 왜관에 살았던 대마인들을 어떻게 평가할 것인가를 한마디로 줄이자면 有無相通, 誠信交隣이다. 이런 말씀을 하셨습니다. 현재에도 귀감이 되는 말이라고 생각합니다. 이와 관련돼서 다사카선생님께서 기조 강연하실 때 성신은 '진실된 마음을 뜻한다. 서로 속이지 않고 다투지 않는 것이다.' 라고 아메노모리 호슈의 글을 인용해서 말씀하셨습니다. 이런 것들을 봤을 때 결국 성신은 일방적인 것이 아니라 쌍방향적인 것이다. 이런 생각도 듭니다. 1795년 일본인이 절영도에 갔다가 실수로 불을 낸 일에 대해서도 아마 이런 쌍방향의 어떤 성신이라고 하는 측면이 작용한 게 아닐까, 이것을 동래부라든가 아무도 몰라서 이것들을 처벌하지 않는 것이 아니라 이것이 단순한 실수이고 서로 그런 양해가 있었던 게 아닌가 이런 느낌이 들었습니다. 이거는 질문은 아닙니다. 지엽적인 것은 제가 나중에 또 여쭤보겠습니다.

200페이지에 있는 마지막 10번, 11번만 좀 질의를 드리겠습니다. 古館守 등의 馳走市와 관련돼서 이걸 別市라고 하셨는데, 그러면서 선생님께서는 이것은 일반 개인의 무역 범주에 들어갈 수 있다고 하셨습니다. 그런데 관수, 재판 등은 제가 볼 때는 일반 개인이라고는 볼 수 없고 국가 또는 권력자로 분류하신 범주에 들어가야 되지 않을까, 과연 개인 자격으로 개시에 참여해서 별시를 개최할 수 있었을까, 그리고 조선의 상인들이 참여해야 합니다. 이 역시 조선의 허가가 필요한 것이 아니었을까. 그래서 이 분류에 대해서는 조금 더 면밀하게 생각해 보셔야 하는 부분이 아닐까 이런 의문이 들었습니다. 그 다음에 발표하실 때는 소개를 안 하셨는데, 발표문에『通航一覽』에 나온 놀라운 얘기를 최근 연구 성과를 인용해주셨습니다. 와카야마현 출신 일본인이 대마도로 옮겨 거주하다가 다시 왜관에 건너가서 조선인 하급 관리의 사위가 되어서 다시 통신사의 일행으로 오사카에 있는 향을 파는 가게에 들렀다. 과연 왜관이라고 하는 곳이 이렇게 일본인들이 자유롭게 오거나, 또 조선인 하급관리의 딸과 결혼할 수 있는, 이런 어떤 공간적 측면을 갖고 있느냐. 실제 가능성 있는 이야기일까? 이런 의문이 들었습니다. 혹시 구전되는 이야기들이 좀 과장되어서『通航一覽』에 실린 건 아니었을까 이런 생각이 들었는데, 혹시 대마도나 오사카에도 이런 구전되는 이야기들이 있는지 선생님께서 알고 계신 부분들을 말씀해 주시면 좋겠습니다. 이상입니다.

정성일 바로 답변드리겠습니다. 먼저 한성주 교수님께서 사실 제 글을 읽으시느라고 굉장히 힘드셨을 것 같습니다. 정리를 더 줄여서 했어야 하는데 분량도 많고 다양한 이야기를 한꺼번에 다 하다 보니까 굉장히 읽고 토론하시기 어려웠을 것 같은데, 그럼에도 불구하고 좋은 질문해 주셔서 다시 한 번 감사드립니다. 발표 자료집 197, 198쪽에 걸쳐서, 199쪽과 200쪽 걸쳐서 되어 있는데요. 그중에서 200쪽에 마지막 10번, 11번 2개의 질문을 주셨습니다.

첫 번째는 무역에 관한 것인데, 원문에는 馳走市 이렇게 있습니다. 馳走는 치소여서, 일본에서 잘 모릅니다마는 '御馳走さま(ごちそうさま)'할 때 ごちそう가 馳走로 알고 있습니다. 그런데 이게 한두 건이 아니고 관례처럼 되고 있는 것을 제가 여러 차례『관수일기』에서 확인을 했습니다. 또 하나는『관수일기』에 나온 것과 (일대관)매일기』나온 게 두 가지가 있습니다. 이거는 조선과 일본, 대마도 사이에 서로 개시 약정을 맺어서 매달 3일, 8일날 이렇게 정기적으로 하던 그런 개시가 아닌, 별도로 이루어진 것이어서 馳走市라고 쓰면서 또 동시에 별시, 따로 날짜를 잡았다. 그런 뜻입니다. 이런 사례가 한두 건이 아니고 또 몇 차례 이렇게 지속되고 있어서, 이걸 지금까지는 학회에서 잘 소개가 안 되었지만 앞으로 더 공부를 하면 좋겠다 싶어서 소개를 드렸습니다. 다만 그것을 이제 전임 관수, 재판, 삼판사, 일본에 대마도에서 파견된 그런 사람들인데, 그 사람들이 이제 제가 볼 때는 대마번주의 무역으로서가 아니고 대마번주가 무역을 독점해서 그렇게 하는 거 아니겠습니까. 대마번의 무역이 아니고 그것과 별개로 이루어진 그러니까 使者 혹은 대마도가 파견한 역인이라고 할까요. 그 사람 개인 자격으로 한 것이어서 따옴표를 붙여서 '개인무역' 이렇게 한번 붙여봤습니다. 업무는 馳走市 이렇게 돼 있는데, 아직까지 그럼 어떤 물건이 거래되었는가 이것은 제가 아직 파악을 못했습니다. 그래서 馳走市가 있었다고 하는 것, 그것은 확인했습니다만 앞으로 더 사례를 찾아서 깊이 분석을 해서, 성격규정을 해야 될 텐데 지금 현재 이 자리에서 말씀드릴 수 있는 것은 기존

의 제도사나 어떤 국가 중심의 그런 무역의 틀에서는 이것을 뭐라고 할까요. 다 포함이 안됐습니다. 포함할 수 없는 아주 특별한 케이스입니다. 사실은 어떤 기적이 있는 것도 아니고 동래부사하고 왜관의 관수, 그다음에 당사자. 이 사람들은 충분히 사전에 양해를 했을 것이고, 또 조선의 특허 상인이라고 할 수 있는 동래 상인 이런 사람들도 다 알 수가 있었을 것이고. 그래서 좀 표현이 그렇습니다만 규정에 있는 것이 아니라, 규정에는 없지만 관행 상 알음알음으로 이렇게 해오던 그런 것이 아닌가라고 추정을 하고 있습니다. 그걸 어떻게 성격 규정을 할 것인가는 역사적으로 지금의 제도사, 국가 중심의 역사 의식에서는 이게 빠져 있었는데 조금 더 미시적으로 또 다양한 특별한 경우 이런 것까지 포함한다면, 앞으로 이 부분도 주목해야하지 않을까 이런 정도로 말씀드리겠습니다.

두 번째 11번도 마찬가지입니다. 최근에 동북아역사재단에 윤유숙 선생이 쓴 책을 소개를 하였는데 그전에 저하고도 한번 이 이야기를 했습니다. 그런데 저도 사실은 잘 모르겠다. 윤 선생님도 많은 고민 끝에 그동안 가지고만 있다가 최근에 저서에서 소개를 했습니다. 그 내용을 그대로 이제 인용한 게 197페이지 가운데 있습니다. 제가 아까 발표 시간을 줄이기 위해서 이 부분 언급을 안 했습니다. 같이 한번 읽어봐 주시기 바랍니다. 너무나 참 특이한 경우입니다. 197페이지 가운데 인용문입니다. 신원이 밝혀지지 않은 이 남자가 쓰시마에서 6년을 살다가, 원래 쓰시마 사람이 아닙니다. 다른 지역 사람인데 쓰시마로 이제 도망왔다고 할까요, 잠입했다고 할까요. 쓰시마에서만 6년을 살다가 이 사람이 조선으로 가면 돈벌이가 되겠다, 그런게 있었는지 조선으로 건너갈 수 있는 도항 허가증을 받아서 조선으로 건너옵니다. 여기까지 제가 볼 때 사실이라면 그럴 수도 있겠다, 제가 설명드렸던 부산 왜관의 쓰시마인, 쓰시마인 속에 들어갈 수도 있겠다. 저는 그렇게 봅니다. 뱃사람이든 뭐든 부산으로 건너가서 초량왜관에서 일자리를 얻는 것까지는 충분히 그럴 수도 있다고 생각이 됩니다. 그런데 그 다음부터입니다. 거기에서 한 걸음 더 나아가서 이 사람이 조선인 여자하고 혼인을 합니다. 그런데 혼인한 것도 놀라운데 조선의 하급 관리 후손이라는 처가, 자기 장인이 조선인 장인이 하급 관리였는데 그걸 백그라운드로 이용해서 이 사람이 일본으로 가는 통신사 일행이 들어갑니다. 통신사 일행으로 이 사람이 일본을 갑니다. 일본에 가서 오사카에 가서, 이제 자기가 옛날에 향을 파는 가게에서 근무했었는데, 거기서 돈을 훔쳐가지고 이 사람이 달아납니다. 달아나가지고, 어떻게 전전하다가 쓰시마로 온 겁니다. 다시 쓰시마에 와서 6년 살다가 조선으로 가면 돈 번다더라, 또 조선으로 옵니다. 그래서 왜관에서 근무하다가 조선인 여자를 만나서, 장인이 좀 관에 근무한 경험이 있어서, 통신사 일행으로. 뭘로 왔는지는 모르지만 이런 스토리입니다. 이걸 증명을 해야 되는데, 원저는 어디가 있느냐하면 『通航一覽』에 있습니다.

　『通航一覽』을 제가 확인해 봤습니다. 『通航一覽』에는 보고된 자료입니다. 막부 측 관계자에게 이 사실이 보고가 되니까, 그걸 이제 『通航一覽』에 기록을 남긴 겁니다. 그래서 토론자이신 한성주 교수님도 말씀하셨는데, 저도 믿기지 않은 이야기, 있을 수 없는 이야기라고 생각을 하는데 이런 일도 있었구나. 있다고 하면 앞으로 더 자료를 보고 자료를 봐야 되겠다라는 생각으로, 제가 무슨 답을 가지고 온 것은 아닙니다만 앞으로 왜관 연구, 또 통신사 연구, 한일관계사 연구를 할 때 이런 시각도 머릿속에 넣었으면 좋겠다는 생각으로 소개를 해드렸습니다.

　손승철 궁금해지는데 그 다음에 어떻게 되었습니까?

　정성일 거기 가서 이제 향 가게 주인, 그러니까 아들이죠. 아들을 만나서 내가 사실 이런 짓를 했는데, 그런데 그 주인은 죽어버렸습니다. 그러니까 아들한테 돈을 주려고 합니다. 그때 훔쳐간 돈이다. 아들이 안 받습니다. 그리고 이제 가져간 선물, 또 일본에서 선물을 받아와서 이 사람이 그러면 그 선물을 가지고 조선에 가서 내 마누라한테 자랑해야 되겠다. 이런 이야기까지 했다는 이야기가 실려 있는 겁니다. 예. 그러니까 이게 보고자가 누구였는지, 보고라인이 어디인지 이런 걸 다 추적해서 확인해야 되는데 그때 자료가 남아있을지 모르겠습니다. 앞으로 숙제입니다.

손승철 혹시 다사카선생님, 아메노모리 호슈 부산 생활 아까 기조강연하셨는데 뭐 혹시 추가해서 정선생님하고 나눌 말씀 없을까요? 생각나시면 나중에 말씀해주시기 바랍니다. 그러면 이제 조금 시대를 넘어가겠습니다. 시간이 많지 않습니다. 근현대로 넘어가겠습니다. 먼저 재일조선인들의 삶과 생활에 대해서 김인덕선생님이 발표하셨는데, 한림대학의 김웅기선생님께서 토론을 해주시겠습니다. 김선생님은 본인 스스로가 지금 재일교포시죠?

김웅기 네, 그런데 지금은 재일 안하고 있습니다.

손승철 아 지금 재일 안하고 계십니까?

김웅기 지금은 안하는데, 일본에 있을 때는 재일이었습니다라고 지금 스스로 얘기하고 있습니다.

손승철 그럼 2세이신가요, 3세입니까?

김웅기 2.5세입니다. 죄송합니다. 너무 복잡해서. 그 이유도 다 말씀 드리겠습니다. 예. 방금 소개받은 김웅기입니다. 아무래도 역사학적인 논의가 흘러갔는데 저는 정치학전공이고 연구방법은 인류학처럼 사람을 쫓아다니고 인터뷰하고, 그렇게 하고 있습니다. 그래서 지금까지 선생님들의 굉장히 심도 있는 토론에 비하면 좀 얄팍하게 느껴지실 수 있을 것 같아서 약간

겁이 나는 것도 사실인데 좀 용기를 내고 말씀드리도록 하겠습니다.

2.5세 말씀드린 것은 제 부친께서 64년에 여권을 들고 일본으로 가셨습니다. 그러니까 밀항은 아니거든요. 밀항은 아닌데, 시기는 65년이 아니라 64년입니다. 한일 수교 전에 이야기입니다. 그런 면에서 재일이라는 말을 들을 때, 저는 맞다고도 하지만 아니라고도 한다는 처지에 있는 겁니다. 64년이기 때문입니다. 그리고 2.5세라는 것은 제 모친께서는 2세입니다. 그래서 제가 2.5세라고 말씀드린 것이 2세, 3세라고 잘라 말씀드릴 수는 없기 때문입니다. 이렇게 말씀드리는 이유는 오늘 주제랑 바로 연결이 되는데 사람의 이동이라는 게 그렇게 똑부러지게 이야기를 할 수 없기 때문입니다. 굉장히 다양하고 중층적이고 복합적이라는 것을 이미 여러 선생님께서 말씀을 해주셨다고 생각합니다. 근데 저도 거기다가 현 상황에서도 이런 사람들도 있다라는 것을 말씀드리고, 또 오늘의 논의에다가 좀 보탬이 되고자 이렇게 하는 것입니다.

김인덕 선생님 발표문은 정말 이게 교과서라고 말씀드릴 수 있겠습니다. 한마디로 말씀드리면 재일동포의 통사적이고 교과서적인 논의를 다 해 주셨기 때문에 제가 거기에 있어서 어떤 점이 문제가 있다고 지적할 만한 내용이 사실 없습니다. 더 깊이 들어가고 사료싸움을 하고 그렇게 될 경우에는 뭐 할 말이 있을 수 있겠지만 다른 논의에 비하면 굉장히 통사적인 내용이기 때문에, 이거는 발표 주제대로 재일조선인의 존재라는 것이 어떤 것인가를 가지고 대략의 개요 정도로 이해를 했습니다. 그래서 이 발표문에 대해서 짚어서 간다기보다는, 이 논의를 가지고 오늘 주제랑 엮어서 어떻게 요리를 해 나갈 것인가, 그래서 어떤 논의를 가지고 하는 것이 발전적일까. 그리고 많은 분들한테 공통된 시사점을 늘릴 수 있을까 이런 관점에서 말씀드리는 게 맞지 않을까 싶습니다.

그래서 김인덕 교수님도 그렇고 저도 그렇지만 정권이 바뀔 때마다 하는 게 재외동포 정책, 우리 대한민국의 국민으로서의 재일동포라는 관점에서 봤을 때 어떻게 처우가 되고, 그리고 인식에 따라서, 이념 성향에 따라서 상당히 괴리가 있는 방향을 띠게 됩니다. 저는 작년까지는 정규 위원직을 하나 맡아서 했었지만 제가 처음에 임명된 것은 그전에 보수 정부 시절에 임명되었습니다. 그리고 진보 정부 안에서도 그렇게 일을 했었습니다. 무슨 말씀이냐 하면 이념에 치우치지 않고 정말 당사자들에게 뭐가 필요한지에 대해서 논의할 수 있는 시대가 되었다는 것이 하나의 현실입니다. 저는 그걸 긍정적으로 바라보고 있습니다. 그와 반면에, 아무래도 재외동포, 그러니까 재일동포를 잠깐 말씀드렸지만 대한민국 국민으로서의 재외국민으로서의 재일동포. 재외동포로서의 재일동포라고 봤을 때 비교 대상이라는 것이 내국인이 될 수 있고, 그리고 여타 재외동포들이 될 수 있습니다. 무슨 말씀이냐 며는 자발적으로 이주를 간 동포들이 있는가 하면 비자발적으로 떠나는 재외동포들도 있죠. 재일 그리고 중국조선족, 그리고 고려인. 이 세 집단이 크게 말씀드리면 비자발적 이주 그리고 비자발적 이주이면서 대한민국 국적으로 집단을 형성하고 있는 것은 오로지 재일동포가 유일합니다. 나머지 두 집단은 그 나라 현지국적자입니다. 그렇기 때문에 정책이라는 것은 사실은 3분법으로 가야 된다고 말씀드리는 겁니다. 그러니까 이게 자발적으로 간 이주자, 그리고 비자발적으로 갔는데 한국 국적자, 외국 국적자 이렇게 3분법이 되어야 하는데, 오로지 정부나 연구자도 마찬가지지만 이분법으로 가고 있습니다. 대한민국 국적이 있느냐 없느냐만 갖고 정책으로 나누려고 하는 경향이 있습니다. 왜 그런 문제가 생기느냐면 이건 국민국가라는 개념에 너무 사로잡혀서 그런 거라고 저는 생각합니다. 그렇기 때문에 재일동포의 특수성, 그러니까 제가 최근에 쓴 논문 주제가 유일하게 특수하고 예외적인 재외동포로서의 재일동포라고 단점도 있지만 그만큼 일본에서 한일 간에서 겪은 역사라는 게 재외동포들이 어느 재외동포도 겪지 못한 그런 특수성을 가지고 있는 것입니다. 그렇기 때문에 다른 것은 다르게 표현를 해야 됨에도 불구하고 다른 곳을 어디다가 끼어 맞춰서 집어넣으려고 해서 소외가 되는 구조가 계속 반복되는 것이 오늘날 대한민국 정부의 정책이고, 그리고 연구자가 그동안 용역 발표하라고 해서 계속 그렇게 찍어낸 작품들이라고 생각을 합니다. 그 영향이 굉장히 재일동포들에게 피해를 주고 있다는 것을 연구자들이 반성해야 된다고 생각을 하고, 그리고 정부 관계자들도 거기에 대한 인식을 새로이 해야 된다는 것입니다. 그런 것이 뭐가 있느냐면 결국은 역사의 망각이라고 생각이 되거든요. 그러니까 재외동포의 이주사에 대한 정확한 이해가 없고, 그리고 심지어 재일동포가 일본에서 영주권을 가지고 있는 곳이지 이게 국적을 가지고 있는 게 아니지 않습니까. 그런데 이게 대한민국 정부가 대한민국 국민이라고 주장을 했고, 그리고 한일 합의된 결과로 국적이 아니라 영주권이 된 것이지, 영주권을 가지고 있다는 이유로 한국에서는 가중 차별을 받습니다. 저는 심지어 헌법소원까지 추진을 했고, 그리고 위헌판결을 받아낸 당사자이기도 합니다. 제가 비록 원고에 이름을 올리지는 않았지만요. 무슨 얘기냐 하면 국적으로 제도를 설계를 하기 때문에 항상 함락되는 존재가 되는 것입니다. 영주권이지만, 사실상의 국적과 같은 것이지만 그래도 대한민국에서는 국민으로서 처우를 받으면서 주민으로서의 권리로부터는 소외가 되는 구조입니다. 쉽게 말씀드리면 그러니까 무슨 말씀이냐면 결국 이동이라는 게 사실은 한 방향으로만 가는 것은 아닙니다. 이제는 자주 왔다 갔다 하는 존재가 된 것입니다. 그리고 저도 이게 일본에서 여전히 특별한 영주권을 가지고 있지만, 그러면서 한국에 살면서 저는 권리에서는 배제되는데 의무는 다 지고 있습니다. 최근에는 심지어 병력까지 부과가 되었습니다. 그 상태에서 만기제대를 했는데도 불구하고 의료보험에 가입이 안 되는 그런 사례가 있습니다. 하여튼 그런 정도까지만 이야기를 하겠습니다. 그런 특수성이 있다 라는 것이 결국은 한일 간의 관계, 그리고 일본 안에서의 처우, 결국 재외동포라는 것이 거주지에서의 지위에 따라서 한국에서도 결국은 그 영향을 받고 사는 존재라는 것을 말씀드리고 마무리하겠습니다. 이상입니다. 감사합니다.

손승철 토론이라기보다는 나름대로 여러 가지 소회까지 말씀해주셨는데, 혹시 김선생님 하실 말씀 있으실까요?

김인덕 다음에 시간이 또 있습니까? 계속 돌아가면서 제가 이야기할 기회가 있습니까?

손승철 예. 나중에 한 번 더 드리겠습니다.

김인덕 그러면 그때 하겠습니다.

손승철 그러면 일단은 마지막 주제로 넘어가도록 하겠습니다. 일제강점기 시기에, 또 그 이전의 개항 이후부터 한반도에서 와서 살았던 일본인들, 재조 일본인에 대해서 계명대의 이동훈 선생님께서 발표하셨는데, 조선일보 논설위원으로 계신 선우정선생님께서 토론 해주시겠습니다.

선우정 안녕하십니까. 조선일보 논설위원 선우정입니다. 아까 앞에서 뵙던 교수님들께서 이렇게 문외한이라는 말씀을 하셨는데, 아마 최고의 문외한이 저인 것 같습니다. 오늘 아침에 제가 쓴 것은 무슨 이재명, 대장동 이런 것을 쓰다가 나왔습니다. 그래서 굉장히 지금 이질감을 느끼면서 계속 읽었는데, 개인적으로는 이 분야에 대해서 굉장히 관심이 많습니다. 그래서 개인적으로 공부를 하고 있지만, 많이 하지는 못한 수준입니다. 선생님들 말씀, 교수님들 말씀 정말 재미있게 많이 들었습니다. 자잘하지만 도요토미 히데요시의 총애를 봤던 피로인이 있었다는 얘기에 한 번 놀랐고, 그 총애가 무슨 뜻인지 모르겠지만, 그리고 조선 호랑이가 왜관까지 내려왔다는 거에 또 한 번 놀랐습니다. 호랑이가 남방 한계선 같은 게 있을 텐데 어떻게 왜관까지 가서 뭘 얻어먹겠다고 거기 갔다가 포획당하고 일본 사람들한테 그랬는지 여러 가지 정말 재밌는 말씀을 많이 들었습니다.

이동훈 교수님 논문을 아주 잘 읽었습니다. 저도 개인적으로 교수님 이렇게 통사적으로 쓴 글을 보면서 시대별로 그렇게 공부를 많이 할 수가 있었습니다. 그리고 일제강점기에 들어온 사람들에 대해서도 여러 부분을 써 주셨는데, 일제강점기에 들어온 일본인하면 저희들은 일본 조선 총독이라든가 이토 히로부미라든가 이런 사람들을 생각을 하는데, 생활 속에서 이렇게 경험하는 그런 일본의 지배자들을 우리는 그 이름을 알 수는 없지만 그런 인상들이 우리의 아버지 어머니 세대, 일제시대를 기억하는 그런 분들에게는 굉장히 많은 것 같습니다. 그리고 교수님 말씀대로 보면 일단 이런 사람들이 아마 그때 기록을 보면 그런 측면이 많이 나와 있는데, 일본에서도 한 번 실패를 한 사실은 이류, 일본에서의 2류 시민이라고 할 수 있는 사람들이 많이 들어왔고 실제로 그랬던 것 같습니다. 그런데 또 어떤 측면에서 보면, 예를 들어서 어떤 사람들은 일본에서 볼 때도 상당히 어떤 대륙이라든가 한반도의 꿈을 가지고 와서 산업 발전을 위해서 무언가 했던, 그 산업 발전이라는 게 조선의 산업 발전이라고 말씀을 드릴 수는 없지만 그런 어떤 꿈을 가지고 있었던 이류 일본인들도 마치 일본의 인재들이 만주국에 가서 만주국을 만들었듯이 그런 사람들도 분명히 있지 않았나 그런 생각을 해봤습니다. 그리고 교수님께 몇 가지 질문을 드리고 싶은 게, 교수님 논문을 토대로 해서 말씀을 드리면 우리에게는 아까 말씀드렸듯이 지배자의 이미지도 있지만, 종전의 순간에서는 이 사람들이 우리가 모르는 그 피해자로서의 이미지로서 일본에는 각인이 되어있습니다. 이 사람들이 히키아게인이라고 하는 그런 사람들인데, 제가 토론문에도 썼지만 저는 연구를 이렇게한 적은 없고 최근에 TV 미야자키의 지방 다큐멘터리를 보았는데, 그 다큐멘터리를 보신 분도 계신지 모르겠지만 굉장히 충격을 받았습니다. 저는 그다큐멘터리를 보고, 그리고 그들이 그때 겪었던 아픔이라는 게 그렇게 그냥 지배자가 어느 순간에 이렇게 응보를 당하듯이 당한 그 정도의 아픔이 아니었구나. 이거 우리가 한민족이 일본에 당한 그런 아픈 기억 정도의 기억을 가진 사람들이 집단의 기억으로서, 소수의 집단이지만 분명히 있구나하는 생각을 했고, 그런 사람들의 아픔까지, 물론 그런 사람의 아픔을 우리가 이야기하기 위해서는 우리가 가해자가 돼야 하는 어떤 또 한 번의 우리의 모순에 빠질 수밖에 없는데 언젠가는 동아시아의 전쟁의 아픔으로써 일본의 인양인들의 이야기까지 우리가 수용을 할 수가 있지 않을까 거기에 대해서 어떻게 보시는지 여쭤보고 싶습니다.

그리고 당시에 경성제국대학이라든가 이런 데 특히 오구라 신페이 이런 교수들의 연구를 보면 정말 경탄을 금할 수밖에 없는, 어떻게 이 시대에 일본인이 이런 연구를 조선에 와서 했을까 하는 저는 존경할 수밖에 없는 그런 연구자들이 꽤 있습니다. 이런 연구자들에 대해서 우리가 정말 물론 오구라 신페이교수 같은 경우는 상당히 객관적으로 연구가 되어 있지만 그렇지 않은 사람들은 아실 겁니다. 아마 교수님들께서도 그런 사람들에 대해서는 객관적으로 우리가 아직 인정을 못하고 있다는 그런 생각을 합니다. 그걸 또 우리가 언제 극복을 할 수가 있을지, 이 사람들이 우리의 무슨 근대화를 시켰다는 것은 아니지만 근대적 연구를 했다라는데 있어서 우리의 전체 연구사 속에서 이 사람들의 어떤 그 위치를 우리가 정말 객관적으로 언제쯤 할 수가 있을지 그걸 두 번째로 여쭤보고 싶습니다.

그리고 여기 좀 이렇게 구차한 이런 그래픽을 하나 그렸는데, 그래픽은 정주영 회장의 자서전에 있습니다. 그건 굉장히 재밌는 자서전인데, 정주영 회장이 처음에 자본주의에 뛰어든 게 일제의 청진개발에서 청진을 개발한다고 하는 동아일보의 조그만 1단짜리 기사를 보고 무작정 가출해서 청진으로 갑니다. 그리고 거기서 걸러서 아버지한테 정말 개 맞듯이 두들겨 맞고 다시 시골로 끌려왔다가 그래도 못 견디고 다시 서울로 도망을 가서 그때부터 쌀장사를 하면서 지금의 현대그룹을 만든 것입니다. 이 다큐를 보면서 그때 청진이 어떤 도시인가를 한번 생각을 해봤는데, 찾아보니까 교수님

들은 아시겠지만 청진이라는 도시는 일제가 만든 도시더군요. 완전히 허허
벌판에 원래 조선시대 때 있지도 않은 동네였는데, 그런 도시가 한두 개가
아닙니다. 대전, 신의주 여러 가지 그런 도시들이 있는데 일제를 위해서 만
든 도시였습니다. 그런데 그 인구 분포를 보면 일본 사람들보다 한국 사람
들이 훨씬 많았고, 그 시대에 일본의 도시화 정책에 의해서 한국인의 도시
화의 성향이 굉장히 더 심해졌다는 것입니다. 훨씬 더 그런 발전을 했다는
그런 통계를 볼 수가 있었습니다. 그래서 재조 일본인을 위한 개발일지라도
그 개발로 인해서 한국인에게 어떤 영향을 미쳤는지에 대해서 어느 정도
연구가 되어 있고, 그게 얼마나 중요한지에 대한 그런 질문을 마지막으로
드려보겠습니다. 이상입니다.

　　이동훈 예. 마지막 질문부터 답변하면서 시작하는 게 좋을 것 같습니다.
최근에 한 20년간 그러니까 2000년대 이후에 식민지 연구는 굉장히 많이
발전했습니다. 그리고 좀전 발표에서 재조일본인 연구 동향을 말씀드린 것
처럼 굉장히 다양화되고 세분화되고 있습니다. 다양한 학문 영역에서 그러
니까 역사뿐만 아니라 문화인류학, 사회학, 문학 분야에서도 일제강점기 시
기가 다루어지고 있고 재조일본인 관련 연구성과도 발표되고 있습니다. 그
래서 선생님 질문에 답변을 드리자면 굉장히 다양한 그리고 좀 더 새로운
시각의 연구성과들이 나오고 있다는 것을 먼저 말씀드리고 싶습니다. 예를
들어서 재조일본인 관련해서 최근의 연구 성과를 정리하게 되면 일본인들
이 일제강점기 시기에 예술분야에서 그러니까 음악이나 미술 분야에서 일
본인 교사 등을 통해 근대 음악과 미술이 한반도에 도입되는 과정들을 연
구한 성과가 있습니다. 일제강점기 일본인의 역할에 대해 보다 객관적인 관
점에서 평가가 내려지고 있는 상황이라는 걸 말씀드릴 수 있습니다. 이전에
는 아무래도 식민사관의 극복이란 것이 중요한 과제였기 때문에 내셔널리
즘적인 관점에 머물러 있거나 식민지 지배에 관한 연구가 한계점을 보이기

도 했지만 최근 20년간 연구 풍토가 많이 변했다고 할 수 있습니다.

그리고 세부적으로 첫 번째 질문에 답변을 드리면, 일본인의 송환 문제 같은 경우 모리타 요시오의 굉장히 두꺼운 저작이 유명합니다. 종전 직후에 '경성세와카이'(京城世話會)라는 조직이 있었습니다. 일본인 귀환자들을 지원하는 단체였는데 그 사업에 직접 관여한 모리타가 간행한 자료집입니다. 그 서적이 워낙 두껍고 내용이 방대해서 저도 몇 년간에 걸쳐 본 기억이 있는데 거기 보면 놀라운 얘기들이 있습니다. 일본에서는 아무래도 '히키아게' 연구가 많이 소개되어서 익히 알려진 내용이지만, 한국인들은 별로 들어보지 못한 그런 얘기들이 많습니다. 예를 들어서 개인적으로 놀랐던 건 북한에서 소련군이 억류방침을 취하다 보니까 수용소에 갇힌 일본인들 얘기가 나옵니다. 남한으로 내려온 일본인도 일부분 있지만 북한의 수용소에 갇혀 있다가 전염병으로 죽고 한 얘기들이 굉장히 많고 그리고 일본인 여성들이 소련군에 의해 강간을 당하는 얘기도 나옵니다. 강간을 당하지 않기 위해서 여성들이 머리를 빡빡 미는 얘기도 나오고, 강간을 당한 것도 억울한 데 일본으로 '히키아게'한 이후에 하카타항에서 적국의 애를 임신했다는 이유로 강제낙태를 당하는 그런 얘기도 있습니다. 이런 역사적 사실들도 한국에 좀 소개가 될 필요가 있지 않나라는 생각이 듭니다.

그런데 이런 '히키아게'에 대해서 한국과 일본의 인식은 굉장히 다른 것 같습니다. 한국에서는 이 '히키아게' 경험이 전후 일본인들의 식민지 지배 인식과 결부되어 있다는 비판을 합니다. 그러니까 원래는 식민지에서 지배자로 군림했지만 일본으로 귀환하는 '히키아게' 경험을 통해서 핍박을 받았고 그런 경험을 하게 되면서 "우리도 피해자다" 이런 식의 피해자의식이 형성되었다는 겁니다. 이에 비해서 일본의 '히키아게' 인식은 좀 다릅니다. '히키아게'와 관련해서는 한일 양국 사이에 인식의 벽이 있다는 점은 분명하다고 할 수 있습니다.

그리고 인물에 관한 질문도 하셨는데, 한국에서도 좋은 일본인, 착한 일본인도 소개가 되었습니다. 예를 들어서 아사카와 다쿠미나 다카하시 토오루 같은 사람들이 있습니다. 조선 민예 혹은 예술에 관심을 가지고 보호에 나섰던 인물 아니면 조선풍습을 있는 그대로 연구하고자 한 학자에 관한 연구도 이루어지고 있는 것 같습니다. 그래서 향후 기대가 되는 분야이기도 합니다. 기존의 조선총독부 관료 중심의 재조일본인 연구에서 좀 더 다양화되는 측면에서 이러한 연구들도 나오고 있습니다.

그리고 기존에는 일본인들이 저술한 것이라고 해서 별로 활용되지 않았던 그러니까 사료적인 가치를 낮게 보면 자료들이 있습니다. 예를 들어서 경성발달사가 유명하고 평양발전사, 대구민단사, 목포사 등 1910년대에 일본인들이 간행한 지역사 자료가 있습니다. 그리고 덧붙여서 지금 생각나는 건 군산개항사, 부의 군산 이런 책들은 일본인들이 일본어로 저술한 지역사 자료인데 기존에는 일본인들이 식민자의 관점에서 저술했다는 이유로 사료적인 활용도가 낮았습니다. 하지만 지금은 지역사의 공백을 메꾼다는 측면에서 일본인들이 저술한 지역사 자료가 재평가 받고 있다는 생각이 듭니다. 이러한 측면에서 재조일본인이란 주제를 비롯한 일제강점기 연구에서 좀 더 새로운 연구성과가 나오고 있고 향후 기대도 된다는 말씀을 드리고 싶습니다. 감사합니다.

손승철 감사합니다. 이렇게 해서 기조 강연부터 6개 주제에 대한 약정 토론을 했습니다. 충분하지 않지만 그래도 발표자, 토론자 나름대로 어떤 공유가 내용의 공유가 되지 않았나 이렇게 생각을 합니다. 장시간 동안 우리 발표·토론자 제외하고 여러분이 계십니다. 그래서 간단하게 한 말씀씩만 좀 청해 듣겠습니다. 우선 일본 지금 문화원 원장님으로 계신 추조 카즈오 선생님 부탁드립니다.

나카죠 카즈오 예. 제 이름은 추조가 아니라 나카죠라고 합니다. 선생님들이 보고하고 이런 자료 들었고 저도 많이 공부를 할 수가 있었습니다. 고 맙습니다. 그런데 여기서는 한일문화교류기금의 행사니까 그냥 학술대회가 아니라 학술적으로 역사를 연구하고 하는 것뿐만 아니라, 현재의 한일관계 에 어떤 교훈을 얻을 수 있는지도 중요하다고 생각하면서 이야기를 들었습 니다. 역사를 연구하는 교류가 한일간 교류가 진행하는 것 뿐만아니라 새로 운 한일 관계를 제시한다면 좋은 일이니까요. 기조강연에서 아메노모리 호 슈 이야기가 나오는데 그 발표를 통해 문화의 차이나 인식의 차이의 구조 를 유학생과 이야기를 하면서 서로 알 수 있었습니다. 역시 아메노모리 호 슈 선생님이 대단한 사람이었다. 그렇게 다시 재확인 할 수 있었습니다.

　그런데 오늘은 고대의 도래 이야기, 고분이야기도 조선 피로인의 이야기 하고 왜관, 이런 재일 조선인, 재조 일본인 연구도 다 입장에 따라 잘못하면 새로운 대립이나 새로운 갈등이 나오는 문제니까 조심스럽게 이야기를 해 야 한다. 그렇게 저는 느꼈습니다. 한일 간의 학자 분들이 고생이 있다고 생 각하는데, 특히 서양 학자도 그렇지만 한일 간 학자 분들은 한국에서도, 일 본에서도, 객관적으로 연구를 하더라도 그 결과 국민 감정적으로 받아들일 수 없는 이론이나 비판을 받을 리스크가 있을 수 있습니다. 그러니까 연구 를 하면서, 일을 하면서 그 사실관계를 명확히 해야 한다고 생각하고, 각 문 제의 주변에 문화의 차이, 인식의 차이가 있다는 것을 명확하게 일반 사람 들도 알 수 있게 해야 한다. 그렇게 느꼈습니다. 오늘 나오는 어느 문제도 향후 더 연구나 의논이 필요한 문제라고 생각합니다. 향후의 선생님들이 약 진을　기대합니다. 감사합니다.

　손승철 감사합니다. 그런데 문화원장님은 항상 이렇게 열심히 공부하십 니까. 학술대회 시작부터 끝까지 경청해 주셨습니다. 감사합니다. 그러면 한일문화교류기금 감사님이신 구본학교수님 부탁드립니다.

구본학 한림국제대학원대학교 교수하다가 정년 퇴임하고 지금 신아시아 연구소의 연구위원으로 있습니다. 오늘 이 자리에 정말 그냥 좀 조용히 듣고 가려고 했는데 정말 좋은 자리인 것 같습니다. 제가 많은 것을 배웠습니다. 우선 첫 번째 기조 강연에 쓰신 언어에서 나타나는 문화적 차이 이런 것들이 인식의 차이를 만든다. 양국 국민들 간의 인식의 차이를 만들면서 양국 국가 관계를 어렵게 만드는 요인으로 작용한다는 게 참 마음에 딱 와 닿는 것 같아요. 지금 한일 관계가 그런 인식의 차이로 인해서 많은 국가 간의 관계에 장벽으로 작용하고 있는 있지 않는가 하는 그런 생각도 들었습니다. 그래서 앞으로 한일관계 해결을 위해서 정말 많은 노력이 필요하다는 그런 생각이 들었고, 그 다음에 도래인 발표를 들으면서 또 하나 생각이 난 게, 백제와 고구려 멸망 이후에 많은 도래인들이 있었다. 또 그중에서 특히 엘리트 집단들이 일본에 가서 일본 사회 발전에도 많은 역할을 한 것을 얘기를 들었는데, 그 이후에 일본 국력의 급성장이라는 것도 있었다고 들었습니다. 사실 그렇게 생각하면서 그걸 보면서 제가 느낀 것은 포용의 힘이 굉장하다는 걸 느꼈습니다. 다른 문화 또 다른 지식, 이걸 받아들임으로써 그 나라의 국력이 급성장할 수 있다는 것이고, 미국도 그런 거 아닙니까. 이민자들을, 엘리트들을 받아들여가지고 급성장한 건데 사실 그거 보면 우리는 그런 게 굉장히 부족했다는 걸 많이 느꼈습니다. 가깝게는 일본은 메이지 유신으로 서구 문물을 받아들이면서 급성장했는데, 우리는 그때 쇄국정책, 멸양척화 이런 걸 내걸고 그렇게 하지 못했던 게 차이를 만들었던 게 아닌가 싶습니다. 그래서 지금도 우리 국민들한테 좀 그런 측면이 없지 않아 아직도 남아 있는 것 같습니다. 과감하게 포용의 정신으로 돌아가는 게 우리 국력에 많이 도움이 된다는 그런 생각이 들었고, 그다음에 저는 이제 국제 정치를 공부했는데 국제 정치하고 연관해서 오늘 선생님들 말씀을 들으면서 생각한 게, 한일 안보 협력, 저로서는 굉장히 저는 굉장히 중요하다고 생각이 되는데 한일 안보 협력, 그러면 다시 식민지배의 부활, 자위대의 한반도 주둔 이런 것과 연관해가지고 이야기하는 그런 분들이 굉장히 많습니다. 사실은 그게 아닌데, 그래서 굉장히 안타까운 마음이 많이 듭니다. 그래서 오늘 이런 세미나가 좀 널리 우리 국민들한테 좀 알려지고 그렇게 했으면 좋겠다는 생각이 들었습니다. 그래서 특히 언론에 기대를 해봅니다.

손승철 감사합니다. 박광희 선생님도 국제 정치하시잖아요. 중국의 입장에서 볼 때 지금 오늘 내용을 어떻게 보시는지 평가 한번 해주십시오.

박광희 예 알겠습니다. 강남대학교의 중국 정치 전공하고 있는 박광희교수입니다. 방금 전에 마이크를 잡았던 구본학교수님하고 저하고 두 가지가 겹치네요. 하나는 전공이 똑같이 정치학이라는 것이고 두 번째는 본 기금의 감사라는 점입니다. 그러다 보니까 시각이 같아서 관심사항이 일치됐네요. 무슨 말씀인가 하면 이 자리에 앉아서 제가 무슨 발언을 할 수 있을 것인가, 할 이야기가 없다, 그냥 귀동냥만 실컷 하면 될 거라고 생각을 했는데 굉장히 뭐라 그럴까 의미 있는 그런 발표문을 봤습니다. 물론 다른 분들의 발표도 훌륭했고, 희한하게도 처음듣는 이야기임에도 불구하고 곧바로 몰입할 수 있는 그런 발표들이었기 때문에 굉장히 오늘 이 자리가 뜻깊었습니다.

일본인 교수분들이 두분인데, 아라키교수님은 조선 피로인 연구에 대해서 말씀을 하셨고 그다음에 다사카 마사노리교수의 한일 우호 관계에 대한 제언이 있지 않습니까. 이 두 가지를 묶어서 이야기를 하면 방금 전에 구교수님이 말씀하신 한일 현안 문제 해결에 대한 기본이 도출될 수 있다고 생각이 들었습니다. 누군가에게 잘못을 저질렀을 때 사과를 구하면서 한국 말로는 '죄송합니다.'라고 표현을 하는 것은 일본 말에서는 '스미마센'이라고 즉각적으로 해석을 하지 않습니까. 저도 '스미마센' 정도의 용어는 알 수 있었기 때문에 이것이 완전히 똑같은 말인 줄 알았는데 한국 사람이 '죄송

382 韓半島의 日本人, 日本列島의 韓國人

하다.'라는 말을 할 때와 일본 사람이 '스미마셍'이라는 말을 할 때, 분명히 거기에는 의식 구조의 차이가 있다. 굉장히 제가 오늘 얻은 소득이라고 생각을 합니다. 우리 한국 사람은 '죄송하다.'는 말을 할 때 내가 당신에게 끼친 잘못 아픔의 아픔을 충분히 공감하면서 앞으로 이런 일이 절대로 일어나지 않겠다는 그런 각오를 바라고 있음에 반해서, 일본에서는 굉장히 정치하게 계산을 한 끝에 내가 무엇을 잘못했고 얼마나 잘못했고 어떻게 사죄을 해야 되는지를 다 담아서 '스미마셍' 한마디를 하고는 이것으로 끝났다, 앞으로의 갈등 관계는 있을 수 없다는 시각으로 본다는 이런 의식 구조의 차이였습니다. 그렇다고 하면 앞으로 우리 아라키교수 논문 중에 '히토아키비도'(사람을 사고 파는 상인)라는 말이 있었거든요. 순진한 사람을 속이거나 납치해 데려가는 이 이런 직업을 가진 이가 이미 임진왜란 시기에 500년 전에 있었다고 하면, 오늘날 위안부 문제에 있어서 핵심 관건이 되고 있는 '과연 위안부가 자발적으로 동의하에 갔던 것이냐' 아니면 '속임에 의해서 강제적으로 끌려갔던 것이냐'를 이야기할 때 이 '히토아키비토'라는 말 때문에 제 입장에서는 굉장히 개연성을 더 높일 수 있었다고 생각을 합니다. 그리고 최소한도 이 말에 대해서 인정을 한 상태에서 한국 사람은 일본 사람들이 왜 우리가 지속적으로 사죄를 요구하는 것에 대해서 이제는 반감을 가질 정도가 되었는지를 서로 이해를 시켜야 할 것이고 일본 사람들한테는 한국 사람의 의식 구조에 있어서는 끝까지 자기의 아픔을 알아달라고 하는 그런 반복적인 요구를 한다는 것을 좀 더 인지시켜 나가는 그런 과정이 일정한 성과를 맺게 된다고 하면 한 현안 해결될 수 있는 길이 보였다고 생각을 합니다. 참 좋은 발표 잘 들었습니다.

손승철 감사합니다. 저희가 맨날 한일 한일에서 한국 일본만 하다가 제가 박 교수님 지금 말씀을 들으면서 보니까 중국이 필요하구나라는 생각이 들었습니다. 다음에 정식으로 초청을 해서 말씀을 부탁드리겠습니다.

어느덧 약속된 시간이 다 됐습니다. 5시 50분까지인데 지금 4분 정도 남았습니다. 그래서 마지막으로 한일문화교류 이사장님을 역임하시고 지금 회장님으로 계시고, 아시지만 한림대학교 총장님을 역임하셨습니다. 지금 한일문화교류기금 회장님이신 이상우 총장님 말씀을 듣도록 하겠습니다.

이상우 고맙습니다. 오늘 이 중요한 회의에 아침부터 제가 와서 들었으면 저도 많이 배웠을터인데, 아주 중요한 회의가 겹쳐서 참석을 못하고 끝에만 조금 들었습니다. 한일문화교류기금은 일본의 일한문화교류기금과 같이 발전했습니다. 두 정부 간에 합의 와가지고 새로 시작한 회의인데 40년 전입니다. 국가와 국가 간의 관계는 아까 구 선생님도 말씀해 주셨고 박 선생님도 말씀해 주셨습니다만, 국제정치, 외교 이런 걸로만 우리가 생각했습니다. 그렇지만 세월이 달라졌습니다. 지난 세기까지만 하더라도 국가와 국가의 관계는 정부와 정부의 관계가 중심입니다. 위기가 문제였는데, 그러나 전 세계가 이제 하나의 지구촌이 되면서 이제는 사람과 사람의 관계가 훨씬 더 중요하게 생각되었습니다. 한일 관계가 풀어지지 않기 때문에 두 정부가 합의 본 것입니다. 나카소네하고 우리 대통령하고 둘이 만찬하다가 합의 본 것인데, 이제는 사람과 사람과의 관계를 증진하는, 좀 체계적인 작업을 해보자. 그래서 그 자리에서 함께 일한문화교류기금과 한일문화교류기금을 만든 것입니다. 그리고 제가 지금 40년째 이걸 관리하고 있습니다. 그래서 제가 중심을 어디에다 두는가 하면, 정치를 떠나서 직접 사람과 사람 부딪히면서 생긴 일, 그걸 좀 꾸준히 논의해 보면 거기서 뭔가 실마리가 풀리지 않겠는가. 그래서 이런 세미나를 지금 40년째 해오는 겁니다.

역사는 선사시대부터 쇼와시대까지를 계속해왔습니다. 그리고 그다음부터는 지금 나와서 사람과 사람 간의 관계에 의해서 했는데 조금 전에 두 분이 말씀하셨습니다. 겉으로 보면 제일 닮은 나라가 일본 사람들하고 한국 사람들인데, 사고방식이나 이것이 역사의 뿌리가 다르기 때문에 다릅니다.

다르기 때문에 거기서 자꾸 충돌이 생기는 겁니다. 그래서 그렇지 않도록 해보려고 참 저희도 노력을 많이 했습니다. 손 선생이 저한테 시달렸습니다. 이런 전문가들을 많이 알고 계신 분이기 때문에 학술대회를 기획해 왔습니다. 그리고 지난 몇 년 동안은 오늘과 같은 이런 서로 문화적인, 서로의 인식 차이 이것을 중심으로 우리가 지금 논의해 왔습니다. 저는 개인적으로는 전공이 안보와 국방 문제, 외교 문제입니다. 그래서 일본하고는 제가 한 40번 정도 회의를 했습니다. 그런데 회의를 하다 보니까 나중에는 참가하는 사람끼리 친해집니다. 친해지다 보니까 이제 생각이 좀 깊이를 알 수 있었습니다. 그 전에 말로만 표현을 했을 때는 얘기 안 됩니다. 아까 예를 들면 박 선생님께서 예를 들었습니다마는 똑같은 한자 문자를 가지고 우리가 배워서 쓰기 때문에 같은 뜻이라고 생각하는데 전혀 그렇지 않을 수가 있습니다. 제가 중국하고 회의할 때, 저도 한자를 읽을 수 있으니까 우리 식으로 얘기했다가, 예를 들면 중국은 앞으로 아시아에서 100%를 추구하는 게 아니냐는 얘기를 했는데 바이차라는 건 중국에서는 같은 글자지만 전혀 네거티브한 뜻입니다. 근데 저는 그런 뜻으로 쓴 게 아니고 여기서 오로지 제일 큰 나라라는 뜻으로 제가 그 인용을 했는데, 회의가 중단됐습니다. 중국에서 항의해서 책상도 들고 난리가 났습니다. 정리를 하고 왜 싸웠는지 몰라가지고 나와서 한창 얘기를 해보다 보니까 그 단어의 뜻이 다른 겁니다.

오늘 마지막 제가 좀 들었습니다마는 여기서도 마찬가지예요. 그런 오해가 좀 있었습니다. 한 마디만 더 보태고 끝내겠습니다. 일본이 한국을 지배했던 그 시대를 경험했던 사람으로는 아마 이 방에서는 전성기 선생님하고 저밖에 없는 것 같습니다. 저는 일제 강점기에 국민학교를 다닌 사람입니다. 그당시 경험이 있는 저희 친구들은 다 일본 동네에서 일본 애들이랑 같이 놀고 지냈으니까 잘 알고 있습니다. 아까 가해자가 피해자가 되었다고 그러는데 해방 전에 사람 아래, 상부층은 관계없이 일반 서민들 기준으로 보면 지배자, 피지배자하고 관계가 아니었습니다. 그냥 같이 살았어요. 이

웃이니까 구분도 안 했습니다. 그냥 막 섞어서 살았던 건데, 해방 딱 된 이후에 38선 이북에서는 소련군이 들어와서 일본 사람은 그날 전부 다 수용되었습니다. 그래서 그때부터 고난이 시작되었고, 그것이 나중에 과장되다 보니까 일본이 피해를 입었다고 하게 되었습니다. 우리 동네에서도 일본 사람들이 하루아침에 전부 다 수용됐는데, 수용할 데 없으니까 제가 다니던 국민학교 전부 수용을 했습니다. 저희 어머니가 뭐라고 그러냐면 저 사람 저기서 먹지 못하는데 얼마나 안 됐느냐. 갖다 주려고 그래도 소련군이 총 들고 지키는 데 갈 수 없잖냐. 너는 어리니까 갈 수 있다고 했고, 그래서 미숫가루를 저희 어머니가 만들어주셔서 그걸 제가 지고 학교 가서 수용되어 있는 일본 사람들을 만나서 나눠주고 그랬습니다. 그때까지는 적대적인 관계가 없었습니다. 물론 상층부 올라가면 여러 가지 복잡한 문제가 많았습니다. 그건 거두절미하고 앞으로 관계가 문제입니다.

앞으로 관계도 사람과 사람과의 관계를 가지고 출발하면 실마리가 풀릴 겁니다. 하도 답답해가지고 한 10년 전입니다만, 새로운 시도를 한번 해봤어요. 뭐냐면 원로 간의 대화라는 걸 한번 해보자. 그래가지고 어떻게 했냐며는 현직은 안 되니까, 모두 전직 수상, 전직 국회의장, 전직 장관 이런 사람들만 모아지고 양쪽에서 열 명 정도씩 모아가지고 제가 미리 얘기했습니다. 이 논의는 비공개로 하고 기록은 제가 안 하겠다. 허심탄회하게 임해 주십시오. 그리고 뭐라고 주제를 정했냐면 '2045년에 한일관계' 이렇게 했습니다. 그게 뭐냐면 해방 백년입니다. 2045년에 한일 관계가 어땠으면 좋겠느냐 자유롭게 얘기해 달라. 그 길로 가려면 지금 뭐 해야 되겠냐. 이것만 딱 얘기해 주십시오하고 한꺼번에 제가 방을 얻어가 놓고 이틀을 회의를 했는데 재밌었습니다. 제약이 없으니까 터놓고 얘기를 합니다. 그런 식으로 우리가 좀 계속해서 노력하면은 한일 관계가 좀 나아시지 않을까. 저는 개인적으로 한일관계는 국제정치하고 안보문제 하는 사람인데, 일본도 우리를 필요로 하고 우리도 일본을 필요로 합니다. 그런데 국민 간의 소위 조작된 감정들 때문에 진행이 안 되거든요. 이걸 극복하려고 하면 오늘과 같은 이런 전문가들의 회의가 있어야 되고 이 내용이 많은 사람한테 알려져야 됩니다. 한일기금에서는 이 회의를 했던 내용을 단행본으로 출간해서 일본과 한국에 있는 중요 대학에는 전부 보냅니다. 언젠간 다 볼 거 아닙니까. 이렇게 쌓이다 보면 한국과 일본 간의 관계가 좀 가까워지지 않겠습니까. 그게 우리가 할 수 있는 최선의 노력이라고 생각하고 있습니다. 제 얘기 너무 길어져서 죄송합니다. 오늘 좋은 발표해 주시고 토론해 주신 여러분들께 감사드리고, 이 회의를 이렇게 기회해주신 손교수님께 감사드립니다. 고맙습니다.

손승철 회장님, 감사합니다. 저 뒤에 혹시 메이지 대학에 스즈키 선생님 오늘 멀리서 오셨는데 뭐 한 말씀 하시겠습니까.

스즈키 카이 시간 주서서 고맙습니다. 지금 메이지 대학교에서 조선사를, 한국사를 가르치고 있는 스즈키라고 합니다. 지금 한국학중앙연구원에서 연구교수를 하고 있습니다. 시간 없어서 짧게 말씀드리겠습니다. 오늘 정말 재미있게 들었습니다. 원래는 중국이랑 한국의 근세사를 연구하고 있는데요. 오늘 처음에 손승철선생님께서 말씀을 하신 것처럼 역시 사람하고 사람의 관계 대단히 중요하다고 많이 생각이 들었습니다. 연구 상황이 바뀌었다는 그런 생각이 들었습니다. 한일 관계가 아니라, 한일 역사랑 그런 세계를 볼 수 있었다. 이렇게 생각이 많이 들었으며, 오늘 고맙습니다.

손승철 고맙습니다. 마무리 짓겠습니다. 제가 2시간 동안 종합토론 진행을 보면서 오늘 이 종합토론을 테마와 연관 지어서 어떻게 마무리 지을까 굉장히 아주 머릿속에 쥐가 날 정도로 생각을 했는데, 6개 주제를 보니까 조금 특징이 있는 것 같습니다. 한반도 한국에서 일본으로 가서 일본 열도에 가서 산 사람들은 거기에 뿌리를 내리고 사는데, 반대로 일본에서 한반도에 온 사람들은 전부 어느 시대가 끝나면 싹 썰물이 밀려가듯이 그냥 빠져나가 버렸습니다. 이게 왜 그럴까. 그게 지금 현대인들이 가지고 있는 일본에 대한 부정적인 인식하고 어떤 관계가 있을까. 여러 생각이 들었습니다. 아마 일본문화원 원장님은 학술회의의 발언들로 또 다른 불씨가 생기지 않을 까 걱정하시는 모양인데 그렇지 않습니다. 기본적으로 이런 심포지엄을 하는 이유는 이상우 회장님도 말씀하셨지만 공생하기 위한 한일관계를 만들어 가자 그게 궁극적인 목표입니다. 그러니까 걱정 안 하셔도 됩니다.

그런데 마땅한 결론 용어가 없네요. 그래서 이 문제를 내년에도 더 할 수밖에 없겠다 생각이 듭니다. 아까도 말씀하셨지만, 우리가 위안부 문제고 뭐 이런 여러 가지 문제를 자꾸 법으로 해결하려고 하는데 법으로 그게 해결되겠습니까. 결국 인간의 문제는 인간적인 방법 인간적인 방법이 뭔지 구체적으로 얘기하기는 어렵지만 그렇게 해결해 가야 되지 않을까. 그러면서 인간이라는 게 뭔가 한국인이라는 게 뭔가 일본이라는 게 뭔가 그래서 몇 년 전에는 삶, 철학, 죽음 이런 것도 했었습니다만 본질적으로는 문제에 접근하기 위한 방법이 아니었던가 이런 생각을 합니다. 사실 한일문화교류기금에서 하는 학술 행사지만 오늘도 참석해 오셔서 느끼시겠는데, 사실 학회 그 이상의 수준으로 주제를 선정하고 또 발표를 하고 토론을 하고 있습니다. 그리고 회장님도 말씀하셨지만, 반드시 단행본 책자를 내서 그것을 공유하고 있습니다. 그래서 오늘 발표해 주신 논문들을 대략 11월 말 정도까지 좀 수정하실 게 있으면 수정해 주시고 제출해 주시면, 책으로 내는 건 내년 4월쯤 되겠습니다. 그래서 그 전에 논문들 또 어디 학술지나 등재지에 게재할 필요가 필요가 있으신 분은 그전에 일단 활자화해야지 중복 게재가 안 되니까 그렇게 하시면 되겠습니다. 대략 단행본으로 내년 4월쯤 출간을 해서 오늘 참석하신 분들 모든 분께 배부하도록 그렇게 하겠습니다. 학술회의를 아침 10시부터 시작해서 하루 종일하다 보니까 벌써 해가 떨어져서 어두워졌네요. 남은 이야기는 식사하시면서 말씀하시고 사무국에서 국장님 마무리해 주십시오.

김수웅 예. 마무리 할 말씀은 없고, 저녁 식사는 앞 건물의 소호정에서 하겠습니다. 한분도 빠지시 마시고 참석해 주시면 감사하겠습니다.

저자 소개

발표

다카사 마사노리田阪正則(선문대학교)

연민수(동북아역사재단)

서정석(공주대학교)

아라키 야스노리荒木和憲(규슈대학교)

정성일(광주여자대학교)

김인덕(청암대학교)

이동훈(계명대학교)

토론

송완범(고려대학교)

홍성화(건국대학교)

이 훈(한림대학교)

한성주(강원대학교)

김웅기(한림대학교)

선우정(조선일보)

종합토론 사회

손승철(강원대학교)

韓半島의 日本人, 日本列島의 韓國人

2023년 3월 24일 초판 인쇄
2023년 3월 31일 초판 발행

지 은 이 한일문화교류기금
발 행 인 한정희
발 행 처 경인문화사
편 집 부 이다빈 김지선 유지혜 한주연 김윤진
마 케 팅 전병관 하재일 유인순
출판신고 제406-1973-000003호
주   소 (10881) 파주시 회동길 445-1 경인빌딩 B동 4층
대표전화 031-955-9300 팩 스 031-955-9310
홈페이지 http://www.kyunginp.co.kr
이 메 일 kyungin@kyunginp.co.kr

ISBN 978-89-499-6697-7 93910
값 29,000원